기업 IP 실무자를 위한

지식재산 실무해설

기업 IP 실무자를 위한 지식재산 실무해설

2019년 11월 12일 인쇄
2019년 11월 20일 발행

지 은 이 | 정영훈
발 행 인 | 송상근
발 행 처 | 삼일인포마인
등록번호 | 1995. 6. 26 제3－633호
주 소 | 서울특별시 용산구 한강대로 273 용산빌딩 4층
전 화 | 02)3489－3100
팩 스 | 02)3489－3141
가 격 | 38,000원

ISBN 978－89－5942－797－0 93360

* 잘못된 책은 구입처에서 바꿔 드립니다.

기업 IP 실무자를 위한

지식재산 실무해설

정영훈(변호사 · 변리사) 지음

SAMIL | 삼일인포마인

머리말

1. 집필의 변

저자는 KAIST에서 전기 및 전자공학을 전공한 뒤, 2004년부터 2009년까지 '변리사'로 근무하며 삼성전자 주식회사 등을 대리하여 다수의 국내·외 특허출원업무를 수행하였다. 이후 2012년부터는 업무 영역을 확장하여 'IP(Intellectual Property) 전문 변호사'로 활동하였고, 그러던 중 근무 중인 로펌(법무법인 바른)의 배려로 2018~2019년에 미국 연수의 기회를 얻게 되었다. 평소 여러 기업 IP 실무자들로부터 실무에서 바로 활용 가능한 참고서적의 부족에 대한 아쉬움을 전해 들어온 저자는 미국 연수 기간 중 저자가 지금까지 변리사로 혹은 변호사로 근무하며 경험한 IP 실무를 저자만의 방식으로 정리하여 공유하고 싶다는 생각에 1년여에 걸쳐 본서를 집필하였다.

2. 본서의 구성

본서는, 특허법(또는 실용신안법), 디자인보호법, 상표법, 부정경쟁방지 및 영업비밀보호에 관한 법률 및 저작권법에 관한 법리의 A부터 Z까지를 백과사전식으로 나열한 책이 아니라, IP **실무에서 주로 문제되는 법리만을 IP 권리**(IPR: IP Right)**의 '발생(확보)'의 측면에서**(Ⅱ장), **또한 동 권리의 '행사'의 측면에서**(Ⅲ장) **설명한 책이다.** 본서만 이해하더라도, IP 실무에 관한 전반적인 뼈대를 잡을 수 있을 것이고, 실무에서 변리사나 변호사가 말하는 IP 법리에 관한 이해의 폭을 넓힐 수 있을 것이다.

변리사와 IP 전문 변호사 모두 IP에 관한 전문가이지만, 각자의 강점은 서로 다르다. 변리사는 IP 권리 중 특허권, 디자인권, 상표권의 '발생(확보)'과 관련된 일(출원업무)을 전문적으로 처리하는 대리인이고, 특히 '의뢰인의 기술을 어떻게 하면 더 가치 있는 특허권으로 보호할 수 있을까?'를 고민하는 사람이다. 반면, IP 전문 변호사는 (이미 발생되어 있는) 특허권 등의 IP 권리의 '행사'와 관련된 분쟁을 전문적으로 처리하는 대리인이다.

변리사로서의 경험과 변호사로서의 경험을 모두 가지고 있는 저자는 이 책을 집필할 때 변리사의 시각과 변호사의 시각 모두를 녹여 내기 위해 노력하였다. 구체적으로, 본서의 Ⅱ장(특히 3-2.)에는 저자의 변리사로서의 경험을 담았고, 본서의 Ⅲ장에는 저자의 변호사로서의 경험을 담았다. 이 중 전자에 대하여 예를 들어 부연하면, 발명자가 어떤 기술을 발명하고 그에 대한 특허출원을 한 경우에, 발명자는 자신의 기술을 '하나'의 어떠한 무언가로 특정하여 인지하고 있지만, 실제로 특허출원된 내용 내지 특허권의 내용은 '각양각색'의 청구범위(권리범위)를 갖고 있는 것이 현실이다. 왜 이 같은 일이 일어나는 것이고, 가치 있는 특허권을 확보하기 위해서 어떤 부분을 고민하여야 하는가는 변호사가 아닌 변리사가 고민해야 하는 사항이다. 그러나 특허출원 절차 등만을 나열식으로 소개하고 있는 일반 법률 서적에서는 그에 대한 해답을 찾기가 쉽지 않은데, 저자는 본서의 3-2.에서 이에 대한 저자 나름의 가이드라인을 제시하였다.

저자는 중요 IP 법리를 설명함에 있어, 저자가 지금까지 변리사로 활동하며 수행하였던 다수의 특허출원업무, 그리고 변호사로 활동하며 수행한 여러 송무(訟務)/자문 사건 중 의미 있거나 법리적으로 중요한 사례를 중심으로 설명하였다. 본서에 소개된 법리는 저자의 실제 수행 사례를 소개하기 위한 배경지식이라고 할 수 있다. 그리고 저자는 IP 분야마다 거의 같은 목차와 순서로 해당 법리를 소개하며, '특허권'의 발생과 행사에 관한 주요 법리(제3장, 제8장), '영업비밀'의 확보 및 영업비밀 침해에 따른 권리행사에 관한 주요 법리(제4장, 제9장), '디자인권'의 발생 및 행사에 관한 주요 법리(제5장, 제10장), '상표권'의 발생 및 행사에 관한 주요 법리(제6장, 제11장) 및 '저작권 또는 저작인접권'의 발생 및 행사에 관한 주요 법리(제7장, 제12장)를 대비하여, 그 법리들을 입체적으로 파악할 수 있도록 하였다.

3. 본서의 활용 관련 제언

본서는 IP 실무에 관심을 갖고 있는 일반인(개인, 기업) 특히, 기업에서 IP 실무를 담당하고 있는 실무자들을 위한 책이다. 기업의 IP 실무자 중 함께 일하고 있는 변리사나 변호사가 있는 실무자의 경우, 사건 진행을 위임받은 변리사나 변호사의 업무수행 결과물을 맹목적으로 따르지 않고 변리사·변호사와 건설적인 의견 교환을 하며 보다 나은 결과물을 도출할 필요가 있는데, 이를 위해서는 IP 실무에서 주로 문제될 수 있는 법리 전반을 이해하고 있어야 한다. 변리사 또는 변호사의 도움 없이 IP 실무를 처리하고 있는 실무자가 실무상 주로 문제되는 IP 법리 전반을 숙지하고 있어야 함은 물론이다. 이러한 기업 내 IP 실무자들에게 본서가 미력하나마 도움을 줄 수 있기를 바란다.

저자는 본서가 특히 중소·중견기업의 IP 실무에 적극 활용될 것임을 염두에 두고 이를 집필하였다. 대기업이 사내변리사 또는 변호사의 조직적인 지원을 받으면서 IP 권리의 침해에 대비하여 강력한 특허권 등을 확보하고 침해가 발생하였다고 생각될 때 효과적으로 그 권리를 행사하는데 반하여, 중소·중견기업은 상대적으로 그러한 지원을 받지 못하고 있다고 생각되기 때문이다. 단적인 예로, 아직도 중소·중견기업 중에는 훗날 특허권을 행사할 것을 염두에 두고 특허출원을 하면서도 변리사가 작성하여 보내준 특허출원명세서 초안을 어떠한 관점에서 검토하여야 하는지 잘 모르고 자신의 특허출원이 등록되기만 하면 그것으로 만족하는 기업들이 적지 않다. 또한 무분별하게 특허권 등의 침해경고를 하는 등 특허권 등을 부적절하게 행사하거나 특허권자 등의 권리행사에 효과적인 대응을 하지 못하고 있는 중소·중견기업 역시 적지 않다.

이처럼 본서는 특히 기업의 IP 실무자들을 위한 책이지만, 그 밖에 평소 IP에 관심을 갖고는 있지만 시중에서 접할 수 있는 IP 관련 법률서적의 방대한 양으로 인해 진입장벽의 어려움을 느끼고 있거나 변리사의 전문 분야인 가치 있는 특허권 등의 확보 방안에 관심이 있는 변호사나 IP 권리의 행사에 관한 재판실무 등을 알고자 하는 변리사에게도 본서가 조금이나마 도움을 줄 수 있다면 저자에게 그 이상의 보람이 없을 것이다.

4. 마치며

마지막으로, 가족끼리 함께 소중한 시간을 보내기로 약속하고 미국 연수의 길에 올랐지만 틈이 날 때마다 본서를 집필한 저자를 오히려 격려해 준 나의 아내, 미국 연수 기간 동안 아빠에게 좋은 추억을 많이 만들어 준 딸 은수, 그리고 두 아이의 아빠가 되는 기쁨을 안겨 준 아들 은호에게 고마운 마음을 전한다.

2019. 11. 2.
저자 정영훈 변호사/변리사

목 차

I 들어가며

II IP 권리 발생 관련 이슈

Ⅲ IP 권리 행사 관련 이슈

I 들어가며

제1장 지식재산(권)의 개관

1. 지식재산의 정의

지식재산(IP: Intellectual Property)이란, 인간의 창조적 활동 또는 경험 등에 의하여 창출되거나 발견된 지식·정보·기술, 사상이나 감정의 표현, 영업이나 물건의 표시, 생물의 품종 내지 유전자원(遺傳資源), 그 밖에 무형적인 것으로서 재산적 가치가 실현될 수 있는 것을 말한다(지식재산기본법 제3조 제1호). 쉽게 말해, 지식재산은 이하에서 설명하는 발명, 고안, 영업비밀, 디자인, 상표, 저작물 등을 통칭하는 용어이다.

참고로 지식재산기본법이 2011. 5. 19. 법률 제10629호로 제정되기 전에는 '지적재산(知的財産)'이라는 용어가 '지식재산'이라는 용어보다 더 흔하게 사용되었다.

2. 지식재산 및 지식재산권의 종류

가. 기술 관련

'기술'과 관련된 지식재산은 '발명', '고안' 또는 '영업비밀'이다.

1) 발명(또는 고안)과 특허권(또는 실용신안권)

'발명' 또는 '고안'[1)]이란 자연법칙을 이용한 기술적 사상의 창작을 뜻하고(특허법 제2조 제1호, 실용신안법 제2조 제1호), '특허권'(또는 실용신안권)은 발명(또는 고안)에 발생된 독점배타권을 의미한다.

특허권(또는 실용신안권)을 획득하고자 하는 자는 특허청에 해당 발명(또는 고안)에 대하여 특허등록(또는 실용신안등록)을 하여 달라는 취지의 신청을 하여야 하고, 이 신청을 특허출원(또는 실용신안등록출원)이라 부른다. 특허청은 특허출원(또는 실용신안등록출원)에 대한 심사 결과 그 출원에 특허법(또는 실용신안법) 소정의 거절이유가 없다고 판단하는 경우, 그 출원에 대해 특허결정(또는 실용신안등록결정)을 한다. 이후 출원인이 등록료를 납부하면 특허청장은 해당 출원에 대한 설정등록을 하며, 그때 특허권(또는 실용신안권)이 발생한다(특허법 제87조 제1항, 실용신안법 제21조 제1항).

특허권의 존속기간은 '설정등록일'부터 '출원일 이후 20년이 되는 날'까지이고(특허법 제88조 제1항), 실용신안권의 존속기간은 '설정등록일'부터 '출원일 후 10년이 되는 날'까지이다(실용신안법 제22조 제1항).[2)]

---

1) 특허법에 의한 특허출원의 대상을 '발명', 실용신안법에 의한 실용신안등록출원의 대상을 '고안'이라 부른다.

2) 그 밖의 특허법과 실용신안법의 주요 차이를 간략히 설명하면, 다음과 같다.
   (1) 특허법은 모든 발명('자연법칙을 이용한 기술적 사상의 창작') 중 신규성, 진보성 등의 일정 요건을 갖춘 발명을 보호하는데 반해, 실용신안법은 물품의 형상·구조 또는 조합에 관한 고안('자연법칙을 이용한 기술적 사상의 창작') 중 신규성, 진보성 등의 일정 요건을 갖춘 고안을 보호한다(실용신안법 제4조 제1항).
   (2) 특허법에 따라 출원발명의 진보성이 인정되기 위하여는 당해 기술분야에서 통상의 지식을 가진 사람이 공지된 선행기술에 의하여 출원발명을 '쉽게' 생각해 낼 수 없어야 하는데 반해(특허법 제29조 제2항), 실용신안법에 따라 출원발명의 진보성이 인정되기 위하여는 당해 기술분야에서 통상의 지식을 가진 사람이 공지된 선행기술에 의하여 출원발명을 '극히 쉽게' 생각해 낼 수 없어야 한다(실용신안법 제4조 제2항).

2) 영업비밀

'영업비밀'이란 공공연히 알려져 있지 아니하고 독립된 경제적 가치를 가지는 것으로서, 합리적 노력에 의하여 비밀로 유지된 생산방법, 판매방법, 그 밖에 영업활동에 유용한 기술상 또는 경영상 정보를 말한다[부정경쟁방지 및 영업비밀보호에 관한 법률(이하 '부정경쟁방지법'이라 한다) 제2조 제2호]. 이와 같이 부정경쟁방지법 제2조 제2호 소정의 요건을 갖춘 기술상 정보는 영업비밀로 보호된다.

영업비밀의 존속기간은 당사자 사이에 영업비밀이 비밀로서 존속하는 기간이라고 할 수 있다(대법원 1998. 2. 13. 선고 97다24528 판결).

나. 디자인 관련

디자인이란 물품(물품의 부분 및 글자체를 포함한다. 이하 같다)의 형상・모양・색채 또는 이들을 결합한 것으로서 시각을 통해 미감(美感)을 일으키게 하는 것을 말한다(디자인보호법 제2조 제1호). 디자인권은 디자인에 발생된 독점배타권을 의미한다.

디자인권을 획득하고자 하는 자는 특허청에 해당 디자인에 대하여 디자인등록을 하여 달라는 취지의 신청 즉, 디자인등록출원을 하여야 하고, 그 출원에 거절이유가 없을 경우 특허청은 그 출원에 대하여 등록결정을 한다. 이후 출원인이 등록료를 납부하면, 특허청장은 해당 디자인등록출원에 대하여 설정등록을 하고, 이로써 디자인권이 발생한다(디자인보호법 제90조 제1항).

디자인권의 존속기간은 '설정등록일'부터 '디자인등록출원일로부터 20년이 되는 날'까지이다(디자인보호법 제91조 제1항).

한편, 디자인의 기술적 특징은 디자인권이 아닌 특허권, 실용신안권 등으로 보호되어야 하고, 디자인이 상표로서도 기능하는 경우의 그 상표는 부정경쟁방지법 또는 상표법에 의해 보호될 수 있으며, 이른바 응용미술저작물에 해당하는 디자인은 저작권의 보호를 받기 때문에, 디자인에 적용될 수 있는 법률은 다자인보호법에 한정되지 않는다.

다. 상표 관련

상표란 자기의 상품(지리적 표시가 사용되는 상품의 경우를 제외하고는 서비스 또는 서비스의 제공에 관련된 물건을 포함한다. 이하 같다)을 '타인의 상품과 구별'하기 위하여 사용하는 표장(標章)을 말한다. 여기서 표장이란 기호, 문자, 도형, 소리, 냄새, 입체적 형상, 홀로그램·동작 또는 색채 등으로서 그 구성이나 표현방식에 상관없이 상품의 출처(出處)를 나타내기 위하여 사용하는 모든 표시를 의미한다(상표법 제2조 제1, 2호)'. 상표권은 상표에 발생된 독점배타권을 뜻한다.

상표권을 획득하고자 하는 자는 특허청에 해당 상표에 대하여 상표등록을 하여 달라는 취지의 신청 즉, 상표등록출원을 하여야 하고, 그 출원에 거절이유가 없을 경우, 특허청은 그 출원에 대한 출원공고결정 및 등록결정을 한다. 이후 출원인이 등록료를 납부하면, 특허청장은 해당 상표등록출원에 대하여 설정등록을 하고, 이로써 상표권이 발생한다(상표법 제82조 제1항).

상표권의 존속기간은 설정등록이 있는 날부터 10년이고, 존속기간갱신등록신청에 의하여 10년씩 갱신할 수 있다(상표법 제83조 제1, 2항). 이와 같이, 상표권은 특허권, 실용신안권, 디자인권과 달리, 사실상 영구적으로 존속할 수 있다.

미등록상표는 상표권의 보호를 받을 수 없지만, 국내에 널리 알려진 유명 미등록상표 등 일정 요건을 갖춘 미등록상표는 부정경쟁방지법이나 상표법에 의한 보호를 받을 수 있다. 예를 들어, 유명 미등록상표와 동일하거나 유사한 것을 '사용'한 상품을 판매하여 그 미등록상표의 상품과 혼동하게 하는 행위 등 부정경쟁방지법 제2조 제1호 각 목 소정의 상표 '사용' 행위는 금지되고(부정경쟁방지법 제4조 제1항), 그 상표의 '출원'은 거절될 수 있다(상표법 제34조 제1항 제9~14호).

라. 저작물 관련

저작물은 인간의 사상 또는 감정을 '표현'한 창작물을 말하고(저작권법 제2조 제1호), 저작권은 아이디어가 아닌 '표현'을 보호한다(대법원 1993. 6. 8. 선고 93다3073, 93다3080 판결 등).

한편, 특허권, 실용신안권, 디자인권 및 상표권 등과 달리, 저작권은 저작물이 창작된 때 발생하며, 그 발생에 어떠한 절차나 형식의 이행을 필요로 하지 않는다(저작권법 제10조 제2항). 저작권위원회에 저작물을 등록할 수는 있으나, 그 등록에 의해 비로소 저작권이 발생하는 것이 아니다.

저작권에는, 저작권법 제11조 내지 제13조의 저작인격권(공표권, 성명표시권, 동일성유지권)과 동법 제16조 내지 제22조의 저작재산권(복제권, 공연권, 공중송신권, 전시권, 배포권, 대여권, 2차적저작물작성권)이 있다. 또한, 저작권법은 저작권과 별개로, 배타적발행권(저작권법 제57~62조), 출판권(동법 제63조), 동법 제66~85조의2에 규정된 저작인접권(실연자의 권리, 음반제작자의 권리, 방송사업자의 권리)도 보호한다.

마. 맺으며

위와 같이, 발명(특허권), 고안(실용신안권), 영업비밀, 디자인(디자인권), 상표(상표권)는 서로 염연히 구별되어야 한다. 그럼에도 많은 일반인들이 이를 혼동하고 있다. 예를 들어, 어떤 작명가가 "○○ 작명법"에 대하여 상표등록을 받았다고 대대적으로 광고한다고 가정하자. 이를 접한 많은 일반수요자들은 그 작명가의 작명법이 특허청이 인정하여 준 독창적인 작명법이라고 오해할 수 있지만, 위 상표등록은 "○○ 작명법"이라는 이름에 대한 등록일 뿐이다.

이번에는 현대인의 필수품 스마트폰을 예로 들어보자. 스마트폰은 어떤 지식재산권의 보호를 받을 수 있을까? 스마트폰은 다른 스마트폰 등과 통신을 할 수 있고, 그 통신을 구현하기 위한 기술은 '특허'권의 보호대상이다. 통신 기능을 위하여 스마트폰에 탑재되어 있는 컴퓨터 프로그램의 알고리즘(algorithm)에 나타난 기술적 사상은 특허권의 보호대상인 것이다. 반면에 컴퓨터프로그램의 소스코드(source code) 자체는 표현으로서 저작권의 보호대상이다. 스마트폰에 표시된 문자상표(예를 들어 "galaxy", "iPhone") 등은 상표권의 보호대상이고, 스마트폰의 디자인(형태)은 디자인권의 보호대상이다. 지금까지 살펴본 바와 같이, 스마트폰에는 수많은 지식재산권이 집약되어 있다고 볼 수 있다.

제 2 장

변리사, 심사관, 심판관, 변호사, patent agent 및 patent attorney의 대비

2-1 한국의 경우

1. 변리사

변리사는 특허청 또는 법원에 대하여 특허, 실용신안, 디자인 또는 상표에 관한 사항을 대리하고 그 사항에 관한 감정(鑑定)과 그 밖의 사무를 수행하는 것을 업으로 하는 사람이다(변리사법 제2조).

대다수의 변리사들은 대학에서 이공계를 졸업한 뒤, 해당 분야의 특허출원 업무와 심판 사건을 주로 처리한다. 여기에서 특허출원 업무란 발명자와 면담하여 발명을 파악한 뒤, 해당 발명에 대한 특허등록을 요구하는 신청서인 특허출원서와 발명의 내용을 기재한 특허출원명세서를 작성하여 특허청에 제출하는 업무[3]와 특허청으로부터 특허결정을 하지 못하겠다는 취지의 거절이유통지를 받게된 후 그 거절이유를 극복하기 위한 의견서 등을 작성하여 특허청에 제출하는 업무[4]를 통칭한다. 심판 사건이란 특허심판원에서 진행되는 사건으로서 ① 특허청장을 피청구인으로 한 '결정계 심판' 예를 들어, 특허청 심사관의 거절결정에 불복하기 위한 거절결정불복심판, ② 당사자들 사이의 심판인

3) 변리업계에서는 이를 '신건(新件)'이라 부르기도 한다.
4) 변리업계에서는 이를 '중간사건' 또는 'OA(Office Action) 사건'이라 부르기도 한다.

'당사자계 심판' 예를 들어, 특허무효심판과 권리범위확인심판 등을 의미한다.

변호사가 아닌 변리사도 소송대리인이 될 수 있는가? 변리사법 제8조에 따르면, 변리사는 특허, 실용신안, 디자인 또는 상표에 관한 사항의 '소송대리인'이 될 수 있는데, 여기서 소송대리인은 특허심판원의 심결에 대한 심결취소소송 또는 그 상고심의 대리인을 의미할 뿐이고, 변리사는 '민사소송'에서 소송대리를 할 수 없다(대법원 2012. 10. 25. 선고 2010다108104 판결).

2. 심사관 및 심판관

심사관은 특허청에서 심사 업무를 담당하는 공무원이다. 심사의 대상은 특허출원, 실용신안등록출원, 디자인등록출원, 상표등록출원뿐이다. 많은 심사관들은 특허출원에 거절이유가 있는지 여부를 심사하는 업무를 수행하는데, 절대 다수의 거절이유는 '출원발명이 선행기술과 동일하거나 통상의 기술자가 선행기술(들)로부터 쉽게 생각해 낼 수 있는 것' 또는 '명세서에 기재불비 사항이 있는 것'이다.

심판관은 특허심판원에서 심판 사건을 처리하는 공무원이다. 이때의 심판 사건에 결정계 심판 사건과 당사자계 심판 사건이 있음은 앞서 본 바이다. 특허심판원의 심결에 대하여 불복하고자 하는 자는 특허법원에 소를 제기하여야 한다(특허법 제186조 제1항).[5]

5) 특허법원의 판결에 불복하고자 하는 자는 대법원에 상고하여야 한다.

3. 변호사

변리사가 특허, 실용신안, 디자인, 상표(이하 '특허 등'이라 한다)의 출원 및 심판에 대한 전문가인데 반하여, 특허 등에 관한 각종 민·형사상 조치 및 특허 등 이외의 지식재산 분야(예를 들어, 영업비밀, 저작권 등)에 관한 전문가는 변리사가 아닌 변호사라 할 것이다.

참고로, 변리사시험에 합격한 자 뿐만 아니라, 변리사시험에 합격한 바 없는 변호사도 변리사법 시행령 제2조 소정의 실무수습을 마치면 변리사 자격을 가진다(변리사법 제3조 제2호). 이러한 이유로, 적지 않은 변호사가 '변호사/변리사'라는 직함을 내세우고 있는 것이 현실이다.

2-2 [참고] 미국의 경우

미국의 심사관, 심판관은 한국의 심사관, 심판관과 대동소이한바, 이하에서는 Patent Agent와 Patent Attorney에 대하여만 살펴보기로 한다.

Patent Attorney는 변호사시험(bar exam) 뿐만 아니라 변리사시험(patent bar exam)에도 합격한 사람인데 반하여, Patent Agent는 변리사시험에만 합격한 사람이다. 둘 다 특허출원업무와 특허가능성에 대한 조언을 할 수는 있으나, 특허침해에 관한 자문 등의 법률 자문을 하거나 소송대리를 할 수 있는 자는 Patent Attorney 뿐이다.

한국의 변리사는, 심결취소소송과 그에 대한 상고심에서 소송대리권이 있다는 점에서는 미국의 Patent Attorney와 유사하나, 민사소송의 대리권이 없다는 점에서는 미국의 Patent Agent와 유사하다고 볼 수 있다.

Ⅰ. 들어가며

Ⅱ IP 권리 발생 관련 이슈

Ⅲ. IP 권리 행사 관련 이슈

제 3 장 특허권[6]의 발생

3-1 특허권의 발생요건

PATENT

6) '실용신안권'과 관련된 설명은 '특허권'과 관련된 설명으로 갈음하기로 한다. 이하 같다.

3-1-1. 특허권 획득을 위한 절차에 관한 기본적인 개념 설명

1. 속지주의

특허권의 효력은 해당 특허가 등록된 국가에만 미친다. 이것을 속지주의라고 부른다. 따라서 미국에서 특허권의 보호를 받고 싶으면 미국 특허청에 특허출원을 하여 특허결정을 받아야 하지만, 한국에서 특허권의 보호를 받고 싶으면 한국 특허청에 특허출원을 하여 특허결정을 받아야 한다.

2. 발명자, 특허출원인, 특허권자의 구별

가. 발명자

1) 발명자의 의의

'발명자'의 의미와 관련하여, 대법원은 "특허법 제2조 제1호는 '발명'이란 자연법칙을 이용하여 기술적 사상을 고도로 창작한 것을 말한다고 규정하고 있으므로, 특허법 제33조 제1항에서 정하고 있는 '발명을 한 자'는 바로 이러한 발명행위를 한 사람을 가리킨다고 할 것이다(대법원 2011. 9. 29. 선고 2009후2463 판결)."라고 판시한 바 있다.

2) 특허출원서 발명자란 기재의 추정력 유무 여부

특허출원서에 발명자를 적는 란이 있는데, 그 발명자란에 적힌 사람이 발명자로 추정되는가? 그렇지 않다. 한국의 경우 실제로 발명에 관여하지 않았음에도 그 발명자의 상사라는 이유로 특허출원서 발명자란에 이름을 올리는 경우가 적지 않은데, 이러한 현실에 비추어 볼 때, 특허출원서 발명자란에 발명자로 적혀 있다는 이유만으로, 그를 진정한 발명자로 볼 수는 없다.

이와 관련하여, 대법원은 "갑 주식회사 직원인 피고인이 대표이사 을 등이 직무에 관하여 발명한 '재활용 통합 분리수거시스템'의 특허출원을 하면서 임의로 특허출원서 발명자란에 을 외에 피고인의 성명을 추가로 기재하여 공동발명자로 등재되게 한 사안에서, 발명자에 해당하는지는 특허출원서 발명자란 기재 여부와 관계없이 실질적으로 정해지므로 피고인의 행위만으로 곧바로 갑 회사의 특허권 자체나 그와 관련된 권리관계에 어떠한 영향을 미친다고 볼 수 없어, 결국 그로 인하여 갑 회사에 재산상 손해가 발생하였다거나 재산상 손해발생의 위험이 초래되었다고 볼 수 없고, 달리 공소사실을 인정할 증거가 없으므로 업무상배임죄가 성립하지 않는다(대법원 2011. 12. 13. 선고 2011도10525 판결)." 라고 판단하였다.

3) 공동발명자에 해당하는지 여부에 관한 판단기준

기업이나 학교에서는 여러 사람이 기술개발에 직·간접적으로 관여하는 경우가 비일비재하다. 이 경우 누구를 공동발명자로 보아야 하는지가 문제된다.

이와 관련하여, 대법원은 "공동발명자가 되기 위해서는 발명의 완성을 위하여 실질적으로 상호 협력하는 관계가 있어야 하므로, 단순히 발명에 대한 기본적인 과제와 아이디어만을 제공하였거나, 연구자를 일반적으로 관리하였거나, 연구자의 지시로 데이터의 정리와 실험만을 하였거나, 자금·설비 등을 제공하여 발명의 완성을 후원·위탁하였을 뿐인 정도 등에 그치지 않고, 발명의 기술적 과제를 해결하기 위한 구체적인 착상을 새롭게 제시·부가·보완하거나, 실험 등을 통하여 새로운 착상을 구체화하거나, 발명의 목적 및 효과를 달성하기 위한 구체적인 수단과 방법의 제공 또는 구체적인 조언·지도를 통하여 발명을 가능하게 한 경우 등과 같이 기술적 사상의 창작행위에 실질적으로 기여하기에 이르러야 공동발명자에 해당한다. 한편, 이른바 실험의 과학이라고 하는 화학발명의 경우에는 당해 발명 내용과 기술수준에 따라 차이가 있을 수는 있지만 예측가능성이나 실현가능성이 현저히 부족하여 실험데이터가 제시된 실험예가 없으면 완성된 발명으로 보기 어려운 경우가 많이 있는데, 그와 같은 경우에는 실제 실험을 통하여 발명을 구체화하고 완성하는 데 실질적으로 기여하였는지의 관점에서 공동발명자인지를 결정해야 한다(대법원 2011. 7. 28. 선고 2009다75178 판결)."라고 판시한 바 있다.

4) 특허를 받을 수 있는 권리

발명자가 발명을 하여 원시적으로 갖게 되는 권리를 '특허를 받을 수 있는 권리'라고 부르고, 이는 해당 발명에 대한 '특허권'으로 구체화된다. 쉽게 말해, 발명 완성 당시부터 특허출원시까지 및 특허출원시부터 특허설정등록시까지 '특허를 받을 수 있는 권리'라 불리던 권리가 특허설정등록시부터는 '특허권'이라 불리는 것이다.

'특허를 받을 수 있는 권리'는 양도가능하다. 다만, 특허출원 전에 이루어진 특허를 받을 수 있는 권리의 승계는 그 승계인이 특허출원을 해야 제3자에게 대항할 수 있다(특허법 제38조 제1항).

나. 특허출원인 및 특허권자

특허청장이 특허출원에 대한 설정등록을 하면, 그 특허출원인이 특허권자가 된다. 물론, 특허출원인이 특허출원 이후 타인에게 특허를 받을 수 있는 권리를 양도하면, 특허출원인이 아닌 그 양수인이 특허권자가 될 수 있다. 다만, 특허출원 이후의 특허를 받을 수 있는 권리의 승계는 상속, 그 밖의 일반승계의 경우를 제외하고는 특허출원인변경신고를 하여야만 그 효력이 발생한다(특허법 제38조 제4항).

다. 논의의 실익

1) 발명자 판별의 실익

특허출원인 또는 특허권자는 특허출원서 또는 특허등록원부에 특정되어 있으므로, 특허출원인이나 특허권자의 특정이 문제되는 경우는 없다.

그러나 진정한 발명자가 누구인가가 문제되는 경우는 많다. 주로, ① 직무발명보상금 사건(진정한 발명자가 그 발명 당시의 사용자를 상대로 직무발명 양도의 대가인 보상금을 청구하는 사건)과 ② 아래에서 살펴볼 모인출원 여부가 다투어지는 사건에서 진정한 발명자의 특정이 문제된다.

2) 모인출원

'모인출원'이란, 발명을 한 사람도 아니면서 그로부터 특허를 받을 수 있는 권리를 승계받지도 않은 사람(이하 '무권리자'라 한다)이 한 특허출원을 의미한다. 특허법은 모인출원인이 특허받은 경우를 무효사유의 하나로 규정하고 있다(특허법 제133조 제1항 제2호).

만일 무권리자가 발명자가 한 발명의 구성을 일부 변경한 것을 특허출원하였다면, 그 특허출원 역시 모인출원이라 할 수 있는가?

이와 관련하여, 대법원은 "무권리자가 발명자가 한 발명의 구성을 일부 변경함으로써 그 기술적 구성이 발명자가 한 발명과 상이하게 되었다 하더라도, 그 변경이 그 기술분야에서 통상의 지식을 가진 사람이 보통으로 채용하는 정도의 기술적 구성의 부가·삭제·변경에 지나지 아니하고, 그로 인하여 발명의 작용효과에 특별한 차이를 일으키지 아니하는 등 기술적 사상의 창작에 실질적으로 기여하지 않은 경우에는 그 특허발명은 무권리자의 특허출원에 해당하여 그 등록이 무효라고 할 것이다."라고 판단하였다(대법원 2011. 9. 29. 선고 2009후2463 판결).

3. 특허출원서류

특허출원을 하고자 하는 사람은 특허청에 다음의 서류를 제출해야 한다(특허법 제42조 제1, 2항).

① 특허출원서;
② (특허출원)명세서(=발명의 설명[7] + 청구범위[8]);
③ 도면; 및
④ 요약서.

4. 청구범위에 관하여

명세서에서 가장 중요한 '청구범위'에 관한 기본적인 내용은 다음과 같다.

가. 청구범위의 구조

청구범위는 '독립항'이라 불리는 청구항(들)과 '종속항'이라 불리는 청구항(들)으로 구성되어 있다. 독립항이란 다른 청구항들의 기술적 특징을 인용하지 않는 청구항을 의미하고, 종속항이란 독립항을 한정하거나 부가하여 구체화한 청구항을 뜻한다(특허법 시행령 제5조 제1항).

단적인 예를 들어 한국공개특허공보 제10-2013-0130217호의 청구범위는 아래와 같은데, 이 중 독립항은 청구항 1, 7이고, 종속항은 청구항 2~6, 8, 9이다.

---

7) 구 특허법(2014. 6. 11. 법률 제12753호로 일부개정되기 전의 것)에서는 '발명의 명칭', '도면의 간단한 설명', '발명의 상세한 설명'으로 세분화되어 있었다.

8) 구 특허법(2014. 6. 11. 법률 제12753호로 일부개정되기 전의 것)은 이를 '특허청구범위'라 명명하였다.

【청구항 1】

구동에너지를 발생시키는 고압 배터리 구비한 전기 자동차에 있어서,

상기 전기 자동차에 구비된 전장품에 전력을 공급하는 보조 배터리;

상기 고압 배터리의 상태를 관리하는 제1배터리제어부;

상기 고압 배터리를 이용하여 상기 보조 배터리를 충전하는 전압 조정부;

상기 보조 배터리의 상태를 관리하는 제2배터리제어부; 및

상기 제2배터리제어부와 상호 연동되며, 상기 전장품에 공급되는 전류를 제어하는 계전기;

를 포함하는 전기자동차.

【청구항 2】

제1항에 있어서,

상기 전압 조정부는

상기 보조 배터리에 충전이 가능하도록 전압을 강하하는 컨버터; 및

상기 컨버터를 구동하기 위한 전원을 공급하는 전력 분배기;

를 포함하는 전기자동차.

【청구항 3】

제1항에 있어서,

상기 계전기와 상기 보조 배터리 사이에 구비되며, 전장품에 누설되는 전류를 검측하는 센서부를 더 포함하는 전기자동차.

【청구항 4】

제1항에 있어서,

상기 제2배터리제어부에 구비된 통신 매체를 이용하여 실시간으로 상기 고압 배터리 및 보조 배터리의 제반 사항을 제공받는 단말기를 더 포함하는 전기자동차.

【청구항 5】

제1항에 있어서,

상기 제1배터리제어부와 상기 제2배터리제어부는 실시간으로 서로 상호 연동되는 것을 특징으로 하는 전기자동차.

【청구항 6】

제1항에 있어서,

상기 전압 조정부는 상기 제2배터리제어부로부터 작동명령신호를 받아 상기 보조 배터리를 충전하는 것을 특징으로 하는 전기자동차.

【청구항 7】

보조 배터리의 상태를 관리하는 제2배터리제어부를 구비한 전기자동차의 보조배터리 충전방법에 있어서,

상기 제2배터리제어부가 전기자동차의 시동 오프 및 비운전상태 확인 단계;

상기 제2배터리제어부가 상기 보조 배터리의 저전압이나 과방전 상태를 체크하는 단계;

상기 보조 배터리가 저전압 또는 과방전 상태일 경우, 상기 고압 배터리의 상태를 체크하는 단계;

상기 고압 배터리의 잔존 용량이 충분할 경우, 상기 제2배터리제어부가 전압조정부를 동작시키는 단계;

상기 전압조정부에서 상기 고압 배터리의 전압을 강하하여 상기 보조 배터리를 충전하는 단계; 및

충전 중에 상기 보조 배터리가 적정한 전압값에 도달하면 충전이 끝나고 사용자에서 충전 완료 메시지를 전송하는 단계;

를 포함하는 전기 자동차 보조 배터리의 충전방법.

【청구항 8】

제7항에 있어서,

상기 고압 배터리 및 보조 배터리의 상태를 상기 제2배터리제어부가 유/무선 통신매체인 단말기를 통해 실시간으로 사용자에게 데이터를 제공하는 단계를 더 포함하는 전기 자동차 보조 배터리의 충전방법.

【청구항 9】

제7항에 있어서,

상기 제2배터리제어부가 상기 보조 배터리의 누설되는 전류를 체크하고, 차단하는 단계를 더 포함하는 전기 자동차 보조 배터리의 충전방법.

주의할 것은, 단순히 다른 청구항을 인용하고 있는지 여부만을 기준으로 독립항과 종속항을 구분하여서는 아니 된다는 것이다. 앞서 본 바와 같이, 종속항은 다른 독립항이나 종속항을 인용하면서 이를 한정하거나[9] 부가하여[10] 구체화하는 청구항이므로, 만일 인용하고 있는 청구항의 구성 일부를 생략[11]하거나 다른 구성으로 변경[12]해 버린 청구항은 종속항이 아니라, 독립항이라고 보아야 타당하다(대법원 2005. 11. 10. 선고 2004후3546 판결[13], 1998. 4. 10. 선고 96후1040 판결[14]).

---

9) 예를 들어, 독립항 기재 발명 A가 a+b+c로 구성되어 있는데, 그 독립항을 인용하면서 구성요소 a를 그 하위 개념의 구성요소인 a1으로 한정한 발명(a1+b+c)을 기재한 청구항은 종속항이다.

10) 예를 들어 독립항 기재 발명 A가 a+b+c로 구성되어 있는데, 그 독립항을 인용하면서 구성요소 d를 추가한 발명(a+b+c+d)을 기재한 청구항은 종속항이다.

11) 예를 들어 독립항 기재 발명 A가 a+b+c로 구성되어 있는데, 그 독립항을 인용하면서 구성요소 a를 생략한 발명(b+c)을 기재한 청구항은 독립항이다.

12) 예를 들어 독립항 기재 발명 A가 a+b+c로 구성되어 있는데, 그 독립항을 인용하면서 구성요소 a를 구성요소 h로 대체한 발명(h+b+c)을 기재한 청구항은 독립항이다.

13) 「이 사건에 있어 이 사건 제2항 내지 제5항 고안은 기재형식에 있어서는 "제1항에 있어서"라는 표현을 사용하여 그 기재형식에 있어서는 마치 이 사건 제1항 고안의 종속항인 양 기재되어 있으나, 고안의 내용에 있어서는 이 사건 제1항 고안의 체결볼트로 체결하는 구성을 생략하고 있으므로 이를 독립항으로 보아야 한다는 상고이유의 주장은 수긍이 된다. 그러나 원심판결 이유에 의하면 원심은, 이 사건 제2항 내지 제5항 고안을 위와 같은 법리에 따라 독립항으로 해석하여 진보성 유무를 판단한 것이므로 거기에 상고이유 제3점에서 주장하는 법리오해 등의 위법이 없다.」

14) 「콘크리트 건조물 벽면의 보강장치에 관한 등록고안의 청구범위 제1항과 제2항은 그 목적이나 작용효과가 명백히 서로 다르고, 그 제2항에서는 "제1항에 있어서"라는 표현을 사용하고 있기는 하나, 부착시트와는 별개의 장치인 자동약액주입기에 관한 청구범위 제3항과 제4항에서도 "제1항에 있어서"라는 표현을 사용하고 있는 점, 제2항의 "제1항에 있어서"라는 표현은 제1항에서 말하는 절곡된 부착시트를 한정하는 것이 아니라 제1항의 전제 부분인 "…건조물 벽면의 보강 장치에 있어서"까지를 의미하는 것으로 해석한다면 전체적인 의미가 명확해진다는 점을 고려하여 정의와 형평에 따라 합리적으로 해석한다면 등록고안의 청구범위 제2항은 제1항과는 다른 독립된 권리를 의미하는 독립항이다.」

나. 독립항과 종속항의 관계

1) 등록 가부 판단 시

만일 독립항의 신규성과 진보성[15)]이 인정된다면, 종속항의 신규성과 진보성도 인정된다는 것은 종속항의 의의에 비추어 볼 때 자명하다. 그러나 종속항의 신규성과 진보성이 인정된다고 하여, 독립항의 신규성과 진보성 역시 인정된다고 단정할 수는 없다.

한편, 특허출원인에게 신규성이나 진보성 흠결의 거절이유를 통지하는 특허청 심사관은 거절이유가 있다고 지적하는 청구항이 독립항인지 아니면 종속항인지 여부에 관계없이 그 지적하는 청구항들 전부에 대하여 개별적으로 신규성이나 진보성 흠결의 거절이유를 입증하여야 한다. 마찬가지로 독립항뿐만 아니라 종속항에 대하여까지 특허무효심판을 청구하는 청구인은 그 심판대상이 독립항인지 아니면 종속항인지 여부에 관계없이 그 심판대상인 청구항들 전부에 대하여 개별적으로 신규성 및 진보성 흠결의 무효사유를 입증하여야 한다.

2) 침해 여부 판단 시[16)]

특허침해자가 독립항에 대한 특허권을 침해하고 있다고 하여, 종속항에 대한 특허권 역시 침해하고 있다고 단정할 수는 없다. 반면, 만일 특허침해자가 종속항에 대한 특허권을 침해하고 있다면, 그는 독립항에 대한 특허권도 침해하고 있는 것이다.

이처럼 독립항에 대한 침해를 입증하는 것이 종속항에 대한 침해를 입증하는 것보다 용이하다. 이러한 이유로, 특허권자 또는 전용

---

15) 신규성과 진보성의 구체적인 의미에 대하여는 후술하기로 한다(3-1-3. 참조).
16) 본문이 속한 '3-1-1.'에 해당하는 내용은 아니다.

실시권자[17](이하 '특허권자 등'이라 한다)가 침해혐의자를 상대로 독립항에 대한 특허권의 침해만을 주장하면서 침해금지청구 및 손해배상청구 등을 하는 경우를 어렵지 않게 볼 수 있다.

다. 청구항의 구조

위에서 예로 든 한국공개특허공보 제10-2013-0130217호의 청구범위 중 청구항 1을 이용하여 청구항의 구조를 설명하면, 아래 표에서 확인할 수 있는 바와 같이, 청구항은 전제부, 특징부, 전환부 및 종결부로 구성되어 있다.

청구항의 예시	박스 표시 부분의 명칭
청구항 1 [구동에너지를 발생시키는 고압 배터리 구비한 전기 자동차에 있어서,] 상기 전기 자동차에 구비된 전장품에 전력을 공급하는 보조 배터리; 상기 고압 배터리의 상태를 관리하는 제1배터리제어부(BMU : Battery Management Unit); 상기 고압 배터리를 이용하여 상기 보조 배터리를 충전하는 전압조정부; 상기 고압 배터리의 상태를 관리하는 제2배터리제어부(BMU : Battery Management Unit); 및 상기 제2배터리제어부와 상호 연동되며, 상기 전장품에 공급되는 전류를 제어하는 계전기; 를 포함하는 전기자동차.	전제부 or 도입부
청구항 1 구동에너지를 발생시키는 고압 배터리 구비한 전기 자동차에 있어서, [상기 전기 자동차에 구비된 전장품에 전력을 공급하는 보조 배터리; 상기 고압 배터리의 상태를 관리하는 제1배터리제어부(BMU : Battery Management Unit); 상기 고압 배터리를 이용하여 상기 보조 배터리를 충전하는 전압조정부; 상기 고압 배터리의 상태를 관리하는 제2배터리제어부(BMU : Battery Management Unit); 및 상기 제2배터리제어부와 상호 연동되며, 상기 전장품에 공급되는 전류를 제어하는 계전기;] 를 포함하는 전기자동차.	특징부

17) 이에 대하여는 뒤에서 자세히 살펴보기로 한다(8-1. 참조).

청구항의 예시	박스 표시 부분의 명칭
청구항 1 구동에너지를 발생시키는 고압 배터리 구비한 전기 자동차에 있어서. 상기 전기 자동차에 구비된 전장품에 전력을 공급하는 보조 배터리; 상기 고압 배터리의 상태를 관리하는 제1배터리제어부(BMU : Battery Management Unit); 상기 고압 배터리를 이용하여 상기 보조 배터리를 충전하는 전압조정부; 상기 고압 배터리의 상태를 관리하는 제2배터리제어부(BMU : Battery Management Unit); 및 상기 제2배터리제어부와 상호 연동되며, 상기 전장품에 공급되는 전류를 제어하는 계전기;를 [포함하는] 전기자동차.	전환부 or 연결부
청구항 1 구동에너지를 발생시키는 고압 배터리 구비한 전기 자동차에 있어서. 상기 전기 자동차에 구비된 전장품에 전력을 공급하는 보조 배터리; 상기 고압 배터리의 상태를 관리하는 제1배너리세어부(BMU : Battery Management Unit); 상기 고압 배터리를 이용하여 상기 보조 배터리를 충전하는 전압조정부; 상기 고압 배터리의 상태를 관리하는 제2배터리제어부(BMU : Battery Management Unit); 및 상기 제2배터리제어부와 상호 연동되며, 상기 전장품에 공급되는 전류를 제어하는 계전기;를 포함하는 [전기자동차.]	종결부

전제부 또는 도입부란 문맥을 매끄럽게 하는 의미에서 작성하는 청구항의 도입 부분을 의미하고, 특징부란 발명의 구체적 구성을 기재한 부분을 의미하며, 전환부 또는 연결부란 특징부와 종결부를 연결하는 문구를 뜻하고, 종결부란 발명의 명칭을 표시한 부분을 의미한다.

라. 개방형 청구항과 폐쇄형 청구항

위 '전환부'의 형태에 따라, 청구항은 이른바 개방형 청구항(open ended claim)과 폐쇄형 청구항(closed ended claim)으로 나뉜다. 여기서, 개방형 청구항이란 전환부가 '…을 포함하는(comprising, including)'과 같은 표현으로 작성된 청구항을 의미하고, 폐쇄형 청구항이란 전환부가 '…으로 구성된(consisting of)', '…으로 이루어진'과 같은 표현으로

작성된 청구항을 의미한다.[18)]

예를 들어, 개방형 청구항은 'a, b 및 c를 포함하는 발명 A'와 같은 형식의 청구항이고, 폐쇄형 청구항은 'a, b 및 c로 구성된 발명 A'와 같은 형식의 청구항이다. 이 예시에서, 개방형 청구항은 a+b+c로 이루어진 발명뿐만 아니라 a+b+c를 포함하는 또 다른 발명(예를 들어, a+b+c+d로 이루어진 발명)도 청구하는 것인데 반해, 폐쇄형 청구항은 a+b+c로 이루어진 발명'만' 청구하는 것이다.

이처럼 개방형 청구항이 청구하는 범위가 폐쇄형 청구항의 그것보다 넓기 때문에, 실무에서 흔히 접하는 청구항은 개방형 청구항이다. 다만, 화학 분야에서는 폐쇄형 청구항이 종종 사용된다. 그 이유는, a+b+c의 물질에 d가 추가되어 a+b+c와 전혀 다른 물성(物性)을 가진 a+b+c+d가 만들어질 수 있는데, 이러한 경우 하나의 청구항에서 a+b+c와 a+b+c+d 전부를 청구하는 개방형 청구항은 적절하지 않기 때문이다.

마. 청구항, 발명, 구성요소의 구별

대부분의 청구범위에는 둘 이상의 청구항이 있다. 간혹 '발명'이 무엇이고 '구성요소'가 무엇이며, 그 양자를 청구범위에서 어떻게 파악하여야 하는지부터 혼란스러워하는 의뢰인을 접할 때가 있다.

결론부터 말하면, 청구항마다 별개의 '발명'을 청구하는 것이고, 각 발명은 하나 이상의 '구성요소'를 구비한다. 단적인 예로, 위 한국공개특허공보 제10-2013-0130217호의 청구범위 중 청구항 1에 기재된 「발명」은 '구동 에너지를 발생시키는 고압 배터리 구비한 전기 자동

---

18) 그 밖에, 전환부가 '본질적으로(실질적으로) …로 이루어지는(consisting essentially of)'과 같은 표현으로 작성된 청구항도 있는데, 이는 개방형 청구항과 폐쇄형 청구항의 중간 형태에 해당한다.

차', '보조 배터리', '제1배터리제어부', '전압 조정부', '제2배터리제어부', '계전기'라는 「구성요소」들(아래 박스 표시 부분 참조)을 구비한다. 특징부에 나열된 보조 배터리, 제1배터리제어부, 전압 조정부, 제2배터리제어부 및 계전기가 구성요소임에는 의문의 여지가 없는데, 전제부의 내용까지도 구성요소라 할 수 있는지 의문일 수 있으나, 전제부의 기재 사항 역시 구성요소로 파악함이 바람직하다.

청구항 1

[구동에너지를 발생시키는 고압 배터리 구비한 전기 자동차]에 있어서,

상기 전기 자동차에 구비된 전장품에 전력을 공급하는 [보조 배터리] ;

상기 고압 배터리의 상태를 관리하는 [제1배터리제어부(BMU : Battery Management Unit)] ;

상기 고압 배터리를 이용하여 상기 보조 배터리를 충전하는 [전압조정부;]

상기 고압 배터리의 상태를 관리하는 [제2배터리제어부(BMU : Battery Management Unit)] ; 및

상기 제2배터리제어부와 상호 연동되며, 상기 전장품에 공급되는 전류를 제어하는 [계전기] ;

를 포함하는 전기자동차.

---

5. 특허출원부터 특허여부결정까지의 개괄적인 흐름[19)]

가. 특허출원

특허출원인은 본인이 직접 혹은 변리사를 통해 특허청에 특허출원서 및 명세서를 제출하여 특허출원을 한다. 특허의 권리범위는 (명세서 내) 청구범위에 서술된 바에 따라 결정되므로, 전문가인 변리사를 통해 특허출원을 하는 것이 바람직하다.

나. 심사관의 거절이유통지(OA: Office Action)

---

19) 이하의 내용은 현행 특허법에 따른 것이어서, 구 특허법의 내용과는 맞지 않을 수 있다. 예를 들어 재심사청구 제도는 구 특허법(2009. 1. 30. 법률 제9381호로 일부개정되기 전의 것)에는 없던 제도이다.

1) 주요 거절이유

특허출원인의 심사청구(특허법 제59조 제1항)가 있는 경우 심사관은 특허출원에 특허법 제62조 각 호 소정의 거절이유가 있는지 여부를 심사한다. 심사관의 주된 심사 사항은 명세서상에 특허법 제42조 제3항, 제4항, 제8항 및 제45조 소정의 기재불비(記載不備)가 있는지 여부, 각 청구항에 동법 제29조 제1항 소정의 신규성 흠결 또는 동법 제29조 제2항 소정의 진보성 흠결이 있는지 여부이다.

2) 거절이유통지

심사관은 거절이유를 발견한 경우, 특허출원인에게 거절이유통지를 한다(특허법 제63조 제1항). 특허출원인 입장에서는 거절이유통지가 아닌 특허결정(특허법 제66조)을 기대하겠지만, 단 한 번의 거절이유통지도 받지 않고 바로 특허결정을 받는 것은 훗날 특허출원인(특허권자)에게 독이 될 수도 있다. 거절이유통지를 받은 특허출원인은 상대적으로 자유로운 보정(특허법 제47조 제2항)을 통해 무효사유 없는 특허를 확보할 가능성을 높일 수 있지만, 아무런 거절이유통지 없이 등록이 된 특허는 무효될 위험에 상대적으로 많이 노출되기 때문이다.[20]

심사관은 대부분의 특허출원에 대해 1회 이상의 거절이유통지를 하는데, 출원인이 출원 당시부터 우선심사신청을 하지 않은 이상, 일반적으로 출원인은 특허출원일로부터 1년~1년 6월이 경과한 무렵에 최초의 거절이유통지를 받게 된다.

거절이유통지는 ① 최초거절이유통지와 ② 최후거절이유통지로 나뉜다. 여기서 최초거절이유통지는 문언 그대로 '최초의 거절이유

---

20) 특허권자가 특허무효심판에서 청구범위를 정정할 수 있기는 하지만, 적법한 정정에 해당하기 위한 요건은 상당히 엄격하다(특허법 제133조의2).

통지'만 의미하는 것이 아니라, '최후거절이유통지가 아닌 모든 거절이유통지'를 의미한다(특허법 제47조 제1항 제1호). 반면, 최후거절이유통지란 최초거절이유통지에 대한 보정에 따라 발생한 거절이유에 대한 거절이유통지를 의미한다(특허법 제47조 제1항 제2호). 이러한 거절이유통지의 종류를 논의할 실익은, 그 종류에 따라 거절이유통지에 대한 보정의 적법요건이 달라진다는데 있다(특허법 제47조 제2항, 제3항). 이는 아래에서 후술한다.

다. 거절이유통지에 대한 특허출원인의 대응

1) 의견서 제출

특허출원인은 심사관의 거절이유통지가 부당하다고 생각하는 경우, 그 이유를 자세히 적은 의견서를 제출해야 한다. 특허출원인은 의견서와 함께 보정서를 제출할 수도 있고 아무런 보정을 하지 않을 수도 있으나, 거절이유통지를 다투고자 하는 경우에는 반드시 의견서를 제출하여야 한다.

2) 보정 여부

거절이유통지를 다투는 특허출원인은 의견서를 제출하면서 보정서도 제출하여야 하는가? 심사관이 '출원발명이 선행기술과 동일하므로 특허결정을 할 수 없다.'는 취지의 거절이유통지를 한 경우를 예로 들어보자. 이러한 예시에서, 만일 특허출원인이 심사관의 판단이 명백히 잘못되었다고 생각한다면, 청구범위에 대해 어떠한 보정도 하지 않고 심사관의 판단을 다투는 의견서만 제출할 수 있을 것이다. 반면, 만일 특허출원인이 심사관의 판단에 어느 정도 일리가 있다고 생각한다면, 청구범위를 감축하는 즉, 좁히는 보정을 하여 출원발명과 선행기술의 차이가 보다 두드러지도록 할 필요가 있으므로, 해당 보정서와 의견서[21] 모두를 제출하여야 할 것이다.

한편, 보정시의 보정 가능 범위는 해당 보정이 최초거절이유통지에 대한 보정인지 아니면 최후거절이유통지에 대한 보정인지에 따라 다른데, 이하 항목을 나누어 살펴본다.

3) 최초거절이유통지에 대한 보정

최초거절이유통지를 받은 특허출원인은 최초거절이유통지에 따른 의견서 제출기간 내에 보정을 할 수 있다(특허법 제47조 제1항 제1호).

중요한 것은 보정 가능 범위인데, 최초거절이유통지를 받은 특허출원인은 상대적으로 자유롭게 보정을 할 수 있고, 이때의 보정은 특허법 제47조 제2항의 요건을 충족하는 이상 적법한 보정이다. 최초거절이유통지를 받은 특허출원인은 특허출원서에 최초로 첨부된 명세서 또는 도면(이하 '최초 명세서 등'이라고 한다)에 기재된 사항의 범위에서만 명세서나 도면을 보정할 수 있다(특허법 제47조 제2항). 실무에서는 이러한 제한을 벗어나 명세서 또는 도면에 추가된 사항을 '신규사항(New Matter)'이라 명명한다.

특허법 제47조 제2항 소정의 '최초 명세서 등'이란, 최초 명세서 등에 명시적으로 기재된 사항이거나 또는 명시적인 기재가 없더라도 그 발명이 속하는 기술분야에서 통상의 지식을 가진 사람이라면 출원시의 기술상식에 비추어 보아 보정된 사항이 최초 명세서 등에 기재된 것과 마찬가지라고 이해할 수 있는 사항을 의미한다(대법원 2007. 2. 8. 선고 2005후3130 판결).

예를 들어, 최초 명세서 등에는 눈 감지 센서와 관련하여 '텅레일

21) 예를 들어, "보정된 청구항에 기재된 출원발명은 선행기술과 확실히 다르므로, 특허결정을 하여 달라."는 취지의 의견서

과 고정레일 사이에 존재하는 눈을 감지할 수 있는 센서[또는 눈을 감지하기 위한 인디케이터(indicator)]'라는 기재만이 있을 뿐이었는데, 보정을 통해 출원명세서에 '눈 감지 센서는 리액턴스 방식으로 작동되는 센서로서 한 쌍의 금속성판 사이에 눈이 존재한다면 유전율의 변화로 한 쌍의 금속성판으로 형성된 평행판 축전기의 정전용량이 변하게 되고, 이에 따른 교류회로의 전류 변화 값을 측정하는 것'이라는 취지의 기재를 추가하는 것은 신규사항의 추가에 해당하는가? 위 대법원 2005후3130 판결은 그와 같은 보정을 신규사항의 추가에 해당하는 부적법한 보정으로 보았다.

위에서 본 바와 같이, 최초거절이유통지를 받은 특허출원인은 최초거절이유통지에 따른 의견서 제출기간 내 특허법 제47조 제2항의 요건에 부합하는 보정서를 의견서와 함께 제출함으로써 최초거절이유를 극복할 수 있다.[22]

4) 최후거절이유통지에 대한 보정

최후거절이유통지를 받은 특허출원인은 최후거절이유통지에 따른 의견서 제출기간 내에 보정을 할 수 있다(특허법 제47조 제1항 제2호).

중요한 것은 보정 가능 범위인데, 최후거절이유통지를 받은 특허출원인은 상대적으로 자유롭게 보정할 수 없다. 이때의 보정은 특허법 제47조 제2항의 요건뿐만 아니라, 동조 제3항의 요건까지 충족하여야 한다(특허법 제47조 제3항).

구체적으로, 최후거절이유통지를 받은 특허출원인은 명세서 또는 도면의 보정시 신규사항을 추가하여서는 아니 되고, ① 청구항

22) 특허출원인은 거절이유통지를 받기 전이라도 보정을 할 수가 있는데, 이를 실무에서는 '자진보정'이라 부른다. 자진보정 역시 특허법 제47조 제2항의 요건에 위배되지만 않으면 적법하다.

을 한정 또는 삭제하거나 청구항에 부가하여 청구범위를 감축하는 경우, ② 잘못 기재된 사항을 정정하는 경우, ③ 분명하지 아니하게 기재된 사항을 명확하게 하는 경우 및 ④ 신규사항 추가에 해당하는 보정에 대하여 그 보정 전 청구범위로 되돌아가거나 되돌아가면서 청구범위를 위 ①부터 ③까지의 경우에 따라 보정하는 경우 중 어느 한 경우에만 청구범위를 보정할 수 있다.

위에서 본 바와 같이, 최후거절이유통지를 받은 특허출원인은 최후거절이유통지에 따른 의견서 제출기간 내 특허법 제47조 제2항, 제3항의 요건에 부합하는 보정서를 의견서와 함께 제출함으로써 최후거절이유를 극복할 수 있다.

라. 심사관의 거절결정 또는 특허결정

1) 심사 대상

최초거절이유통지에 따른 보정이 있고, 그 보정이 특허법 제47조 제2항의 요건에 부합하는 적법한 보정이라면, 심사관은 그 보정된 명세서 및 도면에 대하여 심사를 하여, 아래와 같이 거절결정 또는 특허결정을 한다. 만일 최초거절이유통지에 따른 보정이 특허법 제47조 제2항 소정의 요건에 위배된 부적법한 보정이라면, 그 보정은 거절이유(특허법 제62조 제5호)에 해당하므로, 심사관은 최후거절이유통지를 할 것이다.

한편, 최후거절이유통지에 따른 보정이 있고, 그 보정이 특허법 제47조 제2항, 제3항의 요건에 부합하는 적법한 보정이라면, 심사관은 그 보정된 명세서 및 도면에 대해 심사를 하여 아래와 같이 거절결정 또는 특허결정을 한다. 만일 최후거절이유통지에 따른 보정이 특허법 제47조 제2항, 제3항 소정의 요건에 위배된 부적법한 보정이라면, 심사관은 그 보정을 각하하고 보정 전의 명세서와 도면에 대하여 심사를 하여 아래와 같이 거절결정 또는 특허결정을 한다(특허법 제51조 제1항).

2) 거절결정

거절이유통지(최초, 최후 불문)에 대한 특허출원인의 의견서(및 보정서)에도 불구하고 특허출원에 여전히 거절이유가 있고, 그 거절이유가 심사관이 통지한 바 있는 거절이유인 경우, 심사관은 거절결정을 한다(특허법 제62조).

청구범위 중 어느 청구항에 대한 거절이유는 거절이유통지에 대한 의견서 및 보정서를 통해 해소되었다 하더라도, 여전히 거절이유 있는 청구항이 있을 경우, 심사관은 특허출원 전체에 대하여 거절결정을 하여야 한다.

3) 특허결정

거절이유통지(최초, 최후 불문)에 대한 출원인의 의견서(및 보정서)를 통해 모든 거절이유가 해소된 경우, 심사관은 특허결정을 한다(특허법 제66조).

4) 심사 흐름도

이상의 내용을 심사 흐름도(flowchart)로 그리면 아래와 같다[특허청 특허·실용신안 심사기준(개정 2018. 8. 1. 특허청 예규 제104호) 5301쪽].

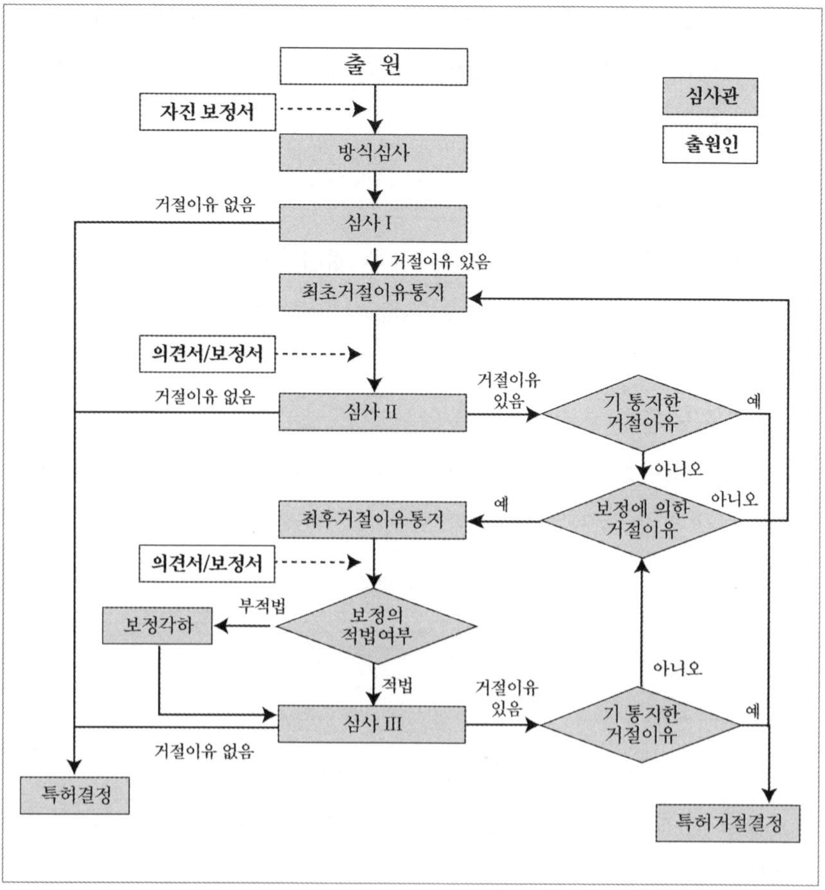

마. 거절결정에 대한 특허출원인의 불복 수단

거절결정을 받은 특허출원인은, 거절결정등본을 송달받은 날부터 30일 내에 명세서 또는 도면을 보정하고 특허청에 특허출원에 관한 재심사를 청구할 수도 있고(특허법 제67조의2), 재심사청구를 거치지 않고 그 30일 내에 곧바로 특허심판원에 거절결정불복심판을 청구할 수도 있다(동법 제132조의17).

참고로, 재심사청구가 있는 경우의 심사 흐름도(flowchart)는 아래와 같이 도시될 수 있다[특허청 특허·실용신안 심사기준(개정 2018. 8. 1. 특허청 예규 제104호) 5401쪽].

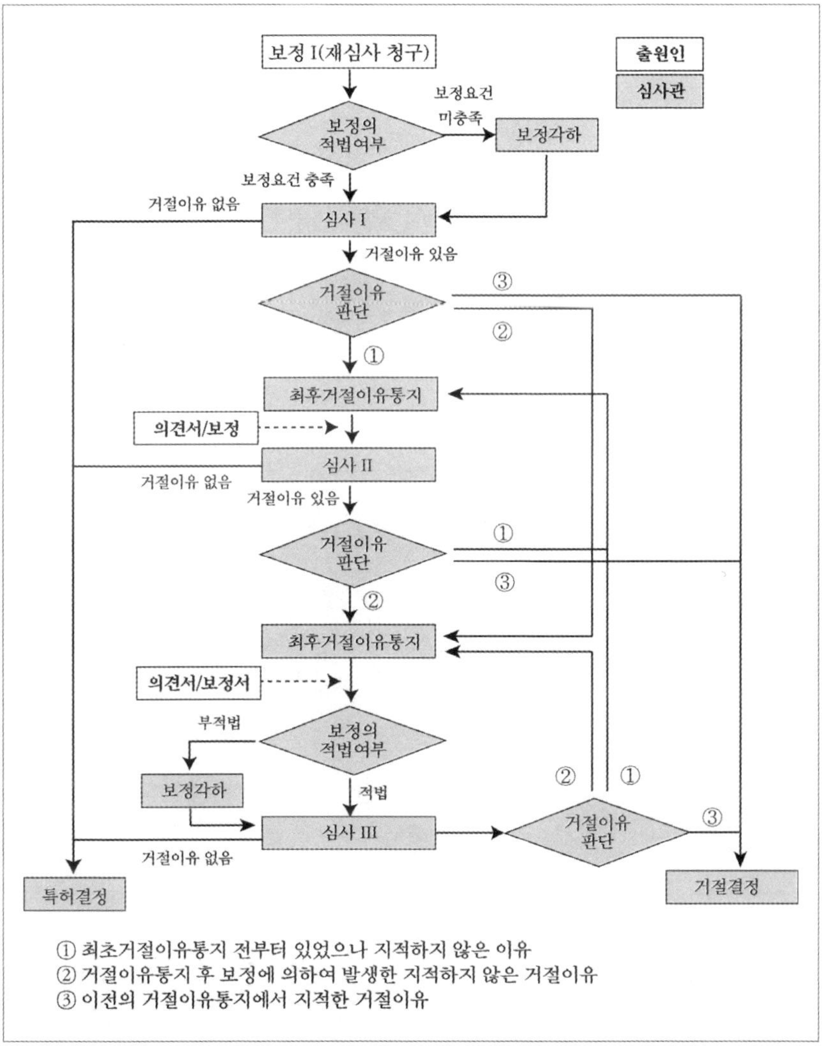

6. 특허권의 발생

특허결정을 받은 특허출원인이 특허료를 납부하면(특허법 제79조 제1항), 특허청장은 설정등록을 하고(동법 제87조 제2항), 이로써 특허권이 발생한다(동법 제87조 제1항).

3-1-2. 청구범위의 해석방법

1. 청구범위 해석의 필요성

가. 심사 과정에서의 청구범위 해석

심사관은 특허출원에 거절이유가 있는지 여부를 심사할 때, 출원명세서의 '발명의 설명' 부분과 '청구범위' 부분을 심사한다. '발명의 설명' 부분은 특허출원인이 출원발명을 최대한 상세하게 적은 부분이어서 그에 대한 심사 시 그 해석이 문제되는 경우가 적지만, '청구범위'의 각 청구항은 특허출원인이 출원발명의 핵심적 특징을 최대한 간명하게 한 문장으로 작성한 것이어서(특허법 제42조 제4항) 그에 대한 심사 과정에서 그 해석이 문제될 때가 많다. 따라서 이하 3-1-3.과 3-1-4.에서 구체적인 등록요건을 살피기에 앞서, 본 장에서는 청구범위의 해석방법에 관하여 살펴보기로 한다.

나. 특허권 행사 과정에서의 청구범위 해석

특허권자 또는 전용실시권자(이하 '특허권자 등'이라 한다)가 독점・배타권인 특허권이나 전용실시권(이하 '특허권'이라 통칭한다)을 행사하기 위하여는 자신이 보유한 특허권의 보호범위를 정확히 파악하여야 한다. 그런데, 특허발명의 보호범위(권리범위)는 명세서 중 '청구범위'에 기재된 사항에 의해 정하여지므로(특허법 제97조), 특허권자 등의 특허권 행사와 관련하여서도, 청구범위의 해석이 쟁점이 될 때가 많다.

다. 소결론

'청구범위 해석'은 특허출원의 등록요건이 문제되는 사건(OA 사건,

거절결정불복심판사건, 특허무효심판사건 등), 특허침해의 성립여부가 문제되는 사건(권리범위확인심판사건, 특허침해금지가처분사건, 특허침해금지청구, 손해배상청구사건 등) 등 많은 특허 관련 사건에서 가장 먼저 다루어지는 쟁점이 되기 쉽다. 본서에서 별도로 다루지는 않지만, 직무발명자가 사용자(회사)를 상대로 직무발명보상금을 청구한 사건에서도 그 직무발명이 특허발명이라면 해당 청구범위를 해석하는 것이 가장 기본적인 작업이다.

2. 청구범위 해석방법에 관한 판례의 태도

가. 기본적인 판례의 태도

판례의 기본적인 태도는, 발명의 설명이나 도면 등에 의하여 청구범위를 '제한'해석하거나 '확장'해석하여서는 아니 되기는 하지만, 청구범위에 기재된 사항의 기술적인 의미를 정확하게 이해하기 위하여 발명의 설명이나 도면 등을 '참작'할 수는 있다는 것이다(대법원 2015. 5. 14. 선고 2014후2788 판결 등).

나. 발명의 설명 또는 도면 등의 참작 가능

대법원 2016. 8. 24. 선고 2015후1188 판결[23] 등에 비추어 보면, 판례

23) "특허발명의 보호범위는 청구범위에 기재된 사항에 의하여 정하여지는 것이 원칙이고, 다만 그 기재만으로 특허발명의 기술적 구성을 알 수 없거나 알 수는 있더라도 기술적 범위를 확정할 수 없는 경우에는 명세서의 다른 기재에 의한 보충을 할 수는 있으나, 그 경우에도 명세서의 다른 기재에 의하여 청구범위의 확장 해석은 허용되지 아니함은 물론이고 청구범위의 기재만으로 기술적 범위가 명백한 경우에는 명세서의 다른 기재에 의하여 청구범위의 기재를 제한 해석할 수 없다.
원심은, 명칭을 '전기 튀김기의 히터구조'로 하는 이 사건 특허발명(특허등록번호 제1257892호)의 청구범위 제1항(이하 '이 사건 제1항 발명'이라고 한다)의 제1, 2 코일부는 조작부에 의해 온 · 오프된다고만 한정되어 있고, 제1, 2 코일부가 동시에 또는 별도로 조작되는 것이 가능한지에 관해서는 청구범위에 한정되어 있지 않은

가 청구범위의 기재만으로는 발명의 기술적 구성을 알 수 없거나 알 수는 있더라도 기술적 범위를 확정할 수 없는 경우에'만' 청구범위의 해석에 발명의 설명 또는 도면 등을 참작할 수 있다고 판시하는 것이 아닌가 하는 의문이 있을 수 있다.

그러나 "특허청구범위에 기재된 발명은 원래 출원명세서상 발명의 상세한 설명 또는 첨부된 도면을 전혀 참작하지 않는다면 그 기술적인 의미가 정확하게 이해될 수 없는 것이므로, 출원발명에 특허를 받을 수 없는 사유가 있는지 여부를 판단함에 있어서 특허청구범위의 해석은 특허청구범위에 기재된 문언의 일반적인 의미를 기초로 하면서 동시에 출원명세서상 발명의 상세한 설명이나 첨부된 도면을 참작하여 객관적·합리적으로 하여야 한다(대법원 2007. 9. 21. 선고 2005후520 판결)."라는 대법원 판결, "특허청구범위에 기재된 사항은 발명의 상세한 설명 또는 도면 등을 참작하여야 그 기술적인 의미를 정확하게 이해할 수 있으므로, 특허청구범위에 기재된 사항은 그 문언의 일반적인 의미를 기초로 하면서도 발명의 상세한 설명 및 도면 등을 참작하여 그 문언에 의하여 표현하고자 하는 기술적 의의를 고찰한 다음 객관적·합리적으로 해석하여야 한다(대법원 2012. 12. 27. 선고 2011후3230 판결)."는 대법원 판결에 비추어 보면, 발명의 설명 등을 참작하여 청구범위를 해석할 수 있는 경우를 위와 같이 제한하여서는 안 될 것이다.[24)]

이상, 제1, 2 코일부가 동시에 또는 별도로 조작되는 것을 의미하는 것으로 제한 해석할 수는 없으므로, 이 사건 제1항 발명의 제1, 2 코일부는 원심 판시 비교대상발명 1과 같이 동시에 또는 별도로 조작되는 것이 가능한지가 개시되어 있지 않은 열교환기도 포함하는 것이라고 판단하였다. 원심판결 이유를 위 법리와 기록에 비추어 살펴보면, 원심의 위와 같은 판단은 정당하고, 거기에 상고이유 주장과 같은 청구범위 해석에 관한 법리를 오해한 잘못이 없다."

24) 특허법원 지적재산소송 실무연구회, 「지적재산 소송실무」, 박영사(2019), p.282 참조

다. 제한해석 내지 확장해석의 금지

청구범위 해석방법과 관련하여 대법원이 일관되게 판시하여 온 바는, 발명의 설명 또는 도면 등의 기재에 의하여 청구범위를 제한하거나 확장하여 해석하여서는 아니된다는 것이다(대법원 2015. 5. 14. 선고 2014후2788 판결 등).

예를 들어, 청구항의 어떤 구성요소에 대한 기재 중 '밸브 플랩이 안면 마스크의 개구를 밀폐할 때 밸브 플랩의 만곡부가 「적어도 부분적으로」 편평해지는'이란 부분이 있는데, 이를 '밸브 플랩이 안면 마스크의 개구를 밀폐할 때 그 만곡부가 「전체적으로」 편평해지는 것'으로만 해석할 수 있을까? 대법원은 이러한 해석은 '제한'해석으로서 허용되지 않는다고 판단하였다(대법원 2011. 8. 25. 선고 2010후3639 판결).

라. 실제 수행 사례 소개

1) 생각해 볼 문제

발명의 설명이나 도면 등을 근거로 청구범위의 명시적인 기재에 반하는 제한해석 또는 확장해석을 하는 것이 금지되는 것에는 의문의 여지가 없다.

실무에서는, 발명의 설명 또는 도면 등에 일부 실시예만 기재되어 있는데 청구범위가 그러한 실시예보다 넓은 범위로 기재된 상황에서 그 일부 실시예에 포섭될 수 없는 사항(이하 '계쟁사항'이라고 한다)이 청구범위에 포함되지 않는다고 청구범위를 해석할 수 있는지 여부가 문제될 수 있다. 이러한 해석이 발명의 설명 또는 도면 등을 '참작'한 적법한 해석인지 아니면 청구범위를 '제한'해석한 부적법한 해석인지 여부가 다투어질 수 있는 것이다.

지금부터 저자가 실제 수행한 사례를 예로 들며, 위 문제에 대하여 생각해 보고자 한다.

2) 사건의 경위

甲은 공사현장에 설치되는 브라켓에 관한 특허권자이다. 甲의 독립항은 브라켓 '측판(側板)'의 형태를 설명하면서 "곡선부"라는 표현을 사용하였다. 구체적으로 甲의 독립항 기재 내용 중 그 해석이 문제되는 구성요소는 "톱니를 가지는 곡선부(이하 '이 사건 쟁점구성의 '곡선부'라 한다)가 형성되고 서로 대향하는 2개의 측판"이다. 그런데 발명의 설명과 도면은 그 "곡선" 부분을 '일정한 곡률의 호형(弧形) 형상을 가진 곡선(예를 들어 )' 부분으로만 예시하고 있으며, 해당 발명의 목적과 효과는 그러한 형태의 곡선을 통해서만 달성된다.

한편, 乙은 제1 또는 제2 브라켓을 제작하고 이를 판매 또는 대여하는 업체인데, '제1 브라켓이 甲의 독립항 기재 발명에 발생된 특허권의 권리범위에 속한다.'는 특허심판원의 심결이 있은 직후부터는 더 이상 제1 브라켓을 실시하지 않고, 제1 브라켓의 곡선 부분을 '직선' 부분(이하 '직선부'라 한다)으로 바꾼 제2 브라켓만을 제작ㆍ납품하였다.[25] 문제는 乙로부터 제2 브라켓을 납품받은 공사업체가 제2 브라켓을 매우 큰 힘을 가하며 사용하는 관계로 그 사용 과정에서 제2 브라켓의 직선부에 약간이나마 변형(이하 이 부분을 '변형부'라 한다)이 발생한다는 것이었다. 이하에서는 그러한 제2 브라켓의 중고품을 '제3 브라켓'이라 한다.

이러한 상황에서 甲은 乙을 상대로 "乙이 제1~제3 브라켓[26]을

25) 乙은 제1 브라켓이 甲의 독립항에 발생된 특허권의 권리범위에 속한다는 위 특허심판원 심결을 수긍할 수 없었지만, 더 이상의 논란에 휘말리지 않기 위해 제1 브라켓을 변형시킨 제2 브라켓을 실시하였다.

26) 항소심에서의 제1~제3 브라켓과 1심에서의 제1~제3 브라켓 사이에 약간의 차이가

실시하여 甲의 특허권을 침해함으로써 입게 된 손해 851,117,093원을 배상하라."는 취지의 손해배상 등을 청구하였다. 이에 대하여, 1심은 '직선이 아니면 곡선이다'라는 전제하에 제1~제3 브라켓 모두 특허침해품이라는 취지의 판단을 하고, 187,775,904원[27])의 손해배상액을 인정하였다(서울중앙지방법원 2017. 11. 3. 선고 2016가합525478 판결).

저자는 이 사건의 항소심(2심)에서 乙을 대리하였다. 제1 브라켓이 특허침해품이라는 점과 제2 브라켓이 특허침해품이 아니라는 점은 자명하다고 생각되어, 저자는 항소심에서 제3 브라켓이 특허침해품인지 여부에 대한 주장, 입증에 집중하였다.

이와 관련하여 어떠한 주장을 하여야 할까? 乙이 당초 제작한 제2 브라켓에는 이 사건 계쟁구성의 곡선부가 없고 '직선부'만 있으므로, 제2 브라켓의 중고품인 제3 브라켓과 甲의 특허발명을 대비하여서는 안 되고 제2 브라켓과 甲의 특허발명을 대비해야 한다는 주장을 하면 족한가? 이러한 주장이 '제2 브라켓의 측판에 있던 직선부가 공사 업체에 의해 사용되는 과정에서 울퉁불퉁해졌을 뿐이므로, 만일 제3 브라켓이 특허침해품이라고 하더라도 乙에게는 그 특허침해에 관한 고의나 과실이 없다.'라는 주장으로서의 의미는 가질 수 있다. 그러나 제3 브라켓 자체가 특허침해품인지 여부를 판단하기 위해서는 좀 더 다른 시각에서 이 사건을 바라보아야 한다.

3) 청구항의 해석에 관한 다툼

저자는 항소심에서 1심에서 주장된 바 없는 새로운 주장인 청구

있기는 하지만 중요한 차이는 아니므로, 이에 대한 설명은 생략하기로 한다.

27) 이는 피고의 소멸시효 항변이 받아들여져 대폭 줄어든 금액이다. 1심은 '이 사건 소제기일인 2016. 5. 4.로부터 역산하여 3년이 경과한 2013. 5. 3. 이전의 부분에 관하여 발생한 이 사건 특허권 침해로 인한 손해배상청구권은 이미 시효로 소멸하였다.'고 판단하였다.

항 해석에 관한 주장을 하였다. 즉, 저자는 "발명의 설명과 도면을 참작할 때, 이 사건 계쟁구성의 "곡선부"는 직선이 아닌 모든 부분을 의미하는 것이 아니라, '일정한 곡률의 호형(弧形) 형상을 가진 곡선' 부분을 의미하는 것이다."라는 취지의 주장을 하였다. 제3 브라켓은 '일정한 곡률의 호형(弧形) 형상을 가진 곡선'이 아닌 '일정한 패턴 없이 무작위적으로 울퉁불퉁한 선'을 가졌으므로, 乙의 위와 같은 청구항 해석이 받아들여진다면, 제3 브라켓은 특허침해품일 수 없는 것이다.

이러한 乙의 청구항 해석에 대하여, 甲은 "곡선이란 '직선이 아닌 모든 선'을 뜻하므로 '일정한 패턴 없이 무작위적으로 울퉁불퉁한 선'을 가진 부분도 이 사건 계쟁구성의 '곡선부'에 포함된다."라는 반박을 하였다.

이처럼 이 사건 계쟁구성의 '곡선부'에 대한 해석이 양 당사자 사이에서 극명하게 갈렸다. 이러한 乙의 해석은 발명의 설명이나 도면 등을 참작한 '적법'한 해석인가 아니면 청구범위를 제한해석한 '부적법'한 해석인가?

4) 저자의 소견 및 법원의 판단

일률적으로 말할 수는 없지만, 발명의 설명 또는 도면 등이 출원발명(특허발명)을 설명하면서 '이러한 설명은 여러 실시예 중 일부 실시예에 대한 설명에 불과하고, …라는 출원발명(특허발명)의 특징[28]이 유지되는 이상 그 일부 실시예의 다양한 변형예[29] 역시 출원발명(특허발명)의 청구범위에 포함된다.'라는 취지의 설명을 하지 않았거나, 출원발명(특허발명)의 목적과 효과가 위 계쟁사항하

28) 위 계쟁사항은 출원발명(특허발명)의 특징에 해당하지 않는다.
29) 위 계쟁사항은 위 일부 실시예에는 포섭되지 않지만, 위 변형예에는 포섭된다.

에서는 구현될 수 없는 경우에는, 위 계쟁사항이 청구범위에 포함되지 않는다고 청구범위를 해석하는 것이 발명의 설명이나 도면을 참작한 적법한 해석이라고 인정될 가능성이 높다고 생각된다.[30)]

그렇다면 乙의 해석은 적법하다고 할 것이고, 甲의 독립항에 기재된 '곡선부' 즉, '일정한 곡률의 호형(弧形) 형상을 가진 곡선' 부분이 없는 제3 브라켓은 특허침해품일 수 없다.

항소심도 같은 취지에서 "이 사건 특허발명의 명세서 기재에 따르면, 이 사건 쟁점구성의 '곡선부'는 종래 직선 형태의 측판이 구비된 브라켓에서 앵커체가 심하게 절곡되는 문제점을 해결하기 위해 '앵커체의 인장방향과 지압플레이트를 되도록 수직으로 유지'하면서 지압플레이트를 이동시키기 위한[31)] 수단으로 그 기술적 의의와 효과를 가지고 있음을 알 수 있다. (중략) (제3 브라켓의 측판의) 각 톱니 각도가 (甲의 독립항에 기재된 대로 구현된) 甲의 브라켓과 같이 일정한 방향으로 곡률에

30) 참고로 대법원 역시, 위에서 본 바와 같은 취지에서 아래와 같은 판시를 한 바 있다. 『이 사건 제1항 발명의 구성1에는 "그물의 상하면에는 제1, 2로프가 미싱기계에 의해 각각 박음질로 부착되되"라고 되어 있는바, 여기에서 "박음질"의 사전적 의미는 좁게는 '바느질의 하나로서 실을 곱걸어서 튼튼하게 꿰매는 것'이지만, 넓게는 '재봉틀로 박는 일'을 뜻한다. 그런데 이 사건 특허발명의 상세한 설명에는 이와 관련하여 '통상의 미싱기계는 로프가 비교적 단단하고, 로프의 두께가 있어 박음질 과정에서 파손이 초래되므로 본 발명의 그물구조를 형성하기 위해 미싱기계(130)의 일부를 용도에 맞게 설계 변경하였다', '납로프(120)의 부착 또한 미싱기계(130)에 의해서 박음질하게 되는데, 이때에는 납(122)과 미싱기계(130)의 바늘이 서로 부딪히지 않도록 주의해서 납(122)을 감싸는 외피 부분만을 박음질하는 것이다', '본 발명의 그물은 그물(100)의 상하면에 제1, 2로프(110a)(110b)가 미싱기계(130)에 의해서 튼튼하게 박음질되므로 유지보수비용이 절약된다'고 기재되어 있고, 도면 제6도, 제7도에는 미싱기계에 의해 로프와 그물이 서로 맞닿은 부분에 상하 일자 또는 지그재그로 연결된 형상으로 실이 꿰매어진 형태가 도시되어 있음을 알 수 있으므로, 이러한 여러 사정을 참작하면 이 사건 제1항 발명 구성1에서의 '미싱기계에 의한 박음질'은 '미싱기계의 바늘이 로프와 그물을 상하로 관통하면서 꿰매는 방식'을 의미한다고 봄이 상당하다(대법원 2013. 4. 25. 선고 2012후85 판결).』

31) 측판의 형태가 '일정한 곡률의 호형(弧形) 형상을 가진 곡선'일 때 가능하다.

따라 증가하는 형태를 가진다고 보기 어렵다는 점에 비추어 보더라도, 제3 브라켓의 변형부가 이 사건 쟁점구성의 '곡선부'와 같이 앵커체의 설치 각도에 따라 지압플레이트를 이동시켜서 '앵커체의 인장방향과 지압플레이트를 되도록 수직으로 유지하도록 하는 효과'를 구현한다고 인정하기 어렵다. (중략) 따라서 乙이 제3 브라켓을 실시하는 것은 甲의 특허권 침해에 해당하지 아니한다(특허법원 2019. 10. 2. 선고 2017나2585 판결(확정))."라고 판단하였다.[32)]

참고로, 甲은 항소심에서 청구금액을 2,289,575,264원까지 증액하였으나, 항소심은 1심의 인정금액(약 1억 8천만 원)보다 훨씬 적은 7,605,648원만을 제1 브라켓과 관련된 부당이득금으로[33)] 인정하였다.

---

32) 지압플레이트, 측판, 곡선부 등의 용어에 대한 이해를 돕기 위해, 甲의 특허공보와 위 항소심 판결문에 개시되어 있는 도면을 인용하면 아래와 같다. 참고로, 아래 도면에 적힌 청색 글씨는 위 항소심이 덧붙인 글씨이다.

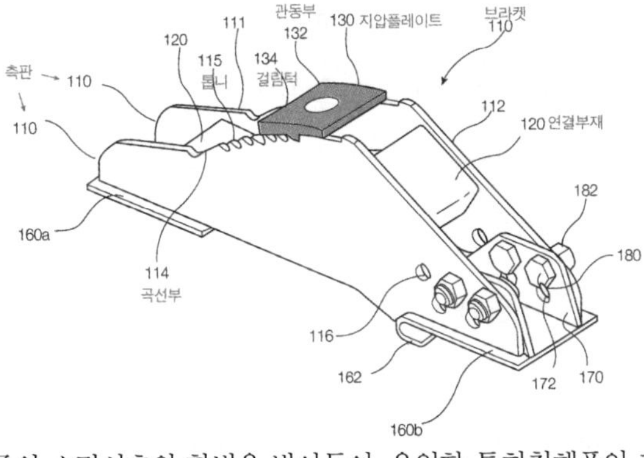

33) 항소심은 乙의 소멸시효의 항변을 받아들여, 유일한 특허침해품인 제1 브라켓과 관련하여 甲의 특허침해로 인한 손해배상청구를 받아들이지 않았다. 한편 甲은 제1 브라켓과 관련하여 손해배상청구 외에 부당이득반환청구도 하였는데, 항소심은 약 760만 원만을 乙의 부당이득금으로 인정하였다.

3. 특수한 청구항의 경우

가. 기능식 청구항의 경우

1) 기능식 청구항의 의의

기능식 청구항이란, 적어도 하나의 구성요소가 발명의 목적 또는 효과를 달성하기 위한 구체적인 구성이 아닌 그 구성의 '기능'으로 표현된 청구항을 의미한다(특허법 제42조 제6항).[34)]

예를 들어, 실용신안등록 제274656호의 청구항 1 기재 고안은 통발과 일측이 연결되는 몸체(이하 '구성 ①'이라 한다), 상기 몸체에 서로 대향되게 설치된 집게레버가 서로 접촉되거나 분리되면서 통발을 모릿줄에 연결 및 분리가능하게 하는 집게기구(이하 '구성 ②'라 한다), 상기 집게레버가 서로 접촉되거나 분리되는 동작을 제어하는 착탈기구(이하 '구성 ③'이라 한다)로 구성되어 있는데, 이때 구성 ③에는 그 구체적 구성이 아닌 그 구성을 위한 기능만이 기재되어 있으므로, 위 청구항 1은 기능식 청구항이다(특허법원 2004. 3. 25. 선고 2003허2270 판결).

2) 기능식 청구항 해석의 문제점

기능식 청구항의 해석과 관련하여, 기능식 청구항에서 기능으로 표현된 부분에 그 기능을 구현할 수 있는 모든 구성이 포함된다고 볼 수 있는지 여부가 문제된다.

미국 특허법(35 U.S.C. 제112조(f))은 아래와 같이 이에 대한 명시적 규정을 두고 있다.

"An element in a claim for a combination may be expressed as a

---

34) 구 특허법(2007. 1. 3. 법률 제8197호로 개정되기 전의 것)하에서는 기능식 청구항이 추상적이고 불명확하여 이를 허용할 수 있는지 여부에 대하여 논란이 있었다.

means or step for performing a specified function without the recital of structure, material, or acts in support thereof,[35] and such claim shall be construed to cover the corresponding structure, material, or acts described in the specification and equivalents thereof."

(조합 청구항의 구성요소는 특정 기능의 수행을 뒷받침하는 구조, 물질 또는 동작에 대한 기재 없이 기능이나 단계로 표현될 수 있고, 그러한 청구항은 명세서에 설명된 해당 구조, 물질 또는 동작 및 그 균등물을 청구범위로 하는 청구항으로 해석되어야 한다.)

반면 한국의 경우, 기능적으로 작성된 청구범위 역시 위에서 살펴본 일반적인 청구범위 해석방법에 따라 해석하여야 한다. 다시 말해, 한국에서는 발명의 설명이나 도면 등을 참작하여 기능식 청구항을 해석하는 것은 가능하나, 발명의 설명 또는 도면 등의 기재에 의하여 기능식 청구항을 제한해석하는 것은 허용되지 않는다. 그렇다면 한국에서 미국 특허법 제112조(f)와 같이 기능식 청구항을 해석하는 것은, 청구범위를 발명의 설명 또는 도면 등을 근거로 제한해석하는 부적법한 해석이 될 수 있다.

구체적으로 대법원은 아래와 같이, 기능적으로 작성된 청구범위의 해석에 관한 법리를 판시한 바 있다.

"특허출원된 발명이 특허법 제29조 제1항, 제2항에서 정한 특허요건, 즉 신규성과 진보성이 있는지를 판단할 때에는, 특허출원된 발명을 같은 조 제1항 각호에서 정한 발명과 대비하는 전제로서 그 발명의 내용이 확정되어야 한다. 따라서 특허청구범위는 특허출원인이 특허발명으로 보호받고자 하는 사항이 기재된 것이므로, 발명의 내용의 확정은 특별

35) 1952년 이전에는 미국에서도, 기능식 청구항이 그 자체로 불명확할 뿐만 아니라 그 자체로 재현 가능성이 낮아 이를 허용할 수 있는지 여부에 대해 논란이 있었다.

한 사정이 없는 한 특허청구범위에 기재된 사항에 의하여야 하고 발명의 상세한 설명이나 도면 등 명세서의 다른 기재에 의하여 특허청구범위를 제한하거나 확장하여 해석하는 것은 허용되지 않으며, 이러한 법리는 특허출원된 발명의 특허청구범위가 통상적인 구조, 방법, 물질 등이 아니라 기능, 효과, 성질 등의 이른바 기능적 표현으로 기재된 경우에도 마찬가지이다. 따라서 특허출원된 발명의 특허청구범위에 기능, 효과, 성질 등에 의하여 발명을 특정하는 기재가 포함되어 있는 경우에는 특허청구범위에 기재된 사항에 의하여 그러한 기능, 효과, 성질 등을 가지는 모든 발명을 의미하는 것으로 해석하는 것이 원칙이나, 다만 특허청구범위에 기재된 사항은 발명의 상세한 설명이나 도면 등을 참작하여야 그 기술적 의미를 정확하게 이해할 수 있으므로, 특허청구범위에 기재된 용어가 가지는 특별한 의미가 명세서의 발명의 상세한 설명이나 도면에 정의 또는 설명이 되어 있는 등의 다른 사정이 있는 경우에는 그 용어의 일반적인 의미를 기초로 하면서도 그 용어에 의하여 표현하고자 하는 기술적 의의를 고찰한 다음 용어의 의미를 객관적, 합리적으로 해석하여 발명의 내용을 확정하여야 한다(대법원 2009. 7. 23. 선고 2007후4977 판결)."[36)]

36) 명칭이 "음성 제어 방법"인 출원발명의 보정된 특허청구범위 제15항의 구성 1 '플레이어의 조작에 의해 캐릭터의 체형을 결정하는 결정수단'은 기능, 성질 등에 의한 용어가 포함되어 있는 구성으로서 발명의 상세한 설명이나 도면 등 명세서의 다른 기재에 의하면 플레이어의 조작에 의하여 캐릭터의 체형을 선택하거나 작성하여 캐릭터의 체형을 결정하는 구성을 의미하는 것으로 해석되므로, 비교대상발명 1에 개시된 '캐릭터의 일람 화면표시에서 캐릭터를 선택하여 캐릭터의 체형을 결정하는 구성'을 포함하고 있고, 구성 2 '외부로부터 입력되는 음성 또는 사전에 준비되는 음성의 성질을 캐릭터의 체형에 관한 속성정보에 기초하여 변환하는 변환수단'은 통상의 기술자가 비교대상발명 1, 2로부터 용이하게 발명할 수 있으며, 구성 3 '변환된 성질의 음성을 캐릭터의 음성으로 출력하는 출력수단' 역시 비교대상발명 1, 2에 이미 공지되어 있으므로, 특허청구범위 제15항은 진보성이 부정된다고 한 사례

나. 제조방법에 의해 특정된 물건에 관한 발명이 기재된 청구항의 경우

1) 제조방법에 의해 특정된 물건에 관한 발명이 기재된 청구항의 의의

제조방법에 의하여 특정된 물건에 관한 발명이 기재된 청구항[이하, 'PbP(Product by Process) 청구항'이라 한다]이란, 물건에 관한 발명을 물건의 구조를 이용하여 표현하지 않고 물건의 제조방법을 이용하여 표현한 청구항을 의미한다. PbP 청구항은 물건을 "… 방법으로 제조된 물건"과 같이 표현한다.

2) PbP 청구항의 해석

PbP 청구항을 해석함에 있어서는 그 청구항 기재 물건이 그 청구항에 기재된 제조방법으로 제조된 물건에 한정되는지, 아니면 그 청구항에 기재된 제조방법 이외의 제조방법으로 제조된 물건까지도 포함하는지 여부가 문제된다.

이와 관련하여, 대법원은 최근 "특허법 제2조 제3호는 발명을 '물건의 발명', '방법의 발명', '물건을 생산하는 방법의 발명'으로 구분하고 있는바, 특허청구범위가 전체적으로 물건으로 기재되어 있으면서 그 제조방법의 기재를 포함하고 있는 발명(이하 '제조방법이 기재된 물건발명'이라고 한다)의 경우 제조방법이 기재되어 있다고 하더라도 발명의 대상은 그 제조방법이 아니라 최종적으로 얻어지는 물건 자체이므로 위와 같은 발명의 유형 중 '물건의 발명'에 해당한다. 물건의 발명에 관한 특허청구범위는 발명의 대상인 물건의 구성을 특정하는 방식으로 기재되어야 하는 것이므로, 물건의 발명의 특허청구범위에 기재된 제조방법은 최종생산물인 물건의 구조나 성질 등을 특정하는 하나의 수단으로서 그 의미를 가질 뿐이다. 따라서 제조방법이 기재된 물건발명의 특허요건을 판단함에 있어서 그 기술적 구성을 제조방법 자체로 한정하여 파악할 것이 아니라 제조방법의 기재를 포함하여 특허청구범위의 모든 기재에 의하여 특정되는 구조나 성질 등을 가지는 물건으로 파악하여 출원 전에 공지된 선행기술과 비교하여 신규성·진보성 등이 있는지 여부를 살펴야 한다(대법원 2015. 1. 22. 선고 2011후927 전원합의체 판결)."라고 판시하였다.

나아가, 대법원 2011후927 전원합의체 판결은 위 법리가 '제조방법에 의해서만 물건을 특정할 수밖에 없는 사정이 있는 경우의 PbP 청구항(이른바 '진정 PbP 청구항'이라 한다) 뿐만 아니라 그러한 사정이 없는 경우의 PbP 청구항(이른바 '부진정 PbP 청구항'이라 한다)에도 적용된다고 판시하였다.[37)]

37) "생명공학 분야나 고분자, 혼합물, 금속 등의 화학 분야 등에서의 물건의 발명 중에는 어떠한 제조방법에 의하여 얻어진 물건을 구조나 성질 등으로 직접적으로 특정하는 것이 불가능하거나 곤란하여 제조방법에 의해서만 물건을 특정할 수밖에 없는 사정이 있을 수 있지만, 이러한 사정에 의하여 제조방법이 기재된 물건발명이라고 하더라도 그 본질이 '물건의 발명'이라는 점과 특허청구범위에 기재된 제조방법이 물건의 구조나 성질 등을 특정하는 수단에 불과하다는 점은 마찬가지이므로, 이러한 발명과 그와 같은 사정은 없지만 제조방법이 기재된 물건발명을 구분하여 그 기재된 제조방법의 의미를 달리 해석할 것은 아니다(대법원 2015. 1. 22. 선고 2011후927 전원합의체 판결)."

3-1-3. 선행기술 관련 등록요건

1. 신규성 및 진보성

가. 의의

심사관이 거절이유통지(OA)에서 가장 많이 지적하는 거절이유이자 특허무효심판에서 가장 빈번하게 다투어지는 무효사유는 '신규성 흠결'과 '진보성 흠결'(그중에서도 진보성 흠결)이다.

출원발명은 출원 이전에 공지된 선행기술(이하 '공지기술'이라고 한다)과 '동일'하다면 특허등록될 수 없다(특허법 제29조 제1항). 이를 "출원발명에 '신규성(novelty, 新規性)'이 있어야 출원발명이 특허등록될 수 있다."라고 표현하고, 심사관은 신규성이 없는 출원발명에 대하여 특허법 제29조 제1항에서 말하는 신규성 흠결의 거절이유를 통지한다. 신규성 흠결의 거절이유가 있음에도 심사관이 이를 간과하여 특허등록이 된 특허발명에는 신규성 흠결의 무효사유가 있는 것이다.

그렇다면 공지기술과 차이가 있는 출원발명은 모두 특허등록될 수 있는가? 아니다. 공지기술과 출원발명의 차이가 사소한 차이에 불과하거나, 그 기술분야에 속한 통상의 기술자가 그 차이를 쉽게 생각해낼 수 있어도, 출원발명은 특허등록될 수 없다. 이를 "출원발명에 '진보성(nonobviousness, 進步性)'이 있어야 출원발명이 특허등록될 수 있다."라고 표현하고, 심사관은 진보성이 없는 출원발명에 대해 특허법 제29조 제2항에서 말하는 진보성 흠결의 거절이유를 통지한다. 진보성 흠결의 거절이유가 있음에도 심사관이 이를 간과하여 특허등록이 된 특허발명에는 진보성 흠결의 무효사유가 있는 것이다.

나. 신규성과 진보성의 대비

1) 판단대상

신규성이든 진보성이든 그 등록요건이 구비되었는지 여부가 문제되는 대상은 출원명세서에 기재된 내용 전체가 아니라 출원명세서 중 '청구범위' 뿐이다. 각 청구항의 내용이 무엇인지 파악하기 위해서는 앞서 본 청구범위 해석에 관한 법리를 알 필요가 있다.

그리고 청구범위를 구성하는 '모든' 청구항이 신규성과 진보성을 가지고 있어야 해당 특허출원이 특허등록될 수 있다. 그러한 이유로 심사관은 모든 청구항에 대하여 신규성과 진보성 유무 여부에 대한 심사를 한다. 반면, 특허등록이 된 이후에 특허무효심판을 청구하는 자는 반드시 모든 청구항에 대하여 특허무효심판을 청구하여야 할 필요는 없고, 특허침해소송 등에서 문제된 일부 청구항에 한하여 특허무효심판을 청구할 수도 있다(특허법 제133조 제1항).

2) 비교대상

출원발명의 신규성을 부정할 수 있는 선행기술은 하나의 공지기술이다. '하나'의 공지기술에 해당 청구항의 모든 구성요소가 개시되어 있을 때에 한하여 그 청구항 기재 발명의 신규성이 부정될 수 있는 것이다.

반면에, 출원발명의 진보성을 부정할 수 있는 선행기술은 하나의 공지기술일 수도 있고, 복수의 공지기술의 조합일 수도 있다. 특허법원의 '심결취소소송 심리 매뉴얼'에 따르면, 청구항 기재 발명의 진보성을 복수의 공지기술을 이용하여 부정하고자 하는 자는 그 복수의 공지기술 중 그 청구항 기재 발명의 진보성을 부정하는데 가장 유력한 공지기술이라고 생각되는 공지기술을 '주(主) 공지기술'

로 정하여야 한다. 이때, 주 공지기술을 제외한 나머지 공지기술은 '부(副) 공지기술'이라 명명한다.

3) 판단방법

청구항 기재 발명에 신규성 또는 진보성이 있는지 여부를 설명함에 있어서는, 청구항 기재 발명의 구성요소별로 각[38] 공지기술과 구성요소를 일목요연하게 대비한 '표'를 이용하는 것이 일반적이다.

한편, 신규성의 유무 여부를 판단하기 위하여는 공지기술과 출원발명의 '동일' 여부를 구성요소별로 판단하면 된다.

반면, 진보성의 유무 여부를 판단하기 위하여는 그 기술분야에서 통상의 지식을 가진 자가 공지기술과 출원발명의 차이를 '쉽게 생각해낼 수 있는지 여부'를 판단하면 된다.

구체적으로 진보성의 유무 여부에 관한 판단방법과 관련하여, 대법원 2015. 11. 27. 선고 2013후3326 판결은 다음과 같이 판시하고 있다.

"어떤 발명의 진보성이 부정되는지 여부를 판단하기 위해서는 선행기술의 범위와 내용, 진보성 판단의 대상이 된 발명과 선행기술의 차이 및 그 발명이 속하는 기술분야에서 통상의 지식을 가진 사람(이하 '통상의 기술자'라고 한다)의 기술수준 등에 비추어 진보성 판단의 대상이 된 발명이 선행기술과 차이가 있음에도 그러한 차이를 극복하고 선행기술로부터 그 발명을 용이하게 도출할 수 있는지를 살펴보아야 한다. 그런데 이 경우 진보성 판단의 대상이 된 발명의 명세서에 개시되어 있는 기술을 알고 있음을 전제로 하여 사후적으로 통상의 기술자가 그 발명을 용이하게 발명할 수 있는지를 판단하여서는 아니 된다.

38) 신규성이 아닌 진보성의 경우에 한하여

또한, 청구범위에 기재된 청구항이 복수의 구성요소로 되어 있는 경우에는 각 구성요소가 유기적으로 결합된 전체로서의 기술사상이 진보성 판단의 대상이 되는 것이지 각 구성요소가 독립하여 진보성 판단의 대상이 되는 것은 아니므로, 그 발명의 진보성을 판단할 때에는 청구항에 기재된 복수의 구성을 분해한 후 각각 분해된 개별 구성요소들이 공지된 것인지만을 따져서는 안 되고, 특유의 과제 해결원리에 기초하여 유기적으로 결합된 전체로서의 구성의 곤란성을 따져 보아야 하며, 이때 결합된 전체 구성으로서의 발명이 갖는 특유한 효과도 함께 고려하여야 할 것이다.

그리고 여러 선행기술문헌을 인용하여 발명의 진보성이 부정된다고 하기 위해서는 그 인용되는 기술을 조합 또는 결합하면 해당 발명에 이를 수 있다는 암시・동기 등이 선행기술문헌에 제시되어 있거나 그렇지 않더라도 해당 발명의 출원 당시의 기술수준, 기술상식, 해당 기술분야의 기본적 과제, 발전 경향, 해당 업계의 요구 등에 비추어 보아 통상의 기술자가 용이하게 그와 같은 결합에 이를 수 있다고 인정할 수 있는 경우이어야 한다(대법원 2015. 7. 23. 선고 2014다42110 판결 참조)."

이러한 판례 등에 비추어 볼 때, 청구항 기재 발명의 진보성을 부정하고자 하는 자는 '주 공지기술과 부 공지기술들의 결합관계 및 그 결합이 쉬운 이유'와 '통상의 기술자가 그러한 공지기술의 결합에 의하여 청구항 기재 발명에 이를 수 있는 이유'를 상세히 설명하여야 할 것이다(특허법원의 '심결취소소송 심리 매뉴얼' 참조).

다. 공지기술에 관하여

1) 공지기술의 종류

신규성 또는 진보성 흠결의 근거가 될 수 있는 공지기술의 종류는 다음과 같다(특허법 제29조 제1항 각 호).

- 특허출원 전에 국내 또는 국외에서 공지(公知)되었거나 공연(公然)히 실시된 발명
- 특허출원 전에 국내·외에서 반포된 간행물에 게재되었거나 전기통신회선을 통하여 공중(公衆)이 이용할 수 있는 발명

2) 자기 자신의 기술도 공지기술이 될 수 있는가?

자기 자신의 기술은 공지기술이 될 수 없다고 오해하는 경우를 간혹 접하게 된다. 특허출원 이전에 그 출원하고자 하는 기술을 실시하고 그 과정에서 기술이 공개되더라도 그 기술이 자기 자신의 기술인 이상 그 기술은 자기 특허출원의 신규성, 진보성을 부정하는 공지기술이 될 수 없는가? 그렇지 않다.

단, 특허법 제30조가 규정하고 있는 '예외'는 있다. 구체적으로는, 특허를 받을 수 있는 권리를 가진 자의 발명이 특허법 제30조 제1항 각 호[39)]에 해당하게 된 경우에는 그 날부터 '12개월' 이내에 특허출원을 하면 그 발명을 근거로 그 특허출원된 발명의 신규성이나 진보성을 부정할 수 없다(특허법 제30조 제1항). 위 예외의 구제를 받고자 하는 자는 (1) 특허출원서에 그 취지를 적어 출원하여야 할 뿐만 아니라 (2) 이를 증명할 수 있는 서류를 특허출원일부터 30일 내 특허청장에게 제출하여야 한다는 추가 조건을 준수하여야 함이 원칙이다(특허법 제30조 제2항). 다만, 이러한 추가 조건이 지나치게 까다롭고 특허출원인에게 가혹하다는 지적이 있어, 2015년 법 개정에 의해 위 제30조 제2항의 시기를 놓친 특허출원인을 구제하는 규

39) 1. 특허를 받을 수 있는 권리를 가진 자에 의하여 그 발명이 제29조 제1항 각 호의 어느 하나에 해당하게 된 경우. 다만, 조약 또는 법률에 따라 국내 또는 국외에서 출원공개되거나 등록공고된 경우는 제외한다.
2. 특허를 받을 수 있는 권리를 가진 자의 의사에 반하여 그 발명이 제29조 제1항 각 호의 어느 하나에 해당하게 된 경우

정이 도입되었다. 구체적으로, 특허출원인은 위 제30조 제2항의 기한을 놓친 후에도, 명세서를 보정할 수 있는 기간, 특허결정등본 등을 송달받은 날부터 3개월 이내의 기간 등 일정 기간 내에 보완 수수료를 납부하는 조건하에 위 취지를 적은 서류나 이를 증명할 수 있는 서류를 제출할 수 있게 되었다(특허법 제30조 제3항).

3) '청구항 전제부' 또는 '명세서의 배경기술 또는 종래기술'에 적힌 기술이 공지기술인가?

위에서 명세서의 기재사항 중 청구항의 구조에 대하여 살펴본 적이 있다. "…에 있어서"라며 청구항을 시작하는 부분인 청구항 전제부에 적힌 내용은 공지기술인가? 또 명세서에 '배경기술이나 종래기술'로 소개된 내용은 공지기술인가? 위 두 질문 모두에 대하여 과거에는 "그렇다"라고 답할 가능성이 높았다. 대법원 2005. 12. 23. 선고 2004후2031 판결[40)]이 그러한 취지로 판시를 한 바 있기 때문이다. 그러한 이유로, 과거에는 청구항 전제부의 기재내용에 근거하여 청구항 기재 발명의 신규성 또는 진보성이 부정되지 않도록 전제부를 매우 신중히 작성하여야 했고, 명세서의 배경기술 또는 종래기술에 근거하여 청구항 기재 발명의 신규성 또는 진보성이 부

40) "구 실용신안법(2001. 2. 3. 법률 제6412호로 개정되기 전의 것) 제5조 제1항은 실용신안등록출원 전에 국내에서 공지되었거나 공연히 실시된 고안(제1호) 및 실용신안등록출원 전에 국내 또는 국외에서 반포된 간행물에 기재된 고안(제2호)은 등록을 받을 수 없음을, 제2항은 실용신안등록출원 전에 그 고안이 속하는 기술분야에서 통상의 지식을 가진 자가 위 제1항 각 호의 1에 해당하는 고안에 의하여 극히 용이하게 고안할 수 있는 고안은 실용신안등록을 받을 수 없다고 규정하고 있으므로, 같은 법 제9조 제2항에 따라 실용신안등록출원서에 첨부한 명세서에 종래기술을 기재하는 경우에는 출원된 고안의 출원 이전에 그 기술분야에서 알려진 기술에 비하여 출원된 고안이 신규성과 진보성이 있음을 나타내기 위한 것이라고 할 것이어서, 그 종래기술은 특별한 사정이 없는 한 출원된 고안의 신규성 또는 진보성이 부정되는지 여부를 판단함에 있어서 같은 법 제5조 제1항 각 호에 열거한 고안들 중 하나로 보아야 할 것이다(대법원 2005. 12. 23. 선고 2004후2031 판결)."

정되지 않도록 명세서에 배경기술 또는 종래기술을 최대한 간략히 적어야 했다.

그러나 대법원은 최근 대법원 2004후2031 판결을 변경하고, 아래와 같은 전원합의체 판결을 하였다(대법원 2017. 1. 19. 선고 2013후37 전원합의체 판결).

"특허발명의 신규성 또는 진보성 판단과 관련하여 특허발명의 구성요소가 출원 전에 공지된 것인지는 사실인정의 문제이고, 공지사실에 관한 증명책임은 신규성 또는 진보성이 부정된다고 주장하는 당사자에게 있다. 따라서 권리자가 자백하거나 법원에 현저한 사실로서 증명을 필요로 하지 않는 경우가 아니라면, 공지사실은 증거에 의하여 증명되어야 하는 것이 원칙이다.

그리고 청구범위의 전제부 기재는 청구항의 문맥을 매끄럽게 하는 의미에서 발명을 요약하거나 기술분야를 기재하거나 발명이 적용되는 대상물품을 한정하는 등 목적이나 내용이 다양하므로, 어떠한 구성요소가 전제부에 기재되었다는 사정만으로 공지성을 인정할 근거는 되지 못한다. 또한 전제부 기재 구성요소가 명세서에 배경기술 또는 종래기술로 기재될 수도 있는데, 출원인이 명세서에 기재하는 배경기술 또는 종래기술은 출원발명의 기술적 의의를 이해하는 데 도움이 되고 선행기술 조사 및 심사에 유용한 기존의 기술이기는 하나 출원 전 공지되었음을 요건으로 하는 개념은 아니다. 따라서 명세서에 배경기술 또는 종래기술로 기재되어 있다고 하여 그 자체로 공지기술로 볼 수도 없다.

다만, 특허심사는 특허청 심사관에 의한 거절이유통지와 출원인의 대응에 의하여 서로 의견을 교환하는 과정을 통해 이루어지는 절차인 점에 비추어 보면, 출원과정에서 명세서나 보정서 또는 의견서 등에 의하여 출원된 발명의 일부 구성요소가 출원 전에 공지된 것이라는 취지가 드러나는 경우에는 이를 토대로 하여 이후의 심사절차가 진행될 수 있도록 할 필요가 있다.

그렇다면, 명세서의 전체적인 기재와 출원경과를 종합적으로 고려하여 출원인이 일정한 구성요소는 단순히 배경기술 또는 종래기술인 정도를 넘어서 공지기술이라는 취지로 청구범위의 전제부에 기재하였음을 인정할 수 있는 경우에만, 별도의 증거 없이도 전제부 기재 구성요소를 출원 전 공지된 것이라고 사실상 추정함이 타당하다. 그러나, 이러한 추정이 절대적인 것은 아니므로 출원인이 실제로는 출원 당시 아직 공개되지 아니한 선출원발명이나 출원인의 회사 내부에만 알려져 있었던 기술을 착오로 공지된 것으로 잘못 기재하였음이 밝혀지는 경우와 같이 특별한 사정이 있는 때에는 추정이 번복될 수 있다. 그리고 위와 같은 법리는 실용신안의 경우에도 마찬가지로 적용된다."

라. 특수한 발명의 신규성 · 진보성

1) 제조방법이 기재된 물건발명의 경우

'청구방법의 해석방법'에서 살펴본 바와 같이, 대법원은 최근 판시한 전원합의체 판결에서 제조방법이 기재된 물건발명의 청구항이 부진정 PbP 청구항인지 여부에 관계없이 적용되는 '제조방법이 기재된 물건발명'의 신규성 · 진보성 판단방법에 관하여 판시하였는데,[41] 그 구체적인 내용은 이미 상술한 바와 같다.

2) 수치한정발명의 경우

수치한정발명이란, 구성요소의 범위를 수치로써 한정하여 표현

---

41) 요지는 "제조방법이 기재된 물건발명의 특허요건을 판단함에 있어서 그 기술적 구성을 제조방법 자체로 한정하여 파악할 것이 아니라 제조방법의 기재를 포함하여 특허청구범위의 모든 기재에 의하여 특정되는 구조나 성질 등을 가지는 물건으로 파악하여 출원 전에 공지된 선행기술과 비교하여 신규성 · 진보성 등이 있는지 여부를 살펴야 한다(대법원 2015. 1. 22. 선고 2011후927 전원합의체 판결)."이다.

한 발명을 말한다. 예를 들어, 아래와 같은 청구항 1, 청구항 5 기재 발명이 수치한정발명이다.

(예시: 특허 제1289792호의 청구범위 일부)

【청구항 1】

유기 발광 표시장치의 제조공정에서 유기발광층의 진공증착공정 이후, 증착기구에서 회수된 유기발광재료로부터 불순물 제거시, 활성탄을 이용한 흡착반응에 의해 불순물을 흡착 제거하는 정제공정;

상기 흡착 제거 이후 정제된 유기발광재료를 용매 조건하에서 결정으로 석출하는 결정화공정; 및

승화 정제공정을 순차적으로 수행하여 99.95% 이상 순도를 구현하는 유기발광재료의 분리정제방법.

【청구항 5】

제1항에 있어서,

상기 흡착반응이 반응액의 pH가 4 내지 6이고, 흡착온도가 20 내지 30℃에서 수행되는 것을 특징으로 하는 상기 유기발광재료의 분리정제방법.

이러한 수치한정발명 중 공지된 발명과 수치한정의 유무 또는 범위에서만 차이가 있는 수치한정발명의 '신규성' 판단 기준에 관하여, 판례는 다음과 같이 판시한 바 있다.

"구성요소의 범위를 수치로써 한정하여 표현한 발명이 그 출원 전에 공지된 발명과 사이에 수치한정의 유무 또는 범위에서만 차이가 있는 경우에는, 그 한정된 수치범위가 공지된 발명에 구체적으로 개시되어 있거나, 그렇지 않더라도 그러한 수치한정이 그 발명이 속하는 기술분야에서 통상의 지식을 가진 자(이하 '통상의 기술자'라고 한다)가 적절히 선택할 수 있는 주지・관용의 수단에 불과하고 이에 따른 새로운 효과도 발생하지 않는다면 그 신규성이 부정된다. 그리고, 한정된 수치범

위가 공지된 발명에 구체적으로 개시되어 있다는 것에는, 그 수치범위 내의 수치가 공지된 발명을 기재한 선행문헌의 실시예 등에 나타나 있는 경우 등과 같이 문언적인 기재가 존재하는 경우 외에도 통상의 기술자가 선행문헌의 기재 내용과 출원 시의 기술상식에 기초하여 선행문헌으로부터 직접적으로 그 수치범위를 인식할 수 있는 경우도 포함된다.

한편 수치한정이 공지된 발명과는 서로 다른 과제를 달성하기 위한 기술수단으로서의 의의를 가지고 그 효과도 이질적인 경우나 공지된 발명과 비교하여 한정된 수치범위 내외에서 현저한 효과의 차이가 생기는 경우 등에는, 그 수치범위가 공지된 발명에 구체적으로 개시되어 있다고 할 수 없음은 물론, 그 수치한정이 통상의 기술자가 적절히 선택할 수 있는 주지·관용의 수단에 불과하다고 볼 수도 없다(대법원 2013. 5. 24. 선고 2011후2015 판결)."

또한, 공지된 발명과 수치한정의 유무나 범위에서만 차이가 있는 수치한정발명의 '진보성' 판단 기준에 관하여, 판례는 다음과 같이 판시한 바 있다.

"출원 전에 공지된 발명이 가지는 구성요소의 범위를 수치로써 한정한 특허발명은 그 과제 및 효과가 공지된 발명의 연장선상에 있고 수치한정의 유무에서만 차이가 있을 뿐 그 한정된 수치범위 내외에서 현저한 효과의 차이가 생기지 않는다면, 그 기술분야에서 통상의 지식을 가진 사람이 통상적이고 반복적인 실험을 통하여 적절히 선택할 수 있는 정도의 단순한 수치한정에 불과하여 진보성이 부정된다(대법원 2007. 11. 16. 선고 2007후1299 판결, 2018. 7. 12. 선고 2016후380 판결)."

3) 선택발명의 경우

선택발명이란, 선행 또는 공지된 발명에 구성요건이 상위개념으로 기재되어 있는 상황에서 그 상위개념에 포함되는 하위개념에 해당하는 구성요건을 구비한 발명을 의미한다.

예를 들어, 아래 표 좌측에 기재되어 있는 바와 같이 '활성탄[42)]'을 이용하여 유기발광재료 속 불순물을 빨아들여(흡착하여) 제거하는 기술은 이미 공지기술로 알려져 있는데, 甲이 활성탄 중에서도 알칼리성 활성탄 또는 중성 활성탄이 아닌 산성 활성탄이 특히 흡착 제거효과가 뛰어나다는 것을 발견하고 아래 표 우측에 기재된 바와 같은 발명을 하였다고 하자. 이러한 아래 표 우측 기재와 같은 발명이 바로 선택발명이다.

공지기술	선택발명
【청구항 1】 유기 발광 표시장치의 제조공정에서 유기발광층의 진공증착공정 이후, 증착기구에서 회수된 유기발광재료로부터 불순물 제거시, <u>활성탄</u>을 이용한 흡착반응에 의해 불순물을 흡착 제거하는 정제공정; 상기 흡착 제거 이후 정제된 유기발광재료를 용매 조건하에서 결정으로 석출하는 결정화공정; 및 승화 정제공정을 순차적으로 수행하여 99.95% 이상 순도를 구현하는 유기발광재료의 분리정제방법.	**【청구항 1】** 유기 발광 표시장치의 제조공정에서 유기발광층의 진공증착공정 이후, 증착기구에서 회수된 유기발광재료로부터 불순물 제거시, <u>산성 활성탄</u>을 이용한 흡착반응에 의해 불순물을 흡착 제거하는 정제공정; 상기 흡착 제거 이후 정제된 유기발광재료를 용매 조건하에서 결정으로 석출하는 결정화공정; 및 승화 정제공정을 순차적으로 수행하여 99.95% 이상 순도를 구현하는 유기발광재료의 분리정제방법.

이러한 선택발명의 신규성·진보성 판단기준에 관하여 판례는 다음과 같이 판시하고 있다.

"선택 발명은, 첫째, 선행발명이 선택발명을 구성하는 하위개념을 구

42) 일상에서 쉽게 접할 수 있는 '숯'이 그 예시가 될 것이다.

체적으로 개시하지 않고 있으면서, 둘째, 선택발명에 포함되는 하위개념들 모두가 선행발명이 갖는 효과와 질적으로 다른 효과가 있거나, 질적인 차이가 없더라도 양적으로 현저한 차이가 있는 경우에 한하여 특허를 받을 수 있고, 이때 선택발명의 상세한 설명에는 선행발명에 비하여 위와 같은 효과가 있음을 명확히 기재하면 충분하고, 그 효과의 현저함을 구체적으로 확인할 수 있는 비교실험자료까지 기재하여야 하는 것은 아니며, 만일 그 효과가 의심스러울 때에는 출원일 이후에 출원인이 구체적인 비교실험자료를 제출하는 등의 방법에 의하여 그 효과를 구체적으로 주장·입증하면 된다(대법원 2003. 4. 25. 선고 2001후2740 판결, 2003. 10. 10. 선고 2002후2846 판결)."

2. 확대된 선출원(특허법 제29조 제3, 4항) 및 선출원주의(특허법 제36조)

신규성 흠결이나 진보성 흠결에 비하여 자주 문제되지는 않지만, 선행기술 관련 거절이유로 종종 언급되는 것이 확대된 선출원 위반(특허법 제29조 제3, 4항) 또는 선출원주의 위반(특허법 제36조)이다.

출원발명의 신규성 또는 진보성을 부정하기 위한 선행기술은 그 출원 이전에 공지된 기술인데 반하여, 출원발명이 확대된 선출원이나 선출원주의를 위반하도록 만드는 선행기술은 그 출원 이전에 공지되지는 않았고, 다만 그 출원보다 앞서 출원된 기술이다.

확대된 선출원 위반에 해당하는 경우와 선출원주의 위반에 해당하는 경우를 표로 대비하면 아래와 같다.

	확대된 선출원	선출원주의
판단대상	후(後)출원된 '청구항'에 기재된 발명(출원발명)[43]	
비교대상	후출원일 전에 출원되고, 후출원이 있은 후에 출원공개되거나 등록공고된 선(先)출원의 출원서에 최초로 첨부된 명세서('발명의 설명'과 '청구범위'를 포함함) 또는 도면에 기재된 발명	선출원의 '청구항'에 기재된 발명
판단방법	판단대상이 비교대상과 '동일'한지 여부	
선출원일과 후출원일이 동일한 경우	적용 × (특허법 제29조 제3항, 4항 본문)	적용 ○ (특허법 제36조 제2항)
발명자나 출원인이 동일한 경우	적용 × (특허법 제29조 제3항, 4항 단서)	적용 ○ (특허법 제36조 제1항)

43) 각 청구항의 내용이 무엇인지 파악하기 위해서는 앞서 본 청구범위 해석에 관한 법리를 알 필요가 있다.

3-1-4. 기재불비 관련 등록요건

1. 들어가며

특허법 제62조에 열거된 거절이유(또는, 같은 법 제133조 제1항에 열거된 무효사유)는 매우 많으나, 심사관이 거절이유통지에서 지적하는 거절이유(또는, 무효심판청구인이 특허무효심판을 청구하며 주장하는 무효사유)의 대부분은 진보성 흠결(특허법 제29조 제2항)과 기재불비(특허법 제42조 제3항 제1호, 제4항)이다.

진보성은 앞서 살펴본 바이고, 이하에서는 기재불비(記載不備)에 관하여 간단히 살펴보도록 하겠다. 실무에서는 명세서의 기재가 특허법에서 정한 명세서의 기재 요건을 준수하지 못한 것을 "기재불비"라고 부르는데, 참고로 '기재불비'는 특허법상의 용어는 아니다.

2. '발명의 설명' 관련 기재불비

가. 기재 요건

명세서 중 발명의 설명은 다음 각 호의 요건을 모두 충족하여야 한다(특허법 제42조 제3항).

1. 그 발명이 속하는 기술분야에서 통상의 지식을 가진 사람이 그 발명을 쉽게 실시할 수 있도록 명확하고 상세하게 적을 것.
2. 그 발명의 배경이 되는 기술을 적을 것.

나. '발명의 설명' 기재 관련 거절이유와 무효사유

앞서 선행기술 관련 등록요건을 살펴보았다. 이러한 등록요건 모두는 청구항 기재 발명이 갖추어야 할 요건인데 반하여, 특허법 제42조 제3항은 명세서 중 '청구범위'가 아닌 '발명의 설명'이 갖추어야 할 요건이다.

또한, 앞서 본 선행기술 관련 등록요건을 위배한 것은 거절이유(특허법 제62조)에 해당하면서 동시에 무효사유(같은 법 제133조 제1항)에 해당하지만, 같은 법 제42조 제3항의 경우에는 거절이유(같은 항 제1호 위반 또는 제2호 위반)와 무효사유(같은 항 제1호 위반뿐임)가 서로 다르다.

다. 판례의 태도

특허법 제42조 제3항의 규정 취지와 관련하여, 판례는 "구 특허법(2007. 1. 3. 법률 제8197호로 개정되기 전의 것) 제42조 제3항은 발명의 상세한 설명에는 발명이 속하는 기술분야에서 통상의 지식을 가진 자(이하 '통상의 기술자'라고 한다)가 용이하게 실시할 수 있을 정도로 발명의 목적·구성 및 효과를 기재하여야 한다고 규정하고 있는데, 이는 특허출원된 발명의 내용을 제3자가 명세서만으로 쉽게 알 수 있도록 공개하여 특허권으로 보호받고자 하는 기술적 내용과 범위를 명확하게 하기 위한 것이다(대법원 2016. 5. 26. 선고 2014후2061 판결)."라고 판시한 바 있다.

또한, '발명의 설명'이 특허법 제42조 제3항 소정의 기재 요건에 반하는지 여부에 대한 판단기준에 관하여, 판례는 "'발명의 상세한 설명'[44]은 특허출원된 발명이 속하는 기술분야에서 보통 정도의 기술적 이해력을 가진 자가 당해 발명을 명세서 기재에 의하여 출원시의 기술 수준으로 보아 특수한 지식을 부가하지 않고서도 정확하게 이해할 수 있고 동시에 재현할 수 있는 정도로 기재되어야 한다(대법원 2004. 10. 14. 선고 2002후2839 판결)"라고 판시하고 있다.

한편, '물건의 발명'에 관한 발명의 설명이 특허법 제42조 제3항 소정

44) 현행 특허법은 "발명의 설명"이라 명명한다.

의 기재 요건을 충족하였는지가 문제된 사안에서, 판례는 "'물건의 발명'의 경우 발명의 '실시'란 물건을 생산, 사용하는 등의 행위를 말하므로, 물건의 발명에서 통상의 기술자가 특허출원 당시의 기술 수준으로 보아 과도한 실험이나 특수한 지식을 부가하지 않고서도 발명의 상세한 설명에 기재된 사항에 의하여 물건 자체를 생산하고 사용할 수 있고, 구체적인 실험 등으로 증명이 되어 있지 않더라도 특허출원 당시의 기술 수준으로 보아 통상의 기술자가 발명의 효과의 발생을 충분히 예측할 수 있다면, 위 조항에서 정한 기재요건을 충족한다(대법원 2018. 10. 25. 선고 2016후601 판결)."라고 판시한 바 있다.

3. '청구범위' 관련 기재불비

가. 기재 요건

명세서 중 '청구범위'의 기재 요건에 관한 규정은 특허법 제42조 제4항, 제6항, 제8항, 제45조 등 많다. 그중에서도 주로 문제되는 특허법 제42조 제4항만 살펴보면 다음과 같다.

청구범위에는 보호받으려는 사항을 적은 항 즉, 청구항이 하나 이상 있어야 하며, 그 청구항은 다음 각 호의 요건을 모두 충족하여야 한다(특허법 제42조 제4항).

1. 발명의 설명에 의하여 뒷받침될 것.
2. 발명이 명확하고 간결하게 적혀 있을 것.

나. '청구범위' 기재 관련 거절이유와 무효사유

청구범위의 기재 요건 중 거절이유는 특허법 제42조 제4항, 제8항, 제45조인데 반하여, 무효사유는 같은 법 제42조 제4항뿐이다.

다. 판례의 태도

청구범위의 기재 요건 중 가장 빈번히 문제되는 기재 요건을 정한 특허법 제42조 제4항 제1호 위반 여부의 판단기준과 관련하여, 판례는 다음과 같이 판시한 바 있다.

"구 특허법(2007. 1. 3. 법률 제8197호로 개정되기 전의 것, 이하 같다) 제42조 제4항 제1호는 특허청구범위에 보호받고자 하는 사항을 기재한 청구항이 발명의 상세한 설명에 의하여 뒷받침될 것을 규정하고 있는데, 이는 특허출원서에 첨부된 명세서의 발명의 상세한 설명에 기재되지 아니한 사항이 청구항에 기재됨으로써 출원자가 공개하지 아니한 발명에 대하여 특허권이 부여되는 부당한 결과를 막으려는 데에 취지가 있다. 따라서 구 특허법 제42조 제4항 제1호가 정한 명세서 기재요건을 충족하는지는 위 규정 취지에 맞게 특허출원 당시의 기술수준을 기준으로 하여 통상의 기술자의 입장에서 특허청구범위에 기재된 발명과 대응되는 사항이 발명의 상세한 설명에 기재되어 있는지에 의하여 판단하여야 하므로, 특허출원 당시의 기술수준에 비추어 발명의 상세한 설명에 개시된 내용을 특허청구범위에 기재된 발명의 범위까지 확장 또는 일반화할 수 있다면 특허청구범위는 발명의 상세한 설명에 의하여 뒷받침된다(대법원 2016. 5. 26. 선고 2014후2061 판결)."

제 3 장 특허권의 발생

3-2 강력한 특허를 확보 및 유지하기 위한 전략

PATENT

3-2-1. 강력한 특허란?

1. 기술과 특허의 대비

기술이 동일하다고 하여 그에 대한 특허권도 동일하다고 오해하여서는 아니 된다. 특허의 보호범위는 '발명자가 특허출원 당시 머릿속에 생각하고 있던 기술'에 의하여 정해지는 것이 아니라, 특허명세서 중 청구범위의 기재에 의하여 정해지므로(특허법 제97조), 같은 기술에 대한 특허라도 그 특허명세서(특히, 청구범위)의 기재 내용에 따라 그 보호범위가 다양하게 된다.

2. 강력한 특허란?

가. 정의

강력한 특허란 무엇인가? 특허권자의 기술을 최대한으로 넓게 보호하면서 그 침해행위의 입증이 용이한 특허를 의미한다. 누구나 어렵지 않게 그 보호범위(권리범위)를 회피할 수 있는 특허 및 특허권 침해행위의 입증이 어려운 특허 등은 특허권자가 행사하기 어려운 특허권이고, 동시에 강력하지 않은 특허권이다.

나. 가치 있는 특허와의 관계

고부가가치의 기술일수록 이에 대한 특허권의 가치가 높을 가능성이 많긴 하지만, 아무리 기술 자체가 우수하더라도 이에 대한 특허권이 이른바 강력한 특허권이 아니라면, 그 특허권의 가치는 결코 높다고 할 수 없다. 결국 강력한 특허를 확보 및 유지하기 위한 전략은 가치 있는 특허권을 확보 및 유지하기 위한 전략인 것이다.

다. 가치 있는 기술과의 관계

이하에서는 '강력한 특허를 확보 및 유지하기 위한 전략'을 살펴볼 것인데, 이는 발명자의 발명(기술)을 최대한으로 보호할 수 있는 특허권을 확보 및 유지하기 위한 전략이지, 기술 자체의 가치를 높여 주는 전략은 아니다.

3. 입장에 따라 달라지는 '전략의 의미'

강력한 특허를 확보 내지 유지하고자 하는 특허출원인이나 특허권자는 특허출원, 심사관의 거절이유통지에 대한 대응, 이해관계인의 특허무효심판청구에 대한 대응을 함에 있어 이하의 전략을 따라야 할 것이다.

또한, 특허권자(또는 전용실시권자)의 특허권(또는 전용실시권) 행사에 대항하여야 하는 상대방도 이하의 전략을 검토해 볼 필요가 있다. 이하의 전략을 제대로 준수하지 못한 특허권자(또는 전용실시권자)의 특허권(또는 전용실시권) 침해 주장 중에는 그 입증을 다 하지 못한 주장이 많기 때문이다.

3-2-2. 청구범위 작성 전략

1. 청구범위의 중요성

특허출원을 하는 경우는 크게 2가지 경우 즉, 권리 행사까지 염두에 두고 특허출원을 하는 경우와 단순한 광고 목적으로 특허출원하는 경우로 나뉜다. 전자는 타인이 자신의 발명을 무단으로 실시하는 경우 이를 제지하기 위해 독점배타권(특허권)을 획득할 목적으로 특허출원하는 것을 의미하고, 후자는 단순히 자신을 홍보하기 위한 수단[45]으로 특허출원을 하는 것을 의미한다.

전자의 경우 반드시 고민해야 하는 것은 '어떻게 청구범위를 작성해야 강력한 특허가 될 수 있는가?'이다. 특허발명의 보호범위는 (특허명세서 중) 청구범위에 기재된 사항에 의해 정하여지므로(특허법 제97조), 특허명세서 중 가장 중요한 부분은 청구범위이고, 특허출원인은 청구범위를 어떻게 작성해야 하는지에 대하여 많은 고민을 해야 한다.

의외로 자신의 특허권의 내용을 청구범위에 기재된 바와 달리 오해하고 있는 특허권자가 적지 않다. 특허권을 행사하려 할 때야 비로소 자신의 특허증이 사실상 종이에 불과한 것을 깨닫는 특허권자가 많은 것이 안타까운 현실이다. 본 장에서는 위와 같은 안타까운 일이 발생하지 않기 위하여 청구범위를 어떻게 작성하여야 하는가에 대해 살펴보고자 한다.

2. 기재 요건과의 구별

위 3-1-4.에서 살펴본 바와 같이, 특허법에는 청구범위 기재 방법

---

45) 예를 들면, 출원인이 자신의 발명을 실시하여 구현한 제품에 특허출원번호 제10-2014-1234567을 적는 것을 말한다.

에 관한 여러 요건이 규정되어 있다. 그런데 이러한 기재 요건은 청구범위에 기재불비의 거절이유 내지 무효사유가 있는지 여부를 판단하기 위한 기준에 불과할 뿐이고, 청구범위가 그러한 기재 요건을 충족한다는 이유만으로 해당 특허를 강력한 특허라 할 수는 없다.

3. 청구범위 작성 전략

가. 경쟁업체를 염두에 두고 작성하라

청구범위에 자신의 발명을 잘 표현하는 것도 중요하지만, 더 중요한 것은 경쟁업체를 염두에 두고 청구범위를 작성하는 것이다. 여기서, 경쟁업체는 현실의 경쟁업체뿐만 아니라 가상의 경쟁업체도 포함한다. 두 가지 측면에서 이를 다시 설명한다.

1) 경쟁업체의 실시태양에 대한 고려

특허출원인은 경쟁업체가 어떻게 발명을 실시할 것인가를 고민하면서 청구범위를 작성하여야 한다.

예를 들어, A 회사가 독창적인 술 제조방법을 개발하였고 그에 따라 술을 만들어 절찬리에 판매하고 있는데, 술을 판매하기 전에 다음과 같은 청구범위의 특허를 획득하였다고 가정하자.

【청구항 1】

a 단계;

b 단계; 및

c 단계를 포함하는 술 제조방법.

그런데 그의 경쟁업체 B 회사는 가정에서 일반인들이 A 회사의 독창적인 술 제조방법을 따라 할 수 있도록 하는 술 제조 키트(kit)

를 제작하여 판매하였다. 그 술 제조 키트에는 위 a 단계, b 단계 및 c 단계가 기재된 지침서 및 그 각 단계에 사용되는 각종 재료들이 들어 있다.

A 회사는 B 회사의 위와 같은 술 제조 키트 제작 및 판매행위를 제재할 수 있을까? B 회사는 A 회사의 제조방법을 실시하지 않았기 때문에, A 회사의 특허를 침해하였다고 할 수 없다. 미국 특허법의 경우 이른바 유도침해를 간접침해의 한 태양으로 인정하기는 하지만, A 회사는 B 회사에게 (그 술 제조 키트를 구매하여 사용한) 일반인의 특허침해를 유도하려는 의도(intent)가 있었다는 것을 입증하여야 하는 부담을 떠안는다.

따라서 A 회사는 특허출원 당시 위와 같은 청구항 뿐만 아니라, 아래와 같은 청구항도 포함하는 청구범위를 작성하였어야 바람직하다.

【청구항 2】

재료 1[46];

재료 2;

재료 3; 및

(a 단계, b 단계 및 c 단계가 기재된) 지침서를 포함하는 술 제조 키트.

2) 경쟁업체의 회피설계에 대한 고려

특허출원인(특허권자)은 경쟁업체가 특허출원인(특허권자)의 청구범위를 회피하기 어렵도록 청구범위를 작성하여야 한다.

46) 재료 1은 a 단계에 사용되는 재료, 재료 2는 b 단계에 사용되는 재료, 재료 3은 c 단계에 사용되는 재료를 각각 의미한다.

저자의 실제 수행 사례를 예로 들어 보자. 2006~2009년 무렵 국내에는 이른바 '마사이 신발' 열풍이 불었다. 당시 유명한 마사이 신발 판매 업체이었던 A사와 B사는 다수의 특허침해 관련 분쟁에 휘말렸다. 모든 분쟁에서 공통적으로 문제된 쟁점은, B사가 A사의 특허권을 침해하였는지 여부(B사의 마사이 신발이 그 특허권의 권리범위에 속하는지 여부)이었다.

분명 B사의 신발과 A사의 신발 모두 '바닥이 둥글어서, 보행자가 발뒤꿈치부터 시작해 발바닥 중앙을 거쳐 발가락 끝까지 전부를 마사지하는 느낌으로 걸을 수 있도록 하는 신발' 즉, 마사이 신발이고, A사는 마사이 신발에 관한 여러 특허권을 가지고 있다. 그런데 B사를 대리하였던 저자는 A사와의 모든 분쟁에서 승소하였는데, 그 이유는 B사가 A사가 보유한 특허권의 청구항에 기재된 사항 전부를 실시하지 않았기 때문이다.

A사가 가진 특허권의 청구항은 A사의 마사이 신발 밑창을 구체적으로 잘 설명한 청구항이라 생각된다. 다만, B사는 그 청구항에 기재된 여러 한정 사항 중 하나라도 확실히 피할 수 있다면, A사의 특허권을 침해하지 않을 수 있는 것이다.

참고로 당시 분쟁에서 문제된 A사의 특허권 중 어느 한 특허권의 독립항 및 그 특허공보에 개시된 도면을 약간 각색하여 소개하면 아래와 같다.

【청구항 1】

신발 밑창에 있어서,

상기 신발 밑창은 전방부가 전방의 일정위치에서 전방 끝단으로 개방된 다수의 슬릿(29a)을 형성하여 수등분으로 분할되고 중앙 허리 부분에는 보강을 위한 비드(beed) 형태의 리브(29b)

가 전후 방향으로 형성된 고 탄력성의 생크(shank)(29)가 상부쪽 내부에 내장되어 있으며, 재질이 경도 40~60인 폴리에스테르 및 폴리우레탄 중에서 선택된 어느 하나로 이루어져 있고, 중심부에서 후단에 걸쳐서 하부에 소프트 감지체(40)가 장착될 수 있도록 감지체 공간부(22)가 형성되어 있으며, 전방부에서 후방부에 걸쳐서 볼록한 곡면의 호형 형상을 이루고, 뒤꿈치의 경사각이 25~45도 되도록 형성된 미드솔(20);

외피(42)의 내부에 내부 쿠션재(44)가 내장된 형태로 형성되어 있으면서, 외피(42)의 재질은 경도 40~60인 폴리에스테르 및 폴리우레탄 중에서 선택된 어느 하나로 이루어져 있고, 내부 쿠션재(44)의 재질은 경도 15~30인 소프트 폴리에스테르 스펀지 및 소프트 폴리우레탄 스펀지 중에서 선택되는 어느 하나로 이루어져 있으며, 상기 미드솔(20)의 중심부에서 후단에 걸쳐서 미드솔(20)의 하부에 장착되어 있는 소프트 감지체(40);

상기 미드솔(20)의 상부에 장착되어 있으며, 재질이 경도 25~30인 부직포로 이루어져 있는 인솔(10);

상기 미드솔(20)의 하부에 장착되어 있으며, 경도 70~80인 폴리에스테르 및 폴리우레탄 중에서 선택된 어느 하나로 이루어져 있고, 전방부에서 후방부에 걸쳐 볼록한 곡면의 호형 형상으로 형성되어 있으며, 뒤꿈치의 경사각이 25~45도 되도록 형성된 아웃솔(30)로

이루어진 것을 특징으로 하는 신발 밑창.

참고로, 위 청구항에 언급된 도면 식별번호는 아래의 도면을 참고하기 바란다.

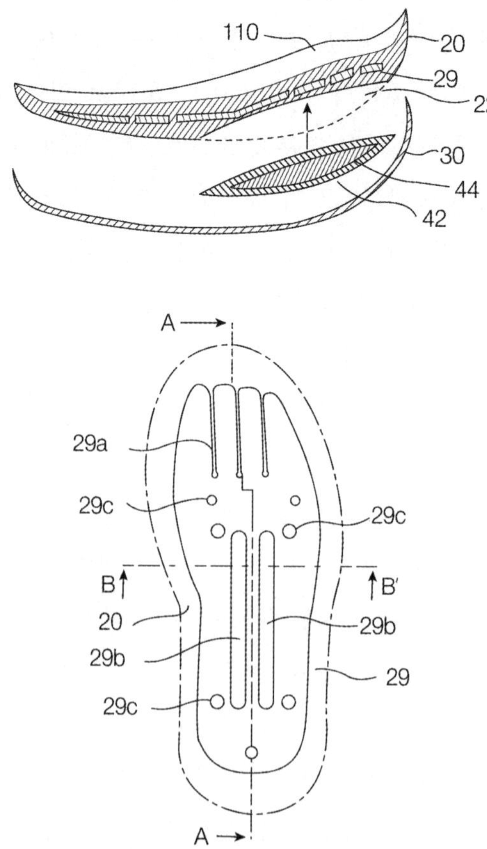

3) 소결론

위에서 살펴본 바와 같이, 강력한 청구항을 작성하기 위해서는 자신의 발명만 염두에 두어서는 아니되고, 반드시 경쟁업체의 회피설계 가능성과 (예상되는) 실시태양도 염두에 두어야 한다. 경쟁업체가 이른바 문언침해(literal infringe)[47]를 할 수 있도록 청구항을 작성하여야 한다.

47) 자세한 사항은 아래 8-2-2.에서 살펴보기로 한다.

나. 일반적인 용어로 적은 구성요소의 청구범위를 작성하라

청구항의 구성요소 개수가 적을수록, 그리고 각 구성요소의 설명이 덜 구체적이고 일반적일수록 그 청구범위는 넓어진다. 예를 들어, 'a+b+c'로 구성된 발명이 기재된 청구항의 청구범위는 'a+b'로 구성된 발명이 적힌 청구항의 청구범위보다 좁고, 위 신발 밑창 예시에서의 구성요소 중 하나인 인솔(in-sole)을 '미드솔의 상부에 장착되어 있으며, 재질이 경도 25~30인 부직포로 이루어져 있는 인솔'에서 '미드솔(20)의 상부에 장착되어 있는 인솔'로 변경할 경우 그 청구범위가 확대된다.

따라서 강력한 특허를 갖기 위하여는 즉, 넓은 권리범위의 특허를 갖기 위하여는 일반적인 용어로 적은 구성요소의 청구범위를 작성하여야 한다.

다만, 청구범위가 지나치게 넓어지면 청구항 기재 발명을 선행기술과 차별화하는 것이 어려워진다. 따라서 선행기술과 차별화하면서 최대한 넓은 청구범위를 작성하는 것이 매우 중요하다.

다. 하나의 주체에 의해 실시되는 청구항을 작성하라

예를 들어 보자. 발명 A는 구성요소 a, 구성요소 b, 구성요소 c의 결합으로 이루어진 장치에 관한 발명이다. 그런데, a는 甲이, b는 乙이, c는 丙이 각 제작 및 판매하고 있고, 丁은 그들로부터 a, b, c를 구입하여 발명 A의 장치를 생산하였다. 이때, 丁은 발명 A의 모든 구성요소를 실시하였으므로 그 특허권을 침해하였을 가능성이 높다. 그런데, 발명 A의 일부 구성요소만을 실시한 甲, 乙, 丙도 발명 A의 특허권을 침해한 것인가?

또 다른 예를 보자. 발명 B는 구성요소 a 단계, 구성요소 b 단계, 구성요소 c 단계로 이루어진 방법에 관한 발명이다. 그런데, 戊는 a 단계 및 b 단계만을 실시하고, 己는 c 단계만을 실시하는 경우, 戊나 己는 발명 B의 특허권을 침해하는 것인가?

만일 甲, 乙, 丙, 戊 및 己의 각 행위가 간접침해(indirect infringe)에 해당하지 않는다면, 구성요건완비의 원칙에 비추어 볼 때 이들의 행위는 특허침해(정확하게는 직접침해)를 구성하지 않는 것이 원칙이다.[48)]

다만, 한국과 미국 모두 판례가 아래와 같은 예외를 인정하고 있기는 하다.

한국의 경우, 서울고등법원은 최근 아래와 같은 판시를 하였다.

"복수 주체가 단일한 특허발명의 일부 구성요소를 분담하여 실시하는 경우라고 하더라도, ① 복수 주체 중 어느 한 단일 주체가 다른 주체의 실시를 지배・관리하고 그 다른 주체의 실시로 인하여 영업상의 이익을 얻는 경우에는 다른 주체의 실시를 지배・관리하면서 영업상의 이익을 얻는 어느 한 단일 주체가 단독으로, ② 복수 주체가 각각 다른 주체의 실시행위를 인식하고 이를 이용할 의사, 즉 서로 다른 주체의 실시행위를 이용하여 공동으로 특허발명을 실시할 의사를 가지고, 특허발명의 전체 구성요소를 나누어 실시하는 경우에는 이들 복수 주체가 공동으로 특허침해를 한 것으로 봄이 타당하다(서울고등법원 2017. 8. 21.자 2015라20296 결정)."

미국에도 비슷한 판시가 있다. 위 발명 B의 예시에서와 같이 여러 주체가 방법 발명의 실시에 관여한 경우에, 미국연방항소법원(CAFC)은 ① 위 다른 주체가 위 한 주체를 지배 내지 관리하고 있다면 위 다른 주체가 특허침해의 책임을 부담하고, ② 두 주체가 공동 기획체(joint enterprise)를 구성하고 있다면[49)] 모든 주체가 특허침해의 책임

48) 직접침해, 간접침해, 구성요건완비의 원칙에 대한 자세한 사항은 아래 8-2에서 살펴보기로 한다.

49) 해당 판결에서 CAFC는 ① 발명의 실시에 관여한 구성원들이 공동으로 발명을 실시하기로 명시적 또는 묵시적으로 합의를 하였고(an agreement, express or

을 부담한다는 취지의 판시를 한 바 있다.[50)]

이와 같이 복수의 주체에 의한 특허침해가 성립할 수는 있지만, 이는 엄격한 요건하에서만 인정되므로, 특허출원을 준비하는 입장에서 굳이 위와 같은 입증의 부담을 감수하면서 청구항을 복수의 주체에 의하여 실시되도록 작성하는 것은 결코 바람직하지 않다.

그렇다면 한 가지 예를 더 들어 보자. 만일 甲이 장치 X와 장치 Y로 이루어진 제어 시스템(system)을 개발하였고, 장치 X와 장치 Y가 서로 어떤 내용의 정보를 어떠한 규칙에 따라 주고받는지에 그 제어 시스템의 특징이 있는데, 장치 X의 실시 주체와 장치 Y의 실시 주체가 다르다면, 청구항을 어떻게 작성하여야 바람직한가?

아래의 예시에서 청구항 1은 적절하지 않고, 청구항 2, 3은 바람직하다.

【청구항 1】

장치 X; 및

장치 Y를 포함하는 제어 시스템.

【청구항 2】

정보 x11을 입력받아 정보 x12를 출력하는 구성요소 x1;

정보 x12에 상응하는 정보 y12를 입력받아 정보 x22를 출력하는 구

---

implied, among the members of the group), ② 위 구성원들 간에 공동의 목적이 있으며(a common purpose to be carried out by the group), ③ 위 구성원들 중 그 목적에 대한 금전적 이익을 공유하는 집단이 있고(a community of pecuniary interest in that purpose, among the members), ④ 위 구성원들에게 평등한 권리가 주어진다면(an equal right to a voice in the direction of the enterprise, which gives an equal right of control), 위 구성원들로 구성된 공동 기획체의 존재를 인정할 수 있다고 판단하였다.

50) Akamai Technologies, Inc., v. Limelight Networks, Inc., 786 F.3d 899 (Fed. Cir. 2015)

성요소 x2; 및

정보 x22에 상응하는 정보 y22를 입력받아 정보 x32를 출력하는 구성요소 x3;

를 포함하는 장치 X.

【청구항 3】

정보 x12를 입력받아 정보 y12를 출력하는 구성요소 y1;

정보 y12에 상응하는 정보 x22를 입력받아 정보 y22를 출력하는 구성요소 y2; 및

정보 y22에 상응하는 정보 x32를 입력받아 정보 y32를 출력하는 구성요소 y3;

를 포함하는 장치 Y.

라. 독립항에는 가장 중요한 한 가지 기술적 특징만을 담아라

독립항을 작성할 때는, 발명의 여러 가지 기술적 특징을 열거한 뒤, 그중 가장 중요한 기술적 특징을 추리고 그 가장 중요한 '한 가지'의 기술적 특징에 대한 독립항을 작성하는 것이 바람직하다.

경우에 따라서는 가장 중요한 기술적 특징이 복수 개 있을 수도 있다. 이때는 각 주요 특징별로 독립항을 작성하여야 한다.

예를 들어, 차량 개발자 甲이 종래의 구성요소 a, 구성요소 b에 결합할 수 있는 신규 구성요소 c, 구성요소 d를 개발하였는데, a+b+c를 구비한 차량, a+b+d를 구비한 차량, a+b+c+d를 구비한 차량 모두 종래에 없던 획기적인 차량이라고 가정하자. 이 경우, 다음과 같은 청구항 1만 작성하는 것은 적절하지 않고, 청구항 2, 3도 작성하여야 바람직하다.

【청구항 1】

a;

b;

c; 및

d를 포함하는 차량.

【청구항 2】

a;

b; 및

c를 포함하는 차량.

【청구항 3】

a;

b; 및

d를 포함하는 차량.

위 청구항 1과 같이 주요 기술적 특징이 복수 개 기재된 독립항이 적절하지 않은 이유는 甲의 경쟁업체 乙이 a+b+c+d를 실시하지 않고 a+b+c 또는 a+b+d만을 실시하여 청구항 1을 회피할 수 있기 때문이다.

마. 종속항에는 독립항이 거절되거나 무효되는 경우에 대비한 주요 기술적 특징을 담아야 한다

청구범위에서 독립항이 종속항보다 중요한 청구항임에는 의문의 여지가 없다. 일반적으로 특허침해를 주장하는 자는 독립항의 침해를 주장하고, 독립항의 신규성 내지 진보성이 인정된다면 독립항에 기술적 특징을 부가한 종속항의 신규성 내지 진보성은 당연히 인정되기 때문이다.

그렇다면 종속항은 왜 작성하는 것인가? 종속항을 작성하는 이유는 독립항이 거절되거나 무효되는 경우에 대비하기 위함이다. 예를 들어 설명하면 다음과 같다.

甲은 선행기술 R1, R2를 알고 있었고 그 선행기술 R1, R2와 차별화된 甲만의 기술을 개발하여 아래와 같은 청구범위의 특허출원을 하였다.

(출원 당시의 청구범위)

【청구항 1】

a;

b; 및

c를 포함하는 발명 A.

【청구항 2】

제1항에 있어서, 상기 a는 a1인 발명 A.

【청구항 3】

제1항에 있어서, 상기 발명 A는 d를 더 포함하는 발명 A.

그런데 특허청은 甲이 몰랐던 새로운 선행기술 R3을 찾아내, 甲에게 '청구항 1 기재 발명은 당해 기술분야에서 통상의 지식을 가진 자가 선행기술 R3로부터 용이하게 창작할 수 있다. 다만, 청구항 2, 3은 등록 가능하지만, 청구항 1이 등록될 수 없으므로 청구항 1~3 모두 특허를 받을 수 없다.'라는 취지의 거절이유통지를 하였다. 이에 따라 甲은 청구범위를 아래와 같이 보정하였고, 특허청은 특허결정을 하였다.

(**특허결정 당시의 청구범위**)

【청구항 1】(보정)

a1;

b; 및

c를 포함하는 발명 A.

【청구항 2】(삭제)

【청구항 3】(종전과 동일)

제1항에 있어서, 상기 발명 A는 d를 더 포함하는 발명 A.

그런데 甲의 경쟁업체 乙이 甲은 물론이고 특허청조차 그동안 발견하지 못한 새로운 선행기술 R4를 제시하면서, '甲의 (특허발명 중) 청구항 1 기재 발명은 당해 기술분야에서 통상의 지식을 가진 자가 선행기술 R4에 의하여 용이하게 창작할 수 있어 진보성 흠결의 무효사유를 가졌다. 따라서, 청구항 1 기재 발명에 대한 특허권은 무효로 되어야 한다.'라는 취지의 특허무효심판을 청구하였다. 그 특허무효심판의 진행 중에 甲은 청구범위를 아래와 같이 정정하였고, 다행히 특허심판원은 a1+b+c+d에는 진보성 흠결의 무효사유가 없다고 판단하고, 乙의 무효심판청구를 기각하였다.

(**특허결정 후 정정된 청구범위**)

【청구항 1】(정정)

a1;

b;

c; 및

d를 포함하는 발명 A.

【청구항 2】(종전에 삭제됨)

【청구항 3】(삭제)

이처럼 비록 甲은 특허출원할 당시에는 선행기술 R3, R4의 존재조차 모르고 있었지만, 종속항인 청구항 2, 3에 독립항인 청구항 1과 차별화된 기술적 특징을 적었기 때문에 여러 위기에도 불구하고 특허를 확보하고 유지할 수 있었다.

그런데 종속항에 기술적으로 의미 있는 내용이 아닌 상식적인 수준의 사소한 내용을 적은 경우를 종종 볼 수 있다. 이러한 종속항은 독립항의 진보성을 부정할 때 사용되는 선행기술에 의하여 함께 거절되거나 무효될 가능성이 높아 무용한 종속항이라고 할 수 있다. 예를 들어, 외국에 있는 외국어 강사가 원격으로 화상 교육을 실시하는 것과 관련된 BM(Business Method) 발명의 독립항에 '언어', '국가'라는 용어가 기재되어 있는데, 종속항에 '상기 언어는 영어, 중국어 및 일본어 중 하나인 것을 특징으로 하는 화상 교육 장치'라고 적거나, '상기 국가는 미국, 중국 및 일본 중 하나인 것을 특징으로 하는 화상 교육 장치'라고 적는 것은 적절하지 않다.

특허출원인이 출원 당시 특허청에 납부하여야 하는 관납료와 변리사에게 지불하여야 하는 대리인비용 및 특허권자가 특허청에 납부하여야 하는 특허연차료 모두 청구항 수에 비례하므로, 특허출원인은 비용절감 측면에서도 명세서 초안에 기재된 종속항 중 불필요한 청구항이 있는지 검토해 보아야 한다. 일반적으로는 하나의 명세서에 30개 이상의 청구항이 있다면 이 중에 불필요한 종속항이 있을 가능성이 높다.

바. 계속 검토 및 수정하라

동일한 풍경을 보고 그리는 풍경화의 디테일한 내용이 그리는 사람마다 다르듯이, 같은 발명에 대한 청구항 기재 사항 역시 작성자마다 다를 수밖에 없으므로, 청구항 기재 방법에 하나뿐인 정답이란 없다. 하지만 적어도 위에서 본 바와 같이 바람직한 청구항 작성 전략은 있으므로, 거기에 맞춰 명세서 초안의 청구범위를 계속 퇴고해야 한다. 이것이 마지막 청구범위 작성 전략이다.

3-2-3. 발명의 설명 작성 전략

1. 기재 요건과의 구별

위 3-1-4.에서 명세서 중 발명의 설명에 대한 '기재 요건'을 살펴본 바 있다. 이러한 기재 요건은 발명의 설명에 거절이유 또는 무효사유가 있지 않도록 하기 위한 요건일 뿐이어서, 기재 요건은 준수하였지만 강력한 특허를 확보하는데 방해가 되는 발명의 설명도 얼마든지 있다. 이하에서는 강력한 특허를 확보하기 위한 발명의 설명 '작성 전략'을 살펴보고자 한다.

2. 최대한 다양한 실시예를 기재하라

발명의 설명에는 청구항에 기재된 발명에 관한 실시예(examplary embodiment)가 기재되는데, 실시예는 최대한 다양하게 작성하는 것이 좋다. '실시예는 다양하게 작성할수록 좋다.'는 말을 막연히 좋은 말로 치부하기 쉬우나, 이하에서는 실시예를 다양하게 작성하는 것이 강력한 특허를 확보하기 위하여 왜 필요한지에 관해 두 가지 관점에서 살펴보고자 한다.

가. 유리한 청구범위 해석을 위하여

위 3-1-2.에서 "발명의 설명 또는 도면 등에 일부 실시예만 기재되어 있는데 청구범위는 그 일부 실시예보다 넓은 범위로 기재된 상황에서 그 일부 실시예에 포섭될 수 없는 계쟁사항이 청구범위에 포함되지 않는다고 청구범위를 해석하는 것이 발명의 설명이나 도면 등을 '참작'하여 해석한 적법한 해석인지 아니면 청구범위를 '제한'해석한 부적법한 해석인지 여부"에 대하여 살펴본 바 있다.

이러한 청구범위 해석에 관한 다툼에 휘말리는 것을 최소화하기 위해서는, 발명의 설명에 최대한으로 다양한 실시예를 기재할 필요가 있다.

나. 유리한 명세서 보정을 위하여

위 3-1-1.에서 특허출원인이 심사관이 지적한 거절이유를 극복하기 위하여 명세서(청구범위, 발명의 설명, 도면 포함)를 보정할 때 신규사항(new matter)을 추가하여서는 아니 된다는 보정의 적법요건(특허법 제47조 제2항)을 살펴본 바 있다. 여기에서 '신규사항'이란 특허출원서에 최초로 첨부된 명세서 또는 도면에 기재되어 있지 않은 사항이므로, 특허출원 시 명세서(특히, 발명의 설명)에 다양한 실시예를 기재할수록 특허출원 이후에 신규사항 추가에 해당하지 않는 적법한 보정을 할 수 있는 여지가 많아진다. 이 점에서도, 발명의 설명에 최대한으로 다양한 실시예를 적을 필요가 있다.

3. 용어 선정에 주의를 기울여라

가. 출원발명을 지칭하는 용어의 사용에 신중하라

명세서에서 또는 OA 사건에서의 의견서 등에서 출원발명을 "본(本) 발명"이나 "본원발명"으로 지칭하는 경우가 종종 있다. 그런데, 위 3-1-2. 및 아래 8-2-1.에서 살펴보는 바와 같이, 출원발명을 "본(本) 발명" 또는 "본원발명"으로 지칭하는 경우 해당 특허발명의 보호범위(권리범위)가 해당 기재내용대로 좁게 확정될 여지가 있다. "본(本) 발명", "본원발명"이라는 용어보다는 "일(一) 실시예", "다른 실시예", "또 다른 실시예"와 같이 특허발명의 보호범위(권리범위)를 한정할 가능성이 낮은 용어를 사용하는 것이 바람직하다.

나. 종래기술의 문제점 또는 출원발명의 효과를 단정하는 용어의 사용에 신중하라

아래 8-2-1.에서 보호범위(권리범위)를 확정하는 법리에 관하여 살펴보는 바와 같이, 명세서의 '발명의 설명'란에서 또는 OA 사건에서의 '의견서' 등에서 출원발명의 효과를 단정적으로 한정하여 표현할 경우 해당 특허발명의 보호범위(권리범위)가 그 효과에 대응되게 좁게 확정될 여지가 많다. 미국 특허출원의 경우에는 명세서상에 종래기술의 문제점이나 출원발명의 효과를 단정적으로 기재하는 것에 더욱 신중해야 한다. 왜냐하면, 그 기재가 부정확하면 해당 행위가 부정행위(inequitable conduct)에 해당하여 추후 해당 특허권을 행사하지 못하게 될 수도 있기 때문이다.

이런 이유로 명세서에 "종래기술의 문제점은 … '이다'"와 같이 종래기술의 문제점을 단정하는 표현, "본 발명은 … 하는 효과를 '가진다'"와 같이 출원발명의 효과를 단정적으로 설명하는 표현 등을 적는 것은 바람직하지 않다.

위 예시에서 '이다'보다는 '일 수 있다'가 바람직하고, '가진다'보다는 '가질 수 있다'가 바람직하다. 같은 이유로, 미국 변리사들은 명세서 등에 종래기술의 문제점 또는 출원발명의 효과를 기재할 때 "may"를 즐겨 사용한다(예: "… may suffer from problem", "… may have advantage").

다. 특정한 기술적 특징의 중요도에 관하여 언급하는 것에 신중하라

명세서상에 출원발명의 실시예를 기재하면서 특정한 기술적 특징이나 해당 구성요소의 중요도에 관하여 언급할 때에도 신중해야 한다. 그와 같은 기재에 의하여 해당 특허권의 보호범위(권리범위)가 의도치

않게 좁게 확정될 수 있기 때문이다.

예를 들어, "…라는 기술적 특징이 출원발명의 핵심적(중요한) 특징이다.", "구성요소 ○○○는 출원발명에 반드시 있어야 한다.", "구성요소 ○○○가 출원발명에 포함되는 것이 바람직하다.", "△△△하는 구성은 출원발명에 포함될 수 없다."와 같은 명세서 기재가 있을 경우, 특허권의 보호범위(권리범위)가 그 기재 내용에 맞춰 좁게 확정될 수 있음에 유의하여야 한다.

4. 출원발명의 진보성 있는 특징을 명시적으로 언급하라

위에서 본 바와 같이, 명세서상에서 출원발명의 특정 기술적 특징이나 구성요소를 특히 '강조'하는 것은 자제하여야 한다.

다만, 이를 '명세서에는 출원발명의 기술적 특징을 기재하지 말아야 한다'고 오해하여서는 아니 된다. 오히려 진보성 있는 구성요소 및 해당 기술적 특징은 명세서에 빠짐없이 언급하여야 한다. 왜냐하면, OA 사건에서 심사관이 지적한 진보성 흠결의 거절이유를 극복하고자 할 때 또는 특허무효심판 사건에서 심판청구인이 주장한 진보성 흠결의 무효사유를 다투고자 할 때, 명세서에 적힌 진보성 있는 특징 관련 내용이 진보성의 주요 근거가 될 수 있기 때문이다.

3-2-4. OA 대응 전략

단순히 광고 목적으로만 특허출원을 한 사람은 이하의 내용을 스킵(skip)하여도 좋다. 그러나 훗날 특허권을 행사하는 것까지 염두에 두고 특허출원을 한 자는, 출원명세서를 작성할 때뿐만 아니라 OA 사건을 처리할 때에도 많은 노력을 기울여야 하고, 후술하는 대응 전략을 참고할 필요가 있다.

1. 청구범위의 보정을 특히 주의하라

위 3-1-1.에서 살펴본 바와 같이 심사관이 지적한 거절이유를 극복하기 위하여 특허청에 의견서뿐만 아니라 보정서도 제출하는 경우가 빈번한데, 이 과정에서 당초의 청구범위가 변경될 때가 많다.

청구범위가 변경된다는 것은 '해당 특허권의 내용이 달라진다'는 뜻이다. 따라서 변리사가 전문가의 입장에서 의뢰인(특허출원인)에게 제안하는 대응안 중 특히 '청구범위에 변화를 주는 대응안'에 대하여는 면밀히 검토할 필요가 있다.

위에서 잠시 살펴본 실제 수행 사례를 응용하여 보다 구체적인 예를 들면 아래와 같다.

특허출원시의 청구범위가 아래와 같고, 이에 대하여 심사관이 처음으로 거절이유통지를 하며, 청구항 1~5, 7, 8에 대하여 진보성 흠결(특허법 제29조 제2항, 선행기술 R1, R2)을 지적하고, 청구항 6을 특허 가능 청구항으로 언급하였다고 가정하자.

(예시: 특허 제1289792호의 출원 당시 청구범위)[51)]

【청구항 1】

유기 발광 표시장치의 제조공정에서 유기발광층의 진공증착공정 이후, 증착기구에서 회수된 유기발광재료로부터 불순물 제거시, 활성탄을 이용한 흡착반응에 의해 불순물을 흡착 제거하는 정제공정;

상기 흡착 제거 이후 정제된 유기발광재료를 용매 조건하에서 결정으로 석출하는 결정화 공정; 및

승화 정제공정을 순차적으로 수행하여 99.95% 이상 순도를 구현하는 유기발광재료의 분리정제방법.

【청구항 2】

제1항에 있어서,

상기 증착기구에서 회수된 유기발광재료가 순도 98% 이상으로 예비 정제 처리된 것을 특징으로 하는 상기 유기발광재료의 분리정제방법.

【청구항 3】

제1항에 있어서,

상기 증착기구에서 회수된 유기발광재료가 염화물을 포함하는 유기용제에 용해된 반응액에 준비된 것을 특징으로 하는 상기 유기발광재료의 분리정제방법.

【청구항 4】

제3항에 있어서, 상기 유기용제가 염화메틸렌인 것을 특징으로 하는 상기 유기발광재료의 분리정제방법.

【청구항 5】

제1항에 있어서, 상기 흡착반응이

반응액의 pH가 4 내지 6이고 흡착온도가 20 내지 30℃에서 수행되는 것을 특징으로 하는 상기 유기발광재료의 분리정제방법.

---

51) 청구범위 작성전략에 맞추어 잘 작성되었으므로 참조하라는 취지로 제시하는 청구범위가 아니라, 단지 본문 기재 내용의 이해를 돕고자 제시하는 청구범위이다.

【청구항 6】

제1항에 있어서,

상기 활성탄이 10%(w/v) 수용액에서 pH 3 내지 6의 활성탄인 것을 특징으로 하는 상기 유기발광재료의 분리정제방법.

【청구항 7】

제1항에 있어서,

상기 활성탄이 유기발광재료 대비 10 내지 20 중량%가 사용된 것을 특징으로 하는 상기 유기발광재료의 분리정제방법.

【청구항 8】

제1항에 있어서, 상기 결정화 공정이 초산에틸 단독 또는 상기 초산에틸에 아세톤 또는 알코올계 용매가 혼합된 혼합 용제로 수행되는 것을 특징으로 하는 상기 유기발광재료의 분리정제방법.

이와 같은 상황에서 특허출원인 甲이 취할 수 있는 조치에는 무엇이 있고, 어떠한 대응이 바람직할까?

[대응안 1]: 아무런 보정 없이 의견서만 제출하는 방안

만일 심사관이 위 청구항 1 기재 발명 또는 선행기술 R1, R2의 내용을 오해하여 진보성 흠결의 거절이유를 통지하였고, 현재의 위 청구항 1 기재 발명에 진보성이 있다고 생각된다면, 아무런 보정 없이 이를 설명하는 의견서만 제출하여도 좋다.

만일 [대응안 1]을 통해 심사관을 설득할 수 있다면 대응안 1이 가장 바람직한 대응안이 될 수 있다. 왜냐하면, 출원 당시의 청구범위를 전혀 감축하지 않고도 특허권을 획득할 수 있기 때문이다.

그러나 저자의 개인적인 경험상 특허출원인이 아무런 보정을 하지 않고 자신의 의견만을 내세워서 심사관을 설득하기란 쉽지 않다. 심사관은 甲의 의견을 받아들이지 않는 경우 (이번 거절이유통지가 처음

통지된 최초거절이유통지임에도 불구하고) 최후거절이유통지를 하여 甲에게 한 번 더 거절이유를 해소할 기회를 주지 않고 곧바로 거절결정을 한다. 이 점에서 아무런 보정 없이 의견서만 제출하고자 할 때는 신중할 필요가 있다.

[대응안 2]: 심사관이 특허성을 인정한 청구항 6의 개념 전체를 청구항 1에 추가하는 보정을 하고, 의견서도 제출하는 방안

심사관은 이번 거절이유통지에서 청구항 6을 특허 가능 청구항으로 인정하였다. 이러한 거절이유통지는 심사관이 甲에게 '당신이 [대응안 2]로 보정을 한다면, 내가 특허결정을 할 수 있다.'는 취지의 힌트를 준 것과 다름없다.

그러한 힌트에 따라 甲이 청구항 6 기재 발명을 청구항 1에 추가하여 청구항 1 기재 발명을 감축하면(아래 박스 기재 참조), 甲은 특허결정을 받게 될 것이다. 왜냐하면 (특별한 사정변경이 없는 이상) 심사관은 청구항 1 기재 발명을 진보성 있는 발명으로 볼 것이고, 청구항 1 기재 발명의 진보성이 인정되는 한 청구항 1 또는 (청구항 1의 종속항인) 청구항 3의 종속항인 청구항 2~5, 7, 8에 각 기재된 발명의 진보성은 당연히 인정되기 때문이다.

(대응안 2에 따라 보정된 청구범위)

【청구항 1】 (감축보정)

유기 발광 표시장치의 제조공정에서 유기발광층의 진공증착공정 이후, 증착기구에서 회수된 유기발광재료로부터 불순물 제거시, 활성탄을 이용한 흡착반응에 의해 불순물을 흡착 제거하는 정제공정;

상기 흡착 제거 이후 정제된 유기발광재료를 용매 조건하에서 결정으로 석출하는 결정화 공정; 및 승화 정제공정을 순차적으로 수행하여 99.95% 이상 순도를 구현하고, 상기 활성탄이 10%(w/v) 수용액에서 pH 3 내지 6의 활성탄인 것을 특징으로 하는 유기발광재료의 분리정제방법.

【청구항 2】 (그 기재 자체에는 변화가 없으나, 피인용 청구항인 청구항 1이 보정된 이상 청구항 2 역시 그 실질적인 내용은 달라진 것임.)
제1항에 있어서,
상기 증착기구에서 회수된 유기발광재료가 순도 98% 이상으로 예비정제 처리된 것을 특징으로 하는 상기 유기발광재료의 분리정제방법.

【청구항 3】 (그 기재 자체에는 변화가 없으나, 피인용 청구항인 청구항 1이 보정된 이상 청구항 3 역시 그 실질적인 내용은 달라진 것임.)
제1항에 있어서,
상기 증착기구에서 회수된 유기발광재료가 염화물을 포함하는 유기용제에 용해된 반응액에 준비된 것을 특징으로 하는 상기 유기발광재료의 분리정제방법.

【청구항 4】 (그 기재 자체에는 변화가 없으나, 피인용 청구항인 청구항 3의 실질적인 내용이 달라진 이상 청구항 4 역시 그 실질적인 내용은 달라진 것임.)
제3항에 있어서, 상기 유기용제가 염화메틸렌인 것을 특징으로 하는 상기 유기발광재료의 분리정제방법.

【청구항 5】 (그 기재 자체에는 변화가 없으나, 피인용 청구항인 청구항 1이 보정된 이상 청구항 5 역시 그 실질적인 내용은 달라진 것임.)
제1항에 있어서, 상기 흡착반응이 반응액의 pH가 4 내지 6이고 흡착온도가 20 내지 30℃에서 수행되는 것을 특징으로 하는 상기 유기발광재료의 분리정제방법.

【청구항 6】 (삭제)

【청구항 7】 (그 기재 자체에는 변화가 없으나, 피인용 청구항인 청구항 1이 보정된 이상 청구항 7 역시 그 실질적인 내용은 달라진 것임.)
제1항에 있어서,

상기 활성탄이 유기발광재료 대비 10 내지 20 중량%가 사용된 것을 특징으로 하는 상기 유기발광재료의 분리정제방법.

【청구항 8】 (그 기재 자체에는 변화가 없으나, 피인용 청구항인 청구항 1이 보정된 이상 청구항 8 역시 그 실질적인 내용은 달라진 것임.)

제1항에 있어서, 상기 결정화 공정이 초산에틸 단독 또는 상기 초산에틸에 아세톤 또는 알코올계 용매가 혼합된 혼합 용제로 수행되는 것을 특징으로 하는 상기 유기발광재료의 분리정제방법.

그러므로 甲이 좀 더 확실히 특허결정을 받고 싶다면 [대응안 2]를 선택하는 것이 좋다.

[대응안 3]: 청구항 1의 상위개념과 청구항 6의 하위개념 사이의 개념을 설정한 뒤 이를 청구항 1에 추가하는 보정을 하고, 의견서도 제출하는 방안

[대응안 1]부터 [대응안 3]까지 중에 가장 특허등록 가능성을 높일 수 있는 대응안은 단연 [대응안 2]이다. 그렇다면, [대응안 2]가 가장 좋은 대응안인가?

만일 甲이 자신이 특허권자라는 홍보를 하기 위하여 특허번호를 받고 싶어 할뿐이라면, [대응안 2]가 가장 좋은 대응안이라고 생각된다. 심사관이 [대응안 1] 또는 [대응안 3]에 따라 보정된 청구항 기재 발명을 특허성 있는 발명이라고 판단할지는 예상하기 어렵지만,[52] 심사관이 [대응안 2]에 따라 보정된 청구항 기재 발명을 특허성 있는 발명으로 볼 것이라는 점은 충분히 예상할 수 있기 때문이다.

반면 만일 甲이 특허권의 행사를 염두에 두고 특허출원을 하였다면, 그에게 특허결정을 받는 것보다 훨씬 더 중요한 것은 강력한 특허권을

52) 다만, 甲이 개별적으로 심사관을 면담하는 등의 방법으로 심사관의 의중을 짐작해 볼 수는 있다.

확보하는 것이다. 만일 甲이 판단하기에 청구항 6 기재 발명뿐만 아니라, 청구항 1에 적힌 상위개념('활성탄'을 활용해 유기발광재료 속 불순물을 제거하는 기술)과 청구항 6에 적힌 하위개념['10%(w/v) 수용액에서 pH 3~6의 활성탄'을 활용하여 유기발광재료 속 불순물을 제거하는 기술] 사이의 개념(예를 들어 '산성 활성탄'을 활용해 유기발광재료 속 불순물을 제거하는 기술) 역시 특허받을 수 있다면, 甲은 청구항 1에 청구항 6 기재 발명 전부를 추가하기보다는 위 사이의 개념만을 추가하는 등 보다 넓은 권리범위의 특허권을 획득하기 위한 노력을 기울여야 한다(아래 박스 기재 참조).

(대응안 3에 따라 보정된 청구범위)

【청구항 1】 (감축보정)

유기 발광 표시장치의 제조공정에서 유기발광층의 진공증착공정 이후, 증착기구에서 회수된 유기발광재료로부터 불순물 제거시, <u>산성 활성탄</u>을 이용한 흡착반응에 의해 불순물을 흡착 제거하는 정제공정;
상기 흡착 제거 이후 정제된 유기발광재료를 용매 조건하에서 결정으로 석출하는 결정화 공정; 및

승화 정제공정을 순차적으로 수행하여 99.95% 이상 순도를 구현하는 유기발광재료의 분리정제방법.

【청구항 2】 (그 기재 자체에는 변화가 없으나, 피인용 청구항인 청구항 1이 보정된 이상 청구항 2 역시 그 실질적인 내용은 달라진 것임.)
제1항에 있어서,

상기 증착기구에서 회수된 유기발광재료가 순도 98% 이상으로 예비 정제 처리된 것을 특징으로 하는 상기 유기발광재료의 분리정제방법.

【청구항 3】 (그 기재 자체에는 변화가 없으나, 피인용 청구항인 청구항 1이 보정된 이상 청구항 3 역시 그 실질적인 내용은 달라진 것임.)
제1항에 있어서,

상기 증착기구에서 회수된 유기발광재료가 염화물을 포함하는 유기용제에 용해된 반응액에 준비된 것을 특징으로 하는 상기 유기발광재료의 분리정제방법.

【청구항 4】 (그 기재 자체에는 변화가 없으나, 피인용 청구항인 청구항 3의 실질적인 내용이 달라진 이상 청구항 4 역시 그 실질적인 내용은 달라진 것임.)

제3항에 있어서, 상기 유기용제가 염화메틸렌인 것을 특징으로 하는 상기 유기발광재료의 분리정제방법.

【청구항 5】 (그 기재 자체에는 변화가 없으나, 피인용 청구항인 청구항 1이 보정된 이상 청구항 5 역시 그 실질적인 내용은 달라진 것임.)

제1항에 있어서, 상기 흡착반응이

반응액의 pH가 4 내지 6이고 흡착온도가 20 내지 30℃에서 수행되는 것을 특징으로 하는 상기 유기발광재료의 분리정제방법.

【청구항 6】 (그 기재 자체에는 변화가 없으나, 피인용 청구항인 청구항 1이 보정된 이상 청구항 6 역시 그 실질적인 내용은 달라진 것임.)

제1항에 있어서,

상기 활성탄이 10%(w/v) 수용액에서 pH 3 내지 6의 활성탄인 것을 특징으로 하는 상기 유기발광재료의 분리정제방법.

【청구항 7】 (그 기재 자체에는 변화가 없으나, 피인용 청구항인 청구항 1이 보정된 이상 청구항 7 역시 그 실질적인 내용은 달라진 것임.)

제1항에 있어서,

상기 활성탄이 유기발광재료 대비 10 내지 20 중량%가 사용된 것을 특징으로 하는 상기 유기발광재료의 분리정제방법.

【청구항 8】 (그 기재 자체에는 변화가 없으나, 피인용 청구항인 청구항 1이 보정된 이상 청구항 8 역시 그 실질적인 내용은 달라진 것임.)

제1항에 있어서, 상기 결정화 공정이 초산에틸 단독 또는 상기 초산에틸에 아세톤 또는 알코올계 용매가 혼합된 혼합 용제로 수행되는 것을 특징으로 하는 상기 유기발광재료의 분리정제방법.

2. 의견서가 미칠 수 있는 영향을 염두에 두어라

특허출원인은 보정서를 작성할 때뿐만 아니라 의견서를 작성할 때에도, 그 서면 기재 내용이 보호범위(권리범위)에 미칠 수 있는 영향을 반드시 염두에 두어야 한다. 어떠한 영향이 있는지 예를 들어 살펴보면 다음과 같다.

특허권자가 특허권을 행사하였고, 그러자 특허침해 혐의자와 특허권자 사이에 청구항의 해석, 그중에서도 청구항에 기재된 어떤 용어의 해석에 관하여 다툼이 발생하였다고 가정하자.

이 경우 특허권자가 OA 사건에서 제출한 의견서에 그 용어의 의미에 관하여 구체적으로 기재한 바 있다면, 이를 기초로 그 용어가 해석될 수 있으므로 의견서 작성 시 주의가 필요하다.

한편, 특허출원인이 의견서에서 의식적으로 제외하였던 사항은 해당 보호범위(권리범위)에서 제외되었다고 봄이 타당하다는 것이 판례의 태도이다(상세하게는 아래 8-2-1. 참조). 신규성이나 진보성 흠결의 거절이유를 지적받은 특허출원인은, 그 거절이유를 극복하기 위하여 의견서상에서 선행기술과 출원발명의 차이점을 부각시키는데 집중하기 마련이고, 그 과정에서 종종 '청구범위에서 어떤 사항을 의식적으로 제외시키는' 청구범위 해석을 하기 쉽다. 그러나 특허출원인은 자신의 특허출원이 특허등록되는 것에만 신경을 써서는 아니 되고, 자신이 의견서에서 한 주장에 의해 훗날 특허권의 보호범위(권리범위)가 감축될 수 있다는 것까지 염두에 두어야 한다.

3. 마무리하며

특허출원의 등록률을 소송에서의 승소율처럼 이해하는 것은 곤란하다. 앞서 본 바와 같이, 단지 특허결정을 받는 것이 목적이라면 OA 사건에서 당초의 청구범위를 대폭 감축하여 특허등록가능성을 얼마든지 높일 수 있기 때문이다.[53] 만일 그 대폭 감축된 청구항에 발생된 특허권이 (누구나 쉽게 회피할 수 있어) 가치가 낮은 특허권이라면, 특허권 행사를 염두에 두고 있는 특허권자가 과연 만족할 수 있을까? 그럴 수 없을 것이다.

위에서 본 OA 대응 전략은 최대한 넓은 보호범위(권리범위)의 특허권을 확보하기 위한 전략이지, 단순히 심사관으로부터 특허결정을 이끌어내기 위한 전략이 아니다. 특허출원인(특히 변리사의 도움 없이 거절이유통지에 대응하려는 특허출원인)은 거절이유를 극복하기 위하여 사용하려는 대응안이 위 OA 대응 전략에 부합하는지 검토하여 볼 필요가 있다.

한편, 대부분의 변리사들은 의뢰인이 양질의 특허권을 보유할 수 있도록 최선의 노력을 다하고 있다. 하지만 변리사에게 OA 사건의 처리를 완전히 맡긴 채 별다른 관심을 갖지 않는 것은 바람직하지 않다. 왜냐하면 아무리 훌륭한 변리사라고 할지라도 특허출원인(발명자)인 의뢰인만큼 그 발명의 기술적 의미 내지 사업에의 적용 방향을 정확히 알고 있기는 어렵기 때문이다. 변리사가 당초의 청구범위를 최소한으로 수정하는 보정안을 제안하였다 하더라도, 그 보정안에 따른 청구항 기재 발명이 기술적으로나 사업적으로 별다른 의미를 가지지 못하는 것일 수 있으므로, 특허출원을 할 때는 물론이고 OA 사건을 처리할 때에도 특허출원인(발명자)은 변리사와 긴밀히 논의할 필요가 있다.

53) 심사관이 거절이유통지에서 지적한 거절이유가 선행기술 관련 거절이유인 경우에 대한 이야기이다.

3-2-5. 무효심판청구에 대한 대응 전략

특허출원인은 넓은 청구범위의 특허권을 '확보'한 특허권자가 된 이후에는, 강력한 특허를 '유지'하기 위한 전략을 고민하여야 한다. 특허권자로부터 특허침해경고를 받은 경쟁업체 등 이해관계인이 특허무효심판을 청구할 수 있기 때문이다.

무효심판사건에서 종전 청구항에 대한 특허권이 무효될 가능성이 높은 경우, 특허권자는 청구항에 대한 '정정'을 통해 이를 막을 수 있다.

이하 정정에 관한 개괄적인 내용을 살펴본 뒤, 저자가 실제 수행한 사례를 예로 들며 정정을 통해 강력한 특허를 '유지'하기 위한 전략을 설명하고자 한다.

1. 정정에 관한 법리

가. 정정 가능 시기

명세서의 정정은 '정정심판'을 통하여 이루어질 수도 있고, '특허무효심판에서의 정정청구'를 통해 이루어질 수도 있다. 명세서 또는 도면을 정정하고자 하는 특허권자가 정정심판과 정정청구 중 무엇을 선택할 수 있는지는 그 정정을 구하는 시점에 따라 정해진다(특허법 제133조의2, 제136조). 단적인 예로 특허무효심판이 특허심판원에 진행 중일 때에는 '정정심판'을 청구할 수는 없고 '정정청구'를 하여야 한다(특허법 제136조 제2항 제2호). 이때 특허권자는 무효심판청구에 대한 답변서 제출기한 등 내에 정정청구를 해야 한다(특허법 제133조의2 제1항).

나. 정정 가능 범위

특허권이 발생된 상황에서 이루어지는 명세서 또는 도면의 '정정'은 아래에서 살펴보는 바와 같이, 특허출원 단계에서 이루어지는 명세서나 도면의 '보정'에 비하여 더 엄격한 요건하에서만 가능하다.

특허권자는 ① 청구범위를 감축하는 경우, ② 잘못 기재된 사항을 정정하는 경우, ③ 분명하지 아니하게 기재된 사항을 명확하게 하는 경우의 어느 하나에 해당하는 경우에 특허발명의 명세서 또는 도면에 대한 정정심판을 청구하거나 정정청구를 할 수 있다(특허법 제136조 제1항, 제133조의2 제1항).

그런데 위 ① 또는 ③의 경우에는 '특허발명'의 명세서 또는 도면에 기재된 사항의 범위에서 정정을 할 수 있는데 반해, 위 ②의 경우에는 '특허출원서에 최초로 첨부된' 명세서나 도면에 기재된 사항의 범위에서 정정을 할 수 있다(특허법 제136조 제3항, 제133조의2 제4항).

또한, 어느 경우의 정정이든 그 정정은 청구범위를 실질적으로 확장하거나 변경할 수 없다(특허법 제136조 제4항, 제133조의2 제4항). 그리고 위 ① 및 ②의 경우에 하는 정정은 정정 후의 청구범위에 적혀 있는 사항이 특허출원을 하였을 때에 특허를 받을 수 있는 것이라는 요건도 충족해야 한다(특허법 제136조 제5항, 제133조의2 제4항).

이 중 실무에서 주로 문제되는 정정요건은, 특허권자가 하고자 하는 정정이 청구범위를 실질적으로 확장하거나 변경하는지 여부이다.

이와 관련하여, 판례는 "특허청구범위를 실질적으로 확장하거나 변경하는 경우에 해당하는지 여부는 특허청구범위 자체의 형식적인 기재뿐만 아니라 발명의 상세한 설명을 포함하여 명세서와 도면 전체에 의하여 파악되는 특허청구범위의 실질적인 내용을 대비하여 판단하여야 하는바, 정정 후의 특허청구범위에 의하더라도 발명의 목적이나 효과에 어떠한 변경이 없고 발명의 상세한 설명 및 도면에 기재되어 있는 내용을 그대로 반영한 것이어서 정정 전의 특허청구범위를 신뢰한 제3자에게 예기치 못한 손해를 줄 염려가 없다면 그 정정청구는 특허청구범위를 실질적으로 확장하거나 변경하는 것에 해당하지 아니한다(대법원 2014. 2. 13. 선고 2012후627 판결)."라고 판시한 바 있다.

다. 정정의 효과

특허발명의 명세서 또는 도면에 대하여 정정을 한다는 심결이 확정되었을 때에는, 그 정정 후의 명세서 또는 도면에 따라 특허출원, 출원공개, 특허결정 또는 심결 및 특허권의 설정등록이 된 것으로 본다(특허법 제136조 제10항, 제133조의2 제4항).

2. 실제 수행 사례 소개

가. S사의 특허소송 제기

S사는 D사 등(이하 'D사'라고 통칭함)을 상대로 특허 제1289792호(이하 '이 사건 특허'라고 한다)의 청구항 1에 발생된 특허권의 침해를 주장하면서 특허침해금지 및 손해배상청구를 하였다. 이 사건 특허의 청구범위는 위에서 OA 대응 전략에서 예로 들었던 바로 그 청구범위이다(이미 언급한 청구범위이나 찾기 편하도록 아래 박스에 다시 인용한다).

【청구항 1】

유기 발광 표시장치의 제조공정에서 유기발광층의 진공증착공정 이후, 증착기구에서 회수된 유기발광재료로부터 불순물 제거시, 활성탄을 이용한 흡착반응에 의해 불순물을 흡착 제거하는 정제공정;

상기 흡착 제거 이후 정제된 유기발광재료를 용매 조건하에서 결정으로 석출하는 결정화 공정; 및

승화 정제공정을 순차적으로 수행하여 99.95% 이상 순도를 구현하는 유기발광재료의 분리정제방법.

【청구항 2】

제1항에 있어서,

상기 증착기구에서 회수된 유기발광재료가 순도 98% 이상으로 예비 정제 처리된 것을 특징으로 하는 상기 유기발광재료의 분리정제방법.

【청구항 3】

제1항에 있어서,

상기 증착기구에서 회수된 유기발광재료가 염화물을 포함하는 유기용제에 용해된 반응액에 준비된 것을 특징으로 하는 상기 유기발광재료의 분리정제방법.

【청구항 4】

제3항에 있어서,

상기 유기용제가 염화메틸렌인 것을 특징으로 하는 상기 유기발광재료의 분리정제방법.

【청구항 5】

제1항에 있어서,

상기 흡착반응이 반응액의 pH가 4 내지 6이고 흡착온도가 20 내지 30℃에서 수행되는 것을 특징으로 하는 상기 유기발광재료의 분리정제방법.

【청구항 6】

제1항에 있어서,

상기 활성탄이 10%(w/v) 수용액에서 pH 3 내지 6의 활성탄인 것을 특징으로 하는 상기 유기발광재료의 분리정제방법.

【청구항 7】

제1항에 있어서,

상기 활성탄이 유기발광재료 대비 10 내지 20 중량%가 사용된 것을 특징으로 하는 상기 유기발광재료의 분리정제방법.

【청구항 8】

제1항에 있어서,

상기 결정화 공정이 초산에틸 단독 또는 상기 초산에틸에 아세톤 또는 알코올계 용매가 혼합된 혼합 용제로 수행되는 것을 특징으로 하는 상기 유기발광재료의 분리정제방법.

나. D사의 무효심판청구

위와 같은 특허소송이 제기되자, D사는 이 사건 특허의 청구항 1~8 모두에 대해 진보성 흠결의 무효사유를 주장하며 무효심판청구를 하였고, 무효심판에서는 주로 독립항 1 기재 발명에 진보성 흠결의 무효사유(비교대상발명 R1, R2)가 있는지 여부가 다투어졌다.

S사는 특허출원 이후 단 한 번의 거절이유통지도 받은 적 없이 이 사건 특허를 획득하였다. S사의 입장에서는 이러한 출원 이력에 근거하여 이 사건 특허발명과 유사한 선행기술이 없다고 생각할 수 있지만,[54] D사는 S사가 출원 과정에서 접하지 못한 공지기술 R1, R2를 찾아내 무효심판을 청구하였던 것이다.

만일 심판부가 위 독립항 1에 발생된 특허권이 무효라고 판단한다면, 위 독립항 1에 발생된 특허권의 침해를 주장하던 S사는 위 특허소송에서 패소할 것이다. 이와 같은 상황에서 S사는 어떤 대응을 해야 할까? 저자가 취한 조치를 시간 순으로 소개하면 아래와 같다.

이하의 내용이 유일한 정답이라고 말할 수는 없지만, 참고가 될 수 있을 것이다.

다. 무효심판사건에서의 S사의 대응(정정 없이 D사 주장 반박) 및 일부무효심결

위 무효심판사건이 진행된 특허심판원에서 S사는, 통상의 기술자는 비교대상발명 R1, R2로부터 위 청구항 1~8에 각 기재된 발명을 용이하게 창작할 수 없으므로, D사의 무효사유 주장이 이유 없다고 반박하였다. S사는 위 독립항 1 기재 발명에 진보성이 있다고 확신하고,[55] 청

---

54) 위 3-1-1.에서 본 바와 같이, 특허권자가 특허출원 이후 특허등록을 받기까지 거절이유통지를 받은 적이 없다는 사실은 특허권자에게 독이 될 수도 있다.

55) 독립항 기재 발명의 진보성이 인정되는 이상, 그 종속항 기재 발명의 진보성도 인정

구범위를 전혀 수정(정확하게는 정정)하지 않은 채 위와 같이 주장하였던 것이다.

하지만, 특허무효심판사건의 심판부는 일부무효심결(이하 '이 사건 심결'이라 한다)을 하였다(청구항 2, 5, 6: 유효, 청구항 1, 3, 4, 7, 8: 무효). 이로써, (아직 이 사건 심결이 확정되지는 않았지만) 위 특허소송의 재판부가 위 독립항 1 기재발명의 무효사유를 인정할 가능성이 높아지게 되었고, 위 특허소송을 진행 중인 S사의 소송전략에 대한 수정이 불가피하게 되었다.

라. 심결취소소송(특허법원) 및 정정심판(특허심판원)

1) 심결취소소송 제기(특허법원)

S사는 이 사건 심결이 확정되지 않도록 특허법원에 심결취소소송을 제기하여야 했다. 특허법원에서 S사는 어떤 주장을 해야 하나? 특허심판원에서의 주장과 같은 주장을 반복하면 될까? 그러다가 만일 특허법원 역시 위 독립항 1 기재 발명의 진보성을 부정한다면, 그때는 어떻게 하나? 특허심판원 심결에 결정적인 하자가 있지 않은 이상, 특허법원에서 특허심판원에서의 종전 주장을 반복하여 그 심결을 취소시키기란 상당히 어려우므로 이러한 전략을 수립할 때는 신중해야 한다.

저자는, 위 독립항 1 기재 발명에 진보성이 없다는 이 사건 심결의 판단을 뒤집기 쉽지 않을 것으로 예상하고, 위 독립항 1 기재 발명이 비교대상발명 R1, R2와 확실히 차별화되도록 위 독립항 1을 감축하는 정정을 한 뒤에, 특허법원에서 그 정정된 독립항 1 기재 발명의 진보성을 주장하고자 하였다.

되는 것은 이미 앞서 본 바이다.

2) 정정심판 청구(특허심판원)

위 전략에 따라, 저자는 특허법원에서 특허심판원에서와 다른 주장을 하기 위하여 정정을 하고자 했다.

그렇다면 S사는 정정청구 또는 정정심판 청구 중 어떤 방법을 통해 정정을 할 수 있나? 무효심판사건이 특허심판원에 계속 중일 때에는 그 답변서 제출기한 등 내에 정정청구를 할 수 있지만, 특허심판원이 심결을 한 이후에는 더는 정정청구를 할 수 없으며 대신 정정심판을 청구할 수 있다(특허법 제136조 제1항). 이에 따라 저자는 이 사건 심결에 대한 취소소송을 제기하기 직전에 특허심판원에 정정심판을 청구하였다.

다음으로, S사는 정정심판에서 어떠한 내용으로 정정을 하여야 하는지 고민하여야 한다.

특허심판원이 이 사건 심결을 통해 이 사건 특허의 청구항 중 종속항 2, 5, 6이 유효하다는 판단을 하였으므로, S사가 독립항 1 기재 발명에 종속항 2, 5, 6 중 어느 한 청구항에 기재된 발명을 추가하기 위한 정정심판을 청구한다면 그 정정심판청구가 인용될 가능성이 매우 높다.[56]

하지만, 저자는 이 방법을 선택하지 않았다. 그 이유를 살펴보면, 아래와 같다. S사가 정정심판을 청구하는 이유, S사가 무효심판사건에서 승소하고자 하는 이유 모두 위 특허소송에서 승소하기 위함이다. 따라서, S사는 정정심판을 청구함에 있어 위 특허소송에서 'D

56) S사는 위 특허소송에서 피침해 청구항으로 청구항 1만 특정하였으나, 만일 S사가 위 특허소송에서 청구항 2, 5 또는 6에 발생된 특허권을 침해받았다고 주장하고자 한다면, 위와 같은 정정이 불필요하다. 현재의 종속항 2, 5 또는 6에 기재된 내용을 현재의 독립항 1 기재 내용에 병합하는 정정을 함으로써 얻게 되는 정정된 독립항 1과 현재의 종속항 2, 5 또는 6 사이에 아무런 차이가 없기 때문이다.

사가 그 정정된 독립항 1 기재 발명을 실시하고 있음'을 '입증'하기 쉬운지 여부를 항상 염두에 두어야 했다. 그런데, 당시 S사는 D사가 종속항 2, 5, 6에 각 기재된 발명을 실시하고 있다는 것을 입증하기는 쉽지 않다고 판단하였던 것이다.

따라서 저자는 ① S사가 D사의 독립항 1 기재 발명 실시 사실을 입증하는데 어려움이 없어야 한다는 조건과 ② 독립항 1 기재 발명을 최소한으로 감축하되 그 감축된 독립항 1 기재 발명이 비교대상발명 R1, R2와 확실히 차별화되어야 한다는 조건 모두를 만족하는 정정안을 고심하였다. 그 결과, S사는 아래와 같이 청구항 1을 정정하는 내용의 정정심판 청구를 하였다.

(정정심판 청구된 청구범위)

【청구항 1】 (감축보정)

유기 발광 표시장치의 제조공정에서 유기발광층의 진공증착공정 이후, 증착기구에서 회수된 유기발광재료로부터 불순물 제거시, 산성 활성탄을 이용한 흡착반응에 의해 불순물을 흡착 제거하는 정제공정;
상기 흡착 제거 이후 정제된 유기발광재료를 용매 조건하에서 결정으로 석출하는 결정화 공정; 및
승화 정제공정을 순차적으로 수행하여 99.95% 이상 순도를 구현하는 유기발광재료의 분리정제방법.

【청구항 2】~【청구항 8】 (생략)

3) 정정인용심결 및 심결취소판결

정정심판 사건에서 특허심판원은 위와 같은 정정이 특허법 제136조의 정정요건을 만족하는 적법한 정정이라는 내용의 심결을 하였고, 이는 그 무렵 확정되었다.

그 당시 일부무효심결에 대한 취소소송이 특허법원에 계속 중이었는데, 정정인용심결이 확정되었으므로, 같은 법원은 위 정정된 청구범위에 관하여 이 사건 심결의 위법 여부를 판단할 수밖에 없다(특허법 제136조 제10항). 그 결과 특허법원은 이 사건 심결을 취소하는 판결을 하였다.

마. D사의 패소 확정

이 사건 심결을 취소한 특허법원 판결에 대하여 D사가 상고하였으나, 이는 기각되었다. 또한, D사는 S사의 정정이 부적법하다며 특허심판원에 그 정정을 무효로 하여 달라는 취지의 정정무효심판을 청구하였으나 이는 기각되었고, 그 기각심결에 대한 D사의 제소(특허법원에의 소 제기)와 상고(대법원에의 상소) 모두 기각되었다.

바. 소결

지금까지 본 바와 같이, 정정 제도는 무효심판청구에 대항하는 특허권자의 강력한 무기이다. 특허심판원이 무효심판사건에서 '이 사건 특허의 독립항 1 기재 발명이 무효'라는 내용의 이 사건 심결을 할 때만 하더라도 D사가 승기를 잡은 것으로 보였지만, S사가 그 후 정정 제도를 통하여 결국 이 사건 심결을 취소시켜 전세를 역전시킨 것이 좋은 예라 할 것이다.

다만, 강력한 특허가 정정을 거치면서 약한 특허가 될 가능성도 많으므로, 특허권자는 정정 제도를 활용할 때 특허권의 보호범위(권리범위)가 최소한으로 감축되도록 노력하는 등 강력한 특허를 '유지'하기 위해 노력해야 할 것이다.

제 4 장 영업비밀의 확보

TRADE SECRET

4-1 실제 수행 사례 소개

저자가 2013년부터 2019년까지 수행한 영업비밀 관련 민·형사 사건(이하, '발전사 사건'이라 한다)이 있는데, 이 사례를 토대로 제4장 및 제9장에서 영업비밀에 관한 전반적인 쟁점을 소개하기로 한다.

1. 사실관계

먼저, 위 발전소 사건의 기본적인 사실관계는 다음과 같고, 저자(의 법무법인)는 N사를 대리하였다.

> Y발전소를 건설 및 운영하는 발주처인 N사는, Y발전소 5, 6호기의 설계용역사인 B사에게 (Y발전소 3, 4호기의 설계용역사인 A사가 작성하여 N사에게 납품한) Y발전소 3, 4호기의 설계자료(이하 '이 사건 설계자료')를 제공하여, B사로 하여금 Y발전소 5, 6호기의 설계 시 이 사건 설계자료를 참조하도록 하였다.
> N사와 설계용역사인 A사 사이에 이 사건 설계자료의 귀속주체 및 이용권한 등에 대한 명시적인 약정은 없었다.

보다 구체적으로 사실관계를 나열하면 다음과 같다. 이하의 사실관계는 서울중앙지방법원 2016. 12. 8. 선고 2015가합514730 판결문 2~7면 '기초사실'란 기재와 대부분 같고, 저자가 일부 내용을 각색하였다.

가. 당사자 관계

- A사는 800MW급 Y발전소 1, 2호기, 1,000MW급 D발전소 9, 10호기, S발전소 1, 2호기 및 500MW급 B발전소 3~6호기, T발전소

1~6호기를 비롯한 다수의 화력발전소들의 설계용역 업무를 수행한 바 있다.

- B사는 화공플랜트, 발전 및 에너지, 산업플랜트 분야 등에서 엔지니어링 용역 업무를 수행하는 회사로, 560MW급인 C발전소 1~4호기, 500MW급인 T발전소 7, 8호기의 설계용역 업무를 수행한 바 있으며, A사와 경쟁관계에 있다.

나. A사와 N사 사이의 Y발전소 3, 4호기 설계용역계약 체결 등

- A사와 N사는 2003. 2. 28. N사가 건설하는 870MW급 Y발전소 3, 4호기의 기본설계, 상세설계 및 사업주 기술지원 등 용역 업무를 A사가 계약금액 (생략)원에 수행하기로 하는 내용의 설계용역계약(이하 '3, 4호기 계약'이라 한다)을 체결하였다.
- 3, 4호기 계약에는 아래와 같은 조항이 포함되어 있다.

> **제1장 제1절 계약일반조건**
>
> **제40조 (기술지식의 이용 및 기술엄수 의무)** (이하 '기술지식이용등 조항'이라 한다)
>
> ① 발주자(N사, 이하 같다)는 계약서상의 규정에 의하여 계약상대자(A사, 이하 같다)가 제출하는 각종 보고서, 정보, 기타자료 및 이에 의하여 얻은 기술지식의 전부 또는 일부를 <u>계약상대자의 승인을 얻어</u> 발주자의 이익을 위하여 복사, 이용 또는 공개할 수 있다.
>
> ② 계약상대자는 당해 계약을 통해 얻은 정보 또는 발주자의 비밀사항을 계약 이행의 전후를 막론하고 외부에 누설할 수 없다.
>
> **제1장 제2절 역무내역**
>
> 본 용역은 Y발전소 3, 4호기 건설에 대한 설계용역 업무로서 N사가 제공하는 건설기본계획, 환경영향평가서 등 관련 자료를 토대로 <u>선행호기 설계자료</u> 및 건설개선자료 등을 <u>현장 여건에 부합되도록 검토 보완하여</u>

> 반영하되, (하략)
>
> **제1장 제3절 특기사항**
>
> 카. 기타 (이하 '참고자료이용 조항'이라 한다)
>
> 7) 준공자료는 본 발전소 운전 및 정비에 필수적으로 이용되고, 향후 발전소 건설시 중요한 참고자료로 이용될 것이므로 설계에서 준공에 이르기까지 시행한 제반자료(설계변경행위, 변경 근거 등을 포함)를 집대성하여 작성 제출한다.

- A사는 3, 4호기 계약에 따라 이 사건 설계자료를 포함하는 설계용역자료를 작성하여 N사에게 제출하였다.

다. Y발전소 5, 6호기 설계용역 입찰 과정 등

- 선행호기의 설계용역사가 발주처가 작성한 후행호기의 설계용역 수행계획서를 검토하는 것은 오래된 관행이다. 후행호기의 설계용역 수행계획서에는 후행호기의 설계용역사가 수행하여야 할 업무가 기재되어 있다.
- 위 발전소 사건에서, N사는 3, 4호기 계약 당시부터 예정되어 있었던 Y발전소 5, 6호기의 건설과 관련하여 2009. 6.경 A사에게 다음과 같은 내용이 담긴 Y발전소 5, 6호기 설계용역 수행계획서(이하 '수행계획서'라 한다)의 검토를 요청하였다. A사는 아래의 내용에 대하여 아무런 이의를 제기한 바 없다.

제1절 일반사항

6. 역무수행방법

   가. 계약상대자는 용역을 수행함에 있어 발주자의 업무 지시에 따라야 하며, 발주자가 제공한 자료, 정보 및 지침 등을 기준하여 용역을 수행한다.

제2절 업무내역 및 업무분장

2. 발전소 기본 및 상세설계

   발주자가 제공하는 기본계획 및 교통, 환경영향평가서, 기타자료를 기준으로 하여 기술성 및 경제성이 우수하며 신뢰성 있는 발전소를 건설할 수 있도록 발전소 기본설계 및 상세설계를 수행하고 아래 사항에 대한 제반 자료를 직접 제출한다.

   가. 기본설계

      1) 발전소의 최적화를 위하여 다음 사항에 대하여 기본설계 검토를 수행한다.

         가) 공통분야

            선행호기 설비 개선사항 검토 및 대책 제시

제3절 특기사항

6. 기존설비 조사검토

   가. 공용설비는 물론 Y발전소 1~4호기용으로 계획된 설비들이 Y발전소 5, 6호기 설비에서 공용 가능한지 또는 공용시의 예상 문제점과 개선사항을 면밀히 검토제시하며 그 용량이나 형식, 규격, 재질, 수량 등이 적정한지 재검토한 후 설계에 반영함으로써 호환성과 신뢰성을 극대화하고 경제성 있는 발전소가 되도록 한다.

- N사는 Y발전소 5, 6호기 설계용역의 입찰공고 기초금액을 (생략)원으로 책정하였고, A사는 수익성 검토 후 입찰에 참가하지 않았다.

라. B사와 N사의 Y발전소 5, 6호기 설계용역계약 체결

• N사는 Y발전소 5, 6호기의 설계용역사 선정을 위한 일반 경쟁 입찰을 실시하였으나 2회 유찰되었고, 이에 2009. 8.경 수의계약 방식으로 B사와 사이에 아래와 같은 조항을 포함한 설계용역계약(이하 '5, 6호기 계약'이라 한다)을 체결하였다.

제2장 제1절 일반사항

6. 역무수행방법

가. 계약상대자(B사, 이하 같다)는 용역을 수행함에 있어 발주자(N사, 이하 같다)의 업무지시에 따라야 하며, 발주자가 제공한 자료, 정보 및 지침 등을 기준하여 용역을 수행한다.

제2장 제2절 업무내역 및 업무분장

2. 발전소 기본 및 상세설계

발주자가 제공하는 기본계획 및 교통, 환경영향평가서, 기타자료를 기준으로 하여 기술성 및 경제성이 우수하며 신뢰성 있는 발전소를 건설할 수 있도록 발전소 기본설계 및 상세설계를 수행하고 아래 사항에 대한 제반 자료를 직접 제출한다.

가. 기본설계

1) 발전소의 최적화를 위하여 다음 사항에 대하여 기본설계 검토를 수행한다.

가) 공통분야

<u>선행호기 설비 개선사항 검토 및 대책 제시</u>

제2장 제3절 특기사항

6. 기존설비 조사검토

가. <u>공용설비는 물론 Y발전소 1~4호기용으로 계획된 설비들이 Y발전소 5, 6호기 설비에서 공용 가능한지 또는 공용시의 예상 문제점과 개선사항을 면밀히 검토제시</u>하며 그 용량이나 형식, 규격, 재

질, 수량 등이 적정한지 재검토한 후 설계에 반영함으로써 호환성과 신뢰성을 극대화하고 경제성 있는 발전소가 되도록 한다.

• B사 직원인 ○○○ 등은 2009. 8.부터 2010. 9.까지 N사로부터 이 사건 설계자료 등을 건네받고 이를 검토한 후, 이를 Y발전소 5, 6호기의 특성에 맞추어 수정 내지 변경하는 방식으로 Y발전소 5, 6호기의 설계자료를 작성하였다.

2. 질문

이하 4-3., 4-4., 9-1., 9-2.에서는 아래의 질문에 대하여 나누어 살펴보고자 한다.

가. 형사사건에서의 질문

위와 같은 사실관계 하에서, A사의 진정으로 'N사 및 그 일부 직원들'과 'B사 및 그 일부 직원들'이 수사기관으로부터 부정경쟁방지및영업비밀보호에관한법률위반(영업비밀누설등) 혐의로 조사를 받았다(이하 이 사건을 '발전소 형사사건'이라 한다). 이들은 진정 범죄를 범한 것인가?

나. 민사사건에서의 질문

위와 같은 사실관계 하에서, A사는 N사 및 B사를 상대로 불법행위(영업비밀 침해행위)에 기한 손해배상청구를 하였다(이하 이 사건을 '발전소 민사사건'이라 한다). N사는 손해배상책임을 부담하는가? B사는 어떠한가?

4-2 영업비밀의 특정

1. 왜 문제가 될까?

특허권, 디자인권, 상표권의 특정은 문제가 되지 않는다. 키프리스(www.kipris.or.kr) 사이트 등에서 검색할 수 있는 해당 등록번호로 충분히 특정이 되기 때문이다. 해당 특허등록공고, 등록디자인공고, 상표출원공고의 내용을 어떻게 해석할지에 대하여는 다툼이 있을 수 있지만(예를 들어, 특허청구범위의 해석에 관한 다툼이 있을 수 있지만), 그 특정 자체는 문제될 여지가 없다.

반면, 영업비밀은 영업비밀 보유자가 비밀스럽게 보유하고 관리하는 정보이고, 그 내용이 공개적으로 특정되어 있지 않다. 이에 따라, 영업비밀의 특정은 당사자 간에 영업비밀 침해 여부 등이 다투어지는 상황이 생겼을 때에야 비로소 문제된다.

2. 영업비밀의 특정 정도 및 판단 기준

가. 판례의 태도

영업비밀 보유자가 영업비밀을 자세히 특정할수록 해당 정보가 더 이상 비밀이 아니게 될 위험이 있다. 반면, 영업비밀 보유자가 영업비밀을 추상적으로 특정할수록 영업비밀을 침해하지 않았다고 주장하는 상대방이 자신을 방어하기 어렵게 된다.

그렇다면, 어느 수준으로 영업비밀을 특정하여야 하는가?

이와 관련하여, 대법원은 "영업비밀 침해행위의 금지를 구하는 경우에는 법원의 심리와 상대방의 방어권 행사에 지장이 없도록 그 비밀성을 잃지 않는 한도에서 가능한 한 영업비밀을 구체적으로 특정하여야 하고, 어느 정도로 영업비밀을 특정하여야 하는지는 영업비밀로 주장된 개별 정보의 내용과 성질, 관련 분야에서 공지된 정보의 내용, 영업비밀 침해행위의 구체적 태양과 금지청구의 내용, 영업비밀 보유자와 상대방 사이의 관계 등 여러 사정을 고려하여 판단하여야 한다(대법원 2013. 8. 22.자 2011마1624 결정 참조)."라고 판시한 바 있다.

위 대법원 2011마1624 사건에서, 법원은 영업비밀이 제대로 특정되었는지 여부를 판단할 때 영업비밀인지 여부를 다투는 상대방의 주장 및 입증을 고려하여, 영업비밀 보유자가 최소한 법원이 납득할 수 있는 수준으로 영업비밀을 특정하였는지 여부를 판단하였다.[57)]

---

57) "이 사건에서 영업비밀로 주장된 원심 판시 '이 사건 정보'는 '신청인이 판매하는 솔벤트 염료나 형광증백제' 제품과 관련한 '배합염료의 배합비율, 염료의 합성반응 데이터, 과립형 형광증백제의 제조방법, 립스틱용 안료 페이스트의 분산방법 등 생산기술정보' 및 '원료의 순도 검사 방법, 사출 조건의 설정 및 테스트 방법, CCM을 이용한 염료의 색상 검사방법, Hensel 믹서기 등 혼합공정 기계장치를 이용한 염료의 배합방법, 자동흔들체를 이용한 염료의 분급 방법, 가우스 자석키트를 이용한 염료의 철가루 제거방법 등 품질관리기술정보'(원심 판시 '이 사건 기술정보'이다)와 '원료의 종류 · 구입처 · 구입가격 · 구입수량, 관련 거래처의 동향, 원료의 품질관리를 위한 기술지도 등에 관한 사항에 관련된 영업정보'(원심 판시 '이 사건 영업정보' 이다)이다.

그런데 피신청인들은, 신청인이 염료를 생산하는 것이 아니라 중국에서 염료 자체를 수입하여 포장만 바꾼 뒤 단품으로 판매하거나 그 염료를 원하는 색상이 나올 때까지 단순반복 작업을 통하여 배합하여 판매하고 있을 뿐 이 사건 기술정보와 관련하여 어떠한 고도의 염료 생산기술이나 품질관리기술을 보유하고 있지 않고, 신청인이 가지고 있는 생산기술정보나 품질관리기술정보는 솔벤트 염료나 형광증백제를 생산하는 다른 회사의 인터넷 웹사이트 등에서 누구나 쉽게 구할 수 있는 정보이거나 국제적으로 공인된 규격에 이미 정형화되어 있는 정보이며, 이 사건 영업정보와 관련하여 신청인이 가지고 있는 정보 또한 인터넷 웹사이트에서 누구나 쉽게 구할 수 있는 정보에 불과하다고 다투면서, 그에 부합하는 소명자료까지 일부 제출하였다. 그럼에도 신청인은 이 사건 정보가 수치자료, 업무매뉴얼 등의 데이터베이스 형태로 신청인 회사 내에 보관되고 있다는 취지로 주장만 할 뿐 그러한 데이터베이스의 존재를 인정할 수 있는 아무런 소명자료를 제출하지 아니하고, 이 사건 정보가 피신청인들이 주장하는 공지된 정보와 어떻게 다른지를 구체적으로 특정하여 주장 · 소명하지도 아니하였다.

비슷한 취지에서, 판례는 경쟁업체로 전직을 한 근로자를 상대로 한 영업비밀 침해금지청구에서 영업비밀이 제대로 특정되었는지 여부를 판단할 때 고려하여야 할 사정들에 관하여 아래와 같은 판시를 한 바 있다.

"상당한 정도의 기술력과 노하우를 가지고 경쟁사로 전직하여 종전의 업무와 동일, 유사한 업무에 종사하는 근로자를 상대로 영업비밀 침해금지를 구하는 경우 사용자가 주장하는 영업비밀이 영업비밀로서의 요건을 갖추었는지와 영업비밀로서 특정이 되었는지 등을 판단함에 있어서는 사용자가 주장하는 영업비밀 자체의 내용뿐만 아니라 근로자의 근무기간, 담당업무, 직책, 영업비밀에의 접근 가능성, 전직한 회사에서 담당하는 업무의 내용과 성격, 사용자와 근로자가 전직한 회사와의 관계 등 여러 사정을 종합적으로 고려하여야 할 것이다(대법원 2003. 7. 16.자 2002마4380 결정)."

나. 구체적 특정

통상적으로 영업비밀 침해금지 등을 청구하는 영업비밀 보유자는 자신의 영업비밀을 포괄적으로 특정하기 마련이다. '…에 관한 일체의 정보', '… 도면 일체', '… 관련 자료 일체', '… 관련 내용 일체' 등의 표현은 영업비밀 침해금지 등을 구하는 청구취지의 별지에 흔히 등장하는 표현이다. 그러나 이는 지나치게 추상적이어서 부적절하다 할 것이다.

만일 부정경쟁방지및영업비밀보호에관한법률위반(영업비밀누설등)죄가 문제되는 형사사건에서 수사기관이 영업비밀 보유자의 해당 영

그렇다면 피신청인들이 이 사건 정보가 일반적, 개괄적, 추상적으로 기재되어 있어 공지된 정보와 차이점이 무엇인지 알 수 없다고 주장함에도, 신청인이 공지된 정보와 차별화되도록 이 사건 정보를 더욱 구체적으로 특정하여 주장·소명하지 아니함으로써, 법원은 이 사건 정보가 영업비밀에 해당하는지를 판단할 수 없고 피신청인들도 영업비밀의 구체적인 내용을 알 수 없어 적절한 방어행위를 할 수 없으므로, 이 사건에서 영업비밀은 제대로 특정되었다고 할 수 없다."

업비밀 파일들을 특정하였다면, 영업비밀 침해행위를 민사적으로 문제 삼으려는 영업비밀 보유자는 수사기관이 특정한 위 파일들을 영업비밀이라고 특정하면 될 것이다.

다. 개괄적 특정

위에서 본 바와 같이 영업비밀을 구체적으로 특정하여야 하기는 하지만, 지나치게 구체적인 특정은 영업비밀의 비밀성을 상실시킬 위험이 있어, 영업비밀에 대한 어느 정도의 개괄적인 특정은 불가피하다.

같은 취지에서, 법원은 "부정한 이익을 얻거나 기업에 손해를 가할 목적으로 영업비밀을 제3자에게 누설하였거나 이를 사용하였는지 여부가 문제되는 부정경쟁방지 및 영업비밀보호에 관한 법률 위반 사건의 공소사실에 '영업비밀'이라고 주장된 정보가 상세하게 기재되어 있지 않다고 하더라도, 다른 정보와 구별될 수 있고 그와 함께 적시된 다른 사항들에 의하여 어떤 내용에 관한 정보인지 알 수 있으며, 또한 피고인의 방어권 행사에도 지장이 없다면, 그 공소제기의 효력에는 영향이 없다(대법원 2009. 7. 9. 선고 2006도7916 판결)."라고 판시한 바 있다.

3. 특허출원 관련 영업비밀의 특정에 관하여

가. 기술, 특허(발명), 영업비밀의 구별

"기술", "특허(발명)", "영업비밀"이라는 용어를 명확하게 구분하지 못한 채 혼용하는 경우를 종종 볼 수 있다. 결론부터 말하면 "기술", "특허(발명)", "영업비밀"의 상호관계는 아래와 같은 다이어그램으로 표현될 수 있다. 이하 구체적으로 대비하여 보자.

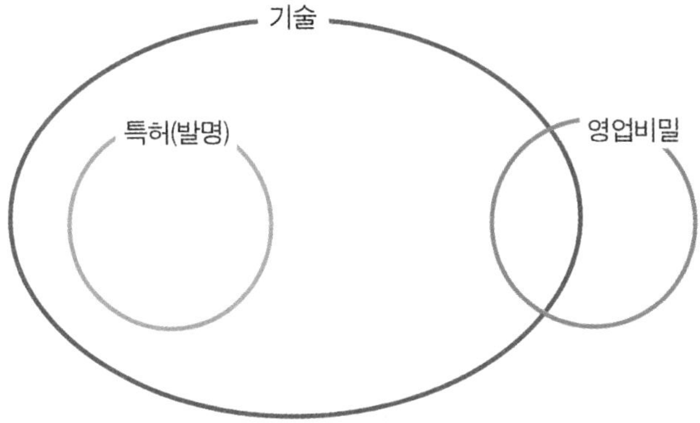

위에서 살펴본 바와 같이 '발명'이란 자연법칙을 이용한 '기술'적 사상의 창작을 뜻하고(특허법 제2조 제1호), '특허발명'이란 특허청이 그 특허성을 인정하여 준 특허출원에 기재된 발명을 뜻하므로, 모든 '특허' 발명은 '기술'이다.

그렇다면 '특허(발명)'와 '영업비밀'은 서로 어떻게 다른가? 첫째, 특허권은 특허출원인이 자신의 발명을 공중에 공개함으로써 일반 공중이 이를 기초로 더 나은 기술을 개발하는데 기여하는 대가로 국가가 부여한 독점 · 배타권인데 반해, 영업비밀은 영업비밀 보유자가 공중에 공개하지 않고 비밀스럽게 이용하는 정보이어서 이에 대한 독점 · 배타권이 없다. 둘째, 특허발명은 오직 기술인데 반해 영업비밀은 기술상 정보일 수도 있고 기술과 무관한 경영상 정보일 수도 있다(부정경쟁방지법 제2조 제2호). 기술에 관한 영업비밀만 놓고 보더라도, 위 첫째 이유에 따라 특허발명은 영업비밀일 수 없다.

나. 특허출원된 발명과 관련된 영업비밀을 주장하는 자가 주장 · 증명하여야 할 내용

드물지만 간혹 검찰이 피고인이 영업비밀을 누설하여 부정경쟁방지법을 위반하였다고 주장하면서 공소장에 특정된 영업비밀에 대한 증거로 피해회사가 보유한 각종 특허증과 해당 특허공보를 제시할 때가 있다. 앞서 살펴본 바와 같이, 특허발명은 영업비밀일 수 없으므로, 이러한 영업비밀 특정은 부적법하다.

다만, 특허출원된 발명(또는 특허발명)과 관련되어 있기는 하지만 해당 명세서에 기재되어 있지 않은 특허출원인(또는 특허권자)의 영업비밀은 얼마든지 있을 수 있다.

그렇다면 특허출원된 발명에 대하여 영업비밀을 주장하는 자가 주장 · 증명하여야 할 사항은 무엇인가? 이와 관련하여 판례는 "특허출원을 하기 위한 특허출원서에는 발명의 명세서와 필요한 도면 및 요약서를 첨부하여야 하고, 발명의 상세한 설명에는 그 발명이 속하는 기술분야에서 통상의 지식을 가진 자가 용이하게 실시할 수 있을 정도로 그 발명의 목적 · 구성 및 효과를 기재하여야 하며, 특허청구범위에는 발명이 명확하고 간결하게 그 구성에 없어서는 아니되는 사항을 기재하여야 하므로(특허법 제42조 제2항, 제3항, 제4항 참조), 그 기술분야에서 통상의 지식을 가진 자라면 누구든지 공개된 자료를 보고 실시할 수 있다 할 것이니, 특허출원된 발명에 대하여 영업비밀을 주장하는 자로서는 그 특허출원된 내용 이외의 어떠한 정보가 영업비밀로 관리되고 있으며 어떤 면에서 경제성을 갖고 있는지를 구체적으로 특정하여 주장 · 입증하여야 한다(대법원 2004. 9. 23. 선고 2002다60610 판결)."라고 판시한 바 있다.

4-3 영업비밀의 성립요건

민사상 영업비밀 침해행위에 해당하기 위하여든 형사상 부정경쟁방지법위반죄에 해당하기 위하여든 가장 먼저 살펴보아야 할 것은 영업비밀의 성립 여부이다. 위 발전소 사건에서 가장 문제된 쟁점은 영업비밀의 성립 여부이었다.

1. 구 부정경쟁방지법(2015. 1. 28. 법률 제13081호로 일부개정되기 전의 것)상 영업비밀

가. 법률 규정

구 부정경쟁방지법(2015. 1. 28. 법률 제13081호로 일부개정되기 전의 것) 제2조 제2호는 다음과 같이 규정되어 있다.

> 2. "영업비밀"이란 공공연히 알려져 있지 아니하고(이하 '비공지성'이라 한다) 독립된 경제적 가치를 가지는 것으로서(이하 '경제적 가치성'이라 한다), '상당한' 노력에 의하여 비밀로 유지된(이하 '비밀유지성'이라 한다) 생산방법, 판매방법, 그 밖에 영업활동에 유용한 기술상 또는 경영상의 정보를 말한다.

나. 판례의 태도

1) 비공지성 요건 관련

구 부정경쟁방지법(2015. 1. 28. 법률 제13081호로 일부개정되기 전의 것) 제2조 제2호에서 '공연히 알려져 있지 아니하다'는 것은, 그 정보가 간행물 등의 매체에 실리는 등 불특정 다수인에게 알려져 있지 않았기 때문에 보유자를 통하지 아니하고는 그 정보를 통상 입수할 수 없는 것을 의미한다(대법원 2004. 9. 23. 선고 2002다60610 판결 등 참조).

영업비밀 침해행위를 주장하는 원고, 피고인을 영업비밀누설죄로 기소한 검사는 영업비밀인지 여부를 판단할 때 고려하여야 하는 위 3가지 요건 즉, 비공지성 요건, 경제가치성 요건 및 비밀유지성 요건 모두를 입증해야 한다. 다만, 비공지성의 입증책임을 원고(또는 검사)에게 엄격하게 부과하면, 원고가 자기 외에 모든 제3자가 그 정보를 알지 못하고 있다는 등의 사실을 전적으로 입증해야 하는 사실상 불가능한 입증책임을 부담하게 된다. 따라서 원고(또는 검사)가 '당해 정보를 일반적으로 입수할 수 없다는 점'을 합리적 범위 내에서 입증하면 그 정보가 공연히 알려져 있지 않다는 점이 추정되고, 피고(또는 피고인)가 그 정보가 공연히 알려져 있는 것이라는 점을 반증해야 한다고 봄이 상당하다(서울고등법원 2017. 11. 2. 선고 2017나2003008 판결).

2) 경제가치성 요건 관련

구 부정경쟁방지법(2015. 1. 28. 법률 제13081호로 일부개정되기 전의 것) 제2조 제2호에서 '독립된 경제적 가치를 가진다'는 것은, 그 정보의 보유자가 그 정보의 사용을 통해 경쟁자에 대하여 경쟁상의 이익을 얻을 수 있거나 또는 그 정보의 취득이나 개발을 위해 상당한 비용 내지 노력이 필요하다는 것을 의미한다(대법원 2008. 2. 15. 선고 2005도6223 판결 등 참조).

어떠한 정보가 위 요건을 모두 갖추었다면, 위 정보가 바로 영업활동에 이용될 수 있을 정도로 완성된 단계에 이르지 못하였거나 실제 제3자에게 아무런 도움을 준 바 없거나 누구나 시제품만 있으면 실험을 통하여 알아낼 수 있는 정보라고 하더라도, 위 정보를 영업비밀로 보는 데 장애가 되는 것은 아니다(대법원 2008. 2. 15. 선고 2005도6223 판결).

3) 비밀유지성 요건 관련

어떠한 정보가 영업비밀인지 여부를 판단할 때 고려하여야 하는 위 3가지 요건(비공지성 요건, 경제가치성 요건 및 비밀유지성 요건) 중 주로 문제되는 요건은 바로 '비밀유지성 요건'이다.

구 부정경쟁방지법(2015. 1. 28. 법률 제13081호로 일부개정되기 전의 것) 제2조 제2호에서 '상당한 노력에 의하여 비밀로 유지된다'는 것은 그 정보가 비밀이라고 인식될 수 있는 표시를 하거나 고지를 하고, 그 정보에 접근 가능한 대상자나 접근방법을 제한하거나 그 정보에 접근한 자에게 비밀준수의무를 부과하는 등 ① "객관적으로 그 정보가 비밀로 유지·관리되고 있다는 사실"이 ② "인식가능"한 상태인 것을 말한다(대법원 2008. 7. 10. 선고 2008도3435 판결 등 참조). 보유자의 주관적인 인식은 비밀유지성 요건의 충족 여부와 무관한 것이다.

이와 관련하여 판례는,

"피해회사가 피고인의 퇴직 전날인 2005. 7. 14. 피고인으로부터 '피해회사에서의 업무수행과 관련하여 습득한 제반정보 및 자료에 대한 기밀을 유지하겠다'는 내용의 회사기밀유지각서를 제출받은 사실을 알 수 있으나,

다른 한편, 위 각 증거에 의하면, 이 사건 자료는 피해회사의 직원인 공소외인이 사용하는 컴퓨터에 저장되어 있었는데, 위 컴퓨터는 비밀번호도 설정되어 있지 않고 별도의 잠금장치도 없어 누구든지 위 컴퓨터를 켜고 이 사건 자료를 열람하거나 복사할 수 있었던 사실, 또한 위 컴

퓨터와 네트워크를 통해 연결된 피해회사 내의 다른 컴퓨터를 통해서도 별도의 비밀번호나 아이디를 입력할 필요 없이 누구든지 쉽게 공소외인의 컴퓨터에 접속하여 이 사건 자료를 열람·복사할 수 있었던 사실, 공소외인은 이 사건 자료를 정기적으로 CD에 백업하여 사무실 내 서랍에 보관해 두었는데, 공소외인이 그 서랍을 잠그지 않고 항상 열어두었기 때문에 누구든지 마음만 먹으면 그 백업CD를 이용할 수 있었던 사실을 알 수 있는바,

이러한 사정들과 앞서 본 법리에 비추어 보면, 피해회사가 피고인으로부터 위와 같이 일반적인 회사기밀유지각서를 제출받은 사실만으로는 피해회사가 소규모 회사라는 점을 고려하더라도, 이 사건 자료가 상당한 노력에 의해 비밀로 유지되었다고 보기는 어렵다고 할 것이고, 달리 그와 같은 점을 인정할 증거도 없다(대법원 2009. 9. 10. 선고 2008도3436 판결)."라고 판시한 바 있다.

일반적으로, 어떠한 정보의 비밀유지성을 인정할 수 있는지 여부와 관련해 고려할 수 있는 사항에는, ① 보안 관리 규정의 존재 여부, ② 보안 책임자가 지정되어 있는지 여부, ③ 회사가 임직원들로부터 특정 자료에 대한 비밀유지서약서를 징구하였는지 여부, ④ 회사가 임직원을 대상으로 영업비밀에 관한 정기적인 보안 교육을 실시하였는지 여부, ⑤ 영업비밀 자료의 보안을 유지 및 관리하기 위한 시건장치, 인력 등이 있는지 여부, ⑥ 자료가 비밀등급별로 분류되어 있고 자료에 해당 등급이 표시되어 있는지 여부, ⑦ 회사가 특정 임직원만 영업비밀에 접근 가능하도록 해 왔는지 여부, ⑧ 회사가 영업비밀 자료를 외부업체에 제공하는 경우 그 외부업체에 비밀유지의무를 부과하였는지 여부 등이 있다.[58)]

58) 정차호·정태호·신현기·안영훈, 「특허, 디자인 및 영업비밀 특별사법경찰 운영방안」, 특허청(2018. 11.), p.98 참조

2. 구 부정경쟁방지법(2019. 1. 8. 법률 제16204호로 일부개정되기 전의 것)상 영업비밀

가. 법률 개정

2015. 1. 28. 법률 제13081호로 일부개정된 부정경쟁방지법 제2조 제2호는 비밀유지에 필요한 노력을 '상당한 노력'에서 '합리적인 노력'으로 완화하였다. 위 법률 제13081호의 개정이유에 따르면, 자금사정이 좋지 않은 중소기업이 영업비밀의 보호를 위한 충분한 시스템을 구비하지 못하여 중소기업의 소중한 자산이 영업비밀로 보호받지 못하는 경우가 없도록 하기 위하여 위와 같이 부정경쟁방지법이 개정되었다.

구 부정경쟁방지법(2019. 1. 8. 법률 제16204호로 일부개정되기 전의 것) 제2조 제2호는 아래와 같다.

> 2. "영업비밀"이란 공공연히 알려져 있지 아니하고 독립된 경제적 가치를 가지는 것으로서, 합리적인 노력에 의하여 비밀로 유지된 생산방법, 판매방법, 그 밖에 영업활동에 유용한 기술상 또는 경영상의 정보를 말한다.

나. 판례의 태도

'합리적인 노력'의 의미와 관련하여, 하급심 법원은 "비밀로 유지하기 위한 '합리적인 노력'을 기울였는지 여부는 해당 정보에 대한 접근을 제한하는 등의 조치를 통해 객관적으로 정보가 비밀로 유지・관리되고 있다는 사실이 인식 가능한 상태가 유지되고 있는지 여부(= 접근 제한 + 객관적 인식가능성)를, 해당 정보에 대한 ① 물리적, 기술적 관리, ② 인적, 법적 관리, ③ 조직적 관리가 이루어졌는지 여부에 따라 판단하되, 각 조치가 '합리적'이었는지 여부는 영업비밀 보유 기업의 규모, 해당 정보의 성질과

가치, 해당 정보에 일상적인 접근을 허용하여야 할 영업상의 필요성이 존재하는지 여부, 영업비밀 보유자와 침해자 사이의 신뢰관계의 정도, 과거에 영업비밀을 침해당한 전력이 있는지 여부 등을 종합적으로 고려하여 판단해야 할 것이다(의정부지방법원 2016. 9. 27. 선고 2016노1670 판결)."라고 판시한 바 있다.[59)]

---

59) "원심이 적법하게 채택하여 조사한 증거들에 의하여 인정되는 다음과 같은 사정들에 비추어 볼 때, 피해자 회사는 이 사건 고객정보를 비밀로 유지하기 위한 '합리적인 노력'을 다하였다고 봄이 상당하다.

① 피해자 회사는 제약업체 내지 식품업체가 해외에서 전시회 등의 행사를 개최하는 경우 항공권 및 숙소를 제공하는 여행전문업체이다.

② 피해자 회사는 행사와 관련된 정보(개최장소, 개최일시, 행사의 성격, 출품업체, 여행일정, 행사규모 등) 및 행사가 열리는 지역의 여행정보에 대하여는 홈페이지 등을 통해 일반인의 접근을 허용하였으나, 고객들의 성명, 소속업체, 직위, 이메일주소, Fax 번호, 휴대전화번호 등이 포함된 이 사건 고객정보는 별도 관리하면서 피해자 회사 직원들에게만 접근을 허용하였다(합리적 구분).

③ 피해자 회사는 네이버 주소록으로 작성된 정보는 법인계정으로 관리하였고, 구글 스프레드시트로 작성된 정보는 초대기능을 활용, 피해자 회사 직원들만 초대하는 방법으로 일반인의 접근을 차단하였다(기술적 관리).

④ 네이버계정과 구글계정은 모두 피해자 회사의 대표인 고소인이 관리하고 있었다(조직적 관리).

⑤ 피해자 회사는 직원 4명, 연간매출액 2억 원 정도에 불과한 소규모 회사이다(공판기록 제39쪽 참조).

⑥ 피고인이 근무하였을 당시 피해자 회사의 직원들은 피고인을 제외하고는 전원이 대표자와 그 가족들로 구성되어 있었다(수사기록 제34쪽 참조).

⑦ 이 사건 고객정보 가운데 구글 스프레드시트로 작성된 것에는 고객들이 피해자 회사가 보낸 메일을 읽었는지, 참석 의사를 밝힌 적이 있는지, 실제로 참석하였는지, 참석한 경우 어떠한 행사에 참석하였는지 여부 등이 상세하게 기재되어 있었는데, 이는 사전에 고객의 수요를 예측하여 항공권이나 호텔 등을 미리 예약할 수 있게 해주는 중요한 기능을 하고 있었고, 피고인은 피해자 회사의 이사 직함으로 근무하면서 단체항공권 예약, 현지 호텔 수배 및 예약, 환전, 여행자보험가입, 해외전시회 동행 및 동행 시 고객인솔 등의 업무를 담당하고 있었기 때문에 그와 같은 사정을 충분히 인식할 수 있었다(공판기록 제41쪽, 제42쪽 참조).

⑧ 이 사건 고객정보에는 고객의 성명, 소속업체, 직위, 이메일주소, Fax 번호, 휴대전화번호 등 민감한 개인정보들이 포함되어 있어 이를 함부로 유출하는 경우 거래관계의 중단을 초래할 수 있음은 물론 민·형사상의 책임이 야기될 소지가 있었는바, 이 사건 고객정보의 작성에 참여한 피고인으로서는 그와 같은 사정을

3. 현행 부정경쟁방지법상 영업비밀

2019. 1. 8. 법률 제16204호로 일부개정되어 2019. 7. 9.부터 시행 중인 현행 부정경쟁방지법 제2조 제2호는 기업의 소중한 정보를 더욱 강하게 보호하기 위하여 영업비밀의 성립요건을 보다 완화하였다. 이를 대비하면 아래와 같다.

구 부정경쟁방지법(2019. 1. 8. 법률 제16204호로 일부개정되기 전의 것) 제2조 제2호	현행 부정경쟁방지법 제2조 제2호
2. "영업비밀"이란 공공연히 알려져 있지 아니하고 독립된 경제적 가치를 가지는 것으로서, 합리적인 노력에 의하여 비밀로 유지된 생산방법, 판매방법, 그 밖에 영업활동에 유용한 기술상 또는 경영상의 정보를 말한다.	2. "영업비밀"이란 공공연히 알려져 있지 아니하고 독립된 경제적 가치를 가지는 것으로서, 비밀로 관리된 생산방법, 판매방법, 그 밖에 영업활동에 유용한 기술상 또는 경영상의 정보를 말한다.

충분히 인식할 수 있었다(실제 이 사건 고객정보가 유출되자 고객들로부터 개인정보가 유출되었다는 항의가 제기되었음, 수사기록 제14쪽 참조).

⑨ 피고인은 1989년경 □□여행사에서 고소인과 함께 근무하게 되면서 고소인을 알게 되었고, 피고인이 피해자 회사에서 일을 하게 된 것은 □□여행사에서 함께 근무하였던 피고인의 처가 피고인의 취직을 부탁하였기 때문이었다.

⑩ 피고인과 고소인이 서로 알고 지낸 기간이 25년 정도이고, 피고인이 2007. 3. 31.부터 2008. 2. 1.까지 잠시 업무를 중단하였던 것을 감안하더라도 피고인의 피해자 회사 근속기간이 10년을 초과하여 피고인과 고소인 간에는 상당한 신뢰관계가 형성되어 있었다고 봄이 상당하다.

⑪ 피해자 회사가 피고인을 비롯한 회사 직원들에게 이 사건 고객정보에 대하여 상시 접근을 허용하였던 것은 사실이나, 이는 이 사건 고객정보가 다른 직원들의 업무와도 밀접하게 관련되어 있었을 뿐만 아니라 지속적인 업데이트가 필요하였기 때문이었다.

⑫ 피고인이 퇴사한 직후 피해자 회사는 이 사건 고객정보에 대한 피고인의 접근을 차단하였으나, 피고인은 이를 예상하고 퇴사 직전 이 사건 고객정보를 다운로드 받아두었기 때문에 피해자 회사는 영업비밀의 유출을 막을 수 없었다.

⑬ 피해자 회사는 이 사건 발생 이전에는 영업비밀을 침해당한 적이 없었다(의정부지방법원 2016. 9. 27. 선고 2016노1670 판결)."

이처럼 현행 부정경쟁방지법 제2조 제2호는 보유자가 정보를 비밀로 유지·관리하기 위해 기울인 노력이 합리적인 수준에 미치지 못하더라도, 그 정보가 영업비밀로 보호될 수 있는 길을 열어 주었다.

다만, 현행 부정경쟁방지법 제2조 제2호에 따르더라도, 정보가 비밀유지성 요건을 충족하기 위하여는 '비밀로 관리'되고 있어야 한다. 그렇다면 구 부정경쟁방지법하의 판례에서와 같이, 현행 부정경쟁방지법 제2조 제2호에 따르더라도, 정보가 비밀유지성 요건을 충족하기 위하여는 객관적으로 그 정보가 비밀로 유지·관리되고 있어야 할뿐만 아니라 그 사실을 인식할 수 있는 상태가 유지되고 있어야 한다고 할 것이다.

그렇다면 다음의 예를 생각해보자. 예를 들어, 회사 A가 직원 甲으로부터 입사시 및 퇴사시에 관행적으로 부동문자(不動文字)의 비밀유지서약서를 징구하였을 뿐[60]이고 기타 특별한 비밀관리노력을 하지 않고 있는 상태에서 甲이 A의 직원이라면 누구나 제약 없이 자유롭게 접근하여 사용할 수 있었던 정보를 취득, 사용하여 오다가 경쟁회사 B로 이직하였다고 가정하자. 그러자, A가 甲의 이직에 불만을 가진 나머지 악감정으로 甲을 상대로 영업비밀 침해행위를 이유로 한 전직금지가처분신청을 하였다면, 이 사건에서는 해당 정보가 영업비밀인지 여부가 주된 쟁점이 될 것이다. 이 경우, A가 甲 등 직원들로부터 받은 비밀유지서약서(만)를 근거로 'A가 해당 정보를 비밀로 관리하였으므로 해당 정보를 부정하게 사용하고 공개한 甲은 A의 영업비밀을 침해한 것이다.'라고 주장하는 것이 현행 부정경쟁방지법하에서 타당한가?

생각건대, 비밀유지·관리 노력의 수준이 합리적인 수준에 미치지 못할수록 해당 정보가 비밀로 관리되지 않았다고 인정될 가능성이 높

---

60) 회사 A는 모든 직원들로부터 관행적으로 비밀유지서약서를 징구하여 왔다.

아질 것이고, 비밀유지·관리 노력의 수준이 높을수록 해당 정보가 비밀로 관리되었다고 인정될 가능성이 높아질 것이다. 단정적으로 말할 수는 없겠지만, 위 예시에서는 비밀유지서약서가 존재함에도 불구하고 해당 정보가 비밀로 유지·관리되고 있거나 이를 인식 가능한 상태가 유지되고 있다고 할 수 없으므로, A의 주장은 현행 부정경쟁방지법하에서도 이유가 없다고 생각된다. 현행 부정경쟁방지법 제2조 제2호 소정의 비밀유지성 요건의 충족 여부에 대한 구체적인 판단 기준이 앞으로의 판례를 통하여 정립될 것으로 기대된다.

4. 위 발전소 사건의 경우[61), 62)]

가. 형사사건의 경우

1) 1차 불기소처분(영업비밀성 부정)

위 발전소 형사사건에서 피의자 N사를 변호한 저자는, A사가 N사가 이 사건 설계자료를 B사에 제공할 것임을 오래 전부터 알고 있음에도 이를 오랜 기간 묵인한 사정 등을 근거로 이 사건 설계자료가 영업비밀이 될 수 없다고 주장하였다.

반면, A사는 어떠한 반박을 할 수 있을까? A사의 입장에서는 3, 4호기 계약 제40조 제1항을 통해 N사에게 주의를 주었으면 족하지, 다른 회사인 N사가 이 사건 설계자료를 실제로 어떻게 관리하는지에 대하여까지 일일이 파악하거나 관여할 수 없으므로, N사가 B사에 이 사건 설계자료를 제공하는 것에 대하여 A사가 별다른 이의

61) 구 부정경쟁방지법(2015. 1. 28. 법률 제13081호로 일부개정되기 전의 것)이 적용된다.
62) 아래 본문에 언급된 1차 불기소처분, 2차 불기소처분, 위 발전소 민사사건(1심부터 3심까지)에 대한 구체적인 사건 경위는 아래 9-1.의 3.항 기재 내용을 참조하기 바란다.

를 제기한 바 없는 것이 이 사건 설계자료의 비밀유지성을 부정하는 근거가 될 수는 없다고 말할 수 있을까?

검찰은 2014. 1. 6. 모든 피의자들에 대해 1차 불기소처분(상세하게는 아래 9-1.의 3.항 참조)을 내렸다. 1차 불기소처분에서, 검찰은 아래의 사정을 근거로 이 사건 설계자료가 영업비밀이 아니라고 판단하였다(수원지방검찰청 2013 형제27040호 불기소결정서 13~14면).

- A사는 이 사건 설계자료에 A사의 영업비밀임을 표시하였거나 3, 4호기 계약 제40조 제1항 이외에 명시적인 비밀준수에 관한 약정을 체결한 사실이 없는 사정
- 3, 4호기 계약 제40조 제1항은, N사의 이 사건 설계자료 이용권한 내지 범위에 관한 규정으로 봄이 상당하고, (N사에게) 비밀준수의무를 부과하는 규정이라고 보기 어려운 사정
- 뿐만 아니라, A사는 Y발전소 5, 6호기의 설계시 선행호기의 설계자료가 참고자료로 활용될 것, 경쟁업체(B사)가 (Y발전소 5, 6호기의) 설계용역을 수주할 것 등을 알고 있었음에도, N사가 B사와 설계용역계약을 체결하고 이 사건 설계자료를 제공하는 것에 대하여 추가적인 약정이나 별다른 조치를 취하지 않은 사정
- N사가 이용범위를 넘어서 A사의 승인을 받지 아니하고 이 사건 설계자료를 사용하였다면, 이에 대한 민사 책임을 지는 것은 별론으로 하더라도 영업비밀을 누설하였다고 보기 어려운 사정
- 덧붙여, A사는 이 사건 설계자료가 영업비밀이라고 주장하면서도 N사에 이 사건 설계자료를 제출한 이후 그 사용목적이 종료되었을 경우 이를 회수하거나 폐기하는 등의 방법으로 자료를 관리하여야 함에도, 그러한 약정을 하였다거나 어떠한 조치를 취하였다고 볼 수 없는 사정

2) 2차 불기소처분(영업비밀성 인정)

검찰은 2차 불기소처분(상세하게는 아래 9-1.의 3.항 참조)에서 이 사건 설계자료의 영업비밀성을 인정하였는데, 당시 검찰이 내세운 논거들 중 특히 '비밀유지성'의 인정 근거는 다음과 같다(수원지방검찰청 2014 형제39997호 불기소결정서 3~6면).

- A사는 내부적으로 이 사건 설계자료에 접근할 수 있는 대상자나 접근방법을 제한하고, 그 정보에 접근한 자에 대해 비밀유지의무를 부과하였다.
- 나아가 3, 4호기 계약 제40조 제1항 및 "비밀유지의무에 관한 명시적 약정이 없는 경우에도 신의성실의 원칙에 따라 비밀유지의무가 인정될 수 있다."라는 취지의 대법원 1996. 12. 23. 선고 96다16605 판결 등을 고려할 때, N사와의 관계에서도 그 비밀유지성이 인정된다.

이처럼 2차 불기소처분 당시 검찰은, 1차 불기소처분 당시 비밀유지성을 부정하며 들었던 주요 근거[63]에 대하여는 별다른 판단을 하지 않은 채, A사 내부의 자료관리 실태 및 A사와 N사 간의 3, 4호기 계약 제40조 제1항 등을 근거로 이 사건 설계자료의 비밀유지성을 인정하였다.

나. 민사사건의 경우(영업비밀성 인정)

위 발전소 민사사건에서 1심은 이 사건 설계자료 전체가 영업비밀이라고 인정하였다. 반면, 항소심은 다음과 같이 이 사건 설계자료의 일부만 영업비밀이라고 인정하였다.

---

63) A사가 N사가 이 사건 설계자료를 Y발전소 5, 6호기 설계용역사(훗날 B사로 정해짐)에게 제공할 것임을 오래 전부터 알고 있음에도 이를 수년 넘게 묵인하였다는 것.

1) 비공지성 인정(일부에 한하여)

저자는 이 사건 설계자료 중 일부는 이미 공지되어 비공지성을 상실하였다는 주장과 입증을 하였고, 항소심은 이를 받아들여 이 사건 설계자료 중 일부는 영업비밀이 될 수 없다고 판단하였다.

2) 비밀유지성 인정

항소심은 다음의 사정을 들면서 이 사건 설계자료의 비밀유지성을 인정하였다.

- A사는 회사 내부보안규정과 그 시행을 위한 세부 절차와 기준을 규정한 보안업무 절차 규정을 마련하고 있으며, 직원들을 상대로 영업비밀 유출방지를 위한 정보보안 교육을 실시하고 보안서약서를 받는 등 회사의 영업비밀 보안유지에 노력을 기울여 왔다. 또한 이 사건 설계자료를 포함한 기술개발서류를 5단계 등급으로 구분하여, 접근자별로 권한을 구분하여 관리하여 왔다.
- 이 사건 설계자료에는 A사의 회사명이 기재되어 있으며, 그중 일부에는 "본 내용은 A사의 소유이므로 당사의 사전 서면 동의 없이 무단사용을 금함"이라고 기재되어 있다.

다만, 저자가 비밀유지성을 부정하며 들었던 주요 근거[64]에 관하여 항소심은 N사가 Y발전소 5, 6호기 계약 체결에 대한 협의 과정에서 A사에게 수행계획서 및 입찰안내서를 건네고 이에 대한 이견사항을 받은 사실은 인정되나, 위와 같은 사유만으로 이 사건 설계자료의 비밀유지성이 부정된다고 보기 어렵다고 판단하였다.

---

64) A사가 N사가 이 사건 설계자료를 Y발전소 5, 6호기 설계용역사(훗날 B사로 정해짐)에게 제공할 것임을 오래 전부터 알고 있음에도 이를 수년 넘게 묵인하였다는 것.

한편, 저자가 비밀유지성을 부정하며 들었던 주요 근거[65]는 아래 9-2.에서 보는 바와 같이 저자가 A사의 (묵시적) 이용허락을 주장하면서 들었던 주요 근거이기도 한데, 항소심은 이를 이유로 A사의 이용허락을 인정하였고 이에 따라 N사, B사 모두가 항소심에서 승소할 수 있게 되었다.

다. 시사하는 바

1) 비공지성, 경제가치성 관련

영업비밀로 인정받기 위하여 입증하여야 하는 3가지 성립요건 중 비공지성이나 경제가치성이 부정되는 경우는 많지 않다. 그렇지만 영업비밀이 아니라는 주장을 하는 측에서는 비밀유지성을 부정하기 위한 노력뿐만 아니라 비공지성이나 경제가치성을 부정하기 위한 노력도 게을리하여서는 아니 된다. 특히, 비공지성 요건의 경우, 문제가 되는 정보가 이미 공지된 정보임을 입증하기만 하면 그 정보의 비공지성을 부정할 수 있고, 일반적으로는 경제가치성을 부정하기 위해 필요한 노력보다 적은 노력으로 비공지성을 부정할 수 있다. 위에서 살펴본 바와 같이, 위 발전소 민사사건에서 항소심은 이 사건 설계자료의 일부가 이미 공지된 자료라고 판단하였다.

2) 비밀유지성 관련

영업비밀의 3가지 성립요건 중 주로 문제가 되는 요건은 비밀유지성 요건이다. 단적인 예로 위 발전소 사건에서도 비밀유지성 요건이 크게 다투어졌다. 위에서 본 바와 같이, 검찰의 1차 불기소처

65) A사가 N사가 이 사건 설계자료를 Y발전소 5, 6호기 설계용역사(훗날 B사로 정해짐)에게 제공할 것임을 오래 전부터 알고 있음에도 이를 수년 넘게 묵인하였다는 것.

분은 저자가 비밀유지성을 부정하며 든 주요 근거[66]를 이유로 이 사건 설계자료의 비밀유지성을 부정하였으나, 검찰의 2차 불기소처분과 법원 모두는 다른 사정들을 들며 이 사건 설계자료의 비밀유지성을 인정하였다.

대부분의 사건에는 비밀유지성의 인정에 유리한 사정들과 불리한 사정들이 공존하므로 어느 한두 가지 사정에 매몰되어 비밀유지성의 인정 여부를 속단하여서는 아니 된다.

특히 현행 부정경쟁방지법하에서는 구법하에 비하여 비밀유지성이 쉽게 인정될 수 있으므로, 영업비밀을 부정하는 측은 아래 9-2.에서 살펴보는 바와 같이 영업비밀이 인정될 경우에 대비한 후속 전략을 세워야 한다.

66) A사가 N사가 이 사건 설계자료를 Y발전소 5, 6호기 설계용역사(훗날 B사로 정해짐)에게 제공할 것임을 오래 전부터 알고 있음에도 이를 수년 넘게 묵인하였다는 것.

4-4 영업비밀의 보유자

1. 영업비밀의 보유자란?

영업비밀의 보유자란, 당해 정보를 자신이 직접 생산·개발하거나 매매, 실시권허여계약 등 법적으로 유효한 거래행위에 의해 이를 취득함으로써 그 정보에 대한 정당한 권한을 가진 자를 뜻한다(서울고등법원 2017. 11. 2. 선고 2017나2003008 판결, 2017나2000733 판결 등).

2. 영업비밀의 보유자를 확인하는 방법

특허권, 디자인권 또는 상표권의 보유자를 확인하는 방법은 무엇인가? 매우 쉽다. 해당 등록원부를 확인하면 된다. 참고로, 등록원부는 특허청에 열람 복사 신청을 하여 확인하여야 한다. 누구나 무료로 자유롭게 접속하여 특허권, 디자인권, 상표권 등의 내용을 확인할 수 있도록 한 사이트인 키프리스(www.kipris.or.kr) 사이트가 제공하는 등록원부도 있기는 하다. 하지만, 여기에는 최신의 권리 변동사항이 즉각 반영되어 있지 않거나 실시권자 등에 관한 등록 사항이 나타나 있지 않은 때가 많아, 키프리스의 등록원부는 참고용으로만 활용하는 것이 좋다.

반면, 영업비밀의 보유자는 어떻게 확인할 수 있는가? 영업비밀은 등록으로 인정되는 지식재산이 아니므로, 관련 등록원부란 없다. 위에서 확인한 바와 같이, 문제가 되는 영업비밀을 누가 생산·개발하였는지, 만일 내가 영업비밀을 생산·개발한 것이 아니라면, 타인이 생산·개발한 영업비밀을 양수받거나 그에 대한 이용허락을 받았는지 여부 등을 매 사건마다 개별적·구체적으로 검토하여, 영업비밀의 보유자를 특정하여야 할 것이다.

3. 위 발전소 사건의 경우

위 발전소 민사사건의 항소심에서, N사는 (설령 이 사건 설계자료가 영업비밀이라고 하더라도) 이 사건 설계자료 중 적어도 일부는 A사의 영업비밀이 아니라 'N사 또는 A사의 하도급 업체'의 영업비밀이라는 주장도 하며, 관련 입증을 하였다.

항소심은 영업비밀의 귀속주체를 다투는 N사측의 위 주장을 일부 받아들여, 이 사건 설계자료 중 영업비밀에 해당한다고 판단한 자료 중 일부는 다음과 같이 A사의 영업비밀이 아니라고 판단하였다. A사는 원심의 이 부분 판단을 다투며 상고하였으나, 대법원은 이를 기각하였다.

- 이 사건 설계자료 중 ○○ 1 자료는 N사에게 그 영업비밀이 귀속된 설계표준화자료와 동일하거나 그 설계표준화자료에 관용수단을 변경, 부가 또는 삭제한 것에 불과하므로, ○○ 1 자료에 관하여는 A사가 영업비밀의 귀속주체라고 할 수 없다.
- 이 사건 설계자료 중 ○○ 2, ○○ 3, ○○ 4 자료는 A사가 제공하는 설계자료 및 A사의 업무지시 등에 의거하여 (A사가 아닌) A사의 하도급업체가 작성한 것이다.
- 이 사건 설계자료 중 ○○ 5 자료는, A사가 기기제작사의 도면을 입수한 후 기기제작사의 명칭 대신 자신의 명칭을 표시한 것으로 보인다.
- 이 사건 설계자료 중 ○○ 6 자료는, N사가 A사의 설계작업에 구체적으로 관여하여 실질적으로 기여하였으므로, A사와 N사가 공동으로 영업비밀 보유자의 지위에 있다고 봄이 타당하다.

위와 같이 영업비밀 사건에서는 그 보유자가 누구인지도 크게 다투어질 수 있으므로, 이에 대한 검토 역시 중요하다.

4-5 영업비밀 원본증명제도

1. 관련 규정

영업비밀 보유자는 영업비밀이 포함된 전자문서의 원본 여부를 증명받기 위하여 영업비밀 원본증명기관에 그 전자문서로부터 추출된 고유의 식별값[이하 "전자지문(電子指紋)"이라 한다]을 등록할 수 있다(부정경쟁방지법 제9조의2 제1항).

영업비밀 원본증명기관은 위와 같이 등록된 전자지문과 영업비밀 보유자가 보관하고 있는 전자문서로부터 추출된 전자지문이 같은 경우 그 전자문서가 전자지문으로 등록된 원본임을 증명하는 증명서(이하 '원본증명서'라 한다)를 발급할 수 있다(부정경쟁방지법 제9조의2 제2항).

원본증명서를 발급받은 자는 위 전자지문의 등록 당시에 해당 전자문서의 기재 내용대로 정보를 보유한 것으로 추정된다(부정경쟁방지법 제9조의2 제3항).

2. 영업비밀 보유자의 입증에 도움이 되는 영업비밀 원본증명제도

위 4-4.에서 본 바와 같이, 영업비밀 관련 분쟁에서는 영업비밀 보유자라고 주장하는 자가 영업비밀 침해가 있었다고 주장하는 시점에 해당 영업비밀의 보유자였는지 여부가 다투어질 때가 많다.

이때 영업비밀 보유자임을 입증하는데 도움을 줄 수 있는 제도가 바로 영업비밀 원본증명제도이다. 위 관련 규정에서 본 바와 같이, 위 전자지문을 등록한 자는 영업비밀 원본증명제도를 통해 '위 전자지문의 등록 당시'에 '해당 전자문서의 기재 내용대로' 해당 영업비밀을 보유하고 있었다는 추정을 받기 때문이다.

다만, 안타깝게도 영업비밀 원본증명제도를 이용하였다고 하여 영업비밀 보유자의 입증에 관한 다툼이 완전히 해소되기는 어려워 보인다. 영업비밀 원본증명기관이 위 전자지문의 등록 과정에서 위 전자지문을 등록하는 자가 진정한 영업비밀 보유자인지 여부를 검증하지는 않기 때문이다. 그래도 영업비밀 원본증명제도가 영업비밀 보유자의 입증에 도움을 준다는 것은 분명하다.

3. 영업비밀성 입증에 도움을 줄 수 있는 영업비밀 원본증명제도

위에서 살펴본 영업비밀 원본증명제도에 따라 위 전자지문이 등록되었다는 이유만으로 해당 전자문서가 영업비밀로 추정되는 것은 아니다. 하지만 자신이 보유하는 자료를 영업비밀로 관리하기 위한 수단 중 하나로 영업비밀 원본증명제도를 활용할 수는 있을 것이다.

제5장 디자인권의 발생

DESIGN

DESIGN

5-1 디자인권의 발생요건

디자인권을 획득하고자 하는 자는 자신이 등록받고 싶은 디자인(이하 '출원디자인'이라 한다)을 특정하여 기재한 디자인출원서를 특허청에 제출하여야 하고, 심사관은 해당 디자인출원에 거절이유가 없다고 판단될 때에 한하여 등록결정을 한다(디자인보호법 제65조). 이후 디자인출원인이 등록료를 납부하면 특허청장은 위 출원디자인을 설정등록하고(디자인보호법 제88조 제1항), 디자인권은 설정등록에 의하여 발생하며(디자인보호법 제90조 제1항), 이때부터는 '출원디자인'을 '등록디자인'이라고 부른다.

이러한 디자인출원부터 디자인권 발생까지의 과정은 특허출원부터 특허권 발생까지의 과정과 그 절차적인 면에서 유사하므로, 그에 대한 반복적인 설명은 생략하기로 한다.

다만, 특허법에서의 법리와 구별되는 디자인보호법 고유의 법리가 있으므로, 이하에서는 디자인출원의 등록요건 즉, 디자인권의 발생요건과 관련하여 주의해야 할 사항을 살펴보고자 한다.

1. 디자인의 성립요건

가. '물품' 관련 요건

디자인보호법상 디자인은 '물품'과 떼어내 생각할 수 없다. 그러한 이유로, 본 장에서 살펴볼 디자인출원의 등록요건에서 뿐만 아니라 뒤에서 살펴볼 디자인권의 침해요건에서도 '디자인의 동일 · 유사'뿐만 아니라 '물품의 동일 · 유사'가 중요한 판단대상이다.

또한 물품의 '부분'에만 독창적 디자인이 있는 경우에는 그 물품 전체의 디자인에 대한 등록을 받을 수도 있지만, 그 물품 부분만의 디자인에 대한 등록을 받을 수도 있다. 이처럼 물품 '부분'만의 디자인을 '부분디자인'이라 부른다(디자인보호법 제2조 제1호).

한편, '글자체'는 그 속성상 물품이라 부르기 어렵지만, 디자인보호법은 '글자체'를 물품으로 간주하고 글자체의 디자인도 보호하고 있다(디자인보호법 제2조 제1호).

나. '디자인(형태)' 관련 요건

디자인보호법상 '디자인'은 시각을 통하여 미감(美感)을 일으키게 하는 형태를 의미한다. 여기서, 형태란 형상 · 모양 · 색채 또는 이들의 결합을 뜻한다. 형상이란 물품이 공간을 차지하는 윤곽을 말하고, 모양이란 물품의 외관에 나타난 도안, 선도, 색 구분, 색 흐림 등과 같은 무늬를 의미한다.

2. 디자인출원의 등록요건

가. 심사등록요건

디자인출원이 디자인등록되기 위하여 갖추어야 할 요건(디자인보호법 제33조, 제34조 등)은 특허출원이 특허등록되기 위하여 갖추어야 할 요건(특허법 제29조, 제36조 등)과 상당히 흡사하다. 실무에서 주로 문제되는 등록요건은 신규성(디자인보호법 제33조 제1항)과 창작비용이성(디자인보호법 제33조 제2항)이며, 이에 대하여만 간략히 살펴본다.

디자인보호법 제33조의 규정은 다음과 같다.

제33조(디자인등록의 요건)

① 공업상 이용할 수 있는 디자인으로서 다음 각 호의 어느 하나에 해당하는 것을 제외하고는 그 디자인에 대하여 디자인등록을 받을 수 있다.

1. 디자인등록출원 전에 국내 또는 국외에서 공지(公知)되었거나 공연(公然)히 실시된 디자인
2. 디자인등록출원 전에 국내 또는 국외에서 반포된 간행물에 게재되었거나 전기통신회선을 통하여 공중(公衆)이 이용할 수 있게 된 디자인 (※ 이하 위 제1호 및 제2호의 디자인을 "공지디자인"이라 한다)
3. 제1호 또는 제2호에 해당하는 디자인과 유사한 디자인

② 디자인등록출원 전에 그 디자인이 속하는 분야에서 통상의 지식을 가진 사람이 다음 각 호의 어느 하나에 따라 쉽게 창작할 수 있는 디자인(제1항 각 호의 어느 하나에 해당하는 디자인은 제외한다)은 제1항에도 불구하고 디자인등록을 받을 수 없다.

1. 제1항 제1호 · 제2호에 해당하는 디자인 또는 이들의 결합
2. 국내 또는 국외에서 널리 알려진 형상 · 모양 · 색채 또는 이들의 결합 (※ 이하 "주지디자인"이라 한다)

위 규정에서 확인할 수 있는 바와 같이, '신규성'이란 출원디자인이 출원 전의 공지디자인(제33조 제1항 제1, 2호)이나 그와 유사한 디자인(제33조 제1항 제3호)과 '동일'하지 않아야 디자인등록될 수 있다는 것을 말한다.

디자인보호법 제33조 제1항 각 호는 특허법 제29조 제1항 각 호와 흡사한데, 주의해야 할 점은 출원디자인의 신규성이 인정되려면 공지디자인과 동일하지 않기만 하면 되는 것이 아니라, 공지디자인과 '유사'한 디자인과도 동일하지 않아야 한다는 것이다. 만일 출원디자인이 공지디자인과 유사할 뿐만 아니라 그 디자인이 속하는 분야에서 통상의 지식을 가진 자가 공지디자인으로부터 쉽게 생각해낼 수도 있다면,

그 출원디자인은 신규성을 흠결하고 동시에 (후술하는) 창작비용이성도 흠결한 것인가? 디자인보호법 제33조 제2항 괄호에 따르면 그 출원디자인에는 신규성 흠결의 거절이유만 있다고 할 것이다.

'창작비용이성'은 특허법 제29조 제2항 소정의 '진보성'에 해당한다. '창작비용이성'이란 출원디자인이 디자인등록되기 위하여는 그 디자인이 속하는 분야에서 통상의 지식을 가진 자가 출원 전의 공지디자인 또는 주지디자인으로부터 출원디자인을 용이하게 창작할 수 없어야 한다는 것을 의미한다(디자인보호법 제33조 제2항).

그 구체적인 판단 방법에 관하여, 판례는 "디자인보호법 제5조 제2항은 그 디자인이 속하는 분야에서 통상의 지식을 가진 자가 제1항 제1호 또는 제2호에 해당하는 디자인의 결합에 의하여 용이하게 창작할 수 있는 것은 디자인등록을 받을 수 없도록 규정하고 있는데, 여기에는 위 각 호에 해당하는 디자인의 결합뿐만 아니라 위 디자인 각각에 의하여 용이하게 창작할 수 있는 디자인도 포함된다고 봄이 타당하고, 그 규정의 취지는 위 각 호에 해당하는 디자인의 형상·모양·색채 또는 이들의 결합을 거의 그대로 모방 또는 전용하였거나, 이를 부분적으로 변형하였다고 하더라도 그것이 전체적으로 볼 때 다른 미감적 가치가 인정되지 않는 상업적·기능적 변형에 불과하거나 또는 그 디자인 분야에서 흔한 창작수법이나 표현방법에 의해 이를 변경·조합하거나 전용하였음에 불과한 디자인 등과 같이 창작수준이 낮은 디자인은 그 디자인이 속하는 분야에서 통상의 지식을 가진 자가 용이하게 창작할 수 있는 것이어서 디자인등록을 받을 수 없다는 데 있다(대법원 2011. 9. 29. 선고 2011후873 판결)."라고 판시한 바 있다.

나. 일부심사등록요건

디자인보호법 제37조 제4항 전단 소정의 물품 즉, 같은 법 시행규칙 별표 4 중 2류, 5류, 19류에 속하는 물품[67]의 디자인에 대한 출원을 하고자 하는 자는 디자인일부심사등록출원을 하여야 한다(디자인보호법 제37조 제4항 후단, 시행규칙 제38조 제3항). 해당 물품의 경우 유행에 민감하고 라이프사이클(life cycle)이 짧아 신속히 등록될 필요가 있는바, 이에 대한 디자인출원은 극히 일부 등록요건[68]만 심사하여 이를 통과하기만 하면 곧바로 디자인등록될 필요가 있다. 이와 같이 전체 등록요건 중 일부만 심사하는 것을 두고 '일부심사'라 하고, 그 출원을 '디자인일부심사등록출원'이라 한다.

67)

보유 기간	공제율
3년 이상 4년 미만	10%
4년 이상 5년 미만	12%
5년 이상 6년 미만	15%
6년 이상 7년 미만	18%
7년 이상 8년 미만	21%
8년 이상 9년 미만	24%
9년 이상 10년 미만	27%
10년 이상	30%

제2류

제2류의 범위	의류 및 패션잡화 용품	
제2류에 속하는 물품군	01	내의, 란제리, 코르셋, 브래지어, 잠옷
	02	의류
	03	모자류
	04	신발류, 양말 및 스타킹
	05	넥타이, 스카프, 목도리 및 손수건
	06	장갑
	07	패션잡화 및 의류 액세서리
	99	그 밖의 의류 및 패션잡화 용품

제5류

제5류의 범위	섬유제품, 인조 및 천연 시트직물류	
제5류에 속하는 물품군	01	방사 제품(spun articles)
	02	레이스
	03	자수
	04	리본, 장식용 끈, 그 밖의 장식용 트리밍
	05	직물지
	06	인조 또는 천연 시트직물류
	99	그 밖의 섬유 제품, 인조 및 천연 시트직물류

제19류

제19류의 범위	문방구, 사무용품, 미술재료, 교재	
제19류에 속하는 물품군	01	필기용지, 서신용 카드 및 알림 카드
	02	사무용품
	03	달력
	04	서적 및 그 밖의 유사한 외관을 가진 물품
	05	
	06	필기, 제도, 회화, 조각, 판화 및 그 밖의 미술기법을 위한 재료 및 기구
	07	교재
	08	그 밖의 인쇄물
	99	그 밖의 문방구, 사무용품, 미술재료, 교재

68)

심사하지 않는 등록요건 (제62조 제2, 3항의 반대해석)	심사하는 등록요건 (제62조 제2, 3항)
• 신규성(제33조 제1항 각 호) • 공지디자인에 기초한 창작비용이성 (제33조 제2항 제1호) • 확대된 선출원(제33조 제3항) • 관련 디자인과만 유사한 디자인인지 여부(제35조 제2항) • 선출원주의(제46조 제1, 2항)	• 공업상 이용가능성 (제33조 제1항 본문) • 주지디자인에 기초한 창작비용이성 (제33조 제2항 제2호) 등

3. 등록요건의 충족 여부가 문제될 때 검토하여야 할 사항

가. 물품의 동일 · 유사

앞서 살펴본 바와 같이, 디자인출원의 등록요건 중 '디자인의 동일 · 유사 여부'가 문제되는 요건에 대한 판단에서는 '디자인(형태)의 동일 · 유사' 여부뿐만 아니라 '물품의 동일 · 유사' 여부도 판단하여야 한다.

예를 들어, 출원디자인이 디자인보호법 제33조 제1항 제1, 2호에 반하는지 여부를 판단할 때는 '공지디자인 형태와 출원디자인 형태의 동일 여부'뿐만 아니라 '출원디자인의 물품과 공지디자인의 물품이 서로 동일한지 여부'도 판단하여야 하고, 출원디자인이 같은 항 제3호에 반하는지 여부를 판단할 때는 '공지디자인 형태와 출원디자인 형태의 동일 · 유사 여부'뿐만 아니라 '출원디자인의 물품과 공지디자인의 물품의 동일 · 유사 여부'도 판단하여야 한다.

이상의 설명을 보고 '디자인의 동일 · 유사', '물품의 동일 · 유사' 및 '디자인(형태[69])의 동일 · 유사'의 관계가 혼동될 수 있다. 아래 그림[70]을 보면 이들의 관계가 분명히 이해될 것이다.

구분	동일물품	유사물품	비유사물품
형상 · 모양 · 색채 동일	동일디자인		
형상 · 모양 · 색채 유사		유사디자인	
형상 · 모양 · 색채 비유사			비유사디자인

69) 형상 · 모양 · 색채 또는 이들의 결합
70) 특허청, 디자인 심사기준(2017), p.173

한편, 물품의 동일 또는 유사 여부는 물품의 용도, 기능 등에 비추어 거래 통념상 동일 또는 유사한 물품으로 인정할 수 있는지 여부에 따라 결정하여야 한다(대법원 2006. 7. 28. 선고 2003후1956 판결).

이와 관련하여 주의할 것은, 디자인보호법 시행규칙 제38조 제1항 소정의 물품류 구분표를 보고 물품의 동일·유사 여부를 속단(速斷)하여서는 아니 된다는 것이다. 왜냐하면 물품류 구분표상 각기 다른 류에 속하는 물품들이지만 서로 유사할 수도 있고, 모두 같은 류에 속하는 물품들이지만 서로 유사하지 않을 수도 있기 때문이다.

나. 디자인(형태)의 동일·유사

1) 일반적인 판단방법

디자인의 등록요건을 판단할 때, 디자인의 유사 여부는 이를 구성하는 각 요소를 분리하여 개별적으로 대비할 것이 아니라 외관을 전체적으로 대비·관찰하여 보는 사람으로 하여금 다른 심미감을 느끼게 하는지에 따라 판단하여야 하므로, 지배적인 특징이 유사하다면 세부적인 점에 다소 차이가 있더라도 유사하다고 보아야 한다(대법원 2012. 6. 14. 선고 2012후597 판결 등).

이러한 전체 관찰이 디자인(형태)의 유사 여부를 판단할 때의 원칙적인 관찰방법이기는 하지만, 실무에서는 전체 관찰을 보완하는 수단으로서 요부(要部) 관찰을 하는 경우가 많다.

요부(要部)란 디자인을 보는 사람의 주의를 가장 끌기 쉬운 부분을 의미하고, 요부 관찰이란 요부를 관찰할 때 일반수요자의 심미감에 차이가 있는지 여부의 관점에서 디자인의 유사 여부를 판단하기 위한 관찰방법을 말한다(대법원 2005. 5. 13. 2004후301 판결 등 참조).

쉽게 말해, 양 디자인의 요부가 서로 유사하면 양 디자인이 서로

유사하다고 보는 것이 요부 관찰에 따른 유사 여부 판단방법이다.[71)]

2) 공지 부분 또는 물품의 기능 관련 부분을 포함한 디자인(형태)의 유사 여부 판단방법

출원디자인(등록디자인)의 구성요소 중 '물품의 기능을 확보하는 데 필요한 형상'이나 '공지의 형상' 부분이 있을 경우, 그 부분의 중요도를 낮게 평가하여 이를 제외한 나머지 특징적인 부분과 이에 대비되는 해당 부분의 유사 여부를 판단하는 요부 관찰을 하여야 하는가?

그렇지 않다. 이와 관련하여, 판례는 "그 구성요소 중 물품의 기능을 확보하는 데 필요한 형상 또는 공지의 형상 부분이 있다고 하여도, 그것이 특별한 심미감을 불러일으키는 요소가 되지 못하는 것이 아닌 한 그것까지 포함하여 전체로서 관찰하여 느껴지는 심미감에 따라 판단해야 할 것이며, 보는 방향에 따라 느껴지는 미감이 같기도 하고 다르기도 할 경우에는 그 미감이 같게 느껴지는 방향으로 두고 이를 대비하여 유사 여부를 판단하여야 할 것이다(대법원 2010. 11. 11. 선고 2010후2209 판결[72)] 등)."라고 판시하고 있다.

---

71) 대법원 2007. 1. 25. 선고 2005후1097 판결은 "보는 사람의 주의를 끄는 지배적인 특징은 그 평면도에 있다 할 것이고, 요부를 중심으로 살펴본 양 디자인의 공통점은 (중략)으로서 양 디자인은 그 전체적인 형상과 모양이 유사하며, 반면 양 디자인의 차이점은 (중략)인데, 위와 같은 점들은 모두 이 사건 등록디자인의 특징적인 요부에는 해당되지 아니한 부분들이고 그에 관한 비교대상디자인과의 차이점 역시 세부적인 차이로서 앞서 본 양 디자인의 전체적인 유사성을 넘어서는 정도는 아니라 할 것이다"라고 판시하며, 양 디자인이 서로 유사하다고 판단한 바 있다.

72) "위 법리와 기록에 의하여, 보는 사람의 주의를 가장 끌기 쉬운 정면의 형상과 모양이 잘 드러나면서 미감이 같게 느껴지는 방향에서 본 정면도를 중심으로 하여 '아이팩마스크'에 대한 이 사건 등록디자인(등록번호 제265337호) "(생략)"과 '아이마스크'에 대한 원심 판시 비교대상디자인 2 "(생략)"를 대비하여 보면, 양 디자인은 상부와 하부를 원호 형상으로 하되, 좌측면은 두껍고 원호의 굽은 부분을 지나 우측면으로 갈수록 폭이 얇아지는 비대칭 형상을 취하고 있는 점, 좌우 양측 면의 모서리가 둥글게 처리되어 있는 점 등에서 서로 유사하다. 그런데 양 디자인의 위와 같은

주의하여야 할 점은, 위에서 본 '공지 부분 또는 물품의 기능 관련 부분을 포함한 디자인(형태)의 유사 여부 판단방법'은 그와 같은 부분을 포함한 출원디자인이 '등록요건'을 충족하는지 여부나 그러한 부분을 포함한 등록디자인에 '무효사유'가 있는지 여부를 판단할 때 적용하여야 하는 판단방법이지, 그러한 부분을 포함한 등록디자인에 대한 디자인권의 '침해요건'을 판단할 때 적용하는 판단방법이 아니라는 것이다. 후자의 판단방법은 아래의 10-2.에서 별도로 살펴보고자 한다.

유사점이 설령 그 대상 물품인 '아이팩마스크' 또는 '아이마스크'의 기능을 확보하는 데 필요한 형상 또는 공지의 형상 부분이라 하더라도, 이는 보는 사람의 주의를 끄는 특징적인 부분에 해당하고, 더욱이 양 디자인의 대상 물품인 '아이팩마스크' 또는 '아이마스크'의 기능을 확보하기 위하여 그 정면부가 반드시 위와 같은 형상을 갖고 있어야 한다고는 볼 수 없으며, 동일한 기능을 수행하면서도 전체적인 미감을 고려하여 그 정면부의 형상이 얼마든지 다르게 구성될 수 있으므로, 이 부분은 위 물품을 대하는 일반 수요자가 느끼는 전체적인 심미감에 영향을 미치는 요소임이 분명하다.

그렇다면 양 디자인은 전체적으로 심미감에 차이가 없는 유사한 디자인이라 할 것이고, 비록 양 디자인이 상·하부 원호 형상의 기울기의 정도, 좌우 양측 면의 폭의 넓이 등의 세부적인 점에 있어서는 서로 차이가 있다고 하더라도, 이러한 차이점은 당해 물품을 자세히 볼 때에만 비로소 인식할 수 있는 미세한 차이에 불과하여 전체적인 심미감에 큰 영향을 미칠 수 없으므로, 이와 같은 차이점으로 인하여 양 디자인의 전체적인 심미감이 달라진다고 보기는 어렵다.

그럼에도 원심은 양 디자인을 대비 판단하면서, 앞서 본 바와 같은 유사점이 위 디자인의 기본적·기능적 형태에 불과하거나 옛날부터 흔히 사용되어 왔고 여러 디자인이 다양하게 고안되었던 비교적 단순한 디자인이라는 등의 이유로 그 중요도를 낮게 평가하여야 한다고 단정한 나머지, 양 디자인의 세부적인 차이점을 들어 이 사건 등록디자인이 비교대상디자인 2와 유사하지 않다고 판단하고 말았으니, 원심판결에는 디자인의 유사 여부 판단에 관한 법리를 오해하여 판결에 영향을 미친 위법이 있다. 이 점에 관한 상고이유의 주장은 이유 있다(대법원 2010. 11. 11. 선고 2010후2209 판결)."

4. [참고] 미국의 경우

미국에서는 발명뿐만 아니라 디자인 역시 특허법(35 U.S.C.)의 보호대상이고, 한국에서의 '특허'를 'utility patent'라 부르며 '등록디자인'을 'design patent'라 부른다.

미국 특허법에 규정된 design patent와 utility patent를 대비하면 아래 표와 같다.

	design patent	utility patent
보호대상	장식적 디자인	기술적 특징
보호기간	등록일로부터 15년 (35 U.S.C. 173)	'등록일'부터 '정규출원의 유효출원일[73])로부터 20년이 되는 날'까지 (35 U.S.C. 154(a)(2))
청구항	기술(記述)적인 단어 사용불가, 오직 1개의 청구항만 가능	청구항의 개수에 제한이 없으며, 기술적인 단어를 사용함.
임시출원[74]) 허부	불가	가능
우선권[75]) 주장기한	6개월(35 U.S.C. 172)	1년(35 U.S.C. 119(a))

73) 미국 특허출원에는 우리가 일반적으로 알고 있는 출원인 정규출원(nonprovisional application)과 제대로 된 출원명세서를 작성하는데 시간이 더 필요한 상황이나 일단 급한대로 출원일을 확보하기 위해 진행하는 출원인 임시출원(provisional application)의 두 종류가 있다. '임시출원'으로 인정받기 위한 기재요건은 없고, 따라서 임시출원의 경우 청구항을 작성하지 않아도 무방하다. 단, 임시출원 이후 한 정규출원이 임시출원일에 출원된 것처럼 인정받기 위하여는, 임시출원일로부터 1년 내에 정규출원을 하여야 함이 원칙이다(35 U.S.C. 119(e)).
한편, 유효출원일(effective filing date)이란 무엇인가? 예를 들어 한국에 특허출원을 한 甲이 그 한국출원일부터 1년 내에 이에 대한 우선권주장을 하며 같은 내용을 미국에 특허출원한 경우, 미국 특허출원의 신규성 등을 판단할 때 미국 특허출원이 실제 미국에 출원한 날이 아닌 그 한국출원일에 출원된 것처럼 보게 되는데, 실제 출원일뿐만 아니라 위 예시에서와 같이 그 소급할 수 있는 앞선 출원일까지 포함하는 용어가 바로 '유효출원일'이다(35 U.S.C. 100(i)(1)).

부연하면, 미국에서 design patent가 될 수 있는 디자인은 종래의 공지디자인과 달라야(new) 할 뿐만 아니라 그 디자인이 속한 분야에서 통상의 지식을 가진 자가 그 공지디자인으로부터 손쉽게 창작할 수 없는(unobvious) 디자인이어야 한다(35 U.S.C. 171). 또한 디자인은 그것이 적용된 물품과 분리될 수 없어야 한다(MPEP 1502).

74) 본문의 표 내용 중 '유효출원'에 대한 각주 참조
75) 본문의 표 내용 중 '유효출원'에 대한 각주 참조

5-2 강력한 디자인권을 확보 및 유지하기 위한 전략

1. 들어가며

특허권은 출원명세서(특히, 청구범위)에 기재된 대로 발생되므로, 강력한 특허권을 확보하기 위하여는 출원명세서를 잘 작성하여야 한다. 반면 디자인출원서[76]에는 상대적으로 매우 적은 문자(text)가 기재되고,[77] 도면이나 사진이 디자인출원서류의 대부분을 차지하므로, 그 작성에 소홀하기 쉽다.

이하에서는 저자가 실제 수행한 사례를 예로 들어, 강력한 디자인권을 확보·유지하기 위한 전략을 살펴보기로 한다.

2. 강력한 디자인권의 확보 전략

특허청이 출원디자인에 거절이유가 없다고 판단하여 이를 설정등록하면, 그 출원디자인에 디자인권이 발생하고(디자인보호법 제90조), 이때부터는 '출원디자인'을 '등록디자인'이라 부른다. 아래에서 보는 바와 같이 등록디자인의 보호범위(권리범위)는 디자인출원서의 기재사항 및 그 출원서에 첨부된 도면·사진 또는 견본과 도면에 적힌 디자인의 설명에 따라 표현된 디자인에 의해 정하여진다(디자인보호법 제93조). 그렇다면, 디자인출원인은 이러한 보호범위의 확정 기준에 맞추어 최대

---

76) 디자인심사등록출원서(모든 등록요건을 심사받아야 하는 물품의 디자인에 대한 출원서) 및 디자인일부심사등록출원서(일부 등록요건만 심사받는 물품의 디자인에 대한 출원서) 모두를 통칭하며, 이하 같다.

77) 디자인출원서에는 디자인출원인의 성명, 주소 등을 적어야 하고(디자인보호법 제37조 제1항), 디자인의 대상이 되는 물품, 디자인의 설명 및 창작내용의 요점 등을 적은 도면이나 사진을 첨부하여야 한다(디자인보호법 제37조 제2, 3항).

한 넓은 보호범위를 가진 디자인권을 확보하기 위하여 노력하여야 할 것이다.

지금부터 예시를 통하여 이를 살펴보자.

가. 실제 수행 사례 소개

여성 의류 전문 디자이너 甲은 2010년에 '착용자의 허리 전체를 감쌀 만큼의 커다란 폭을 갖는 밴드'인 광폭(廣幅) 밴드가 바지 허리 부분에 결합되어 있는 여성용 바지(이하 '원고 광폭 바지'라고 한다)를 디자인하고, 이를 시장에 처음 출시하였다.

원고 광폭 바지는 몸매를 돋보이게 해주고 다리가 길어 보이게 하여 출시 직후부터 큰 인기를 끌었다.

甲은 2010. 10. 처음 디자인한 원고 광폭 바지의 사진을 첨부한 디자인일부심사등록출원을 하고, 해당 디자인의 디자인권자가 되었다(디자인등록번호: 제30-OOOOOO호, 이하 그 디자인권을 '제1 원고 디자인권'이라 하고, 그 등록디자인을 '제1 원고 광폭 바지 디자인'이라 한다).

제1 원고 디자인권의 등록디자인공보에는 해당 디자인출원서 및 거기에 첨부된 사진이 다음과 같이 개시되어 있다(설명의 편의상 평면도, 저면도, 좌측면도, 우측면도는 생략함).

〈그림 삽입을 위한 여백〉

디자인의 대상이 되는 물품
〈바지〉

디자인의 설명
1. 본 디자인에 관한 물품은 허리 부분은 원주 방향으로 신축성이 있는 세로줄 형상을 갖는 섬유재로 형성시키고 있고, 전면 및 후면은 신축성이 없는 섬유재로 형성시키고 있으며, 바지 양쪽의 외측면과 내측면에는 세로로 신축성 있는 섬유재로 형성시키고 있음.
   또한, 전면상의 양다리 위치의 중앙 위치의 부위에는 표면이 매쉬 타입으로 재봉질되어 있는 형상을 가지며, 사다리꼴로 곡선처리된 형태의 덧댐부를 형성시켜 미적 감각을 살리고 있는 것임.
2. 본 물품은 천연섬유, 합성 섬유, 금속재 등임.

디자인 창작 내용의 요점
"바지"의 형상과 모양의 결합을 디자인 창작 내용의 요점으로 함.

〈제1 원고 광폭 바지 정면도〉	〈제1 원고 광폭 바지 배면도〉

甲은 2010년에 출시한 원고 광폭 바지의 디자인을 계속 조금씩 업그레이드(upgrade)하였고, 그때마다 해당 디자인을 출원하여 등록받았다.

甲이 2011. 9. 출원하여 등록받은 원고 광폭 바지 디자인(이하 '제2 원고 광폭 바지 디자인'이라 하고, 그 디자인권을 '제2 원고 디자인권'이라 한다)은 제1 원고 광폭 바지 디자인 중 '광폭 밴드' 부분의 디자인을 약간 개량한 디자인이다.

제2 원고 디자인권의 등록디자인공보에는 해당 디자인출원서 및 거기에 첨부된 사진이 다음과 같이 개시되어 있다(편의상 6면도 중 평면도, 저면도, 좌측면도, 우측면도는 생략함).

〈그림 삽입을 위한 여백〉

디자인의 대상이 되는 물품
〈바지〉

디자인의 설명
1. 본 디자인에 관한 물품은 허리 부분은 원주 방향으로 신축성이 있는 다수의 가로줄 형상을 갖는 섬유재로 형성시키고 있고, 전면 및 후면은 신축성이 없는 섬유재로 형성시키고 있으며, 바지 양쪽의 외측면과 내측면에는 세로로 신축성 있는 섬유재로 형성시키고 있음. 또한, 전면상의 양다리 위치의 중앙 위치의 부위에는 표면이 매쉬 타입으로 재봉질되어 있는 형상을 가지며, 사다리꼴로 곡선처리된 형태의 덧댐부를 형성시켜 미적 감각을 살리고 있는 것임.
2. 본 물품은 천연섬유, 합성 섬유, 금속재 등임.
3. 참고로 1은 부분확대사진임.

디자인 창작 내용의 요점
"바지"의 형상과 모양의 결합을 디자인 창작 내용의 요점으로 함.

〈제2 원고 광폭 바지 정면도〉	〈제2 원고 광폭 바지 배면도〉

그런데 유명 의류 제작 및 판매 업체 乙 역시 2011년부터 광폭 밴드가 바지 허리 부분에 결합되어 있는 여성용 바지(이하 '피고 광폭 바지'

라고 한다)를 제작·판매하였고, 피고 광폭 바지 역시 큰 인기를 끌었다. 피고 광폭 바지의 정면도, 배면도는 아래와 같다.

피고 광폭 바지 디자인	
〈정면도〉	〈배면도〉

피고 광폭 바지의 출시 이후 매출이 줄어든 甲은, 乙이 피고 광폭 바지를 제작·판매하여 제1 원고 디자인권과 제2 원고 디자인권을 침해하고 있다고 판단하고, 乙을 상대로 디자인권등침해금지가처분신청을 하였다. 위 가처분신청서를 받은 乙은, 제1 원고 광폭 바지 디자인과 제2 원고 광폭 비지 디자인 모두 그 출원 선의 공지디자인과 유사하여

구 디자인보호법 제5조 제1항 제3호[78] 위반의 무효사유를 가진다며, 제1 원고 디자인권과 제2 원고 디자인권 모두에 대한 무효심판을 청구하였다.

디자인권침해소송에서 甲은, 제1 원고 광폭 바지 디자인에서 주목해야 하는 부분 즉, 요부(要部)는 '착용자의 허리 전체를 감쌀 만큼의 커다란 폭을 갖는 광폭 밴드' 부분인데 이는 피고 광폭 바지의 광폭 밴드 부분과 유사하므로, 피고 광폭 바지 디자인은 제1 원고 광폭 바지 디자인과 유사하다고 주장하였다. 같은 논리로 甲은, 제2 원고 광폭 바지 디자인과 피고 광폭 바지 디자인 역시 서로 유사하다고 주장하였다.

이에 대하여 乙은, '광폭 밴드' 부분은 (제1 또는 제2 원고 광폭 바지 디자인의 출원 전에) 이미 공지된 부분이어서 제1 및 제2 원고 광폭 바지 디자인의 요부가 되지 못하고, 해당 등록디자인공보의 디자인 설명란에 기재된 사항들[79] 전부가 요부들인데, 피고 광폭 바지 디자인에는 그러한 요부들이 전혀 없으므로 양 디자인은 서로 비유사하다고 주장하였다.

법원은 '광폭 밴드' 부분이 요부가 될 수 없다는 乙의 위 주장은 배척하였으나, 광폭 밴드 부분뿐만 아니라 乙이 주장한 '광폭 밴드 부분 이외의 요부들' 역시 요부들이라고 인정하였다. 이러한 전제 하에 법원은, 피고 광폭 바지 디자인에는 광폭 밴드 부분 이외의 다른 요부가 없으므로, 피고 광폭 바지 디자인은 제1 또는 제2 원고 광폭 바지 디자인

78) 현행 디자인보호법 제33조 제1항 제3호

79) "1. 본 디자인에 관한 물품은, 허리 부분은 원주 방향으로 신축성이 있는 세로줄 형상을 갖는 섬유재로 형성시키고 있고, 전면 및 후면은 신축성이 없는 섬유재로 형성시키고 있으며, 바지 양쪽의 외측면과 내측면에는 세로로 신축성 있는 섬유재로 형성시키고 있음. 또한, 전면상의 양 다리 위치의 중앙 위치의 부위에는 표면이 매쉬타입으로 재봉질되어 있는 형상을 가지며, 사다리꼴로 곡선 처리된 형태의 덧댐부를 형성시켜 미적 감각을 살리고 있는 것임."

과 유사하지 않다고 판단하고, 甲의 위 침해금지가처분신청을 기각하였다(서울중앙지방법원 2014. 8. 21.자 2014카합238 결정[80]).

무효심판사건의 심판부는 甲의 제1 원고 디자인권은 유효라고 판단한데 반하여(특허심판원 2014당564호[81]), 제2 원고 디자인권은 무효라고 판단하였다(특허심판원 2014당565호[82]).

특허심판원 역시 제1 및 제2 원고 광폭 바지 디자인의 요부를 '광폭 밴드' 부분에 한정하지 않았고, 해당 등록디자인공보의 디자인 설명란에 적힌 사항들과 같은 여러 부분들 역시 요부들이라고 인정하였다.[83] 흥미로운 점은, 특허심판원이 제2 원고 광폭 바지 디자인이 甲의 또 다른 등록디자인인 제1 원고 광폭 바지 디자인과 유사하다는 이유로, 제2 원고 디자인권이 무효라고 판단하였다는 것이다.

이러한 사건을 통하여 알 수 있는 사항들을 정리하여 보면, 아래와 같은 전략을 생각할 수 있다.

나. 가급적 사진보다는 도면을 제출하라

甲이 2010년에 처음 원고 광폭 바지를 디자인할 때 생각한 원고 광

80) 甲은 항고한 뒤, 신청을 취하하였음.
81) 乙이 특허법원에 소를 제기한 뒤 취하하여, 해당 심결이 확정되었음.
82) 乙이 특허법원에 소를 제기하지 않아, 해당 심결은 확정되었음.
83) "이 사건 등록디자인을 보는 사람의 시선과 주의를 끌기 쉬운 주요 부분, 즉 요부(要部)는 ① 바지의 허리 부분에 원주 방향으로 폭이 아주 넓고 신축성이 있는 소재(광폭 밴드)가 연결되어 있고, ② 바지 다리 부분의 전면과 후면은 신축성이 없는 소재로 구성하고, 바지 양쪽의 내·외 측면은 세로 방향으로 신축성 있는 소재로 구성하여 전·후면 및 내·외 측면 간에 서로 다른 미감을 주고 있으며, ③ 바지의 다리 전면 부분의 중앙에 표면이 매쉬 타입(그물 또는 망사 모양)으로 재봉질이 되어 있고, 각 모서리 부분이 라운드 처리된 사다리꼴 형태의 덧댐부가 있고, ④ 바지 배면의 우측 엉덩이 부분에 있는 주머니 바로 위에 가로 방향으로 별도의 지퍼가 부착되어 있는 형상이라 할 수 있다."

폭 바지 디자인의 특징은 오로지 광폭 밴드 부분에 있었던 것으로 보인다. 만일 甲이 위 두 디자인출원서에 위와 같은 '사진'이 아니라 광폭 밴드 부분만을 강조한 바지 '도면'을 첨부하였다면, 결과가 바뀌었을지 모른다. 甲이 실제 제작한 원고 광폭 바지 중 광폭 밴드 부분을 제외한 나머지 장식적 부분을 모두 지우고 그린 도면을 위 디자인출원서에 첨부하였다면, 제1 및 제2(특히 제1) 원고 광폭 바지 디자인의 요부가 무엇인지와 관련하여 어지러운 공방이 없었을 것이다.

혹시 甲이 화려한 스타일을 선호하는 디자이너이어서 그의 광폭 바지에 여러 장식적인 요소[84]를 가미하였다 하더라도, 甲은 이를 그대로 촬영한 사진이 디자인출원서에 첨부될 경우 추후 디자인권의 행사 시 어려움에 처할 수 있음을 유의하여야 한다.

다. 디자인에 대한 상세 설명시 주의하라

위 사안에서 법원이나 특허심판원이 원고 광폭 바지 디자인의 요부를 '광폭 밴드' 부분으로 한정하여 파악하지 않은 이유 중 하나는, 甲이 해당 디자인출원서의 '디자인 설명'란에 원고 광폭 바지 디자인의 사소한 장식적인 요소에 대하여까지 (상세한) 설명을 하였기 때문인 것으로 생각된다.

'디자인의 설명'란에서는 최대한 간결하고 명확하게 디자인을 설명하는 것이 바람직하고, 가급적 상세한 설명을 지양하여야 한다.

라. 관련디자인 제도를 이용하여야 하는지 고민하라

앞서 본 바와 같이, 제2 원고 디자인권(2011. 9. 출원함)은 제2 원고 광폭 바지 디자인이 제1 원고 광폭 바지 디자인(2010. 11. 공고됨)과

84) 甲이 생각하기에는 이미 널리 공지된 요소들이다.

유사하여 구 디자인보호법 제5조 제1항 제3호[85] 소정의 무효사유를 가진다는 이유로 무효로 되었다.

그러나 만일 甲이 제2 원고 광폭 바지 디자인에 대한 출원을 함에 있어서 일반적인 디자인출원을 하지 않고 '유사디자인' 출원을 하였다면, 위 무효심판의 결과가 달라졌을지 모른다. 제1 원고 광폭 바지 디자인이 '기본디자인'이고 제2 원고 광폭 바지 디자인이 '유사디자인'인 경우 아래에서 살펴보는 바와 같이, 제1 원고 광폭 바지 디자인을 근거로 하여서는 제2 원고 광폭 바지 디자인의 신규성을 부정할 수 없기 때문이다.

위 사안이 문제된 당시에는 구 디자인보호법(2013. 5. 28. 법률 제11848호로 전부개정되기 전의 것) 제7조 소정의 '유사디자인' 제도가 시행 중이어서, 위에서 '유사디자인' 제도를 언급하였다.

법률 제11848호로 개정된 구 디자인보호법(2014. 7. 1. 시행)은 '유사디자인' 제도 대신 '관련디자인' 제도를 도입하였는바, 만일 제1 원고 광폭 바지 디자인에 대한 출원이 2014. 7. 1. 이후에 있었다면, 甲은 제2 원고 광폭 바지 디자인에 대해 '관련디자인' 출원을 하는 것이 바람직하다.

이처럼 디자인출원을 하고자 하는 자는 통상의 출원을 할지 아니면 관련디자인 출원 등 특수한 출원을 하여야 하는지를 잘 고민하여야 한다. 이러한 고민을 간과할 경우 애당초 디자인권을 확보하지 못하거나 무효될 위험에 많이 노출된 약한 디자인권을 확보하게 될 수 있기 때문이다.

이상에서 살펴본 '유사디자인'과 '관련디자인'에 대하여 간략히 부연하도록 한다.

---

85) 현행 디자인보호법 제33조 제1항 제3호

'유사디자인'이란 자기의 등록디자인이나 출원디자인(이하 '기본디자인'이라고 한다)에만 유사하고 (자기의 또 다른) 유사디자인에만 유사하지는 않은 디자인을 말한다(구 디자인보호법 제7조 제1, 2항). 중요한 점은, 유사디자인은 '기본디자인'을 근거로 하여서는 신규성 흠결이나 선출원주의 위반에 해당할 수 없다는 것이다. 그리고 유사디자인의 디자인권은 기본디자인의 디자인권과 합체하므로(구 디자인보호법 제42조), 기본디자인권이 무효심결 확정 등에 의하여 소멸하면 유사디자인권도 소멸하지만, 유사디자인권이 무효심결 확정 등에 의해 소멸하더라도 기본디자인권은 소멸하지 않는다(구 디자인보호법 제68조 제5항).

'유사디자인' 제도의 문제점은, 유사디자인권의 권리범위가 기본디자인의 권리범위 내에서만 인정되므로 기본디자인에는 비유사하지만 유사디자인에만 유사한 타인의 모방디자인을 규제하지 못한다는 것이다.

이러한 문제점을 해결하기 위하여 관련디자인 제도가 도입되었다. '관련디자인'은 유사디자인과 달리, 그 디자인권이 기본디자인권과 별개의 독자적인 권리범위와 존속기간을 가진다. 이에 따라 기본디자인에는 비유사하면서 관련디자인에만 유사한 모방디자인을 실시하는 타인은 관련디자인권을 침해할 수 있고, 기본디자인권이 무효심결 확정 등에 의하여 소멸하더라도 관련디자인권은 소멸하지 않는다.[86)]

다만, 유사디자인 출원인에게 없는 제약이 관련디자인 출원인에게 있는데, 관련디자인 출원인은 기본디자인출원일로부터 1년 내에 관련디자인을 출원하여야 한다(제35조 제1항).[87)] 그 밖의 사항에 관하여는 관

86) 다만, 관련디자인권의 존속기간 만료일은 기본디자인권의 존속기간 만료일로 한다(디자인보호법 제91조 제1항 단서).

87) 위 사안에 현행 디자인보호법이 적용된다고 가정하더라도, 제2 원고 광폭 바지 디자인의 출원일(2011. 9. 19.)은 제1 원고 광폭 바지 다지인의 출원일(2010. 10. 1.)로부터 1년 내이므로, 甲은 제1 원고 광폭 바지 디자인을 '기본디자인'으로 하고, 제2 원고 광폭 바지 디자인에 대해 '관련디자인' 출원을 할 수 있었다.

련디자인에 관한 법리와 유사디자인에 관한 법리 사이에 별다른 차이가 없다.

마. 부분디자인 제도를 이용하여야 하는지 고민하라

앞서 본 사례에서, 甲이 '광폭 밴드' 부분에 대한 디자인만 부분디자인으로 특정하고 이에 대하여 등록받는 것은 좋은 방법일까? 이 경우, 甲은 디자인출원서에 도면을 첨부하되 그 도면에서 '광폭 밴드' 부분만 실선으로 그리고, 나머지 부분은 점선으로 그려야 한다.

부분디자인으로 출원하는 것의 장단점이 있을 것이다. 단적인 예로, '광폭 밴드' 부분에 대한 디자인권의 침해를 입증하는 것은 바지 '전체'에 대한 디자인권의 침해를 입증하는 것보다 쉬울 수 있다. 반면 '광폭 밴드' 부분의 디자인권 침해에 따른 손해액은 바지 '전체'에 대한 디자인권 침해에 따른 손해액보다 적게 인정되기 쉽다. 따라서 디자인출원을 하고자 하는 자는 이러한 사정을 종합적으로 고려하여 부분디자인 출원 여부를 결정하여야 할 것이다.

3. 강력한 디자인권의 유지 전략에 관하여

특허법에 따르면 디자인보호법에서의 보정에 비하여 상대적으로 자유롭게 보정 내지 정정을 할 수 있으므로, 앞서 살펴본 OA 사건에서의 대응 전략 내지 무효심판사건에서의 대응 전략은 강력한 특허권을 유지하기 위한 전략으로서 매우 중요하다.

반면, 디자인출원인은 최초의 디자인출원의 요지를 변경하지 아니하는 범위에서 디자인출원서의 기재사항, 디자인출원서에 첨부된 도면, 도면의 기재사항이나 사진 또는 견본을 보정할 수 있을 뿐이다(디자인보호법 제48조 제1항).

여기에서 요지변경이란 디자인출원서에 적힌 디자인의 대상이 되는 물품, 디자인출원서에 첨부된 도면과 그 기재사항 등을 종합적으로 고려해 볼 때 '최초 출원된 디자인'과 '보정된 디자인' 간에 동일성이 유지되지 않는 것을 말한다.[88)]

이에 따라 요지변경에 해당하지 않는 보정을 하며 심사관의 거절이유를 다투어야 한다는 일반론 외에, 강력한 디자인권을 유지하기 위해 최초 출원된 디자인을 어떠한 자세로 수정하여야 하는지에 관하여 특별한 전략이 있기는 어려워 보인다.

88) 특허청, 디자인 심사기준(2017), p.86

5-3 미등록디자인의 형태에 대한 보호요건

1. 들어가며

디자인등록을 받지 않은 또는 받지 못한 디자인인 '미등록디자인'은 보호되지 못하는가? 그렇지 않다. 비록 미등록디자인은 '디자인권'의 강력한 보호를 받을 수 없기는 하지만, 일정 요건 하에서 어느 정도의 보호를 받을 수는 있다.

지금부터 미등록디자인(형태)의 보호요건을 살펴보고자 한다.

2. 관련 법규

미등록디자인의 형태를 보호하는 것과 관련된 법은 디자인보호법이 아니라 부정경쟁방지법이다[아래 박스에 기재된 부정경쟁방지법 제2조 제1호 (자)목]. 부정경쟁방지법을 앞서 본 영업비밀을 규율한 법으로만 이해하면 의아하게 생각될 수 있지만, 부정경쟁방지법은 상표 또는 디자인을 보호하기 위한 규정도 두고 있다.

제2조(정의)

자. 타인이 제작한 상품의 형태(형상 · 모양 · 색채 · 광택 또는 이들을 결합한 것을 말하며, 시제품 또는 상품소개서상의 형태를 포함한다. 이하 같다)를 모방한 상품을 양도 · 대여 또는 이를 위한 전시를 하거나 수입 · 수출하는 행위. 다만, 다음의 어느 하나에 해당하는 행위는 제외한다.

(1) 상품의 시제품 제작 등 상품의 형태가 갖추어진 날부터 3년이 지난 상품의 형태를 모방한 상품을 양도 · 대여 또는 이를 위한 전시를 하거나 수입 · 수출하는 행위

(2) 타인이 제작한 상품과 동종의 상품(동종의 상품이 없는 경우에는 그 상품과 기능 및 효용이 동일하거나 유사한 상품을 말한다)이 통상적으로 가지는 형태를 모방한 상품을 양도·대여 또는 이를 위한 전시를 하거나 수입·수출하는 행위

위에서 본 바와 같이, 미등록디자인의 상품이라 하더라도 그 상품이 부정경쟁방지법 제2조 제1호 (자)목 소정의 '타인이 제작한 상품'에 해당한다면, 그 디자인은 동 규정의 보호를 받을 수 있다.

3. 부정경쟁방지법 제2조 제1호 (자)목의 보호를 받기 위한 요건

가. 상품화를 위한 자본 또는 노력의 투자 내지 모험의 감수

주의해야 할 사항은 부정경쟁방지법 제2조 제1호 (자)목 규정의 보호를 받을 수 있는 자는 어떠한 형태(특히 미등록디자인)를 가진 상품을 시장에 출시하기 위하여 자본이나 노력을 투자하거나 모험을 감수한 자라는 것이다.[89] 설령 그가 개발한 상품의 디자인이 디자인보호법상 등록될 수 있을 정도의 창작성이 있는 디자인이 아니라고 하더라도, 위와 같은 투자나 모험을 한 상품형태 개발자는 부정경쟁방지법 제2조 제1호 (자)목의 보호를 받을 수 있다.[90]

89) 서울남부지방법원 2008. 5. 29. 선고 2007가합15456 판결(확정), 서울남부지방법원 2007. 7. 28. 선고 2006가합6288 판결(확정), 서울고등법원 2010. 6. 23. 선고 2009나117425 판결(확정) 등 참조

90) 서울중앙지방법원 2014. 11. 27. 선고 2014가합524716 판결은 아래와 같이 판시하고 있다[이 판단은 그 항소심(서울고등법원 2015. 9. 10. 선고 2014나2052436 판결)과 상고심(대법원 2016. 10. 27. 선고 2015다240454 판결)에서도 바뀌지 않았다].
"부정경쟁방지법 제2조 제1호 (자)목에서 상품형태 모방행위를 부정경쟁행위로 규정한 취지는, 상품형태를 개발한 사람이 자금과 노력 등을 투자하여 얻은 성과를 경쟁자가 특별한 노력 없이 그대로 모방하여 경쟁상 유리한 지위를 차지하는 것이 현저히 불공정하다는 인식에서 출발한 것인바, 상품의 형태가 종래에 있었던 것을 그

나. 부정경쟁방지법 제2조 제1호 (자)목 단서 규정에의 불해당성

위에서 부정경쟁방지법 제2조 제1호 (자)목에 따라 보호를 받을 수 있는 상품의 형태적 특징은 디자인보호법 제33조 소정의 창작성에는 이르지 않아도 무방하다는 것을 살펴보았다. 다만, 그렇더라도 부정경쟁방지법 제2조 제1호 (자)목 소정의 보호를 받을 수 있는 상품의 형태적 특징은 타인의 모방에 따른 부정경쟁행위로부터 보호해야 할 가치가 있는 정도의 자금과 노력을 투여해 만든 특징이어야 하고,[91] 같은 목 단서 (2)는 이를 감안한 규정이라 할 것이다.

한편, 미등록디자인의 상품화를 위하여 노력한 자를 디자인권[92]자보다 오래 보호해주는 것은 적절하지 않다. 그러므로 그 보호기간은 상품의 시제품 제작 등 상품의 형태가 갖추어진 날부터 3년으로 제한된다[부정경쟁방지법 제2조 제1호 (자)목 단서 (1)].

이처럼, 부정경쟁방지법 제2조 제1호 (자)목의 보호를 받기 위하여는 같은 목 단서에 해당하여서는 아니 된다.

다. 상품 형태의 특이성 및 정형성

이른바 소프트리 사건에서, S사가 직사각형 모양의 벌집을 올려놓은 아이스크림을 판매하여 큰 인기를 얻자, 경쟁업체 M사가 그와 동일한 방식으로 아이스크림을 판매하였다. 이런 상황에서 S사가 M사를 상대

대로 모방한 것이 아닌 한, 해당 상품형태는 부정경쟁방지법 제2조 제1호 (자)목의 보호 대상이 된다고 할 것이다. 따라서 부정경쟁방지법상 상품형태 모방행위로 보호하는 '상품의 형태'에 디자인보호법에서 등록요건으로 규정하고 있는 공지된 디자인을 조합하여 용이하게 창작할 수 없을 정도의 창작성이 요구된다고 할 수 없다."

91) 서울고등법원 2012. 2. 2. 선고 2011나69529 판결(확정)

92) 존속기간은 설정등록일부터 디자인등록출원일 후 20년이 되는 날까지임(디자인보호법 제91조 제1항).

로 부정경쟁방지법 제2조 제1호 (자)목 위반을 주장하였는데, 이는 타당한가?

1심[93]은 S사의 주장을 받아들였다. 하지만, 항소심과 상고심은 S사가 판매하는 위 아이스크림의 형태가 일정하지 않아 부정경쟁방지법 제2조 제1호 (자)목의 '상품의 형태'에 해당하지 않는다고 보고, 같은 목 소정의 부정경쟁행위를 주장하는 S사의 주장을 배척하였다. 대법원은 부정경쟁방지법 제2조 제1호 (자)목에 규정된 모방의 대상으로서의 '상품의 형태'의 의미와 이를 갖추기 위한 요건에 관하여 중요한 판시를 하였는데, 이하 아래와 같다.

"부정경쟁방지법 제2조 제1호 (자)목은 타인이 제작한 상품의 형태를 모방한 상품을 양도·대여하는 등의 행위를 부정경쟁행위의 한 유형으로 규정하고 있다. 이는 타인이 개발한 상품의 형태를 모방하여 실질적으로 동일하다고 볼 수 있을 정도의 상품을 만들어 냄으로써 경쟁상 불공정한 이익을 얻는 것을 막기 위한 것으로서, 여기에 규정된 모방의 대상으로서의 '상품의 형태'는 일반적으로 상품 자체의 형상·모양·색채·광택 또는 이들을 결합한 전체적 외관을 말한다. 그러므로 위 규정에 의한 보호대상인 상품의 형태를 갖추었다고 하려면, 수요자가 상품의 외관 자체로 특정 상품임을 인식할 수 있는 형태적 특이성이 있을 뿐 아니라 정형화된 것이어야 한다. 사회통념으로 볼 때 상품들 사이에 일관된 정형성이 없다면 비록 상품의 형태를 구성하는 아이디어나 착상 또는 특징적 모양이나 기능 등의 동일성이 있더라도 이를 '상품의 형태'를 모방한 부정경쟁행위의 보호대상에 해당한다고 할 수 없다(대법원 2016. 10. 27. 선고 2015다240454 판결)."[94]

---

93) 서울중앙지방법원 2014. 11. 27. 선고 2014가합524716 판결

94) 투명한 컵 또는 콘에 담긴 소프트 아이스크림 위에 벌집채꿀(벌집 그대로의 상태인 꿀)을 올린 모습을 한 갑 회사의 제품이 부정경쟁방지법 제2조 제1호 (자)목에 의한 보호대상인지 문제된 사안에서, 매장 직원이 고객에게서 주문을 받고 즉석에서 만들어 판매하는 제조·판매방식의 특성상 갑 회사의 제품은 개별 제품마다 상품형태가 달라져서 일정한 상품형태를 항상 가지고 있다고 보기 어렵고, '휘감아 올린

5-4 디자인의 장식적 심미감이 아닌 다른 요소에 대한 보호수단

위 5-1. 및 5-3.에서 디자인의 장식적 심미감(형태)을 보호받기 위한 방안에 대하여 살펴보았는데, 지금부터는 디자인이 가지는 장식적 심미감 이외의 다른 요소를 보호받기 위한 방안에 대하여 살펴보고자 한다.

1. 디자인의 기술적 특징에 대한 보호수단

디자인에 기술적 특징이 있다면, 이는 특허권이나 실용신안권의 보호대상은 될 수 있지만 디자인권의 보호대상은 되지 못한다. 디자인권은 디자인의 장식적 심미감을 보호하는 권리이지, 기술적인 특징을 보호하기 위한 권리가 아니기 때문이다. 디자인보호법 제34조 제4호가 디자인등록을 받을 수 없는 디자인의 하나로 '물품의 기능을 확보하는 데에 불가결한 형상만으로 된 디자인'을 규정하고 있는 것도, 같은 이유에 기인한다.

그런데 현실에서는 물품의 형태에 오로지 기능적인 부분(기술적인 특징이 있는 부분)만 있는 경우가 많지 않고, 기능적인 부분과 오직 장식적인 심미감만 있는 비기능적 부분이 공존하는 경우가 많다. 후자의 물품에 관하여, 등록요건 중 하나인 디자인(형태)의 동일 또는 유사 여부를 판단할 때 주의할 사항은 위 5-1.에서 살펴본 바이고, 침해요건 중 하나인 디자인(형태)의 동일 또는 유사 여부를 판단할 때 주의해야 할 사항은 뒤에서 살펴볼 것이다.

소프트 아이스크림 위에 입체 또는 직육면체 모양의 벌집채꿀을 얹은 형태'는 상품의 형태 자체가 아니라 개별 제품들의 추상적 특징에 불과하거나 소프트 아이스크림과 토핑으로서의 벌집채꿀을 조합하는 제품의 결합방식 또는 판매방식에 관한 아이디어가 공통된 것에 불과할 뿐이므로, 갑 회사의 제품이 부정경쟁방지법 제2조 제1호 (자)목에 의한 보호대상이 될 수 없다고 본 원심판단이 정당하다고 한 사례

2. 디자인의 상표적 기능에 대한 보호수단

가. 디자인의 상표적 기능

코카콜라 병을 떠올려 보자. 허리 부분이 잘록하게 들어가고, 파도 형상의 문양을 가진 병 모양이 떠오를 것이다. 이 병에 "CocaCola"라는 문자가 적혀 있는 라벨(label)이 붙어 있다고 하자. 그 라벨에 기재되어 있는 "CocaCola"라는 문자가 '상표'라는 것에는 의문의 여지가 없다.

자, 이제 라벨을 떼어 보자. 어떠한 라벨도 붙어 있는 않은 그 병을 바라보는 일반수요자는 무엇을 떠올릴까? 비록 그 병에 "CocaCola"라는 문자는 기재되어 있지 않지만, 일반수요자는 코가콜라만의 특유한 병 형상을 보고 그 병을 코카콜라측이 제작한 콜라로 인식하게 될 것이다. 그렇다면, 그 병의 특유한 디자인(형태) 그 자체 역시 '상표'로서 기능을 하는 것이다.

나. 트레이드 드레스(trade dress)

1) 의의

'트레이드 드레스'라는 용어는 최근까지 전 세계의 이목을 끌었던 미국에서의 삼성 v. 애플 특허분쟁에 자주 등장한 용어이다. 이 용어를 막연하게나마 디자인과 관련된 용어라고 생각하는 이들이 많겠지만, 일반인 중에 그 정확한 의미를 아는 사람은 드문 것으로 보인다.

'트레이드 드레스'란 상품 자체 또는 그 포장(용기)의 외관이나 장식이 지닌 모양, 색채, 크기 등의 조합을 통해, 또는 서비스 제공장소의 실내 장식(interior)이나 익스테리어(exterior), 더 나아가 서비스 제공자의 판매 기법 등을 통해 수요자가 인식하게 되는 상품 또는 서비스의 전체적인 인상이나 느낌(total image and overall appearance)이라 할 것이다. 이처럼 트레이드 드레스가 '디자인'과 관련된 용어이기는 하지만, 그 본질은 '상표'라 할 것이다. 아래에서 살펴보는 바와 같이, 트레이드 드레스는 상품이나 서비스의 출처표시로서 기능할 때 보호될 수 있기 때문이다. 이에 디자인의 상표적 기능과 관련하여 '트레이드 드레스'를 살펴보고자 한다.

2) 미국에서의 논의

상품 또는 서비스의 인상이나 느낌을 전부 다 보호해 줄 수는 없다. 트레이드 드레스로 보호받기 위하여는 그 트레이드 드레스에 ① 식별력이 있어야 하고, ② 기능성이 없어야 한다. 즉, 트레이드 드레스는 상품 또는 서비스의 출처표시로 기능하는 경우에 한하여 보호될 수 있다.

덧붙여 미국에서 트레이드 드레스는 등록되지 않더라도 보호될 수 있다. 등록되지 않은 트레이드 드레스라 하더라도 그 미등록 트레이드 드레스가 사용되는 지역에서는 보호를 받을 수 있어 그 지역에서의 트레이드 드레스 침해가 허용되지 아니한다. 반면 등록된 트레이드 드레스는 미국 전역에서 보호를 받게 되어, 실제로 그 등록 트레이드 드레스가 사용되지 않는 다른 주에서도 트레이드 드레스 침해가 허용되지 아니한다.

미국에서 진행된 삼성 v. 애플 1차 특허분쟁에서 애플이 주장한 피침해권리는 특허권(utility patent), 디자인권(design patent) 및 트레이드 드레스 총 3개이다. 법리적으로는 3개의 권리이나, 이 중 '디자인권'과 '트레이드 드레스' 모두는 '디자인'과 관련된 권리이다. '삼성 v. 애플 1차 특허분쟁'에서의 애플 주장에 따르면, 애플은 아이폰(iPhone)에서 느낄 수 있는 장식적 심미감을 보호하기 위한 디자인권을 갖고 있는데 삼성이 이를 침해하였고(디자인권 침해), 그뿐만 아니라 삼성은 아이폰의 형태가 지니는 상표적 기능을 훼손[95] 하기까지 하였다(트레이드 드레스 침해).

미국 1심 법원의 배심원이 10조 원이 넘는 거액의 손해배상평결을 한 이유는 애플의 주장을 받아들여 위 3가지 권리의 침해를 모두 인정하였기 때문이다. 반면에, 미국 2심 법원은 애플이 주장하는 트레이드 드레스에 기능성이 있다면서 애플의 트레이드 드레스 침해 주장을 배척하고,[96] 특허권과 디자인권의 침해만 인정하였다. 참고로, 트레이드 드레스의 침해 여부에 관한 2심 판단은 상고심의 판단 대상이 되지 않으면서 확정되었다.

3) 한국에서의 논의

한국에서는 트레이드 드레스가 미국에서처럼 전적으로 보호되지는 않지만, 한국 상표법과 부정경쟁방지법이 일정 요건을 갖춘 트레이드 드레스를 보호하고 있는바, 이에 대하여 살펴본다.

〈상표법상 논의〉

먼저 상표법상의 논의를 살펴보자. 상표법은 타인이 무단으로 상표권자의 등록상표와 동일하거나 유사한 상표를 그 지정상품(서비스업)과 동일 또는 유사한 영업에 사용하는 것을 금지하는데, 내가

---

95) 애플의 주장을 쉽게 정리하면, "일반수요자는 아이폰 디자인만 보고도 그것이 애플이 제작·판매하는 스마트폰임을 직감하고 있는데, 삼성이 아이폰과 비슷한 디자인을 가진 스마트폰을 제작·판매하여 일반수요자로 하여금 스마트폰 출처의 오인·혼동을 겪도록 하고 있다."이다.

96) "아이폰 외장의 둥근 모서리 사각형은 제품을 휴대하기 편하도록 하고 내구성을 높여주며, 평평한 사각형의 디스플레이 화면은 화면 크기를 극대화하는 등 기능성이 있어 트레이드 드레스로 보호받을 수 없다."

상표출원한 트레이드 드레스가 위와 같이 상표법의 보호를 받는 등록상표가 되기 위한 요건은 무엇인가? 예를 들어, 甲이 물품 또는 그 포장의 외관 자체를 입체상표로 출원한 경우에 이러한 입체상표가 등록되기 위한 요건은 무엇인가?[97]

대표적인 등록요건만 살펴보면, 첫째, 물품이나 그 포장의 외관 그 자체가 '상표' 즉, 상품출처표시 내지 영업출처표시로 기능하고 있거나 기능할 수 있어야 한다. 즉, 트레이드 드레스에 식별력이 있어야 한다. 둘째, 물품 또는 그 포장의 외관 그 자체에 기능성이 없어야 한다(상표법 제34조 제1항 제15호). 즉, 물품 또는 그 포장의 외관이 그 기능을 구현하는데 필수적이어서 특정인에게 그 외관에 대한 독점권을 부여하면 경쟁업체들이 정상적인 경쟁을 할 수 없게 되는 경우, 그 외관은 등록상표로 보호할 수 없다.[98), 99)]

〈부정경쟁방지법상 논의〉

다음으로, 부정경쟁방지법상 논의를 살펴보자. 아래에서 별도로 살피겠지만 부정경쟁방지법은 어떤 상표 '사용'이 부정경쟁행위에 해당

---

97) 상표출원의 자세한 등록요건은 아래 6-1. 참조

98) 이하의 내용은 특허청, 상표심사기준 51502~51503면 발췌
특허청은 기능성이 있는지 여부를 ① 해당 기능성에 대한 특허나 실용신안이 존재하는지 여부, ② 상품 또는 그 포장(특히, 그 포장)의 형상 등에 기인하여 그 상품의 유통 과정이 편리하여졌고, 출원인이 이를 광고 선전하였는지 여부, ③ 해당 입체적 형상 등을 대체할 수 있는 다른 형상이 존재하는지 여부(※ 대체적 형상이 많이 존재할수록 기능성을 부정할 가능성이 높으나, 해당 입체적 형상 등이 해당 상품의 목적과 이용에 본질적인 경우에는 대체적 형상이 다수 존재하더라도 기능성을 인정한다), ④ 해당 입체적 형상의 대체적 형상이 있더라도, 해당 입체적 형상을 대체적 형상보다 적은 비용과 단순한 공정으로 제작할 수 있어, 해당 입체적 형상과 대체적 형상이 시장에서 자유롭게 경쟁하는데 제약이 있는지 여부 등을 고려하여 판단한다. 입체상표를 전체적으로 보았을 때 기능성이 존재한다고 판단되면, 입체상표의 일부에 비기능적인 부분이 있더라도 기능성이 있다고 판단한다.

99) 빙그레 바나나 맛 우유의 항아리 형상 용기의 외관, 코카콜라 병의 외관 등은 한국 특허청에 등록되어 있다.

하여 허용되지 아니하는지에 대한 요건을 규정하고 있는데, 이하 트레이드 드레스를 침해하는 부정경쟁행위에 해당할 수 있는 경우가 어느 경우인지 살펴본다(이하에서 설명하는 부정경쟁행위의 구체적인 성립요건은 아래 11-4.에서 좀 더 구체적으로 살펴볼 것이다).

첫 번째 예를 들어 보자. 경쟁업체 乙은 甲의 물품이나 그 포장의 외관과 동일 또는 유사한 외관의 물품을 제작·판매하고 있다(양 물품은 서로 동일하거나 유사하다고 가정하자). 甲은 이 같은 乙의 행위가 부정경쟁방지법 제2조 소정의 부정경쟁행위라는 주장을 할 수 있을까?

만일 甲의 물품 또는 그 포장의 외관이 상품출처표시 내지 영업출처표시로서 기능하고, 그 출처표시로서의 외관이 국내의 일반수요자에게 널리 알려져 있다면, 乙의 위 제작·판매행위는 부정경쟁방지법 제2조 제1호 (가)~(다)목 소정의 부정경쟁행위에 해당할 수 있다. 甲은 단순히 '자신의 물품이나 그 포장이 유명하다'는 것만 입증하여서는 아니 되고, 자신의 물품이나 그 포장의 외관이 디자인적 요소만 갖고 있지는 않고 상품출처표시 내지 영업출처표시로서도 기능하고 있다는 점과 그 출처표시가 유명하다는 점 모두를 입증[100]하여야 한다.

---

100) 다만, 그 입증이 쉽지는 않다. 일반적으로 상품이나 그 포장의 형태는 상품이나 영업의 출처를 표시하는 기능을 가지지 않으므로, 단순히 상품이나 그 포장의 형태가 유명하다는 것만 입증하여서는 아니 된다. 구체적으로, 판례는 "어떤 상품의 형태가 출처표시기능을 가지고 나아가 주지성까지 획득하는 경우에는 부정경쟁방지 및 영업비밀보호에 관한 법률 제2조 제1호 (가)목에 규정된 '국내에 널리 인식된 타인의 상품임을 표시한 표지'에 해당하여 같은 법에 의한 보호를 받을 수 있는데, 이를 위해서는 상품형태가 다른 유사상품과 비교하여 수요자의 감각에 강하게 호소하는 독특한 디자인적 특징을 가지고 있는 등 일반수요자가 일견하여 특정 영업주체의 상품이라는 것을 인식할 수 있는 정도의 식별력을 갖추고 있어야 하며, 나아가 당해 상품형태가 장기간에 걸쳐 특정 영업주체의 상품으로 계속적·독점

한편 甲이 제작·판매 중인 물품의 형태가 부정경쟁방지법 제2조 제1호 (자)목 소정의 '상품의 형태'에 해당하는 경우에는 乙의 위 제작·판매행위가 같은 목 소정의 부정경쟁행위에 해당할 수 있다.

그 밖에, 甲은 보충적 일반조항인 부정경쟁방지법 제2조 제1호 (카)[101]목 위반을 주장할 수도 있으나, 그 구체적인 요건을 입증하기가 쉽지는 않다.

두 번째 예를 들어 보자. 丙이 운영하는 식당은 늘 손님이 붐비는 인기 있는 식당이다. 그와 경쟁관계에 있는 식당을 운영 중인 丁은, 丙 식당이 인기를 끄는 이유가 丙의 서비스 제공방식과 丙 식당의 독특한 인테리어, 익스테리어(exterior), 간판 등의 디자인에 있다고 보고, 이를 약간만 변형하여 따라 하였다. 丙은 丁의 행위가 부정경쟁방지법 제2조 소정의 부정경쟁행위라는 주장을 할 수 있을까?

2014년 법 개정에 의하여 부정경쟁방지법에 제2조 제1호 (카)목[102]이 도입되면서, 이러한 사안에서도 부정경쟁행위를 주장할 수 있게 되었지만, 앞서 간략히 보았듯이 같은 목 소정의 부정경쟁행위를 입증하기란 결코 쉽지 않다. 결국 사실상 丙은 위와 같은 상황에서 고스란히 피해를 떠안을 수밖에 없었던 것이다. 만일 丙과 丁의 위 사안이 미국에서 벌어진 사안이었다면, 위와 같은 안타까운 상황에 처한 丙이 구제를 받을 수 있었을 것이다.

적·배타적으로 사용되거나 또는 단기간이라도 강력한 선전·광고가 이루어짐으로써 상품형태가 갖는 차별적 특징이 거래자 또는 일반수요자에게 특정 출처의 상품임을 연상시킬 정도로 현저하게 개별화된 정도에 이르러야 한다(대법원 2012. 3. 29. 선고 2010다20044 판결)."라고 판시한 바 있다.

101) 2014년 법 개정 당시 (차)목으로 신설된 것이 2018년 법 개정에 의해 (카)목이 되었다.

102) 2014년 법 개정 당시 (차)목으로 신설된 것이 2018년 법 개정에 의해 (카)목이 되었다.

그런데 이러한 丙을 구제할 수 있는 길이 최근 열렸다. 2018년 법 개정에 의해 부정경쟁방지법 제2조 제1호 (나), (다)목이 아래와 같이 개정되었기 때문이다. 구 부정경쟁방지법(2018. 4. 17. 법률 제15580호로 일부개정되기 전의 것) 제2조 제1호 (나)목 또는 (다)목의 보호대상은 '타인의 영업임을 표시하는 표지'인데, 위 두 번째 예시에 나타난 丙의 상품 판매방법, 서비스 제공방법 등이 같은 목 소정의 '표지'에 해당한다고 보기 어려워, 구 부정경쟁방지법하에서는 丁의 위 행위를 같은 목 소정의 부정경쟁행위로 규율하기 어려웠으나, 2018년 법 개정은 이러한 문제를 해소하였다.

	구 부정경쟁방지법 (2018. 4. 17. 법률 제15580호로 일부개정되기 전의 것) 시행 당시	2018. 7. 18.[103] 이후
(나)목	국내에 널리 인식된 타인의 성명, 상호, 표장(標章), 그 밖에 타인의 영업임을 표시하는 표지와 동일하거나 유사한 것을 사용하여 타인의 영업상의 시설 또는 활동과 혼동하게 하는 행위	국내에 널리 인식된 타인의 성명, 상호, 표장(標章), 그 밖에 타인의 영업임을 표시하는 표지(상품 판매・서비스 제공방법 또는 간판・외관・실내장식 등 영업제공 장소의 전체적인 외관을 포함한다)와 동일하거나 유사한 것을 사용하여 타인의 영업상의 시설 또는 활동과 혼동하게 하는 행위

103) 2018년 개정법의 시행일

	구 부정경쟁방지법 (2018. 4. 17. 법률 제15580호로 일부개정되기 전의 것) 시행 당시	2018. 7. 18.[103]) 이후
(다)목	가목 또는 나목의 혼동하게 하는 행위 외에 비상업적 사용 등 대통령령으로 정하는 정당한 사유 없이 국내에 널리 인식된 타인의 성명, 상호, 상표, 상품의 용기·포장, 그 밖에 타인의 상품 또는 영업임을 표시한 표지와 동일하거나 유사한 것을 사용하거나 이러한 것을 사용한 상품을 판매·반포 또는 수입·수출하여 타인의 표지의 식별력이나 명성을 손상하는 행위	가목 또는 나목의 혼동하게 하는 행위 외에 비상업적 사용 등 대통령령으로 정하는 정당한 사유 없이 국내에 널리 인식된 타인의 성명, 상호, 상표, 상품의 용기·포장, 그 밖에 타인의 상품 또는 영업임을 표시한 표지(타인의 영업임을 표시하는 표지에 관하여는 상품 판매·서비스 제공방법 또는 간판·외관·실내장식 등 영업제공 장소의 전체적인 외관을 포함한다)와 동일하거나 유사한 것을 사용하거나 이러한 것을 사용한 상품을 판매·반포 또는 수입·수출하여 타인의 표지의 식별력이나 명성을 손상하는 행위

그러나 이러한 2018년 법 개정으로 인하여 한국에서도 미국에서와 동일한 수준으로 트레이드 드레스를 보호할 수 있게 되었다고 오해하여서는 아니 된다. 丙이 부정경쟁방지법 제2조 제1호 (나)목 또는 (다)목의 보호를 받기 위하여는, 일반수요자들에게 丙의 '상품 판매방법, 서비스 제공방법 또는 간판·외관·실내 장식 등 영업제공 장소의 전체적인 외관'이 영업출처표시로서 '널리 알려져' 있어야만 하기 때문이다.

3. 디자인의 표현적 요소에 대한 보호수단

아래에서 살펴보는 바와 같이 저작권의 보호대상은 '표현'인데, 그렇다면 디자인 창작자가 창작 과정에서 표현한 디자인이 저작권의 보호대상도 될 수 있는가? 결론부터 말하면, 디자인권의 보호대상과 저작권의 보호대상 사이에 중첩되는 부분이 있다.

예를 들어, 甲이 넥타이에 들어가는 도안을 디자인하였다고 하자. 위 도안이 있는 넥타이의 형태(형상 · 모양 · 색채 또는 이들의 결합)가 디자인권의 보호대상이 된다는 것에는 의문의 여지가 없다. 그런데, 위 도안은 응용미술저작물로서 저작권의 보호대상도 된다.

'응용미술저작물'이란 물품에 동일한 형상으로 복제될 수 있는 미술저작물로서 그 이용된 물품과 '구분'되어 독자성을 인정할 수 있는 것(디자인 등을 포함함)을 말하는데(저작권법 제2조 제15호), 위 도안은 물품에 동일한 형상으로 복제될 수 있으며 물품과 구분하여 독자성을 인정할 수 있으므로 응용미술저작물이다.[104)]

위 중첩되는 보호대상에 대한 디자인권과 저작권이 서로 다른 사람에게 귀속된 경우 어떤 문제가 있을까?

예를 들어, 丙이 乙의 저작물을 이용하거나 그 저작권에 저촉되는 디자인이나 그와 유사한 디자인을 출원하여 디자인권자가 된 경우, 丙은 乙의 허락을 받지 아니하고는 자신의 등록디자인을 업으로서 실시할 수가 없다(디자인보호법 제95조 제3항).

다른 예를 들어, 戊가 丁의 등록디자인과 동일하거나 유사한 디자인(표현)에 대한 저작권자인 경우, 丁은 戊에 대하여 디자인권을 행사할

---

104) 독특한 병 디자인은 응용미술저작물이 될 수 있을까? 병 디자인은 병과 구분하여 독자성을 인정할 수 없으므로 응용미술저작물의 대상이 되지 못한다.

수 있을까? 만일 戊가 丁의 등록디자인의 존재조차 모르고 혼자의 힘으로 저작물을 창작하였다면 戊에게 저작권이 귀속되기는 하지만, 戊에게 디자인보호법 제100조 소정의 선사용권[105)]이 인정된다는 등의 특별한 사정이 없는 이상, (독점·배타권인) 디자인권을 가지는 丁은 戊에게 디자인권 침해를 주장할 수 있다.

105) 제100조(선사용에 따른 통상실시권) 디자인등록출원 시에 그 디자인등록출원된 디자인의 내용을 알지 못하고 그 디자인을 창작하거나 그 디자인을 창작한 사람으로부터 알게 되어 국내에서 그 등록디자인 또는 이와 유사한 디자인의 실시사업을 하거나 그 사업의 준비를 하고 있는 자는 그 실시 또는 준비를 하고 있는 디자인 및 사업의 목적 범위에서 그 디자인등록출원된 디자인의 디자인권에 대하여 통상실시권을 가진다.

제6장 상표권의 발생

TRADEMARK

TRADEMARK

6-1 상표권의 발생요건

1. 상표등록출원부터 상표권 발생까지의 과정

가. 상표등록출원

상표권을 획득하고자 하는 자는 자신이 등록받고 싶은 '상표'[106](이하 '출원상표'라 한다) 및 그 상표를 사용하고자 하는 '상품(이하 '지정상품'이라 한다) 또는 서비스업(이하 '지정서비스업'이라고 한다)'을 특정하여 기재한 상표등록출원서를 특허청에 제출하여야 한다. 주의하여야 하는 것은, 상표등록출원을 할 때 '상표'만을 특정하여서는 아니되고 그 상표를 사용하고자 하는 '상품 또는 서비스업'까지 특정하여야 한다는 것이다. 마찬가지로, 상표권자가 보유하는 상표권의 효력이 미치는 범위는 등록'상표'와 그 등록상표의 지정'상품' 또는 지정'서비스업' 모두를 고려하여 정해진다는 것 역시 주의하여야 한다. 출원상표나 등록상표에 있어서 '상표'는 그 상표에 대한 지정'상품' 또는 지정'서비스업'과 밀접불가분의 관계에 있다.

나. 심사관의 심사 및 상표권의 발생

심사관은 상표등록출원에 거절이유가 있는지 여부를 심사한다. 심사관은 만일 거절이유가 있다고 판단되면 상표등록출원인에게 거절이유를 통지하거나(상표법 제55조) 거절결정을 하지만(상표법 제54조), 만일 거절이유가 없다고 판단되면 바로 '등록결정'을 하는 것이 아니라 먼저 '출원공고결정'부터 한다(상표법 제57조 제1항).[107]

106) 구 상표법(2016. 2. 29. 법률 제14033호로 전부개정되기 전의 것)은 '상품'의 출처표시를 "상표"라 부르고, '서비스(영업)'의 출처표시를 "서비스표"라 불렀다.
107) 출원공고결정을 생략하는 예외적인 경우도 있으나, 이에 대한 논의는 생략한다.

출원공고 제도는 특허법이나 디자인보호법에는 없는 제도인데, 출원공고가 있는 경우에는 누구든지 출원공고일부터 2개월 내에 해당 상표등록출원이 등록되어서는 아니 된다는 취지의 이의신청을 할 수 있다(상표법 제60조 제1항). 만일 누구도 위 2개월 내에 이의신청을 하지 않았다면, 심사관은 출원공고 후 거절이유를 발견하지 않은 이상 등록결정을 하게 된다(상표법 제68조). 한편 만일 누군가가 위 2개월 내에 이의신청을 하였다면, 심사관 합의체는 그 이의신청이 이유 있고 해당 상표등록출원에 거절이유가 있다고 판단될 경우에는 등록결정을 하고, 그 이의신청이 이유 없으며 해당 상표등록출원에 거절이유가 없다고 판단될 경우에는 거절결정을 한다.

등록결정이 있은 이후 상표등록출원인이 등록료를 납부하면, 특허청장은 위 출원상표를 설정등록하고(상표법 제80조 제1항), 상표권은 그 설정등록에 의하여 발생하는데(상표법 제82조 제1항), 이때부터 '출원상표'를 '등록상표'라고 부르는 것이다.

한편, 상표법에는 특허법이나 디자인보호법에서의 법리와 구별되는 상표법 고유의 법리가 있으므로, 이하에서는 상표등록출원의 등록요건 즉, '상표권의 발생요건'과 관련하여 주의하여야 할 사항을 살펴보고자 한다.

2. 상표의 개념

상표법상 상표란, 자기의 상품(지리적 표시가 사용되는 상품의 경우를 제외하고는 서비스 또는 서비스의 제공에 관련된 물건을 포함한다. 이하 같다)과 타인의 상품을 식별하기 위하여 사용하는 표장(標章)을 말한다(상표법 제2조 제1호). 여기서 '표장'이란 기호, 문자, 도형, 소리, 냄새, 입체적 형상, 홀로그램·동작 또는 색채 등으로서 그 구성이나 표현방식에 상관없이 상품의 출처(出處)를 나타내기 위하여 사용하는 모든 표시를 말한다(상표법 제2조 제2호). 따라서 소리상표, 냄새상표 등 시각적으로 인식할 수 없는 상표도 일정한 요건을 충족하는 경우 등록이 될 수 있다.

3. 상표등록출원의 등록요건

상표등록출원의 등록요건은 특허출원의 등록요건 또는 디자인출원의 등록요건과는 많이 다르다. 가장 대표적인 등록요건만 살펴보면 아래와 같다.

가. 출원상표 자체가 갖추어야 할 요건(식별력)

위에서 살펴본 바와 같이 상표는 상품에 대한 출처표시나 영업(서비스업)에 대한 출처표시를 말하므로, 출원상표는 출처표시로서의 기능 즉, 식별력을 가져야만 등록될 수 있다. 예를 들어, 甲이 사과에 "맛있는 사과"란 상표를 사용하겠다며 〈상표: "맛있는 사과", 지정상품: 사과〉를 출원한 경우 등록받을 수 있을까? 누구나 사과에 그와 같은 상표를 사용하고 싶어 하고, 그 상표를 접한 일반수요자는 '사과가 정말 맛있을까?'란 생각을 할 수는 있어도 그 사과의 판매출처를 인식하기는 어려우므로, 어느 모로 보나 위 예로 든 상표는 식별력이 없다. 따라서 위 예로 든 상표출원은 등록될 수 없을 것이다.

상표법은 제33조 제1항 내지 제7항에서 위와 같이 '식별력' 없는 상표의 유형을 나열하고 있다. 보통명칭(제1항), 관용표장(제2항), 기술(記述)적 표장(제3호), 현저한 지리적 명칭(제4호), 흔히 있는 성 또는 명칭(제5호), 간단하고 흔한 표장(제6호) 및 기타 식별력 없는 상표(제7호)가 바로 그것이다.

상표법 제33조 제1항 각 호에 해당하는지 여부에 대한 판단기준시는 언제인가? 상표등록출원시가 아니라, 상표등록 여부 결정시(즉, 등록결정시, 거절결정시 또는 거절결정 불복에 대한 심결시)라는데 주의하여야 한다(대법원 2012. 4. 13. 선고 2011후1142 판결 참조).

나. 출원상표가 다른 상표와의 관계에서 갖추어야 할 요건

1) 다른 상표가 타인의 출원상표 내지 등록상표인 경우

타인의 선출원 등록상표와 동일 또는 유사하고 그 선출원 등록상표의 지정상품과 동일 또는 유사한 상품을 지정상품으로 한 출원상표는 등록될 수 없다(상표법 제34조 제1항 제7호). 여기에서 선출원 등록상표란 출원일이 앞서는 등록상표를 의미한다.[108)]

한편, 타인의 선출원상표와 동일 또는 유사하고 그 선출원상표의 지정상품과 동일 또는 유사한 상품을 지정상품으로 한 출원상표 역시 등록될 수가 없다(상표법 제35조 제1항).[109)]

위 두 규정 모두 '상표등록 여부 결정시'를 기준으로 판단한다. 상표등록 여부 결정시에, 타인의 선출원이 계속 중이라면 상표법 제35조 제1항을 적용하고, 상표등록되어 있다면 같은 법 제34조 제1항 제7호를 적용한다.

2) 다른 상표가 타인의 유명 선사용상표인 경우

• 상표법 제34조 제1항 제9호

타인의 주지상표와 동일 또는 유사하고 그 지정상품 또한 주지상표가 사용된 상품과 동일 또는 유사한 출원상표는 등록될 수

108) 다만, 이런 등록요건에 위배되어 등록된 하자 있는 등록상표라 하더라도, 그에 대한 무효심판청구는 등록일로부터 5년 내에만 할 수 있다(상표법 제122조 제1항).
109) 다만, 이런 등록요건에 위배되어 등록된 하자 있는 등록상표라 하더라도, 그에 대한 무효심판청구는 등록일로부터 5년 내에만 할 수 있다(상표법 제122조 제1항).

없다(상표법 제34조 제1항 제9호). 상표법 제34조 제1항 제9호의 판단기준시는 상표등록 여부 결정시이다.[110)]

- 상표법 제34조 제1항 제11호 전단

  저명상표를 사용하는 타인의 상품이나 영업과 혼동을 일으키게 할 염려가 있는 출원상표는 등록될 수 없다(상표법 제34조 제1항 제11호 전단). 저명상표는 주지상표보다도 인지도가 높은 상표로서, 그 상표가 사용되는 상품(또는 서비스업)에 대한 거래관계자 이외에 일반 공중의 대부분에까지 널리 알려진 상표이다. 이러한 저명상표의 특성을 감안하여 판례는 저명상표와 동일·유사한 출원상표에는 물론이고 비유사[111)]한 출원상표에까지 본호 전단을 적용하고, 저명상표가 사용된 상품과 동일·유사한 상품에는 물론이고 비유사[112)]한 상품에까지 본호 전단을 적용한다.

  상표법 제34조 제1항 제11호 전단의 판단기준시는 '출원시'이지만(상표법 제34조 제2항 단서), 저명상표가 타인의 상표인지 여

---

110) 다만, 이런 등록요건에 위배되어 등록된 하자 있는 등록상표라 하더라도, 그에 대한 무효심판청구는 등록일로부터 5년 내에만 할 수 있다(상표법 제122조 제1항).

111) 출원상표 자체로서는 저명상표와 유사하지 않다 하더라도, 양 상표의 구성이나 관념 등을 비교하여 볼 때 타인의 저명상표 또는 그 상품 등이 쉽게 연상되거나 타인의 저명상표 또는 그 상품과 밀접한 관련성이 있는 것으로 인정되어 상품의 출처에 오인·혼동을 일으키는 출원상표는 등록될 수 없다(대법원 2002. 5. 28. 선고 2001후2870 판결, 2004. 4. 27. 선고 2002후1850 판결 등 참조).

112) 선사용상표가 사용상품에 대한 관계거래자 이외에 일반 공중의 대부분에까지 널리 알려지게 됨으로써 저명성을 획득하게 되면, 그 상표를 주지시킨 상품 또는 그와 유사한 상품뿐만 아니라 이와 다른 종류의 상품이라고 할지라도 상품의 용도 및 판매거래의 상황 등에 따라 저명상표권자나 그와 특수한 관계에 있는 자에 의하여 생산 또는 판매되는 것으로 인식될 수 있고, 그 경우에는 어떤 상표가 선사용상표의 사용상품과 다른 상품에 사용되더라도 수요자로 하여금 상품의 출처를 오인·혼동하게 하여 수요자를 기만할 염려가 있다(대법원 2015. 10. 15. 선고 2013후1207 판결).

부에 대한 판단기준시는 상표등록 여부 결정시(상표법 제34조 제2항 본문)인 것에 주의하여야 한다.

- 상표법 제34조 제1항 제11호 후단

저명상표의 식별력 또는 명성을 손상시킬 염려가 있는 출원상표 즉, 저명상표에 대한 이른바 희석화(dilution)의 염려가 있는 출원상표는 등록될 수가 없다(상표법 제34조 제1항 제11호 후단). 한편, 상표법 제34조 제1항 제11호 후단의 판단기준시는 같은 호 전단에 관한 판단기준시와 같다.

- 상표법 제34조 제1항 제12호 후단

상표법 제34조 제1항 제12호 후단에 관한 판례에 따르면, 특정인의 상표라고 인식된 타인의 상표[113]와 동일하거나 유사하며 수요자를 기만할 염려가 있는 출원상표는 등록될 수 없다. 이때 출원상표의 지정상품과 선사용상표의 사용상품이 서로 동일 또는 유사하여야 하는 것이 원칙이지만, 양 상품의 경제적 견련관계 등을 고려할 때 출처의 오인·혼동이 발생할 염려가 있다면 양 상품이 서로 비유사하다 하더라도 무방하다.[114] 한

113) 반드시 주지 또는 저명하여야 하는 것은 아니지만 적어도 국내의 일반거래에 있어서 수요자나 거래자에게 그 상표나 상품이라고 하면 곧 특정인의 상표나 상품이라고 인식될 수 있을 정도로는 알려져 있어야 하고, 여기서 말하는 특정인의 상표나 상품이라고 인식된다고 하는 것은 기존의 상표에 관한 권리자의 명칭이 구체적으로 알려져야 하는 것은 아니며, 누구인지 알 수 없다고 하더라도 동일하고 일관된 출처로 인식될 수 있으면 충분하다(대법원 2007. 6. 28. 선고 2006후3113 판결, 1997. 3. 14. 선고 96후412 판결 등 참조).

114) "어떤 상표가 구 상표법(2016. 2. 29. 법률 제14033호로 전부 개정되기 전의 것) 제7조 제1항 제11호에서 규정하고 있는 수요자를 기만할 염려가 있는 상표에 해당하려면, 등록상표나 지정상품과 대비되는 선사용상표나 사용상품이 반드시 저명하여야 할 필요까지는 없지만, 국내 수요자에게 상표나 상품이라고 하면 곧 특정인의 상표나 상품이라고 인식될 수 있을 정도로는 알려져 있어야 한다. 이러한 경우 선사용상표와 동일·유사한 상표가 사용상품과 동일·유사한 상품에 사용되고

편, 상표법 제34조 제1항 제12호 후단의 판단기준시는 상표등록 여부 결정시이다(상표법 제34조 제2항).

• 상표법 제34조 제1항 제13호

'국내 또는 외국'에서 '특정인의 상표로 알려져 있는' 상표와 동일 또는 유사한 상표로서 부당한 이익을 얻으려 하거나 그 특정인에게 손해를 입히려고 하는 등 '부정한 목적'으로 사용하기 위한 출원상표는 등록될 수 없다(상표법 제34조 제1항 제13호). 여기에서, 특정인의 상표로 알려져 있는 상표의 인지도는 주지 또는 저명에 이르지 못한 정도인데, 이와 관련하여 대법원은 상표법 제34조 제1항 제12호 후단에서보다 완화된 기준을 적용하는 것으로 보인다.[115]

실무에서 주로 문제되는 것은 부정한 목적이 있는지 여부이다. 부정한 목적이 있는지를 판단할 때는 모방대상상표의 인지도나 창작의 정도, 출원상표(등록상표)와 모방대상상표의 동일·유사 정도, 출원상표(등록상표)의 출원인과 모방대상상표의 권리자 사이에 상표를 둘러싼 교섭의 유무 및 내용, 기타 양 당사자의 관계, 출원상표(등록상표)의 출원인이 출원상표(등

있거나 또는 어떤 상표가 선사용상표와 동일·유사하고, 선사용상표의 구체적인 사용실태나 양 상표가 사용되는 상품 사이의 경제적인 견련의 정도 기타 일반적인 거래실정 등에 비추어, 상표가 선사용상표의 사용상품과 동일·유사한 상품에 사용된 경우에 못지않을 정도로 선사용상표의 권리자에 의하여 사용되고 있다고 오인될 만한 특별한 사정이 있어야만 수요자로 하여금 출처의 오인·혼동을 일으켜 수요자를 기만할 염려가 있다고 볼 수 있다(대법원 2017. 1. 12. 선고 2014후1921 판결)."

115) 정태호, 「상표법 제7조 제1항 제12호에서의 '외국'에서 특정인의 상품출처로서 인식될 정도의 판단에 관한 고찰-대법원 판례의 해석을 중심으로」, 법학논총 22집 2호, 조선대학교 법학연구소(2015), p.130~131 참조; 특허법원 지적재산소송실무연구회, 「지적재산 소송실무」, 박영사(2019), p.870 재인용

록상표)를 이용하는 사업을 구체적으로 준비하였는지 여부, 출원상표(등록상표)와 모방대상상표의 지정상품 간의 동일·유사 내지 경제적인 견련성의 유무, 거래실정 등을 종합적으로 고려하여야 한다(대법원 2013. 5. 9. 선고 2011후3896 판결 등). 출원상표(등록상표)의 지정상품과 모방대상상표의 사용상품의 동일·유사 여부 자체는 출원상표(등록상표)가 상표법 제34조 제1항 제13호에 해당하기 위한 요건이 아니라, '부정한 목적'의 유무 여부를 판단하기 위한 고려대상 중 하나일 뿐이다.

상표법 제34조 제1항 제13호의 판단기준시는 출원시이지만(상표법 제34조 제2항 단서), 모방대상상표가 타인의 상표인지 여부에 대한 판단기준시는 상표등록 여부 결정시(상표법 제34조 제2항 본문)인 것에 주의하여야 한다.

상표법 제34조 제1항 제13호 소정의 무효사유는 매우 흔한 무효사유 중 하나라 할 수 있는데, 위 조항과 관련하여 가장 중요한 쟁점인 '부정한 목적'의 유무 여부가 문제된 사례 중 저자가 수행한 흥미로운 사례를 하나 소개한다.

[사건의 경위]

(1) 甲은 2013. 12. 3. "FLUKE"라는 상표(이하 '이 사건 출원상표'라 합니다)를 의류 판매대행업 등을 지정서비스업으로 지정하여 출원하였다.

(2) 특허청은 2014. 6. 23. 「이 사건 출원상표는 乙이 오래 전부터 전기계량기 등에 사용하여 유명해진 선사용상표 "FLUKE"와 동일하거나 유사한 표장으로서, 이를 지정서비스업에 사용할 경우 서비스업의 품질에 대한 오인·혼동을 유발하여 일반수요자를 기만할 염려가 있으며, 나아가 '부당한 목적'을 가지고 한 출원으로 추정되므로, 구 상표법 제7조 제1항 제12호(現 상표법 제34조 제1항 제13호)에 의해 등록받을 수 없다」라는 내용의 거절이유통지를 하였다.

(3) 끝내 甲은 심사관이 지적한 거절이유를 극복하지 못하였고, 특허청은 2014. 12. 23. 이 사건 출원상표에 대한 거절결정을 하였다.

(4) 甲은 위 거절결정에 대하여 불복심판을 청구하였고, 특허심판원은 2015. 9. 11. 위 거절결정불복심판청구를 기각하는 심결(이하 '이 사건 심결'이라 한다)을 하였다. 이 사건 심결은, 선사용상표가 유명한 사정, 이 사건 출원상표가 선사용상표와 유사한 정도를 넘어 동일한 사정, 'Fluke'는 '요행(수), (창 · 줄 · 화살 등의) 미늘(barb), 달걀 모양의 감자' 등의 의미가 있어 우리나라의 영어 보급 수준에 비추어 볼 때 난이도가 높은 단어임에도 불구하고 甲이 이미 국내에서 등록된 선사용상표의 존재를 모르고 우연히 이 사건 출원상표를 선택한 것이라고 보기 어려운 사정 등을 근거로, 甲의 부정한 목적을 인정하였다.

(5) 이러한 상황에서 저자는 甲을 대리하여 특허법원에 이 사건 심결의 취소를 구하는 소를 제기하였다.

[소송전략]

위에서 본 바와 같이, 판례가 '부정한 목적'의 유무 여부를 판단할 때 고려하여야 하는 요소들[116]을 설시하였지만, 저자는 특허법원에서 '그 요소들에 해당하는 다른 사정들'만 주장하여서는 승소 가능성이 높지 않다고 생각하였다. 판례가 설시한 위 요소들 모두 '甲이 진정 어떠한 경위로 이 사건 출원상표를 선택하고 출원하였는지'를 추단케 하는 간접사실들에 불과하다 할 것인바, 저자는 甲에 대한 증인신문 등을 통해 이 부분의 입증에 주력하였고, 그 결과 특허청의 거절이유통지와 거절결정 및 특허심판원의 기각심결로 이어져 온 부정적인 판단의 고리를 끊고 특허법원에서 승소를 할 수 있었다.

---

116) 모방대상상표의 인지도나 창작의 정도, 출원상표(등록상표)와 모방대상상표의 동일 · 유사 정도, 출원상표(등록상표)의 출원인과 모방대상상표의 권리자 사이에 상표를 둘러싼 교섭의 유무 및 내용, 기타 양 당사자의 관계, 출원상표(등록상표)의 출원인이 출원상표(등록상표)를 이용하는 사업을 구체적으로 준비하였는지 여부, 출원상표(등록상표)와 모방대상상표의 지정상품 간의 동일 · 유사 내지 경제적인 견련성의 유무, 거래실정 등(대법원 2013. 5. 9. 선고 2011후3896 판결 등)

아래에서 볼 특허법원의 설시 이유 1)~3) 중 주목해야 할 이유는 저자가 위 증인신문 등을 통해 특허법원에서 처음 입증한 2)번 이유라 생각된다. 이러한 2)번 이유를 법원이 받아들이면서 1)번, 3)번 이유 또한 판시에 포함된 것으로 보이기 때문이다.

[특허법원의 판단(특허법원 2016. 2. 16. 선고 2015허6558 판결[117])]

특허법원은, 다음과 같은 이유를 들어 甲에게 구 상표법 제7조 제1항 제12호(現 상표법 제34조 제1항 제13호) 소정의 부정한 목적이 없다고 판단하였다.

1) 선사용상표 "FLUKE"는 '요행(수)' 등의 의미를 지닌 영어단어로서, 국내 영어 보급수준에 비추어 누구나 알고 있는 쉬운 단어라고 할 수는 없지만, 미국에서는 테니스, 골프 등 스포츠 분야의 속어로서 '잘못되어 들어간 볼, 우연히 들어간 볼'의 뜻으로 사용되고 있으며, 이에 따라 이 사건 출원상표의 출원 당시 국내에서도 당구, 탁구, 골프 등의 여러 스포츠 분야에서 사적인 대화에서는 물론, 언론 매체에서까지 "fluke" 또는 그 일본어식 음역인 "후루꾸"라는 형태로 '요행수' 또는 '운 좋은'이라는 의미로 널리 사용되고 있었다.
2) <u>한편, 이 사건 출원상표를 최초로 출원하였던 甲은 1999년경 홍익대학교 부근에서 의류사업을 시작하였고, 2007년경 '와○○○'라는 상호로 사업자등록을 마친 뒤에 본격적으로 의류사업을 영위하게 되었는데, 그 무렵 고등학교 영어교사인 친구와 탁구를 치다가 탁구공이 탁구대의 모서리 끝에 맞아 우연히 득점한 상황에서 '후루꾸'라는 단어의 어원에 관하여 대화를 나누던 중 친구로부터 "후루꾸"가 '요행수' 등의 뜻을 지닌 영어단어 "fluke"의 일본식 표현이라는 설명을 듣고는 '와○○○의 의류는 합리적인 가격대로 판매되는 좋은 품질의 물건이므로, 이를 구매하는 고객은 행운을 가진 것'이라는 생각에 와○○○를 통하여 출시하는 의류 제품에 "FLUKE"라는 브랜드를 사용하게 되었다</u>.

(중략)

117) 원·피고 모두 상고하지 않아 확정되었음.

3) 이 사건 출원상표와 선사용상표 모두 "FLUKE"라는 영어단어로 이루어져 있다는 점에서는 일치하나, "FLUKE" 자체가 선사용상표의 권리자가 새롭게 창작하거나 조합에 의하여 생성한 조어표장이 아니라, 원래 사전에 수록되어 있고 실제 생활에서도 사용되고 있는 영어단어인 관계로 선사용상표의 존재 여부와 관계없이 얼마든지 "FLUKE"를 상표로 선택할 수 있는 것이고, 이 사건 출원상표에 선사용상표에서 채용한 특징적인 색상 내지 도안이 부가되어 있지도 아니하여, 이 사건 출원상표가 반드시 선사용상표를 모방한 것이라고 단정할 수도 없다.

한편, 특허법원에서 특허청장은 "甲이 이 사건 출원상표의 출원 전인 2011년경 "FLUKE" 상표에 대한 출원을 하였다가, 선사용상표 "FLUKE"의 존재로 인하여 그 등록이 거절된 바 있어 선사용상표의 존재를 잘 알고 있었음에도, 다시 이 사건 출원상표를 출원한 것은 부정한 목적에 의한 것"이라는 반박을 하였다.

이에 대해, 특허법원은 '甲이 이미 2008년경부터 선사용상표의 존재 여부를 알지 못한 채 자신의 의류사업에 "FLUKE" 브랜드를 채택하여 사용하기 시작한 사정 등'을 근거로 특허청장의 위 반박을 배척하였다.

• 소결론(대비)

위 규정마다 법률과 판례가 요구하는 선사용상표의 인지도를 정리하여 보면, 각 규정은 아래 표의 음영처리된 영역의 인지도를 요구한다.

∧ 규정 ∨					
	9호				
	11호 전단				
	11호 후단				
	12호 후단				
	13호				
·		유명하지 않음	주지보다 덜 유명	주지	저명
		〈 인 지 도 〉			

또한 위 규정마다 출원상표(등록상표)와 선사용상표의 동일 · 유사 여부, 그 지정상품 간의 동일 · 유사 여부가 출원상표(등록상표)가 그 규정에 해당하기 위한 요건인지 여부를 정리하여 보면, 아래 표와 같다.

		상표의 동일 · 유사가 반드시 필요한가?	상품의 동일 · 유사가 반드시 필요한가?
<규정>	9호	○	○
	11호 전단	× (비유사 상표 간에도 적용 가능)	× (비유사 상품 간에도 적용 가능)
	11호 후단	× (다툼 있음)[118)]	× (고려대상이 아님)
	12호 후단	○	× (비유사 상품 간에도 적용 가능)
	13호	○	× (단, 부정한 목적의 유무 여부를 판단하기 위한 고려대상 중 하나임)

4. 등록요건의 충족 여부가 문제될 때 검토하여야 할 사항

가. 상품(서비스업)의 동일 · 유사

1) 상품 또는 서비스업의 동일 여부에 대한 판단기준

실무에서는 주로 아래에서 살펴볼 '불사용취소심판' 사건에서 상품의 동일 여부가 문제된다. 불사용취소심판 사건에서 거래사회의 통념상 '동일'성 있는 상품인지 여부는 양 상품의 품질 · 용도 · 형상 · 사용방법 · 유통 경로 및 공급자와 수요자 등 상품의 속성과 거래실정을 종합적으로 고려하여 객관적으로 판단해야 한다(대법원 2008. 5. 29. 선고 2006후2967 판결, 2009. 7. 23. 선고 2007후4434 판결 등).

118) 특허법원 지적재산소송 실무연구회, 「지적재산 소송실무」, 박영사(2019), p.843 각주 58

마찬가지로, 불사용취소심판 사건에서 상표권자가 등록상표의 지정서비스업과 동일한 영업에 등록상표를 사용하였는지 여부를 판단할 때는, 양 서비스의 목적과 성질은 물론이고 구체적 거래실정 등 거래사회의 통념을 고려하여야 한다(대법원 2007. 6. 14. 선고 2005후1905 판결[119] 참조).

---

119) 원심은 피고의 이 사건 등록서비스표 "(생략)"(등록번호 제22812호)가 그 지정서비스업 중 '뉴스공급업'에 사용되었는지에 관하여 판단함에 있어서, 통계청장이 고시한 한국표준산업분류에서 뉴스제공업이란 신문 또는 정기 간행물의 발행사, 방송사, 정보제공업자 등에 뉴스리포터, 뉴스사진 등을 공급하는 산업활동을 말하되, 그 사업체의 일상적인 활동으로 수행되는 뉴스제공, 신문 등의 판매활동은 제외하고 있고, 이 사건 뉴스공급업에서의 뉴스란 '새로운 일이나 아직 일반에 알려지지 않은 일 또는 소식'이라 할 것이므로 어느 정도 시사성이 있어야 한다는 점을 전제로 한 다음, 피고가 그 월간 잡지인 '자동차생활'에 기사를 게재하는 것이나, 피고의 자회사인 주식회사 카라이프넷(원심 판시 소외 회사, 이하 '소외 회사'라고만 한다)이 그 인터넷 사이트에 피고로부터 제공받은 기사를 등록하는 행위는 물론 피고가 월간 잡지 '자동차생활'의 발행을 위하여 취재 내지 편집한 기사를 잡지 발행 이후에 제공한 것은 시사성이 없다는 이유로 피고가 소외 회사에 기사를 제공한 행위도 모두 뉴스공급업을 영위한 것이 아니라고 판단하였다.

그러나 상표법 제73조 제1항 제3호에서 규정하는 불사용으로 인한 등록취소심판 사건에서 지정서비스업은 그 서비스의 목적, 성질은 물론 구체적 거래실정 등 거래사회의 통념에 따라 해석·판단하여야 하는바, 이 법리와 사전적 의미의 '뉴스'에는 '(TV·라디오 등 매스컴의) 뉴스, (새로운 사건의) 보도' 외 '정보, 기사' 등도 포함되는 점, 뉴스통신진흥에 관한 법률 제2조에서는 뉴스분야를 정치, 사회, 시사분야 외 문화 분야까지 인정하고 있는 한편 기사발생의 시기를 한정하거나 다른 곳에 게재하였던 것은 제외한다는 등의 제한규정을 두고 있지 아니한 점, 또한 기록에 나타난 다음과 같은 구체적 사정, 즉 이 사건에 있어서 피고는 1984년경부터 자동차관련 정보 등을 전달하는 월간 잡지 '자동차생활'을 발행·판매하여 오면서 2000. 7. 18.경 그에 관한 것을 온라인상으로도 대량 보급·활성화하기 위하여 소프트웨어개발, 정보처리 및 정보제공업 등을 주된 사업목적으로 하는 소외 회사를 자회사로 설립한 다음 2001. 4.경 소외 회사와 사이에서 피고의 '자동차생활' 월간 잡지에 게재되었던 자동차관련 기사 등을 매달 정기적으로 제공하는 것에 관한 콘텐츠 제공 및 관련 인터넷 사이트 http://www.carlife.net/에 관한 양도계약을 체결(이하 '이 사건 계약'이라 한다)하고 이에 따라 실제적으로 피고의 '자동차생활'지에 게재되거나 게재하려고 편집해 둔 기사를 소외 회사에 대하여 제공해 온 점, 소외 회사는 이 사건 계약 당시 양수한 인터넷 사이트에 그와 같이 제공받은 기사 등을 올리면서 당해 기사의 머리 부분과 말미에 '자동차생활, Carlife'를 기재하여

2) 상품의 유사 여부에 대한 판단기준

상품의 유사 여부는, 대비되는 상품에 동일 또는 유사한 상표를 사용할 경우 동일 업체에 의하여 제조 또는 판매되는 상품으로 오인될 염려가 있는가 여부를 기준으로 하여 판단하되, 상품 자체의 속성인 품질, 형상, 용도와 생산 부문, 판매 부문, 수요자의 범위 등 거래의 실정을 종합적으로 고려하여 일반거래의 통념에 따라 판단하여야 한다(대법원 2000. 7. 28. 선고 98후850 판결, 2004. 7. 22. 선고 2003후144 판결 참조).

3) 서비스업의 유사 여부에 대한 판단기준

서비스업의 유사 여부는 제공되는 서비스의 성질이나 내용, 제공수단, 제공 장소, 서비스업의 제공자 및 수요자의 범위 등 거래실정을 종합적으로 고려하여 일반거래의 통념에 따라 판단하여야 한다(대법원 2002. 7. 12. 선고 2000후2156 판결, 2002. 7. 26. 선고 2002후673 판결 참조).

4) 상품과 서비스업의 유사 여부에 대한 판단기준

상품과 서비스업의 유사를 인정할 때에는 상품 간의 유사 또는 서비스업 간의 유사를 인정할 때보다 신중하여야 한다. 상품의 속

기사 제공의 출처가 피고라는 점을 명확히 해 온 점, 또한 피고는 소외 회사로 하여금 피고의 월간지 자동차생활 등의 홍보를 위하여 최선을 다하도록 계약상 의무를 부과하고 제공기사의 저작자는 피고로 하되 대외적으로 이를 판매함에 있어서는 소외 회사의 이름으로 할 수 있도록 약정하고, 그로 인한 이익금은 매 분기말에 그 중 30%를 피고가 배당받기로 약정한 점, 소외 회사는 실제로 이 사건 계약에 따라 그 계약체결일인 2001. 4.경부터 이 사건 심판청구일 직전인 2003. 1.경까지 다수의 제3자들에게 피고로부터 제공받은 기사 등을 유상으로 판매하여 온 점 등을 모두 종합하여 보면, 적어도 피고가 소외 회사에 대하여 피고의 자동차생활 잡지에 게재된 기사 등을 매달 반복하여 제공해 온 행위는 이 사건 지정서비스업인 뉴스공급업을 영위한 것에 해당된다고 보아야 할 것이다(대법원 2007. 6. 14. 선고 2005후1905 판결).

성이나 영역과 서비스업의 속성이나 영역이 서로 엄연히 구분되어 있는데, 이를 무시하고 상품 간의 유사 여부나 서비스업 간의 유사 여부를 판단할 때처럼 상품과 서비스업의 유사 여부를 판단하는 것은 부적절하기 때문이다.

이러한 사정을 감안하여, 판례는 상품과 서비스업의 유사 여부에 관한 판단기준과 관련하여 "상표는 상품 그 자체를, 서비스표[120]는 서비스의 출처를 식별시키기 위한 표장으로서 각자 수행하는 기능이 다르므로 상품과 서비스업 사이의 동종·유사성을 지나치게 광범위하게 인정하여서는 아니 되고, 따라서 상품과 서비스 사이의 동종·유사성은 서비스와 상품 간의 밀접한 관계 유무, 상품의 제조·판매와 서비스의 제공이 동일 사업자에 의하여 이루어지는 것이 일반적인가, 그리고 일반인이 그와 같이 생각하는 것이 당연하다고 인정되는가, 상품과 서비스의 용도가 일치하는가, 상품의 판매장소와 서비스의 제공장소가 일치하는가, 수요자의 범위가 일치하는가, 유사한 표장을 사용할 경우 출처의 혼동을 초래할 우려가 있는가 하는 점 등을 따져 보아 거래사회의 통념에 따라 이를 인정하여야 한다(대법원 2006. 7. 28. 선고 2004후1304 판결)."라고 판시한 바 있다.

나. 상표의 동일·유사

1) 상표의 동일 여부에 대한 판단기준

실무에서는 주로 아래에서 살펴볼 '불사용취소심판' 사건에서 상표의 동일 여부가 문제된다.

불사용취소심판 사건에서, 판례는 "동일한 상표에는 등록상표 그 자체뿐만 아니라 '거래통념상 등록상표와 동일하게 볼 수 있는 형태의

---

120) 현행 상표법에서는 "상표"라 부른다.

상표'도 포함된다(대법원 2013. 9. 26. 선고 2012후2463 전원합의체 판결)."라고 판시한 바 있다.

2) 상표의 유사 여부에 대한 판단기준

• 판단기준

상표의 유사 여부는 동종의 상품에 사용되는 두 개의 상표를 그 외관, 호칭, 관념 등을 객관적·전체적·이격적으로 관찰하여 일반수요자나 거래자가 상표에 대하여 느끼는 직관적 인식을 기준으로 하여 그 어느 한 가지에 있어서라도 '거래상 상품의 출처에 관하여 오인·혼동을 초래할 우려가 있는지의 여부'에 의하여 판단한다. 외관, 호칭, 관념 중 어느 하나가 유사하다 하더라도 다른 점도 고려할 때 전체로서는 명확히 출처의 혼동을 피할 수 있는 경우에는 유사상표라고 할 수 없으나, 반대로 서로 다른 부분이 있어도 그 호칭 또는 관념이 유사하여 일반수요자가 오인·혼동하기 쉬운 경우에는 유사상표라고 보아야 한다(대법원 2008. 10. 9. 선고 2008후1395 판결, 2012. 1. 26. 선고 2011후1876 판결 등).

한편, 상표의 유사 여부 판단 시 구체적인 거래실정을 감안해야 하는가? 대비되는 상표가 거래상 실제로 사용되고 있는 실정 또는 지정상품의 주된 수요자의 인식 등을 고려하면 상표의 외관·호칭·관념의 추상적·일반적인 유사 또는 비유사에도 불구하고 구체적인 오인·혼동의 염려가 없거나 있는 경우 구체적인 오인·혼동의 염려 유무 여부를 기준으로 상표의 유사 여부를 판단하는 것[121]이 현재 대법원 판례의 경향으로 보인

121) 대법원 2011. 12. 27. 선고 2010다20778 판결, 2010. 12. 9. 선고 2009후4193 판결 등 참조

다.[122)]

• 전체관찰을 통한 오인·혼동 여부 판단(원칙)

상표의 유사 여부를 판단할 때는 비교대상인 두 상표의 전체 대 전체를 대비하는 이른바 '전체관찰'을 해야 하는 것이 원칙이나, 실무에서는 아래에서 살펴보는 '분리관찰' 내지 '요부관찰'을 하는 경우를 흔하게 접할 수 있다.

• 분리관찰을 통한 오인·혼동 여부 판단(예외)

상표는 때로는 그 구성부분들 전체에 의하여 호칭, 관념되지 않고, 그 구성부분들 중 일부만에 의하여 호칭, 관념될 수 있는데, 이러한 일부 구성부분의 호칭이나 관념이 타인의 상표의 그것과 동일하거나 유사하더라도 전체적으로 관찰할 때는 양 상표가 출처혼동의 염려가 있는 유사한 상표일 수 있다. 이와 같이 전체관찰에 대한 수정으로서 각 구성부분을 분리하여 상표의 유사 여부를 판단하는 것을 '분리관찰'이라고 한다.

구체적으로, 판례는 "문자와 문자 또는 문자와 도형의 각 구성부분이 결합된 결합상표는 반드시 그 구성부분 전체에 의하여 호칭, 관념되는 것이 아니라 각 구성부분이 분리관찰되면 거래상 자연스럽지 못하다고 여겨질 정도로 불가분적으로 결합되어 있는 것이 아닌 한 그 구성부분 중 일부만에 의하여 간략하게 호칭, 관념될 수도 있는 것이고, 또 하나의 상표에서 두 개 이상의 칭호나 관념을 생각할 수 있는 경우에 그중 하나의 칭호, 관념이 타인의 상표와 동일 또는 유사하다고 인정될 때에는 두 상표는 유사하다고 할 것이다(대법원 1995. 5. 12. 선고 94후1824 판결)."라고 판시한 바 있다.

---

122) 특허법원 지적재산소송 실무연구회, 「지적재산 소송실무」, 박영사(2019), p.982~983

• 요부관찰을 통한 오인 · 혼동 여부 판단(예외)

상표 중에 일반수요자에게 그 상표에 관한 인상을 심어주거나 기억 · 연상을 하게 함으로써 그 부분만으로 독립하여 상품의 출처표시기능을 수행하는 부분, 즉 요부가 있는 경우 적절한 전체관찰의 결론을 유도하기 위해서는 요부를 가지고 상표의 유사 여부를 대비 · 판단하는 것이 필요하다. 한편, 상표의 구성 부분 중 식별력이 없거나 미약한 부분은 요부가 된다고 할 수 없다(대법원 2018. 3. 29. 선고 2017후2697 판결 등).

상표에서 요부라고 할 수 있는 '식별력 있는 부분'은 어느 시점을 기준으로 정해지는가? 경우를 나누어 살펴볼 필요가 있다. 우선, 상표등록출원된 출원상표가 등록을 받을 수 있는지 여부 또는 등록상표에 무효사유가 있는지 여부가 문제되는 사건에서는 '상표등록 여부 결정시(예를 들어, 등록결정시, 거절결정시 또는 거절결정불복에 대한 심결시)'를 기준으로 식별력 있는 부분이 요부가 될 것이다.[123]

반면, '상표권의 침해 여부' 또는 '乙이 사용한 확인대상표장이 상표권자 甲이 보유한 상표권의 권리범위에 속하는지 여부'가 문제되는 상표권침해소송이나, 권리범위확인심판에서는 '심결시(권리범위확인사건의 경우)'[124], '침해 여부 판단 기준시(손해배상청구의 경우)'[125] 또는 '사실심 변론종결시(침해금지청구의 경우)'이다.[126]

---

123) 특허법원 지적재산소송 실무연구회, 「지적재산 소송실무」, 박영사(2019), p.745~ 746
124) 대법원 2014. 3. 20. 선고 2011후3698 전원합의체 판결
125) 다만, 상표권 침해를 이유로 한 손해배상청구사건에서 '등록상표가 보통명칭화 되었는지 여부'를 판단하는 기준 시기는 사실심 변론종결시이다(대법원 2003. 1. 24. 선고 2002다6876 판결).
126) 특허법원 지적재산소송 실무연구회, 「지적재산 소송실무」, 박영사(2019), p.746

6-2 강력한 상표권을 확보 및 유지하기 위한 전략

1. 특허권, 디자인권과 구별되는 상표권의 속성

특허권은 기술 자체를 보호하고, 디자인권은 디자인 자체를 보호하는데 반해, 상표권은 상표 그 자체를 보호하기보다는 그 상표에 화체된 신용(goodwill)을 보호한다. 아래의 논의는 그러한 근본적인 차이에서 출발한다.

위 3-2. 및 5-2.에서 강력한 특허권 또는 디자인권을 확보 및 유지하기 위한 전략을 살펴보았는데, 이러한 전략이 특허권(또는 디자인권)의 가치를 높이는데 결정적인 역할을 할 수 있음은 앞서 설명한 바이다. 그에 반해, 상표권의 가치는 해당 출원서 등의 기재사항에 의해 정해진다기보다는 상표권자 또는 그 사용권자가 경영적인 관점에서 어떠한 브랜드 관리전략을 가지고 등록상표를 사용하여 왔고, 그에 대한 일반수요자들의 평판을 관리하여 왔는가에 따라 정해진다고 할 수 있다.

따라서 특허권이나 다지인권에서와 달리, 이른바 강력한 상표권[127)]을 확보 및 유지하기 위한 전략이 상표권의 가치를 높이는데 중요한 역할을 한다고 단정적으로 말하기는 어렵다.

다만, 이하에서는 법리적인 관점에서 강력한 상표권을 확보 및 유지하기 위하여 살펴보아야 할 사항들 몇몇을 간략히 살펴보고자 한다.

---

127) 상표권자가 선택한 상표를 최대한으로 넓게 보호하면서 그 침해행위의 입증이 용이한 상표권

2. 상표출원 및 상표권 행사시 주의하여야 할 법리적인 사항

가. 상표 선택시 가급적 결합상표보다는 간결·명료한 상표를 선택하라

문자상표와 도형상표를 결합한 상표, 이른바 결합상표를 사용하거나 사용하고자 하는 자는 어떤 형태의 상표를 출원하여야 할까? 통상적으로는 문자상표만 단독으로 출원한 경우보다 결합상표를 출원한 경우가 등록가능성이 높긴 하지만, 결합상표 중 일부만 사용하는 경우 뒤에서 볼 상표등록 취소의 문제가 생길 수 있으므로, 가급적 문자상표 단독으로 구성되어 있는 간결·명료한 상표를 출원하는 것이 바람직하다.

나. 상표 사용시 등록의 취소에 주의하라

뒤에서 살펴보겠지만, 상표권자 등은 자신의 등록상표와 '동일'한 상표를 그 지정상품과 '동일'한 상품에만 독점적으로 사용할 수 있다. 그런데 상표권자 등이 자신의 등록상표를 조금이라도 변형하여 사용하는 경우가 의외로 많은데, 이로 인하여 상표등록이 취소될 수 있다는 것을 주의하여야 한다.

이는 뒤에서 볼 불사용취소심판(상표법 제119조 제1항 제3호)과 부정사용취소심판(상표법 제119조 제1항 제1, 2호)에서 다시 살펴볼 예정이다.

다. 상표가 유명해진 후 그 식별력이 상실되지 않도록 주의하라

상표등록출원을 하였거나 이미 상표권을 취득한 자 중 대부분의 상표 사용자는 자신의 출원상표(등록상표)가 널리 알려지기를 바랄 것이다. 아직 많이 알려지지 않은 상표의 인지도 및 (사용에 의한) 식별력은 그 상표가 일반수요자 또는 거래관계자에게 많이 노출될수록 높아지므로, 인지도가 낮은 상표를 사용하는 자는 자신의 상표를 일반 대중에게 더 많이 노출시키는데 역량을 집중하기 마련이다.

그런데 상표의 인지도가 높아지다보면 오히려 그 식별력을 상실할 수도 있다는 것에 유의해야 한다. 스테이플러(stapler)의 유명 상표이었던 "호치키스"가 주지, 저명의 단계를 넘어 스테이플러의 보통명사가 되어 버린 관계로 누구나 사용 가능한 상표가 된 것을 생각하면, 이를 이해할 수 있을 것이다. 이에 따라, 상표의 인지도가 주지 또는 저명에 가까워졌다고 생각되면, 그 상표 사용자는 제3자가 무단히 모방상표 이른바 짝퉁 상표를 사용하지 못하도록 상표를 관리하는데 역량을 집중하여야 한다.

아무리 상표등록 여부 결정 당시에는 식별력이 있는 상표이었다고 하더라도, 그 상표등록 이후 등록상표가 상표법 제33조 제1항 각 호에 해당하게 되면 즉, 식별력을 상실하게 되면 해당 상표등록은 무효심판에 의하여 무효로 된다(상표법 제117조 제1항 제6호). 참고로, 상표등록 여부 결정 당시에는 식별력이 없었는데 그 이후 사용에 의한 식별력을 취득한 등록상표 역시 무효심판에 의해 무효로 되고(상표법 제117조 제1항 제1호), 상표등록 당시의 하자가 치유되지는 않는다.

6-3 미등록상표의 보호요건

상표등록을 받지 않은 상표(특히 상표등록출원조차 하지 않은 상표를 의미함)도 일정한 요건을 충족한 경우, 다음과 같이 상표법 내지 부정경쟁방지법의 보호를 받을 수 있다.

1. 상표법에 의한 보호(타인의 등록배제)

만일 미등록상표가 상표법 제34조 제1항 제9, 11~13호 등 소정의 보호를 받는 유명 상표라면, 타인이 그와 동일 또는 유사한 상표 등을 등록받는 것을 막을 수 있다(그 자세한 규정 내용은 위에서 본 바이다). 이처럼 일정한 미등록상표는 상표법 하에서 보호받고 있다.

2. 부정경쟁방지법에 의한 보호(타인의 사용금지)

부정경쟁방지법 제2조 제1호는 여러 유형의 부정경쟁행위를 나열하고 있는데, 미등록상표와 관련하여 특히 중요한 규정은 같은 호 (가)~(다)목이고, 이는 아래와 같다.

'주지' 상표 또는 '저명' 상표는 미등록상표라 하더라도 부정경쟁방지법 제2조 제1호 (가)목 또는 (나)목의 보호를 받을 수 있고, 그 미등록상표 사용자는 타인의 같은 목 소정의 부정경쟁행위를 금지시킬 수 있다(대법원 2007. 7. 13. 선고 2006도1157 판결 참조).

한편, '저명' 상표는 미등록상표라 하더라도 부정경쟁방지법 제2조 제1호 (다)목의 보호도 받을 수 있고, 그 미등록상표 사용자는 타인의 같은 목 소정의 부정경쟁행위를 금지시킬 수 있다. 부정경쟁방지법 제2조 제1호 (다)목의 입법취지와 입법 과정에 비추어 볼 때, 위 규정에서 사용하고 있는 '국내에 널리 인식된'이란 용어는 국내 전역 또는 일정한 지역 범위 안에서 수요자들 사이에 알려지게 된 '주지의 정도'를 넘어 관계거래자 외에 일반공중의 대부분에까지 널리 알려지게 된 이른바 '저명의 정도'에 이른 것을 의미한다(대법원 2017. 11. 9. 선고 2014다49180 판결).

제7장 저작권 · 저작인접권의 발생

COPYRIGHT
COPYRIGHT

7-1 저작권 · 저작인접권의 발생요건

1. 무방식주의

저작권은 저작물을 창작한 때부터 발생하며, 이 과정에 어떠한 절차나 형식의 이행을 필요로 하지 아니한다(저작권법 제10조 제2항). 이를 '무방식주의'라 부르기도 한다. 이는 특허권, 실용신안권, 디자인권, 상표권이 해당 기술 등에 대한 설정등록이 있을 때에 비로소 발생하는 것과 대비된다.

저작권에 대한 등록제도가 존재하기는 한다(저작권법 제53조 제1항). 그런데 그 등록은 저작권의 발생을 위한 요건이 아니고, 저작자로 실명이 등록된 자를 그 등록 저작물의 저작자로, 창작연월일 또는 맨 처음의 공표연월일이 등록된 저작물을 등록된 연월일에 창작 또는 맨 처음 공표된 것으로 추정할 뿐이다(저작권법 제53조 제3항 본문).[128)]

2. 저작권의 보호대상(저작물)

가. '창작성' 있는 표현

저작권법 제2조 제1호는 '저작물'을 '인간의 사상 또는 감정을 표현한 창작물'로 규정하여 창작성을 요구하고 있다. 여기서의 창작성이 완전한 의미의 독창성을 의미하는 것은 아니지만, 저작권법 제2조 제1호 소정의 창작성이 인정되려면 적어도 어떠한 작품이 단순히 남의 것을 모방한 것이어서는 아니 되고 사상이나 감정에 대한 작자 자신의 독자적인 표현을 담고 있어야 한다. 따라서 누가 하더라도 같거나 비슷할

128) 다만, 저작물을 창작한 때부터 1년이 경과한 후에 창작연월일을 등록한 경우에는 등록된 연월일에 창작된 것으로 추정하지 아니한다(저작권법 제53조 제3항 단서).

수밖에 없는 표현, 즉 저작물 작성자의 창조적인 개성이 드러나지 아니하는 표현에는 창작성이 있다고 할 수 없다(대법원 2017. 11. 9. 선고 2014다49180 판결[129] 등[130] 참조).

나. 아이디어와 '표현'의 구별

저작권법 제2조 제1호에 따른 저작물의 정의[131] 중 특히 주목해야 할 부분은 "표현"이다. 저작권의 보호대상은 인간의 사상이나 감정을 말, 문자, 음, 색 등에 의하여 구체적으로 외부에 표현한 창작적인 표현형식이고, 거기에 표현되어 있는 내용, 즉 아이디어나 이론 등의 사상이나 감정 그 자체는 원칙적으로 저작권의 보호대상이 아니다(대법원 2017. 11. 9. 선고 2014다49180 판결).

3. 저작물의 종류

가. 저작권법 제4조

소설・시・논문・강연・연설・각본 그 밖의 어문저작물, 음악저작

129) "구체적인 대본이 없이 대략적인 구성안만을 기초로 출연자 등에 의하여 표출되는 상황을 담아 제작되는 이른바 리얼리티 방송 프로그램도 이러한 창작성이 있다면 저작물로서 보호받을 수 있다. 리얼리티 방송 프로그램은 무대, 배경, 소품, 음악, 진행 방법, 게임규칙 등 다양한 요소들로 구성되고, 이러한 요소들이 일정한 제작 의도나 방침에 따라 선택되고 배열됨으로써 다른 프로그램과 확연히 구별되는 특징이나 개성이 나타날 수 있다. 따라서 리얼리티 방송 프로그램의 창작성 여부를 판단할 때에는 프로그램을 구성하는 개별 요소들 각각의 창작성 외에도, 이러한 개별 요소들이 일정한 제작 의도나 방침에 따라 선택되고 배열됨에 따라 구체적으로 어우러져 프로그램 자체가 다른 프로그램과 구별되는 창작적 개성을 가지고 있어 저작물로서 보호를 받을 정도에 이르렀는지도 고려함이 타당하다."

130) "사진저작물의 경우 피사체의 선정, 구도의 설정, 빛의 방향과 양의 조절, 카메라 각도의 설정, 셔터의 속도, 셔터찬스의 포착, 기타 촬영방법, 현상 및 인화 등의 과정에서 촬영자의 개성과 창조성이 인정되어야 그러한 저작물에 해당한다고 볼 수가 있다(대법원 2010. 12. 23. 선고 2008다44542 판결)."

131) 인간의 사상 또는 감정을 표현한 창작물

물, 연극 및 무용·무언극 기타 연극저작물, 회화·서예·조각·판화·공예·응용미술저작물 그 밖의 미술저작물, 건축물·건축을 위한 모형 및 설계도서 기타 건축저작물, 사진저작물, 영상저작물, 지도·도표·설계도·약도·모형 그 밖의 도형저작물, 컴퓨터프로그램저작물이 저작물의 예시이다(저작권법 제4조 제1항).

저작물의 유형 중 '업무상 저작물', '2차적 저작물', '공동저작물'은 실무에 자주 등장하는 저작물이다. 이에 대하여 간단히 살펴보면 아래와 같다.

나. 업무상 저작물

업무상 저작물은 법인·단체 그 밖의 사용자(이하 "법인 등"이라고 한다)의 기획하에 법인 등의 업무에 종사하는 자가 업무상 작성한 저작물을 말하고(저작권법 제2조 제31호), 법인 등의 명의로 공표되는[132] 업무상 저작물의 저작자는 계약이나 근무규칙 등에 다른 정함이 없는 때에는 그 법인 등이 된다(저작권법 제9조 본문).

회사의 기획하에 근로자가 업무상 작성한 저작물이 그 회사의 업무상 저작물이 됨에는 의문의 여지가 없다. 문제는 회사와 도급계약을 체결한 제3자가 작성한 저작물도 그 회사의 업무상 저작물이 될 수 있느냐이다. 수급인이 작성한 저작물의 저작권은 도급인이 아니라 이를 실제로 작성한 수급인에게 귀속됨이 원칙이지만, 그 저작물이 저작권법 제9조 소정의 업무상 저작물과 동일한 실질을 가진다고 볼 수 있는 예외적인 경우에는 도급인에게 저작권이 귀속된다 하겠다(대법원 2000. 11. 10. 선고 98다60590 판결).[133] 다만, 그 예외는 매우 엄격한 요건하에서만

---

132) 다만, 컴퓨터프로그램저작물의 경우 공표될 것을 요하지 아니한다(저작권법 제9조 단서).

133) "업무상 창작한 프로그램의 저작자에 관한 구 컴퓨터프로그램보호법(1994. 1. 5.

인정된다.

그 밖에 업무상 저작물과 관련하여 유의하여야 할 점은, 저작권법 제9조에 따라 회사가 업무상 저작물에 대한 저작자로 인정되는 경우, 아래에서 보는 저작재산권뿐만 아니라 저작인격권도 해당 직원이 아닌 그 회사에 원시적으로 귀속된다는 것이다.

다. 2차적 저작물

2차적 저작물이란 원저작물을 번역・편곡・변형・각색・영상 제작 그 밖의 방법으로 작성한 창작물을 말한다(저작권법 제5조 제1항). 2차적 저작물로 보호를 받기 위하여는 (1) 원저작물을 기초로 하되 원저작물과 '실질적 유사성'을 유지하여야 할 뿐만 아니라, (2) 그 원저작물에 '사회통념상 새로운 저작물이 될 수 있을 정도의 창작성 있는' 수정・증감을 가하여야 한다(대법원 2002. 1. 25. 선고 99도863 판결 참조).

라. 공동저작물

2인 이상이 '공동창작의 의사'를 가지고 창작적인 표현형식 자체에 공동의 기여를 함으로써 '각자의 이바지한 부분을 분리하여 이용할 수 없는' 단일한 저작물을 창작한 경우, 이들은 저작물의 공동저작자가 되고, 이러한 저작물을 공동저작물이라 부른다. 여기서 공동창작의 의사는 법적으로 공동저작자가 되려는 의사를 뜻하는 것이 아니라, 공동의

법률 제4712호로 개정되기 전의 것) 제7조의 규정은 프로그램 제작에 관한 도급계약에는 적용되지 않는 것이 원칙이나, 주문자가 전적으로 프로그램에 대한 기획을 하고 자금을 투자하면서 개발업자의 인력만을 빌어 그에게 개발을 위탁하고 이를 위탁받은 개발업자는 당해 프로그램을 오로지 주문자만을 위해서 개발・납품하여 결국 주문자의 명의로 공표하는 것과 같은 예외적인 경우에는 법인 등의 업무에 종사하는 자가 업무상 창작한 프로그램에 준하는 것으로 보아 같은 법 제7조를 준용하여 주문자를 프로그램저작자로 볼 수 있다."

창작행위에 의하여 각자의 이바지한 부분을 분리하여 이용할 수 없는 단일한 저작물을 만들어 내려는 의사를 뜻한다(대법원 2016. 7. 29. 선고 2014도16517 판결).

주의할 것은, 공동저작자가 공동저작물을 만드는데 동시에 관여할 수도 있지만, 순차적으로 관여할 수도 있다는 것이다. 그런데 후자의 경우 그 복수의 저작자들이 만든 저작물이 공동저작물이 아니라 2차적 저작물일 수 있다. 이와 관련하여 판례는 "2인 이상이 시기를 달리하여 순차적으로 창작에 기여함으로써 단일한 저작물이 만들어지는 경우에, 선행 저작자에게 자신의 창작 부분이 하나의 저작물로 완성되지는 아니한 상태로서 후행 저작자의 수정・증감 등을 통하여 분리이용이 불가능한 하나의 완결된 저작물을 완성한다는 의사가 있고, 후행 저작자에게도 선행 저작자의 창작 부분을 기초로 하여 이에 대한 수정・증감 등을 통하여 분리이용이 불가능한 하나의 완결된 저작물을 완성한다는 의사가 있다면, 이들에게는 각 창작 부분의 상호 보완에 의하여 단일한 저작물을 완성하려는 공동창작의 의사가 있는 것으로 인정할 수 있다. 반면에 선행 저작자에게 위와 같은 의사가 있는 것이 아니라 자신의 창작으로 하나의 완결된 저작물을 만들려는 의사가 있을 뿐이라면 설령 선행 저작자의 창작 부분이 하나의 저작물로 완성되지 아니한 상태에서 후행 저작자의 수정・증감 등에 의하여 분리이용이 불가능한 하나의 저작물이 완성되었더라도 선행 저작자와 후행 저작자 사이에 공동창작의 의사가 있다고 인정할 수 없다. 따라서 이때 후행 저작자에 의하여 완성된 저작물은 선행 저작자의 창작 부분을 원저작물로 하는 2차적 저작물로 볼 수 있을지언정 선행 저작자와 후행 저작자의 공동저작물로 볼 수 없다(대법원 2016. 7. 29. 선고 2014도16517 판결)."라고 판시한 바 있다.

4. 저작권의 종류

특허권, 실용신안권, 디자인권, 상표권과 달리 저작권에는 재산권적인 측면뿐만 아니라 인격권적인 측면도 있다. 저작자가 저작물을 창작하면 저작자에게는 저작재산권뿐만 아니라 저작인격권까지 귀속된다(저작권법 제10조 제1항). 아래에서 저작재산권과 저작인격권의 내용을 살펴볼 것인데, 저작인격권이나 저작재산권을 이루는 개별적인 권리는 저작인격권이나 저작재산권이라는 동일한 권리의 한 내용에 불과한 것이 아니라, 각 독립적인 권리로 파악하여야 한다(대법원 2013. 7. 12. 선고 2013다22775 판결).

가. 저작재산권

'저작재산권'은 복제권(제16조), 공연권(제17조), 공중송신권(제18조), 전시권(제19조), 배포권(제20조), 대여권(제21조), 2차적저작물작성권(제22조)을 통틀어 지칭하는 용어이다. 여기에서 복제, 공연, 공중송신 등의 의미는 저작권법 제2조에 정의되어 있다.

나. 저작인격권

'저작인격권'은 공표권(제11조), 성명표시권(제12조), 동일성유지권(제13조) 모두를 통틀어 일컫는 말이고, 이는 저작재산권과 달리 양도될 수 없고, 저작자에게 일신전속(一身專屬)된다(제14조).

5. 저작인접권의 종류

저작권법은 실연자의 권리(저작권법 제66~74조), 음반제작자의 권리(저작권법 제78~81조), 방송사업자의 권리(저작권법 제84~85조의2)를 규정하고 있다. 특히 방송사업자의 권리에 관하여 부연하면, 방송사업자는 방송을 하면 그 방송의 대상인 음·영상 또는 음과 영상 등 방송물에 대해 '동시중계방송권'이라는 저작인접권을 갖게 되는데, 이는 방송사업자가 방송을 하기만 하면 발생하는 권리로 다른 방송사업자가 방송한 것을 수신하여 다시 방송하는 경우에도 인정된다[서울중앙지방법원 2016. 12. 8. 선고 2014가합525849, 585889(병합) 판결].[134)]

134) 이에 대한 항소심[서울고등법원 2019. 1. 10. 선고 2017나2002982, 2002999(병합) 판결(확정)] 역시 위 1심 판결의 판단을 배척하지 않음.

Ⅰ. 들어가며

Ⅱ. IP 권리 발생 관련 이슈

Ⅲ

IP 권리 행사 관련 이슈

제 8 장 특허권의 행사

1. 특허권의 효력

특허권(또는 특허권자가 설정할 수 있는 전용실시권, 이하 '특허권'이라 통칭함)은 독점·배타권이다.

'독점권'은 특허권자(전용실시권을 설정한 경우에는 전용실시권자)만 특허발명을 독점적으로 실시할 수 있는 권리를 뜻하고, 이른바 특허권의 '적극적' 효력에 해당하는 권리이다.

'배타권'은 특허권자 또는 전용실시권자(이하 '특허권자 등'이라 통칭함)가 타인이 특허발명을 무단으로 업으로서 실시함으로써 특허권자 등의 특허권을 침해하는 것에 제재를 가할 수 있는 권리를 의미한다. 8장에서 살펴보는 내용은 주로 특허권의 '배타권'에 관한 내용이다. 아래 8-2.에서는 '배타권'이 문제될 경우가 언제인지 즉, 특허권의 침해가 성립하는 경우가 언제인지를 보고, 아래 8-3.에서는 특허권자 등이 특허권 침해가 성립한다고 생각한 경우에 취할 수 있는 조치와 그에 대한 상대방의 방어전략 등을 살펴보고자 한다.

2. 특허권과 실시권의 대비

가. 실시권의 의의

(특허권에 대한) 실시권이란, 문언 그대로 특허발명을 실시할 수 있는 권리를 말한다. 일상생활에서는 '라이센스'나 '라이선스(license)'라는 이름으로 많이 불리는 권리이다.

나. 실시권의 종류

실시권은 전용실시권과 (비독점적) 통상실시권으로 나뉘고, 그 중간적인 성격을 가지는 독점적 통상실시권이란 실시권도 존재한다. 이들 사이에는 아래와 같은 차이점이 있다.

1) 전용실시권

전용실시권은 특허권과 같은 독점·배타권이다. 전용실시권이 설정된 범위에서는 심지어 특허권자라 하더라도 특허발명을 실시할 수 없고 전용실시권자만 특허발명을 독점적으로 실시할 수 있으며(특허법 제100조 제2항), 전용실시권자는 전용실시권 침해자에게 그 금지 등을 구할 수 있다(특허법 제126조, 제128조 제1항 등).

2) (비독점적) 통상실시권

통상실시권의 성격은 전용실시권의 성격과 전혀 다르다. 통상실시권이 설정된 경우에도 특허권자는 특허발명을 독점적으로 실시할 수 있고, 심지어 또 다른 제3자에게 같은 내용의 통상실시권을 설정할 수도 있으며, 통상실시권자는 무단으로 특허발명을 실시하는 자를 상대로 통상실시권의 침해를 주장하면서 그 금지 등을 구할 수 없다.

3) 독점적 통상실시권

종종 '독점적 통상실시권'이라는 표현을 접할 수 있다. 이는 전용실시권이 아니라 '통상실시권'이다. 단, 위에서 살펴본 일반적인 통상실시권과는 구별되며, 이 점에서 위에서 본 일반적인 통상실시권을 '비(非)독점적 통상실시권'이라 부르기도 한다. 구체적으로 독점적 통상실시권이란 특허권자가 통상실시권자 이외의 사람에게는 실시권을 설정하지 않기로 하고 통상실시권자가 특허발명을 독점적으로 실시할 수 있기로 합의한 통상실시권 설정계약을 통해 발생하는 통상실시권이다.

(비독점적) 통상실시권자와 달리 독점적 통상실시권자는 특허발명

을 독점적으로 실시할 수 있다. 한편, 독점적 통상실시권자는 전용실시권자가 아니어서 등록원부에 전용실시권자가 아닌 '통상실시권'자로 등록할 수 있을 뿐인데, 자신의 통상실시권이 일반적인 통상실시권과 달리 독점적인 권리라는 점을 등록할 방법은 없다. 따라서 특허권자가 독점적 통상실시권 설정계약을 위반하여 또 다른 제3자에게 통상실시권을 설정하여 주더라도, 독점적 통상실시권자는 그 제3자에게 대항하며 자신의 독점적 실시권을 주장하기 어렵다.

다만, 독점적 통상실시권자는 특허발명을 독점적으로 실시할 권리를 가지고 그에 따른 경제적인 이익을 누리므로, 만일 제3자가 독점적 통상실시권자를 해한다는 사정을 알면서 법규를 위반하거나 선량한 풍속이나 사회질서를 위반하는 등 위법한 행위를 함으로써 독점적 통상실시권자의 위 경제적 이익을 침해하면 독점적 통상실시권자에 대하여 불법행위책임을 부담할 수 있다.[135)]

한편, 특허권자는 독점적 통상실시권자 이외의 사람에게 또 다른 통상실시권을 설정하면 독점적 통상실시권자에 대하여 계약위반에 따른 책임을 지게 될 것이다.

독점적 통상실시권자나 (비독점적) 통상실시권자 모두 특허발명을 무단으로 실시하는 제3자를 상대로 직접적으로 침해금지청구나 손해배상청구를 할 수는 없다. 다만, 독점적 통상실시권자가 이른바 채권자대위의 법리에 따라 '특허권자 등이 그 무단 실시자를 상대로 가지는 침해금지청구권 내지 손해배상청구권'을 대위행사할 여지는 있다.[136)]

135) 특허법원 2018. 2. 8. 선고 2017나2332 판결 등 참조
136) 특허법원 지적재산소송 실무연구회, 「지적재산 소송실무」, 박영사(2019), p.156

다. 실시권의 발생 원인

특허권자와의 설정계약을 통하여 전용실시권이나 통상실시권이 발생하는 것이 일반적이지만, 특허법이 어떠한 일정 상황에 놓인 자에게 부여하는 통상실시권[이를 '법정실시권'이라 부르기도 하는데, 선사용권(특허법 제103조[137])이 대표적인 예이다]도 있다. 반면, 특허법이 부여하는 전용실시권은 없다.

라. 실시권의 설정과 등록

통상실시권은 그에 대한 설정등록이 없더라도 그 설정계약만으로 효력이 발생하지만, 전용실시권은 그 설정계약만으로는 효력이 발생하지 않고 그에 대한 설정등록까지 있어야 비로소 효력이 발생한다(특허법 제101조 제3항).

이에 따라 아무리 특허권자와 전용실시권 설정계약을 체결한 자라 하더라도, 그 설정등록을 하지 않은 자는 특허법상의 전용실시권자가 될 수 없다는 것에 유의하여야 한다.

137) 제103조(선사용에 의한 통상실시권) 특허출원 시에 그 특허출원된 발명의 내용을 알지 못하고 그 발명을 하거나 그 발명을 한 사람으로부터 알게 되어 국내에서 그 발명의 실시사업을 하거나 이를 준비하고 있는 자는 그 실시하거나 준비하고 있는 발명 및 사업목적의 범위에서 그 특허출원된 발명의 특허권에 대하여 통상실시권을 가진다.

제 8 장 특허권의 행사

8-2. 특허침해의 성립요건

PATENT

8-2-1. 보호범위(권리범위)의 확정

1. 보호범위 확정의 필요성

타인이 특허권자 등의 특허발명을 무단히 실시함으로써 특허권을 침해하는지 여부를 판단하기 위하여는, 우선 그 전제로서 특허권의 권리범위 즉, 보호범위부터 파악하여야 한다.

2. 보호범위와 청구범위의 상이 여부

특허발명의 보호범위는 청구범위에 기재되어 있는 사항에 의해 정해지므로(특허법 제97조), '보호범위'를 결정할 때에도 위에서 본 '청구범위' 해석방법이 중요한 문제로 대두될 수밖에 없다. 이러한 점에서 '보호범위'의 해석방법은 '청구범위'의 해석방법과 같다고 할 수 있다.

다만, 판례는 '보호범위'를 확정함에 있어서는 '청구범위'의 해석을 통해 정해진 보호범위를 경우에 따라 제한하거나 확장함으로써 구체적 타당성을 기하고 있다.

3. 보호범위가 축소되는 경우

가. 확정된 청구범위가 출원경과와 모순되는 경우의 보호범위 제한

1) 기본적인 판례의 태도

대법원은 이른바 출원경과금반원의 법리를 아래와 같이 판시하고 있다.

"출원인 또는 특허권자가 특허발명의 출원과정에서 특허발명과 대비대상이 되는 제품(이하 '대상제품'이라 한다)을 특허발명의 청구범위로부터 의식적으로 제외하였다고 볼 수 있는 경우에는, 특허권자가 대상

제품을 제조・판매하고 있는 자를 상대로 대상제품이 특허발명의 보호범위에 속한다고 주장하는 것은 금반언의 원칙에 위배되어 허용되지 않는다.

특허발명의 출원과정에서 대상제품이 청구범위로부터 의식적으로 제외된 것인지는 명세서뿐만 아니라 출원에서부터 특허될 때까지 특허청 심사관이 제시한 견해, 출원인이 출원과정에서 제출한 보정서와 의견서 등에 나타난 출원인의 의도, 보정이유 등을 고려하여 판단하여야 한다(대법원 2006. 6. 30. 선고 2004다51771 판결, 2017. 4. 26. 선고 2014후638 판결 등 참조).

이러한 법리는 특허등록 후 이루어지는 정정을 통해 청구범위의 감축이 있었던 경우에도 마찬가지로 적용된다(대법원 2018. 8. 1. 선고 2015다244517 판결)."

2) 청구범위의 감축을 위한 보정(정정)이 없었던 경우에도 적용 가능

대법원은 위와 같은 출원경과금반원의 법리가 출원・등록 과정에서 청구범위의 감축 없이 의견서 제출 등을 통한 의견진술이 있었던 경우에도 마찬가지로 적용된다고 아래와 같이 판시한 바 있다.

대법원은 "특허발명의 출원과정에서 어떤 구성이 청구범위에서 의식적으로 제외된 것인지는 명세서뿐만 아니라 출원에서부터 특허될 때까지 특허청 심사관이 제시한 견해 및 출원인이 출원과정에서 제출한 보정서와 의견서 등에 나타난 출원인의 의도, 보정이유 등을 참작하여 판단하여야 한다. 따라서 출원과정에서 청구범위의 감축이 이루어졌다는 사정만으로 감축 전의 구성과 감축 후의 구성을 비교하여 그 사이에 존재하는 모든 구성이 청구범위에서 의식적으로 제외되었다고 단정할 것은 아니고, 거절이유통지에 제시된 선행기술을 회피하기 위한 의도로 그 선행기술에 나타난 구성을 배제하는 감축을 한 경우 등과 같이 보정이유를 포함하여 출원과정에 드러난 여러 사정을 종합하여 볼 때 출원인이 어떤 구성을 권리범위에서 제외하려는 의사가 존재한다고 볼 수 있을 때에 이를 인정할 수 있다. 그리고, 이러한 법리는 청구범위의 감축 없이 의견서 제출 등을 통한 의견진술이 있었던 경우에도 마찬가지로 적용된다(대법원 2017. 4. 26. 선고 2014후638 판결)."라고 판시하였다.

나. 신규성 흠결의 무효사유가 있는 경우의 보호범위 부정

특허권은 신규의 발명에 대하여 부여되는 것으로, 특허권 권리범위 확인심판청구사건에서 그 권리범위를 정함에 있어서는 출원 당시의 기술수준이 무효심판의 유무에 관계없이 고려되어야 한다 할 것이다. 이에 따라 등록된 특허발명의 전부가 출원 당시 공지공용의 것이었다면 그 권리범위를 인정할 수가 없다 할 것이다(대법원 1983. 7. 26. 선고 81후56 전원합의체 판결, 1998. 12. 22. 선고 97후1016, 1023, 1030 판결 등 참조).

다. 진보성 흠결의 무효사유가 있는 경우 권리범위의 부정이 가능한지 여부

1) 권리범위확인심판사건에서의 논의(권리범위의 부정 불가)

신규성 흠결의 무효사유가 있는 경우와 달리, 진보성 흠결의 무효사유가 있는 특허발명의 권리범위를 부정할 수는 없음에 주의해야 한다. 구체적으로 대법원은 권리범위확인심판사건에서 아래와 같이 판단하였다(대법원 2014. 3. 20. 선고 2012후4162 전원합의체 판결).

"특허법은 특허가 일정한 사유에 해당하는 경우에 별도로 마련한 특허의 무효심판절차를 거쳐 무효로 할 수 있도록 규정하고 있으므로, 특허는 일단 등록이 되면 비록 진보성이 없어 당해 특허를 무효로 할 수 있는 사유가 있다 하더라도 특허무효심판에 의하여 무효로 한다는 심결이 확정되지 않는 한 다른 절차에서 그 특허가 무효임을 전제로 판단할 수는 없다.

나아가, 특허법이 규정하고 있는 권리범위확인심판은 심판청구인이 그 청구에서 심판의 대상으로 삼은 확인대상발명이 특허권의 효력이 미치는 객관적인 범위에 속하는지 여부를 확인하는 목적을 가진 절차이므로, 그 절차에서 특허발명의 진보성 여부까지 판단하는 것은 특허법이 권리범위확인심판 제도를 두고 있는 목적을 벗어나고 그 제도의 본질에 맞지 않다. 특허법이 심판이라는 동일한 절차 안에 권리범위확인심판과는 별도로 특허무효심판을 규정하여 특허발명의 진보성 여부가 문제되는 경우 특허무효심판에서 이에 관하여 심리하여 진보성이 부정되면 그 특허를 무효로 하도록 하고 있음에도 진보성 여부를 권리범위확인심판에서까지 판단할 수 있게 하는 것은 본래 특허무효심판의 기능에 속하는 것을 권리범위확인심판에 부여함으로써 특허무효심판의 기능을 상당 부분 약화시킬 우려가 있다는 점에서도 바람직하지 않다. 따라서 권리범위확인심판에서는 특허발명의 진보성이 부정된다는 이유로 그 권리범위를 부정하여서는 안 된다.

다만, 대법원은 특허의 일부 또는 전부가 출원 당시 공지공용의 것인 경우까지 특허청구범위에 기재되어 있다는 이유만으로 권리범위를 인정하여 독점적·배타적인 실시권을 부여할 수는 없으므로 권리범위확인심판에서도 특허무효의 심결 유무에 관계없이 그 권리범위를 부정할 수 있다고 보고 있으나, 이러한 법리를 공지공용의 것이 아니라 그 기술분야에서 통상의 지식을 가진 자가 선행기술에 의하여 용이하게 발명할 수 있는 것뿐이어서 진보성이 부정되는 경우까지 확장할 수는 없다. 위와 같은 법리는 실용신안의 경우에도 마찬가지로 적용된다."

2) 특허침해소송에서의 논의(권리남용)

위에서 본 바와 같이, 진보성 흠결의 무효사유가 있는 특허발명의 권리범위가 부정되지는 않지만, 진보성 흠결의 무효사유가 있음이 명백한 경우의 특허권 행사는 권리남용에 해당한다는 것에 주목하여야 한다. 구체적으로 대법원은 아래와 같이 판시하였다(대법원 2012. 1. 19. 선고 2010다95390 전원합의체 판결).

"특허법은 특허가 일정한 사유에 해당하는 경우에 별도로 마련한 특허의 무효심판절차를 거쳐 무효로 할 수 있도록 규정하고 있으므로, 특허는 일단 등록된 이상 비록 진보성이 없어 무효사유가 존재한다고 하더라도 이와 같은 심판에 의하여 무효로 한다는 심결이 확정되지 않는 한 대세적(對世的)으로 무효로 되는 것은 아니다.

그런데 특허법은 제1조에서 발명을 보호·장려하고 이용을 도모함으로써 기술의 발전을 촉진하여 산업발전에 이바지함을 목적으로 한다고 규정하여 발명자뿐만 아니라 이용자의 이익도 아울러 보호하여 궁극적으로 산업발전에 기여함을 입법목적으로 하고 있는 한편, 제29조 제2항에서 그 발명이 속하는 기술분야에서 통상의 지식을 가진 자(이하 '통상의 기술자'라고 한다)가 특허출원 전에 공지된 선행기술에 의하여 용이하게 발명할 수 있는 것에 대하여는 특허를 받을 수 없다고 규정함으로써 사회의 기술발전에 기여하지 못하는 진보성 없는 발명은 누구나 자유롭게 이용할 수 있는 이른바 공공영역에 두고 있다. 따라서 진보성이 없어 본래 공중에게 개방되어야 하는 기술에 대하여 잘못하여 특허등록이 이루어져 있음에도 별다른 제한 없이 그 기술을 당해 특허권자에게 독점시킨다면 공공의 이익을 부당하게 훼손할 뿐만 아니라 위에서 본 바와 같은 특허법의 입법목적에도 정면으로 배치된다.

또한, 특허권도 사적 재산권의 하나인 이상 특허발명의 실질적 가치에 부응하여 정의와 공평의 이념에 맞게 행사되어야 할 것인데, 진보성이 없어 보호할 가치가 없는 발명에 대하여 형식적으로 특허등록이 되어 있음을 기화로 발명을 실시하는 자를 상대로 침해금지나 손해배상 등을 청구할 수 있도록 용인하는 것은 특허권자에게 부당한 이익을 주고 발명을 실시하는 자에게는 불합리한 고통이나 손해를 줄 뿐이므로 실질적 정의와 당사자들 사이의 형평에도 어긋난다.

이러한 점들에 비추어 보면, 특허발명에 대한 무효심결이 확정되기 전이라고 하더라도 특허발명의 진보성이 부정되어 특허가 특허무효심판에 의하여 무효로 될 것임이 명백한 경우에는 특허권에 기초한 침해금지나 손해배상 등의 청구는 특별한 사정이 없는 한 권리남용에 해당하여 허용되지 아니한다고 보아야 하고, 특허권침해소송을 담당하는 법원으로서도 특허권자의 그러한 청구가 권리남용에 해당한다는 항변이 있는 경우 당부를 살피기 위한 전제로서 특허발명의 진보성 여부에 대하여 심리·판단할 수 있다."

라. 선출원주의 위반의 무효사유가 있는 경우의 보호범위 부정

특허발명이 그 출원 전에 공지되었거나 공연히 실시된 발명이어서 신규성이 없는 경우에는 그에 대한 등록무효심판이 없어도 그 권리범위를 인정할 수 없으며, 특허무효사유에 있어서 신규성 결여와 선원주의 위반은 특허발명 내지 후출원발명과 선행발명 내지 선출원발명의 동일성 여부가 문제된다는 점에서 다르지 않으므로, 위 법리는 후출원발명에 선출원주의 위반의 무효사유가 있는 경우에도 그대로 적용된다(대법원 2009. 9. 24. 선고 2007후2827 판결).

마. 특허법 제42조 제3항 제1호 위반의 기재불비가 있는 경우의 보호범위 부정

특허법 제42조 제3항 제1호에 따르면, 명세서의 발명의 설명은 그 발명이 속하는 기술분야에서 통상의 지식을 가진 사람이 그 발명을 쉽게 실시할 수 있도록 명확하고 상세하게 적어야 한다. 이러한 특허법 제42조 제3항 제1호 규정을 위반하여 등록된 특허발명의 권리범위도 부정된다는 것이 판례의 태도(대법원 2001. 12. 27. 선고 99후1973 판결[138] 등 참조)이다.

바. 특허법 제42조 제4항 제1호 위반의 기재불비가 있는 경우의 보호범위 제한

특허법 제42조 제4항 제1호에 따르면, 모든 청구항은 명세서 중 발명의 설명에 의하여 뒷받침되어야 한다. 이러한 특허법 제42조 제4항 제1호 규정을 위반하여 등록된 특허범위의 보호범위는 아래와 같이 적절히 제한될 수 있다.

1) 기본적인 판례의 태도

판례는 일관되게, 발명의 설명이나 도면 등의 기재에 의해 청구범위를 제한해석하는 것을 허용하지 않으면서도, 청구범위에 따라 정해지는 보호범위(권리범위)를 경우에 따라 발명의 설명이나 도면 등의 기재에 의하여 제한해석할 수는 있다고 판시하여, 구체적 타당성을 기하고 있다.

구체적으로 대법원은 "청구범위에 포함되는 것으로 문언적으로 해석되는 것 중 일부가 발명의 상세한 설명의 기재에 의하여 뒷받침되고 있지 않거나 출원인이 그중 일부를 특허권의 권리범위에서 의식적으로 제외하고 있다고 보이는 경우 등과 같이 청구범위를 문언 그대로 해석

138) "실시가 불가능한 등록고안은 구 실용신안법(1998. 9. 23. 법률 제5577호로 전문개정되기 전의 것) 제8조 제3항에 위반하여 등록된 것으로서 그 권리범위를 인정할 수 없으므로, (가)호 고안(확인대상고안)은 등록고안의 권리범위에 속할 여지가 없다."

하는 것이 명세서의 다른 기재에 비추어 보아 명백히 불합리할 때에는, 출원된 기술사상의 내용과 명세서의 다른 기재 및 출원인의 의사와 제3자에 대한 법적 안정성을 두루 참작하여 특허권의 권리범위를 제한해석하는 것이 가능하다(대법원 2003. 7. 11. 선고 2001후2856 판결).[139)]"라고 판시하였다.

2) 기능식 청구항의 경우

앞서 본 바와 같이, 기능식 청구항은 적어도 하나의 구성요소를 표현함에 있어 그 구체적인 구성 대신 해당 기능을 기재하므로, 청구범위의 해석을 통해 확정된 청구범위가 발명의 설명 또는 도면의 기재보다 넓을 가능성이 높다. 판례는 위에서 본 보호범위 제한해석에 관한 법리를 이러한 기능식 청구항의 보호범위를 정할 때에도 적용한다.

예를 들어, 대법원은 아래와 같이 해당 법리를 판시한 뒤, 기능식 청구항의 보호범위를 제한해석한 바 있다(대법원 2009. 4. 23. 선고 2009후92 판결).

"① 등록실용신안의 권리범위는 실용신안등록출원서에 첨부한 명세서의 실용신안등록청구범위에 기재된 사항에 의하여 정하여지고, (실용신안등록)청구범위의 기재만으로 기술적 범위가 명백한 경우에는 원칙적으로 명세서의 다른 기재에 의하여 청구범위의 기재를 제한해석할 수 없지만, 청구범위에 포함되는 것으로 문언적으로 해석되는 것 중 일부가 고안의 상세한 설명의 기재에 의하여 뒷받침되고 있지 않은 경우 등과 같이 청구범위를 문언 그대로 해석하는 것이 명세서의 다

---

139) 같은 취지의 판결로는, 대법원 2009. 4. 23. 선고 2009후92 판결, 대법원 2008. 10. 23. 선고 2007후2186 판결 등이 있다.

른 기재에 비추어 보아 명백히 불합리할 때에는, 출원된 기술 사상의 내용과 명세서의 다른 기재와 출원인의 의사와 제3자에 대한 법적 안정성을 두루 참작하여 등록실용신안의 권리범위를 제한해석하는 것이 가능하다.

② 위와 같은 법리와 기록에 비추어 살펴보면, 등록번호 제203183호의 실용신안등록청구범위 제1항(이하 '이 사건 제1항 고안'이라 한다)에 기재된 폐축산투입수단의 구성은 '개방구(14)를 통해 폐축산을 증기드럼(10) 내부에 투입시키는 폐축산투입수단(40)'으로 한정되어 있으나, '폐축산투입수단(40)'이라는 용어는 기능적 표현으로서 그 용어 자체만으로는 기술적 구성의 구체적인 내용을 알 수 없으므로, 그 고안의 상세한 설명과 도면 등을 참작하여 이를 해석하여야 한다. 그런데 고안의 상세한 설명과 도면에는, "폐축산투입수단(40)은 폐축산을 힘들이지 않고 증기드럼(10)으로 이동시키는 이송프레임(41)과 상기 이송프레임(41)에 안치되고 폐축산이 놓여지는 이송테이블로 이루어지는 것으로 이송프레임(41)은 사각체의 프레임(42) 하부 다리(43)에 이동가능하게 롤러(44)가 설치되고 프레임(42) 상부 양측에는 길이 방향으로 산형의 가이드레일(45)이 설치된다", "가이드레일(45)은 일측이 프레임(42)보다 외측으로 돌출되고 타측은 스토퍼(46)가 형성되어 돌출된 가이드레일(45) 부분이 도 6과 같이 증기드럼(10) 내부의 가이드레일(13) 선단에 가이드레일(13)보다 작은 크기로 형성된 받침레일(18)에 안착됨으로써 이송프레임(41)의 가이드레일(45) 상부에 안치된 이송테이블(47)이 증기드럼(10) 내부의 가이

드레일(13)로 매끄럽게 슬라이딩 이송될 수 있게 되고 가이드레일(13)(45)이 별도 수단 없이 쉽게 일직선상으로 유지될 수 있게 된다.", "이송테이블(47)은 하부에 가이드레일(45)을 타고 슬라이딩 이송되게 가이드 롤러(48)가 설치되고 상부에는 폐축산이 놓여지더라도 상, 하부를 통해 스팀이 일률적으로 가해지고 수분배출될 수 있도록 타공판(49)이 설치된다."라고 기재되어 있을 뿐이고, 그 이외의 구성에 대한 구체적인 개시는 없으며 이를 시사하는 표현도 없는바, 이러한 기재 등을 참작하여 보면, 이 사건 제1항 고안의 실용신안등록청구범위에 기재된 '폐축산투입수단(40)'은 "폐축산을 안치하여 증기드럼(10) 내부로 슬라이딩 이송시키는 이송테이블(47) 및 이송테이블(47)을 안치하여 증기드럼(10)으로 이동시킬 수 있는 이송프레임(41)으로 이루어진 구성'인 것으로 제한하여 해석함이 상당하다."

3) PbP 청구항의 경우

위에서 본 바와 같이, 대법원은 PbP 청구항 기재 발명의 본질이 '물건'발명이고 PbP 청구항에 기재된 제조방법은 그 물건의 구조나 성질 등을 특정하는 수단에 불과하다며, PbP 청구항을 '그 제조방법에 따라 제조된 물건'에 관한 청구항이 아닌 '그 물건 자체'에 관한 청구항으로 해석한다(대법원 2015. 1. 22. 선고 2011후927 전원합의체 판결).

이와 같은 해석 방법은 PbP 청구항에 대한 심사 과정에서 청구범위를 해석할 때뿐만 아니라 특허권 행사를 위해 청구범위를 해석할 때에도 동일하게 적용되는 것이다. 구체적으로 대법원은 "제조방법이 기재된 물건발명에 대한 위와 같은 특허청구범위의 해석방법(대법원 2011후927 전원합의체 판결 등)은 특허침해소송이나 권리범위확인심판

등 특허침해 단계에서 그 특허발명의 권리범위에 속하는지 여부를 판단하면서도 마찬가지로 적용되어야 할 것이다(대법원 2015. 2. 12. 선고 2013후1726 판결)."라고 판시하였다.

다만, 판례는 위 판시 사항에 이어 "다만, 이러한 해석방법에 의하여 도출되는 특허발명의 권리범위가 명세서의 전체적인 기재에 의하여 파악되는 발명의 실체에 비추어 지나치게 넓다는 등의 명백히 불합리한 사정이 있는 경우에는, 그 권리범위를 특허청구범위에 기재된 제조방법의 범위 내로 한정할 수 있다(대법원 2015. 2. 12. 선고 2013후1726 판결)."라고 판시하여 구체적 타당성을 기하고 있다.

4. 보호범위가 확장되는 경우

뒤에서 별도로 후술하겠지만, 균등침해란 문언침해에 해당하지 않지만 예외적으로 인정되는 침해를 의미한다. 균등침해가 성립하는 경우는 보호범위가 확정된 청구범위보다 확장된 경우라 할 것이다.

8-2-2. 직접침해

1. 특허침해의 성립요건

① 특허권자(또는 전용실시권자) 아닌 사람이 ② 그의 허락을 받지 않고 무단으로 ③ 업으로서 ④ 특허발명을 ⑤ 실시하는 것은 특허침해(또는 전용실시권 침해)를 구성한다(특허법 제94조). 이때의 특허침해를 이하에서 별도로 설명할 간접침해와 구별하기 위하여 '직접침해'라 부르기도 한다.

위 5가지의 요건 중 ① 및 ② 요건은 이해에 어려움이 없고, ④ 요건은 위 '특허발명의 보호범위'에서 이미 설명한 바이므로,[140] 이하에서는 ③ 및 ⑤ 요건에 대하여만 살펴보고, 직접침해의 유형인 '문언침해', '균등침해', '이용침해'에 대하여 살펴보기로 한다.

가. 실시 행위의 유형

1) 한국의 경우

특허법 제2조 제3호는 아래와 같이 '실시' 행위를 정의한다.

> 3. "실시"란 다음 각 목의 구분에 따른 행위를 말한다.
> 가. 물건의 발명인 경우: 그 물건을 생산·사용·양도·대여 또는 수입하거나 그 물건의 양도 또는 대여의 청약(양도 또는 대여를 위한 전시를 포함한다. 이하 같다)을 하는 행위
> 나. 방법의 발명인 경우: 그 방법을 사용하는 행위
> 다. 물건을 생산하는 방법의 발명인 경우: 나목의 행위 외에 그 방법에 의하여 생산한 물건을 사용·양도·대여 또는 수입하거나 그 물건의 양도 또는 대여의 청약을 하는 행위

140) 특허발명을 실시한다는 것은 위에서 상세히 살펴본 '특허발명의 보호범위' 내 실시행위를 한다는 것을 의미한다.

'수출' 행위는 실시 행위에 해당하는가? 예를 들어 甲이 乙의 허락을 받지 않고 乙의 (한국)특허발명을 구현한 특허제품을 국내에서 판매하지 않고 외국에 수출하기만 하면, 甲은 乙의 특허권을 침해하는가? '수출'은 특허법 제2조 제3호 (가)목에 규정된 실시 행위가 아니므로, 甲은 乙의 특허권을 침해하지 않는다고 할 것이다. 덧붙여 '수출'을 특허법 제2조 제3호 (가)목 소정의 '양도'로 볼 수는 없다. 특허권의 속지주의 원칙상 물건의 발명에 관한 특허권자가 그 물건에 대하여 가지는 독점적인 생산·사용·양도·대여 또는 수입 등의 특허실시에 관한 권리는 특허권이 등록된 국가의 영역 내에서만 그 효력이 미치는 점을 고려하면,[141] 특허법 제2조 제3호 (가)목 소정의 '양도'는 국내에서의 양도에 한정된다고 봄이 타당하기 때문이다.

2) [참고] 미국의 경우

물건(product) 발명의 경우 미국에서 그 물건을 제작, 사용, 판매하거나 그 물건의 판매를 위한 청약(offer)을 하거나 미국으로 그 물건을 수입하는 행위가 물건 청구항에 대한 침해를 구성한다(35 U.S.C. 271(a)).

방법(method) 발명의 경우 그 방법을 미국에서 사용하는 행위가 방법 청구항에 대한 침해를 구성한다(case law). 다만, 제조방법 발명의 경우 그 방법을 미국에서 사용하는 행위뿐만 아니라, 그 방법에 따라 제작(그 제작 장소가 미국이 아니어도 무방함)된 물건에 대한 미국에서의 사용·판매, 판매를 위한 청약행위 또는 미국으로의 수입도 방법 청구항에 대한 침해를 구성한다(35 U.S.C. 271(g)).

141) 비록 간접침해에 관한 판례이기는 하지만, 대법원 2015. 7. 23. 선고 2014다42110 판결 참조

한편, 한국에서와 달리 미국에서는 '수출'이 특허침해를 구성할 수도 있다. 구체적으로는 특허된 물건이 외국에서 조립될 수 있도록 그 물건의 모든 부품이나 주요 부품을 외국에 수출하는 행위는 특허침해에 해당할 수 있다(35 U.S.C. 271(f)).

나. '업으로서' 실시

특허침해를 구성하기 위하여는 해당 발명을 업으로서 실시하여야 한다. 따라서 가정에서의 개인적인 실시는 특허침해를 구성할 수 없다. 반면, 미국의 경우 특허침해의 요건으로 업으로서의 실시를 요구하지 않는다.

2. 직접침해의 유형

가. 문언침해(literal infringement)

문언침해는 특허발명의 구성요소 '전부'를 해당 청구항의 '문언 그대로' 실시함으로써 특허를 침해하는 것을 의미하며, 가장 대표적인 특허침해 유형이다. 청구항에 기재되어 있는 구성요소 '전부'가 필수적 구성요소이므로, 이 중 하나라도 실시를 하지 않는 것은 특허침해에 해당할 수 없는데, 이를 '구성요소완비의 원칙(AER: All Elements Rule)'이라 명명하기도 한다.

이와 관련하여, 대법원은 "특허발명의 청구항을 복수의 구성요소로 구성한 경우에는, 그 구성요소가 유기적으로 결합한 전체로서의 기술사상을 보호하는 것이지 각각의 구성요소를 독립하여 보호하는 것은 아니다. 특허발명과 대비되는 발명이 특허발명의 청구항에 기재된 필수적 구성요소들 중 일부만을 갖추고 있고 나머지 구성요소가 없는 경우에는 원칙적으로 그에 대비되는 발명은 특허발명의 권리범위에 속하지 않는다(대법원 2017. 9.

26. 선고 2014다27425 판결 등)."라고 일관되게 판시하고 있다.

예를 들어, 甲이 아래와 같은 청구항 1에 대한 특허권을 갖고 있다고 하자.

【청구항 1】

a;

b; 및

c를 포함하는 발명 A.

이 경우, 乙이 甲의 허락을 받지 않고 a+b+c를 실시하는 것은 甲의 특허를 '문언'침해하는 것이다. 반면, 乙이 무단히 a+b나 a+c만을 실시하는 것은 甲의 특허를 침해하지 않는다. 乙이 무단히 a+b+c+d를 실시하는 것은 어떠한가? 이는 甲의 특허를 침해한다. 이를 이른바 이용침해라고 명명할 수도 있으나, 문언침해라 명명할 수도 있다. 乙이 실시하는 a+b+c+d이 위 청구항 1의 a+b+c를 문언 그대로 가지고 있고, 위 청구항 1 기재 발명은 a, b, c를 '포함'하는 발명이어서, a+b+c뿐만 아니라 a+b+c+d 역시 위 청구항 1의 청구범위에 속하기 때문이다.[142)]

나. 균등침해(equivalent infringement)

1) 균등침해의 의의

앞서 본 바와 같이, 특허침해소송의 상대방이 제조 등을 하는 제품 또는 사용하는 방법(이하 '침해제품 등'이라 한다)이 특허발명의 특허권을 침해한다고 하기 위해서는, 특허발명의 특허청구범위

142) 반면, 청구항 1 기재 발명 A가 구성요소 a, b, c로 '구성되어 있다면(consisting of)', 乙이 a+b+c+d를 실시하는 것은 이용침해에는 해당할 수 있으나, 문언침해(동일침해)에는 해당할 수 없다.

에 기재된 각 구성요소와 그 구성요소들 간의 유기적 결합관계가 침해제품 등에 그대로 포함되어 있어야 한다.

그러나 침해제품 등에 특허발명의 특허청구범위에 기재된 구성 중 변경된 부분이 있다 하더라도, (1) 침해제품 등의 과제해결원리가 특허발명의 그것과 동일하고, (2) 침해제품 등이 특허발명과 실질적으로 동일한 작용효과를 나타내며, (3) 그 같은 변경이 그 발명이 속하는 기술분야에서 통상의 지식을 가진 사람이라면 누구나 손쉽게 생각해 낼 수 있는 변경이라면, (4) 침해제품 등이 해당 기술분야에서 통상의 지식을 가진 사람이 특허발명의 출원시에 이미 공지된 기술 내지 공지기술로부터 용이하게 발명할 수 있거나 (5) 특허발명의 출원절차 등을 통하여 침해제품 등의 변경된 구성요소가 청구범위로부터 의식적으로 제외된 것에 해당하는 등의 특별한 사정이 없는 한, 침해제품 등은 특허발명의 청구범위에 기재된 구성과 균등한 것으로서 여전히 특허발명의 특허권을 침해하는데(대법원 2019. 1. 31. 선고 2018다267252 판결 등), 이를 '균등'침해라 명명한다.

이러한 5가지 요건 중 위 (1) 요건 내지 (3) 요건은 이른바 '적극적' 요건이고(특허권자 등의 입증사항), 위 (4) 요건 및 (5) 요건은 이른바 '소극적' 요건이다(상대방의 항변사항). 한편, 이른바 '자유실시기술의 항변'에 해당하는 위 (4) 요건은 뒤에서 별도로 살펴볼 것이고, 위 (5) 요건은 앞서 본 '출원경과금반언의 법리'에 해당한다.

위 5가지 요건 중 특히 그 의미가 문제되는 요건은 위 (1) 요건 및 (2) 요건인바, 이에 대하여만 지금부터 별도로 살펴보기로 한다.

2) '과제해결원리의 동일성'에 관한 판단기준

대법원 2014. 7. 24. 선고 2013다14361 판결, 2019. 1. 31.자 2016마5698 결정 등에 따르면, 침해제품 등과 특허발명의 과제해결원리가 동일한지 여부를 가릴 때에는 청구범위에 기재된 구성의 일부를 형식적으로 추출할 것이 아니라, 명세서 중 발명의 설명의 기재와 출원 당시의 공지기술 등을 참작하여 특허발명과 선행기술을 대비하여 볼 때에 특허발명에 특유한 해결수단이 기초하고 있는 "기술사상의 핵심"이 무엇인가를 실질적으로 탐구하여 판단하여야 한다.

특허발명의 과제해결원리를 파악할 때 발명의 설명의 기재뿐만 아니라 출원 당시의 공지기술 등까지 참작하는 것은 전체 선행기술과의 관계에서 특허발명이 기술발전에 기여한 정도에 따라 특허발명의 실질적 가치를 객관적으로 파악하여 그에 합당한 보호를 하기 위한 것이다. 이에 따라 이러한 선행기술을 참작하여 특허발명이 기술발전에 기여한 정도에 따라 특허발명의 과제해결원리를 얼마나 넓게 또는 좁게 파악할지를 결정하여야 한다.

결국, 실무에서는 청구항 기재 발명에서 '기술사상의 핵심'과 '기술사상의 핵심을 구현하는데 기여할 뿐인 기술'을 구별하는 것과 공지기술이 아닌 '기술사상의 핵심'을 파악해 내는 것이 중요하다고 할 것이다.[143)]

---

143) 대법원 2019. 1. 31.자 2016마5698 결정 인용

(바) 이러한 발명의 상세한 설명의 기재를 통하여 파악되는 이 사건 제1항 발명에 특유한 해결수단이 기초하고 있는 기술사상의 핵심은 '절단된 각각의 적층 김들이 하강하면서 가이드케이스의 하부에 고정 배치되는 격자형 부품의 외측 경사면을 따라 서로 사이가 벌어지도록 유도'하는 데에 있다.
<u>원심 판시 선출원고안은 이 사건 특허발명의 출원 당시에 공지된 기술이 아니고, 그 밖에 위와 같은 기술사상의 핵심이 이 사건 특허발명의 출원 당시에 공지되었다고 볼 만한 사정은 보이지 않는다. 그리고 발명의 상세한 설명에 구성 6 가이드케이스가 가압절판의 승강작동을 안정적으로 안내한다고 기재되어 있으나, 이러한 기능은 가압절판의 승강작동을 안정적으로 안내하는 것을 통해 앞서 본 이 사건 제1항 발명의 기술사상의 핵심을 구현하는 데 기여하는 정도에 그칠 뿐 이 사건 제1항 발명에 특유한 해결수단이 기초하고 있는 기술사상의 핵심으로 파악할 수는 없다.</u>

(사) 이 사건 실시제품도 경사면을 구비한 '격자형 박스' 구성에 의해 '절단된 각각

다만, 주의할 것은 명세서 중 발명의 설명에 기재되지 않은 공지기술을 근거로 발명의 설명에서 파악되는 기술사상의 핵심을 제외한 채 다른 기술사상을 특허발명의 기술사상의 핵심으로 대체하여서는 안 된다는 것이다. 명세서 중 발명의 설명을 신뢰한 제3자가 발명의 설명에서 파악되는 기술사상의 핵심을 이용하지 않았음에도 위와 같이 대체된 기술사상의 핵심을 이용하였다는 이유로 과제해결원리가 같다고 판단될 경우, 제3자에게 예측할 수 없는 손해를 끼칠 수 있기 때문이다(대법원 2019. 1. 31.자 2016마5698 결정).

3) '작용효과의 동일 여부'에 관한 판단기준

대법원 2019. 1. 31. 선고 2018다267252 판결은 '침해제품 등의 작용효과가 특허발명의 그것과 실질적으로 동일한지 여부'에 관한 판단기준을 아래와 같이 판시하였다.

"작용효과가 실질적으로 동일한지 여부는, 선행기술에서 해결되지 않았던 기술과제로서 특허발명이 해결한 과제를 침해제품 등도 해결하는지를 중심으로 판단하여야 한다. 따라서 발명의 설명의 기재와 출원 당시의 공지기술 등을 참작하여 파악되는 특허발명에 특유한 해결수단이 기초하고 있는 '기술사상의 핵심'이 침해제품 등에서도 구현되어 있다면 작용효과가 실질적으로 동일하다고 보는 것이 원칙이다.

그러나 위와 같은 기술사상의 핵심이 특허발명의 출원 당시에 이미 공지되었거나 그와 다름없는 것에 불과한 경우에는 이러한 '기술사상의 핵심'이 특허발명에 특유하다고 볼 수 없고, 특허발명이 선행기술에서 해결되지 않았던 기술과제를 해결하였다고 말할 수도 없다. 이러한 때

의 적층 김들이 하강하면서 격자형 박스의 외측 경사면을 따라 서로 사이가 벌어지도록 유도'하고 있다.

(아) 따라서 이 사건 실시제품은 위와 같은 구성의 차이에도 불구하고 기술사상의 핵심에서 이 사건 제1항 발명과 같으므로 과제 해결원리가 동일하다.

에는 특허발명의 기술사상의 핵심이 침해제품 등에서 구현되어 있는지를 가지고 작용효과가 실질적으로 동일한지 여부를 판단할 수가 없고, 균등 여부가 문제되는 구성요소의 개별적 기능이나 역할 등을 비교하여 판단하여야 한다.[144)]"

144) 대법원 2019. 1. 31. 선고 2018다267252 판결 인용

(2) 회생채무자 주식회사 알로드가 실시하고 있는 원심 판시 피고 제품에는 이 사건 특허발명의 특허청구범위 제1항(이하 '이 사건 제1항 발명'이라고 한다)의 '사이드 홀더에 있는 보온용 전기 가열장치(원심 판시 구성 5-5)'를 제외한 모든 구성들이 포함되어 있다.

(3) 피고 제품은 위 '보온용 전기 가열장치' 대신 사이드 케이싱 외부에 '가스 가열장치'를 두고 있다.

(4) 이 사건 특허발명의 발명의 상세한 설명에는 이 사건 제1항 발명과 관련하여, '본 발명의 직접 가압식 용탕 단조공정은 상부 금형이 하강하여 하부 금형에 주입된 용탕 전체 표면에 걸쳐 직접 강압, 예비성형 및 고압단조하고 재차 하부 금형에 의해 고압으로 가압함으로써 단순히 금형 온도에 크게 의존하는 종래 간접방식에 비해 단조효과가 월등히 우수할 뿐만 아니라, 응고에 따른 국부적인 체적변화에 대응하는 노크 아웃 실린더가 하부에 장착되어 고압으로 작동하기 때문에 그 단조효과를 더해 주며'라고 기재되어 있다.

(5) <u>그러나 위와 같이 발명의 상세한 설명에서 파악되는 '상·하부 양방향에서 가압하여 단조효과를 향상시킨다'는 기술사상은 이 사건 제1항 발명의 출원 당시에 공지된 을 제7호증에 나타나 있다.</u>

(6) 위 '상·하부 양방향에서 가압하여 단조효과를 향상시킨다'는 기술사상이 특허발명에 특유하다고 볼 수 없고, 이 사건 제1항 발명이 선행기술에서 해결되지 않았던 기술과제를 해결하였다고 말할 수도 없으므로, 작용효과가 실질적으로 동일한지 여부는 위 기술사상을 구현하는지를 기준으로 삼을 수는 없고, <u>이 사건 제1항 발명의 '보온용 전기 가열장치'와 피고 제품의 '가스 가열장치'의 개별적인 기능이나 역할 등을 비교하여 결정하여야 한다.</u> 위 두 구성은 금형의 온도를 조절하는 기능이나 착탈 여부 등에서 차이가 나므로 그 실질적 작용효과가 동일하다고 볼 수 없다.

(7) 따라서 피고 제품은 이 사건 제1항 발명의 '보온용 전기 가열장치'와 균등한 요소를 포함하고 있지 않으므로 이 사건 제1항 발명을 침해한다고 할 수 없다. 원심의 이유 설시에 부적절한 점이 있으나, 피고 제품이 이 사건 제1항 발명을 침해하지 않는다고 본 원심의 결론에 상고이유 주장과 같이 특허발명의 균등침해에 관한 법리를 오해하는 등으로 판결 결과에 영향을 미친 잘못이 없다.

다. 이용침해

선행발명과 후발명이 특허법 제98조[145] 소정의 '이용관계'에 있는 경우, 후발명은 선행발명특허의 권리범위에 속하고, 이러한 이용관계는 후발명이 선행발명의 요지를 전부 포함하고 이를 그대로 이용하면 성립한다(대법원 1995. 12. 5. 선고 92후1660 판결 참조). 이용관계는 후발명이 선행발명과 '동일'한 발명뿐만 아니라 '균등'한 발명을 이용하는 경우에도 성립한다(대법원 2001. 9. 7. 선고 2001후393 판결 참조).

예를 들어 甲이 a+b로 이루어진 선행발명에 대한 특허권자이고, 乙이 a+b+c로 이루어진 후발명에 대한 특허권자이며(a+b+c에서 a+b의 유기적인 일체관계가 유지되고 있음), 양 특허가 모두 유효한 특허라고 하자. 이때, a+b+c를 실시하는 乙은 "나는 나의 특허발명을 실시할 뿐이므로, 甲의 특허권을 침해하지 않았다."는 주장을 할 수 없다는 것에 유의하여야 한다(특허법 제98조, 대법원 1995. 12. 5. 선고 92후1660 판결 참조). 甲의 특허발명과 乙의 특허발명 사이에는 특허법 제98조의 이용관계가 성립하므로, 설령 乙의 특허권이 유효하다고 하더라도 乙은 甲의 허락을 받지 않고 자신의 특허발명을 실시할 경우 甲의 특허권을 침해하게 된다.

그런데 앞서 본 바와 같이 선행발명이 개방형 청구항(open-ended claim) 기재 발명인 경우에는 이러한 이용침해의 성립요건이 문언침해 내지 균등침해의 성립요건과 실질적으로 다르다고 할 수 없다. 물론 선행발명이 폐쇄형 청구항 기재 발명인 경우에는 이용침해를 문언침해

145) 제98조(타인의 특허발명 등과의 관계) 특허권자·전용실시권자 또는 통상실시권자는 특허발명이 그 특허발명의 특허출원일 전에 출원된 타인의 특허발명·등록실용신안 또는 등록디자인이나 그 디자인과 유사한 디자인을 이용하거나 특허권이 그 특허발명의 특허출원일 전에 출원된 타인의 디자인권 또는 상표권과 저촉되는 경우에는 그 특허권자·실용신안권자·디자인권자 또는 상표권자의 허락을 받지 아니하고는 자기의 특허발명을 업으로서 실시할 수 없다.

내지 균등침해와 별도로 논할 실익이 있다고 할 것이다.

라. 그 밖의 직접침해 유형

지금까지 본 직접침해의 유형 이외에도 이른바 우회침해, 생략침해, 불완전이용침해, 선택침해 등의 유형을 (균등침해 등과 독립된) 특허침해의 한 유형으로 인정할 수 있는지에 대하여 논란이 있으나, 문언침해와 균등침해에 비하여는 그 중요도가 많이 떨어지므로 이에 대한 논의는 생략한다.

마. 실제 수행 사례 소개

특허침해소송에서 문언침해 또는 균등침해가 성립하는지 여부는 가장 흔하게 다투어지는 쟁점이므로, 이에 관한 실제 수행 사례는 많은데, 그중 대기업 계열사 간에 치열한 공방이 있었던 사건 하나를 소개하기로 한다.

1) P사의 특허침해 주장

P사는 크레인을 무인으로 제어하기 위한 시스템에 관한 특허(이하 '제1특허'라 한다) 및 크레인을 활용한 물류관리를 제어하기 위한 시스템에 관한 특허(이하 '제2특허'라 한다)를 보유하고 있다.

이러한 상황에서 P사는 H사가 제1특허의 청구항 1, 9, 제2특허의 청구항 2, 4, 7 총 5개의 청구항에 대한 특허권을 침해하였다고 주장하며 손해배상을 청구하였다(서울중앙지방법원 2015가합577366호). 이하 편의상 제1특허의 청구항 1 기재 발명을 '이 사건 제1발명'이라 하고, 제1특허의 청구항 9 기재 발명을 '이 사건 제2발명'이라고 하며, 제2특허의 청구항 2 기재 발명을 '이 사건 제3발명'이라고 하고, 제2특허의 청구항 4 기재 발명을 '이 사건 제4발명'이라 하며, 제2특허의 청구항 7 기재 발명을 '이 사건 제5발명'이라고 한다.

2) H사의 대응 전략

저자는 1심과 2심에서 H사를 대리하였고, P사의 주장에 대한 H사의 대응 전략은 아래 표와 같았다.

P사의 주장	H사의 반박
이 사건 제1발명 특허권이 침해되었다.	(1) 문언침해를 하지 않았다. (2) 이 사건 제1발명에는 무효사유가 있으므로, P사의 주장은 이유 없다.
이 사건 제2발명 특허권이 침해되었다.	(1) 문언침해를 하지 않았다. (2) 균등침해도 하지 않았다. (3) 이 사건 제2발명에는 무효사유가 있으므로, P사의 주장은 이유 없다.
이 사건 제3발명 특허권이 침해되었다.	문언침해를 하지 않았다.
이 사건 제4발명 특허권이 침해되었다.	문언침해를 하지 않았다.
이 사건 제5발명 특허권이 침해되었다.	(1) 문언침해를 하지 않았다. (2) 균등침해도 하지 않았다. (3) 이 사건 제5발명에는 무효사유가 있으므로, P사의 주장은 이유 없다. (4) H사의 실시 기술은 누구라도 자유롭게 실시할 수 있는 기술이므로, P사의 주장은 이유 없다.

이처럼 침해 혐의자가 가장 흔하게 주장하는 사항은 자신은 문언침해 또는 균등침해를 하지 않았다는 것이다. 위 H사의 반박 내용 중 P사의 발명에 무효사유가 있다는 주장은 이른바 '특허무효의 항변'에 해당하고, H사의 실시 기술이 그 누구나 자유롭게 실시할 수

있는 기술이라는 주장은 이른바 '자유실시기술의 항변'에 해당하는데, 여기서는 문언침해와 균등침해에 대하여만 살펴보기로 하고, 위 각 항변의 의미는 8-3-7.에서 살펴보기로 한다.

3) 법원의 판단

1심과 항소심의 판단은 아래 표와 같고, 아래 표에서 확인할 수 있는 바와 같이 H사는 1심에서는 80% 정도 승소하였으나, 항소심에서 100% 승소하였다[서울중앙지방법원 2016. 12. 9. 선고 2015가합577366 판결, 특허법원 2018. 8. 16. 선고 2017나1025 판결(확정)]. 참고로 이 사건 제5발명에 관한 1심, 항소심의 판단이 서로 달랐던 이유는 1심은 이 사건 제5발명에 무효사유가 없다고 본데 반해, 항소심은 그 무효사유가 있다고 보았기 때문이다.

쟁점	1심의 판단	항소심의 판단
이 사건 제1발명 특허권 침해 여부	침해 ×	. 146)
이 사건 제2발명 특허권 침해 여부	침해 ×	
이 사건 제3발명 특허권 침해 여부	침해 ×	침해 ×
이 사건 제4발명 특허권 침해 여부	침해 ×	침해 ×
이 사건 제5발명 특허권 침해 여부	침해 ○	침해 ×

146) H사는 P사의 이 사건 제1 및 제2 발명(=제1특허의 청구항 1, 9 기재 발명)에 대하여 특허무효심판을 청구하였고, 그 특허무효심판사건의 진행 중 P사는 제1특허의 청구항 1(독립항)을 삭제하고 이를 그 종속항인 청구항 2에 붙이는 정정과, 제1특허의 청구항 9(독립항)를 삭제하고 이를 그 종속항인 청구항 10에 붙이는 정정을 하였다. 이에 따라, 위 특허무효심판청구는 존재하지 않는 청구항들을 대상으로 한 셈이 되었고 그 결과 각하되었으며(특허심판원 2017. 2. 20. 선고 2016당1144 심결), 이는 확정되었다. 이 같은 경위로 이 사건 제1 및 제2발명이 삭제되었고, 항소심에서는 그 발명 특허권에 대한 침해 여부는 쟁점이 아니었다.

4) 부연 설명

위 사건과 관련하여 2가지 사항에 대하여 부연설명을 하고자 한다. 문언침해, 균등침해와 관련하여 눈여겨 볼 부분이라고 생각된다.

첫째, 이 사건 제5발명에는 총 8개의 구성요소가 있는데, 주로 문제가 된 구성요소는 "코일(590[147])이 코일 리프터(coil lifter, 580)에 정상적으로 걸렸는지를 검출하는 코일 로드 접촉 센서(510)"와 "코일 리프터(580)의 양쪽에 부착되며, 코일의 양쪽 외곽이 코일 리프터에 접촉되었는지를 검출하는 코일 폭 접촉 센서(520)"라는 2개의 구성요소이었다.

이와 관련하여, H사는 H사 실시 제품에 위 두 구성요소에 대응되는 센서가 있기는 하나, H사 실시 제품에서의 센서는 접촉 센서가 아니라 비접촉 센서라는 반박을 하면서, 이는 문언침해, 균등침해 모두에 해당하지 않는다는 주장을 하였다. 이에 대하여 1심은 문

147) 아래 그림 참조

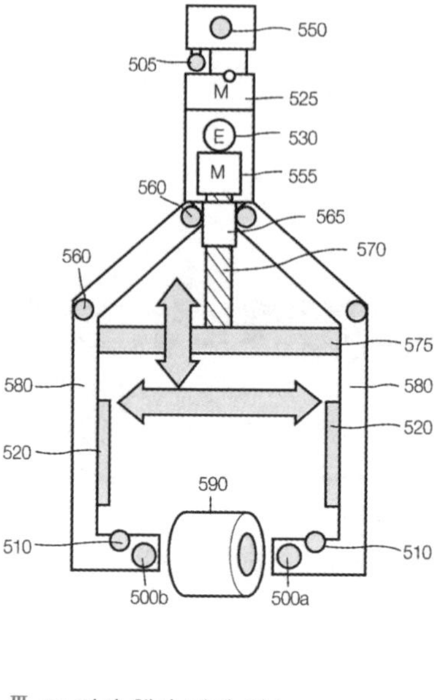

언침해는 아니나 균등침해라고 판단한데 반해, 항소심은 양 센서가 서로 동일하고 설령 동일하지 않다 하더라도 서로 균등하다고 판단하였다. 이와 같은 식으로, 문언침해 성립 여부 또는 균등 침해 성립 여부는 특허침해소송에서 거의 항상 문제된다.

둘째, 문언침해가 성립되지 않으면 무조건 균등침해 여부를 검토해야 하는가? 그렇지 않다.

이 사건 제5발명의 경우에는 '만일 문언침해가 성립하지 않는다면, 이와 달리 균등침해는 성립할 수 있는가?'를 검토해야 하는데, 이는 H사가 이 사건 제5발명의 위 두 센서를 다른 센서로 「치환」하였다고 볼 수 있기 때문이다. 즉, H사 실시 제품에 이 사건 제5발명의 위 두 센서에 대응되는 구성요소가 존재하기 때문이다.

반면, 이 사건 제3발명의 경우에는 문언침해가 성립하지 않음에도 균등침해의 성립 여부가 쟁점이 되기 어려웠다. 왜냐하면 H사 실시 제품에는 이 사건 제3발명에서의 그 문제된 구성요소에 대응되는 구성요소조차 존재하지 않기 때문이다. 즉, H사가 이 사건 제3발명의 몇몇 구성요소를 다른 구성요소로 치환한 것이 아니라 「생략」한 것인데, 이러한 경우에는 균등 여부를 논하기 어렵다.

바. [참고] 미국에서의 직접침해의 유형

1) 문언침해[148)]

미국에서도 문언침해에 관한 위 법리를 따른다. 구체적으로 미국

148) "문언침해(literal infringement)"라는 용어는 한국과 미국에서 약간 상이한 의미로 사용되는 것으로 보인다. 단적인 예시로, 甲의 폐쇄형 청구항 기재 발명이 a+b+c이고, 乙의 실시기술이 a+b+c+d인 경우, 한국에서는 이를 「乙이 "이용침해"를 하고 있다」라고 표현하는데 반해, 미국에서는 "이용침해"라는 유형을 문언침해와 균등침해와 별도로 규정하지 않고, 위 乙의 실시 행위를 「乙이 "문언침해"를 하고 있다」고 표현하는 것으로 보인다.

판례[149)]는 '① 침해자가 침해시 해당 특허를 알고 있었는지 여부(knowledge of patent), ② 침해자에게 특허침해의 의도(intent)가 있었는지 여부, ③ 침해자가 특허발명에 구성요소를 부가한 기술을 실시하였는지 여부(다만, 특허발명의 청구항이 그 부가된 구성요소를 제외하였음이 명백한 경우는 예외임) 및 ④ (특허발명이 방법발명인 경우) 그 방법에 포함되는 단계(step)들 사이의 수행 순서(다만, 특허발명의 청구항이 그 단계들의 순서를 명백히 한정한 경우는 예외임)에 관계없이' 문언침해를 인정하고 있다.

2) 균등침해

미국에서도 균등침해(Doctrine of Equivalents; 이하 'DOE'라 한다)의 법리가 판례에 의하여 인정된다. 구체적으로, 침해제품 등에 특허발명의 일부 구성요소가 없더라도 그와 비본질적인 차이(insubstantial different)가 있는 대응되는 구성요소가 있는 경우, 그 대응되는 구성요소는 그 일부 구성요소와 균등하다.

한편, 균등침해의 성립요건 중 위 (4) 요건 및 (5) 요건의 '소극적' 요건과 같이, 미국 법원 역시 DOE 법리가 적용될 수 없는 경우를 나열하고 있다.

① 특허권자 스스로 출원 과정에서 보정서 또는 의견서를 통해 '균등 여부가 문제되는 특허발명의 구성요소가 위 대응 구성요소와 차별화된다는 것'을 밝힌 경우, ② 위 대응 구성요소가 특허발명에 포함될 수 없다는 것이 명세서 중 발명의 설명(specification) 기재내용에 비추어 명백한 경우, ③ 위 대응 구성요소가 발명의 설명에 적혀 있지만 청구범위에는 기재되지 않은 경우에는 위 대응 구성요소에 DOE 법리가 적용될 수 없다 할 것이다.

149) Commil USA, LLC v. Cisco Systems, Inc., 135 S.Ct. 1920 (2015)

3. 소송에서 유의할 사항

가. 침해 여부의 입증을 위한 자료제출명령신청

특허권자 등이 소송에서 '특허침해에 따른 손해액'을 입증하기 위하여 재판부에 상대방에 대한 문서제출명령신청을 할 수 있음에는 의문이 없다. 나아가, 특허권자 등이 소송에서 상대방이 '특허권 침해를 하였는지 여부'를 입증하기 위해서도 재판부에 상대방에 대한 문서제출명령신청을 할 수 있을까?

2016. 6. 30.부터 시행된 구 특허법(2016. 2. 29. 법률 제14035호로 일부개정되기 전의 것) 제132조 제1항은 특허침해소송에서 법원의 증거제출 명령 대상 범위를 '서류(문서)'에서 '자료'로 확대하였으며, '손해액'의 입증을 위한 자료에 대한 제출명령신청뿐만 아니라 '특허권 침해'를 입증하기 위한 자료에 대한 제출명령신청도 가능하다고 규정하고 있다.

나. 특허권자 등의 유의사항

위와 같이 2016. 6. 30.부터 시행된 구 특허법 제132조 제1항이 있음에도 특허권자 등이 막연한 심증만 가지고 특허소송을 제기한 뒤, 재판부에 상대방에게 자료제출을 명하여 달라고 요구하는 것은 이른바 모색적 입증에 해당하고, 재판부는 그러한 자료제출명령신청을 채택하지 않는 것으로 보인다.

특허권자 등은 재판부에 상대방에 대한 자료제출명령신청을 하기에 앞서, 재판부가 상대방이 특허권 침해자일 수 있지 않을까 하는 의심을 할 수 있도록 최대한의 노력을 다하여야 할 것이다.

다. 침해 혐의자의 유의사항

특허침해를 입증하기 위하여 특허권자 등이 재판부에 상대방(아직 침해자인지 확실하지 않으므로 이하 이러한 상대방을 '침해 혐의자'라 명명한다)에 대한 자료제출명령신청을 하였고, 만일 재판부가 그 필요성을 인정하여 위 자료제출명령신청을 채택하면 침해 혐의자가 유의하여야 할 사항이 있다.

예전에는 침해 혐의자가 "해당 자료는 영업비밀에 해당하므로 제출할 수 없다."는 취지의 답변을 하며 자료제출을 거부할 정당한 이유가 있음을 주장하는 경우가 자주 있었다.

하지만 2016. 6. 30.부터 시행된 구 특허법 제132조 제2항 내지 제5항에 따라 더 이상은 침해 혐의자가 위에서 본 바와 같이 대응하기 어렵게 되었다. 이 규정을 구체적으로 살펴보면 다음과 같다.

만일 상대방이 자료제출을 거부할 정당한 이유가 있다고 주장하면, 법원은 그 주장의 당부를 판단하기 위해 상대방에게 자료의 제시를 명할 수 있다(특허법 제132조 제2항).[150] 그리고 상대방이 제출을 거부하는 자료가 영업비밀에 해당할지라도, 그것이 침해의 증명에 반드시 필요한 때에는 자료가 영업비밀에 해당한다는 것이 '정당한 이유가 되지 않는다'는 것에 유의하여야 한다(특허법 제132조 제3항).[151]

당사자가 정당한 이유 없이 자료제출명령에 따르지 아니한 때에는 법원은 '자료의 기재'에 대한 상대방의 주장을 진실한 것으로 인정할 수 있다(특허법 제132조 제4항). 이 경우, 자료의 제출을 신청한 당사자가 자료의 기재에 관하여 구체적으로 주장하기에 현저히 곤란한 사정이

150) 이 경우, 법원은 그 자료를 다른 사람이 보게 하여서는 아니 된다(특허법 제132조 제2항 2문).

151) 이 경우, 법원은 제출명령의 목적 내에서 열람할 수 있는 범위 또는 열람할 수 있는 사람을 지정하여야 한다(특허법 제132조 제3항 2문).

있고 자료로 증명할 사실을 다른 증거로 증명하는 것을 기대하기도 어려운 때에는, 법원은 '그 당사자가 자료의 기재에 의하여 증명하고자 하는 사실'에 관한 주장을 진실한 것으로 인정할 수 있다(특허법 제132조 제5항).

8-2-3. 간접침해

1. 간접침해의 의의

비록 직접침해에는 해당되지 않지만, 직접침해의 전 단계에 있는 행위로서 이를 허용할 경우 직접침해가 발생할 개연성이 큰 행위는 장래의 특허권 침해에 대한 권리 구제의 실효성을 높이기 위하여 규제할 필요가 있다. 이러한 필요에 의해 도입된 법리가 간접침해의 법리이다.

그렇다고 하여 직접침해가 발생할 개연성이 큰 행위 전부를 간접침해 행위로 규정지을 수는 없다. 특허권이 부당하게 확장되기 때문이다. 이러한 이유로 특허법 제127조는 일정한 요건하에서만 간접침해를 인정하고 있고, 미국은 이른바 유도침해와 기여침해만을 간접침해로 인정하고 있는데, 이하에서 살펴보기로 한다.

2. 간접침해의 성립요건

가. 한국의 경우

1) 특허법 제127조

특허법 제127조의 규정은 아래 박스 기재와 같은데, 아래에서 분설하여 살펴보는 바와 같이 간접침해의 성립 여부를 판단하기 위하여 검토하여야 할 대상은 총 3개[① 특허발명(물건 또는 방법), ② 간접침해물건, ③ 제3자가 간접침해물건을 사용하여 생산하고 있거나 생산하려 하는 물건 또는 실시하고 있거나 실시하려 하는[152] 방

152) 제3자에 의한 특허발명의 실시가 '현재 존재'하거나 적어도 '가까운 장래에 현실화될 고도의 개연성'이 있어야 한다[정상조, 박성수 공편, 「특허법 주해 Ⅱ」, 박영사(2010), p.96; 특허법원 지적재산소송실무연구회, 「지적재산 소송실무」, 박영사(2019), p.478 재인용].

법]이다. 이하 구체적으로 살펴본다.

> **제127조(침해로 보는 행위)** 다음 각 호의 구분에 따른 행위를 업으로서 하는 경우에는 특허권 또는 전용실시권을 침해한 것으로 본다.
> 1. 특허가 물건의 발명인 경우: 그 물건의 생산에만 사용하는 물건을 생산·양도·대여 또는 수입하거나 그 물건의 양도 또는 대여의 청약을 하는 행위
> 2. 특허가 방법의 발명인 경우: 그 방법의 실시에만 사용하는 물건을 생산·양도·대여 또는 수입하거나 그 물건의 양도 또는 대여의 청약을 하는 행위

2) 간접침해물건이 제3자의 특허발명 실시에 사용될 것

(간접침해자 이외의) 제3자가 간접침해물건을 이용하여 특허발명을 실시하여야 한다. 그렇다면 제3자가 특허발명과 '동일'한 발명을 실시하는 경우에만 특허법 제127조가 적용되는가? 그렇지 않다.

판례는 제3자가 간접침해물건을 사용하여 실시하는 기술내용과 특허발명 사이에 문언침해의 관계가 성립하는 경우뿐만 아니라 균등침해의 관계나 이용침해의 관계가 성립하는 경우에도 특허법 제127조가 적용된다는 전제에서 판시를 하고 있다.[153)]

특허발명이 물건발명인 경우, 간접침해가 성립할 수 있는 제3자의 실시행위는 '생산'행위에 한정된다(특허법 제127조 제1호). 특허법 제127조 제1호에 규정된 특허실시 물건의 '생산'이란, 발명의 구성요소 일부를 결여한 물건을 사용하여 발명의 모든 구성요소를 가진 물건을 새로 만들어내는 모든 행위를 뜻하므로, 공업적 생산에 한하지 않고 가공, 조립 등의 행위도 포함된다(대법원 2009. 9. 10. 선고

153) 특허법원 지적재산소송 실무연구회, 「지적재산소송실무」, 박영사(2019), p.477

2007후3356 판결 등).

한편, 특허권의 속지주의 원칙상 물건발명에 관한 특허권자가 그 물건에 대해 가지는 독점적인 생산·사용·양도·대여 또는 수입 등의 특허실시에 관한 권리는 특허권이 등록된 국가의 영역 내에서만 효력이 미치는 점을 고려하면, 특허법 제127조 제1호의 '그 물건의 생산에만 사용하는 물건'에서 말하는 '생산'이란 국내에서의 생산을 의미한다고 봄이 타당하다. 따라서 이러한 생산이 국외에서 일어나는 경우에는 그 전 단계의 행위가 국내에서 이루어지더라도 간접침해가 성립하지 않는다(대법원 2015. 7. 23. 선고 2014다42110 판결).

덧붙여, 특허실시 물건(예를 들어, 프린터)의 소모품(예를 들어, 토너 카트리지)을 교체하는 것은 단순히 특허실시 물건의 '수리'에 해당할 뿐 '생산'에 해당하지 않는다고 볼 수 있으나, 판례는 "특허발명의 대상이거나 그와 관련된 물건을 사용함에 따라 마모되거나 소진되어 자주 교체해 주어야 하는 소모부품일지라도, 특허발명의 본질적인 구성요소에 해당하고 다른 용도로는 사용되지 아니하며 일반적으로 널리 쉽게 구할 수 없는 물품으로서 당해 발명에 관한 물건의 구입 시에 이미 그러한 교체가 예정되어 있었고 특허권자 측에 의하여 그러한 부품이 따로 제조·판매되고 있다면, 그러한 물건은 특허권에 대한 이른바 간접침해에서 말하는 '특허 물건의 생산에만 사용하는 물건'에 해당하고, 위 '특허 물건의 생산에만 사용하는 물건'에 해당한다는 점은 특허권자가 주장·입증하여야 한다(대법원 2002. 11. 8. 선고 2000다27602 판결)." 라고 판시한 바 있다.

3) 간접침해물건의 전용성(專用性)

간접침해가 성립할 수 있는 물건은 특허발명에 따른 물건의 생산이나 방법의 사용에'만' 사용되는 것이다. 물건에 이러한 전용성이 인정되기 위하여는 사회통념상 통용되고 승인될 수 있는 경제적·상업적 내지 실용적인 다른 용도가 없어야 하고, 그 물건에 단순히 특허발명 이외의 물건이나 방법에 사용될 이론적·실험적 또는 일시적인 사용가능성이 있는 정도로는 간접침해의 성립을 부정할 만한 다른 용도가 있다고 할 수 없다(대법원 2009. 9. 10. 선고 2007후3356 판결).

4) 간접침해물건의 업으로서의 생산·양도·대여·수입·청약

간접침해가 성립하기 위하여는, 간접침해물건을 '업으로서' '생산·양도·대여 또는 수입하거나 그 물건의 양도 또는 대여를 위한 청약(양도 또는 대여를 위한 전시를 포함함)'을 하여야 한다.

5) 실제 수행 사례 소개

甲과 乙은 콘텍트렌즈 판매사업을 영위하는 업체들이다. 렌즈를 구매하러 온 고객들이 렌즈를 실제 착용해보지 않고도 렌즈가 착용된 눈의 외관을 짐작할 수 있도록, 진열된 렌즈 바로 아래에 필요할 때마다 홍채색의 판(이하 '착용테스터'라 한다)을 받칠 수 있다면 좋을 것이다. 이런 점에 착안하여 甲은 렌즈들이 진열되는 부분 바로 아래에 홈이 있고 그 홈에 사람의 홍채색을 띄는 착용테스터가 결합될 수 있는 렌즈진열대에 관한 실용신안권을 확보하였다. 乙도 자기 고유의 렌즈진열대를 사용하였는데, 그 렌즈진열대에도 위와 같은 홈이 있고 그 홈에 사람의 홍채색을 띄는 착용테스터가 결합 가능하였다.

이에 따라 甲은 특허심판원에 乙을 상대로 乙의 '착용테스터가 포함된 렌즈진열대(이하 '본래 제품'이라 한다)'가 甲의 실용신안권의 권리범위에 속한다는 확인을 구하는 적극적 권리범위확인심판

을 청구하였고, 甲의 청구는 인용되었다.

이후 乙은 더 이상 착용테스터를 사용하지 않음으로써, 본래 제품을 종래의 평범한 일반적인 렌즈진열대(이하 '변경 제품'이라 한다)처럼 사용하였다. 즉, 변경 제품은 본래 제품에서 착용테스터를 제거한 것이다.

본래 제품 (1심 판결문 별지 도면 발췌)	변경 제품 (1심 판결문 별지 도면 발췌)
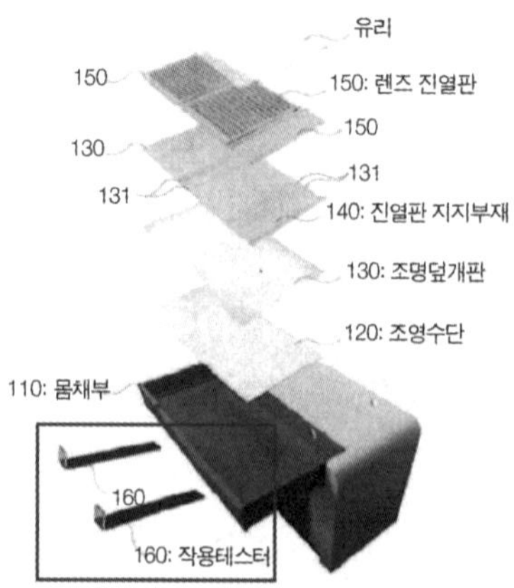	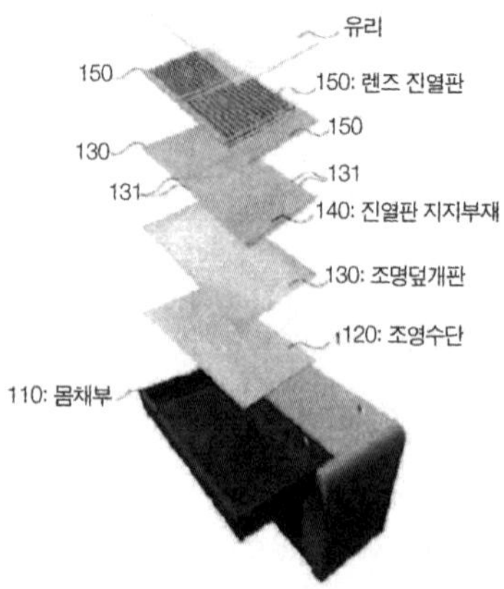

이러한 상황에서, 甲은 乙이 변경 제품에 언제든 착용테스터를 결합시켜 자신의 실용신안권을 침해할 개연성이 매우 높다면서 乙을 상대로 실용신안권침해금지가처분 신청을 하였을 뿐만 아니라, 실용신안권 침해금지 및 손해배상청구도 하였다.

저자는 위 가처분사건[154]과 본안사건(침해금지 및 손해배상청구사건)[155] 모두에서 乙을 대리하여 승소하였다. 甲의 주장에도 어느

154) 특허심판원 2016. 3. 29. 선고 2015당4529 심결과 특허법원 2016. 10. 14. 선고 2016허2676 판결 모두 甲의 간접침해 주장을 배척했다. 甲이 위 특허법원 판결에 대해 상고하였으나, 대법원은 2017. 2. 23. 이를 심리불속행기각하였다.

155) 乙은, 본래 제품이 甲의 실용신안권의 권리범위에 속하는지 여부가 문제된 적극적

정도 일리는 있다고 생각되지만, 乙의 변경 제품은 '현실에서 실제로 일반 렌즈진열대로 사용'되고 있고 이에 따라 본래 제품의 생산에'만' 사용되는 물건일 수 없으므로, 현행 특허법 제127조 제1호의 간접침해 규정에 해당하지 않는 것이다. 단지, 특허침해의 개연성이 높은 물건이라는 이유만으로 특허법 제127조 소정의 간접침해물건이 되는 것은 현행 특허법제하에서 특허권을 부당하게 확장하는 것이다.

나. [참고] 미국의 경우

미국 특허법은 '유도침해(inducement of infringement)' 및 '기여침해(contributory of infringement)'라는 간접침해(indirect infringement)를 인정하고 있다.

1) 유도침해

유도침해는 35 U.S.C. 271(b)[156]에 명시되어 있고, 이에 따르면 특허침해를 적극적으로 유도한 사람은 특허침해자로서 책임을 진다.

예를 들어, 甲의 특허발명 A가 a+b+c+d로 구성된 물건에 관한 발명인데, 乙이 구성요소 a, b, c, d만을 판매하면서 그 결합방법을

권리범위확인심판에서 甲에게 패소한 후부터는, 더 이상 본래 제품을 실시하지 않고 변경 제품만 실시하였다. 이러한 상황에서 甲은, 본래 제품을 '직접침해'품으로, 변경 제품을 '간접침해'품으로 규정하며, 乙을 상대로 乙이 그동안 본래 제품과 변경 제품을 실시하여 甲의 실용신안권을 침해함으로써 甲이 입은 손해의 배상을 청구하였다.

1심은 본래 제품이 직접침해품이라는 甲의 주장만 받아들이고, 변경 제품이 간접침해품이라는 甲의 주장을 배척하는 일부인용판결을 하였다(서울중앙지방법원 2016. 11. 25. 선고 2016가합524314 판결).

항소심(특허법원 2016나2007호)에서는 사실상 본래 제품(직접침해품)의 실시에 따른 甲의 손해액에 관하여만 다툼이 있었고, 재판부는 2017. 12. 22. 화해권고결정을 내렸다. 양 당사자 모두 이에 이의하지 않아 본안사건 역시 종결되었다.

156) "Whoever actively induces infringement of a patent shall be liable as an infringer."

상세히 적은 매뉴얼을 구매자에게 함께 제공한다고 가정하자. 이 경우, 乙은 위에서 본 35 U.S.C. 271(a) 소정의 실시 행위 중 그 어느 행위도 하지 않았으므로 직접침해를 한 바 없다고 할 것이다. 다만, 만일 乙이 구매자로 하여금 특허침해를 하도록 적극적으로 유도하였다면, 乙은 유도침해자(간접침해자)로서 특허침해의 책임을 지게 된다.

미국 판례[157]에 따르면, 직접침해와 달리 유도침해(간접침해)가 성립하기 위하여는 유도침해의 의도(intent)가 요구되고, 자신의 행위가 특허침해에 해당하지 않을 것을 선의로 믿은 경우(good faith belief)에는 유도침해가 성립할 수 없으나, 특허가 무효될 것을 선의로 믿었다는 이유만으로 유도침해의 성립을 부정할 수는 없다.

2) 기여침해

기여침해는 35 U.S.C. 271(c)[158]에 명시되어 있고, 이에 따르면 특허받은 기계, 제조물, 조합물 또는 구성의 구성요소 또는 특허받은 방법의 실시에 사용되는 재료 또는 장치(이하 '일부 구성요소 등'이라고 한다)가 특허발명의 중요부분에 해당하는 경우, 일부 구성요소 등이 특허침해에 사용되기 위해 특별히 제작되었음을 알면서 이를 미국 내에서 판매하거나 판매하기 위한 청약을 하거나 미국으로 수입하는 사람은 특허침해자로서 책임을 진다.

---

157) Commil USA, LLC v. Cisco Systems, Inc., 135 S.Ct. 1920 (2015)

158) "Whoever offers to sell or sells within the United States or imports into the United States a component of a patented machine, manufacture, combination or composition, or a material or apparatus for use in practicing a patented process, constituting a material part of the invention, knowing the same to be especially made or especially adapted for use in an infringement of such patent, and not a staple article or commodity of commerce suitable for substantial noninfringing use, shall be liable as a contributory infringer."

미국 판례[159]에 따르면, 유도침해와 같이 기여침해(간접침해)가 성립하기 위하여는 기여침해의 의도(intent)가 요구되고, 자신의 행위가 특허침해에 해당하지 않을 것을 선의로 믿은 경우(good faith belief)에는 기여침해가 성립할 수 없다.

159) Commil USA, LLC v. Cisco Systems, Inc., 135 S.Ct. 1920 (2015)

III IP 권리 행사 관련 이슈

제 8 장 특허권의 행사

8-3 특허권자 등의 권리행사 및 상대방의 방어전략

제9장 영업비밀침해 관련 권리행사

제10장 디자인권의 행사

제11장 상표권의 행사

제12장 저작권 · 저작인접권의 행사

8-3-1. 특허 관련 분쟁에 대한 개관

A 한국의 경우

특허권자 등은 위 8-2에서 본 바에 따라 특허권 침해가 있다고 생각한 경우 침해 혐의자를 상대로 특허권(배타권)을 행사할 수 있고, 이와 관련하여 특허권자 등과 침해 혐의자 사이에 여러 분쟁이 있을 수 있다. 8-3-2. 이하에서 이를 상세하게 살펴보기에 앞서, 각 분쟁의 내용을 개괄적으로 설명하면 8-3-1. 기재와 같다. 또한, 8-3-1.에서는 특허 관련 분쟁에 대한 전반적인 이해를 돕기 위하여 '특허침해'와 관련된 분쟁뿐만 아니라 그 밖의 특허 관련 분쟁(예를 들어, 특허출원 관련 분쟁, 특허권과는 관련되어 있으나 특허침해와는 무관한 분쟁)에 대하여도 살펴보기로 한다.

1. (특허권 발생 전의) 특허출원에 관한 분쟁

가. 결정계 심판

특허청 심사관이 특허출원에 대하여 거절결정을 한 경우, 출원인은 이에 대하여 불복하고자 특허심판원에 거절결정불복심판을 청구할 수 있다. 이때 청구인은 출원인이고, 피청구인은 특허청장이다. 공동출원인의 특허출원이 거절결정된 경우에는 이들 모두 공동으로 거절결정불복심판을 청구하여야 한다(특허법 제139조 제3항).

모든 심판사건(결정계 심판뿐만 아니라 뒤에서 볼 당사자계 심판도 포함함)에서 변리사는 단독으로 심판사건을 대리할 수 있고, 변호사는 변리사 등록을 하지 않은 이상 심판사건을 대리하지 못한다.

나. 심결취소소송 및 그에 대한 상고심

특허심판원의 심결에 불복하고자 하는 사람은 심결등본을 송달받은 날로부터 30일 내에 특허법원에 소를 제기할 수 있다(특허법 제186조 제3항). 이러한 소송을 심결취소소송이라 부른다. 공동출원인이 공동으로 거절결정불복심판청구한 것에 대한 심결에서 패소한 측은 그 공유자 1인에 의하여 또는 그 공유자 1인에 대하여 소를 제기할 수 있다고 할 것인데,[160] 이를 특허법 제139조 제3항과 구별하여 알아두어야 한다.

특허법원의 판결에 불복하고자 하는 사람은 판결서를 송달받은 날로부터 2주 이내에 대법원에 상고할 수 있다(민사소송법 제396조 제1항, 제425조).

위 제2장에서 살펴본 바와 같이 특허법원에서의 심결취소소송 및 그에 대한 상고심에서는 변호사뿐만 아니라 변리사도 소송을 대리할 수 있는데, 이때 변리사는 단독으로 소송을 대리할 수 있다. 특허법원에서는 변호사보다 오히려 변리사를 더 쉽게 접할 수 있는 것이 현실인 것으로 보인다.

다른 질문을 해 보자. 특허심판원 - 특허법원 - 대법원은 1심 - 2심 - 3심인가? 위에서 살펴본 불복 체계에 비추어 볼 때 '그렇다'라고 답할 수 있을 것 같지만, 엄밀하게는 그리고 법적으로는 '그렇지 않다'라고 답해야 맞다. 왜냐하면, 특허심판원은 법원이 아니어서 사법 체계상으로는 특허법원이 1심이기 때문이다.

또 다른 질문을 해 보자. 1심 판결에 불복한 항소인이 2심에서 1심에 제출된 증거를 언급하고자 할 때 그 증거를 다시 제출하여야 하는가? 그렇지 않다. 2심은 1심과 이어져 있는 법원 절차이기 때문이다. 반면

160) 특허법원 지적재산소송 실무연구회, 「지적재산 소송실무」, 박영사(2019), p.23~25

에, 특허심판원 심결에 불복한 자는, 자신이 이미 특허심판원에 냈던 증거를 특허법원에서 언급하고자 할 경우 그 증거를 특허법원에 새로이 제출하여야 한다. 왜냐하면 특허심판원에 제출된 증거는 법원에 제출된 증거가 아니기 때문이다.

2. (특허권 발생 후의) 특허침해 관련 분쟁

가. 침해경고 및 이에 대한 대응

특허권자 등은 특허권을 침해하는 자에게 이를 중단할 것을 촉구하는 취지의 침해경고를 할 수 있다. 이 경우에 침해경고를 받은 침해 혐의자는 특허권 침해가 성립하는지 살피고, 그에 맞추어 대응을 하여야 한다. 자세한 방어 전략은 뒤에서 살펴보기로 한다.

나. 권리범위확인심판사건, 특허무효심판사건

1) 당사자계 심판

특허심판원에서의 당사자계 심판 중 실무에서 주로 문제되는 심판은 '권리범위확인심판'과 '특허무효심판'이다.

권리범위확인심판은 적극적 권리범위확인심판과 소극적 권리범위확인심판으로 나뉘는데, 전자는 특허권자 등이 특허발명을 실시하고 있는 자를 상대로 해당 실시기술(이하 '확인대상발명'이라 한다)이 특허권의 권리범위에 속함을 확인하여 줄 것을 청구하는 심판을 말하고, 후자는 특허권자 등으로부터 침해경고를 받는 등의 이유로 이해관계를 갖게 된 이해관계인이 자신이 실시하고 있거나 실시하고자 하는 기술을 확인대상발명으로 특정한 뒤 그 확인대상발명이 특허발명의 권리범위에 속하지 않음을 확인하여 줄 것을 청구하는 심판을 의미한다(특허법 제135조 제1, 2항).

특허무효심판은 이해관계인이 특허발명에 무효사유가 있음을 지적하며 특허권의 무효를 구하는 심판을 의미한다(특허법 제133조 제1항).

특허권이 공유인 경우, 적극적 권리범위확인심판은 반드시 그 공유자 모두가 함께 청구하여야 하고(특허법 제139조 제3항), 무효심판은 반드시 그 공유자 전원에 대하여 청구하여야 한다(특허법 제139조 제2항).

2) 심결취소소송 및 그에 대한 상고심

권리범위확인심판이나 특허무효심판의 심결에 대한 취소를 구하는 소의 제기기한, 그 판결에 대한 상고기한 및 이들 소송에서의 대리인에 관한 내용은 위에서 본 결정계 심판의 심결에 대한 취소소송 및 그에 대한 상고심에서의 그것과 동일하다.

한편, 공유 특허권에 대한 무효심판 내지 권리범위확인심판에서 패소한 측은 그 공유자 1인에 의하여 또는 그 공유자 1인에 대해 심결취소의 소를 제기할 수 있다고 할 것인데,[161] 이를 특허법 제139조 제2, 3항과 구별하여 알아두어야 한다.

다. 민사사건

1) 침해금지청구 또는 침해예방청구(본안소송)

특허권자 또는 전용실시권자는 특허권 또는 전용실시권을 침해하거나 침해할 우려가 있는 자를 상대로 침해금지청구 또는 침해예방청구를 할 수 있고, 침해금지청구 시에는 침해행위를 조성한 물건(물건을 생산하는 방법의 발명인 경우 침해행위로 생긴 물건을

161) 특허법원 지적재산소송 실무연구회, 「지적재산 소송실무」, 박영사(2019), p.1041~1042

포함한다)의 폐기, 침해 행위에 제공된 설비의 제거, 그 밖에 침해의 예방에 필요한 행위를 구할 수 있다(특허법 제126조 제1, 2항).

2) 손해배상청구(본안소송)

특허권자 또는 전용실시권자는 특허권 또는 전용실시권을 침해한 자를 상대로 그동안의 침해에 따라 발생된 손해의 배상을 청구할 수 있다(민법 제750조).

특허법은 특허권자 등이 그 손해배상액을 쉽게 계산할 수 있도록 손해배상액 산정에 관한 특칙을 특허법 제128조에서 규정하고 있다.

3) 침해금지가처분신청

특허권자 또는 전용실시권자는 특허권 또는 전용실시권에 대한 침해행위가 심각하여 향후 침해자로부터 손해배상을 받게 되어도 그 피해를 회복할 수 없는 등의 이유를 소명하며, 법원에 조속한 시일 내에 잠정적으로 침해금지를 명해 달라는 취지의 침해금지가처분신청을 할 수 있다.

잠정적인 침해금지가처분결정이 있게 되면 사실상 본안소송에서의 침해금지판결과 같은 결과가 발생한다.

이에 따라 법원은 침해금지가처분사건(이러한 가처분을 실무상 '만족적 가처분'이라 한다)을 심리함에 있어 다른 가처분사건보다 신중을 기하고 있다.

4) 관할

민사본안사건의 1심은 민사소송법 제2~23조에 따른 관할법원 소재지를 관할하는 고등법원이 소재한 곳의 지방법원(서울중앙지방법원, 대전지방법원, 대구지방법원, 광주지방법원, 부산지방법원)의 전속관할이지만, 당사자는 이러한 제약에 불구하고 대전지방법원, 대구지방법원, 광주지방법원, 부산지방법원이 아닌 '서울중앙지방법원'에 본안소송을 제기할 수도 있다(민사소송법 제24조 제2항, 제3항).

가처분신청은 본안소송을 제기할 수 있는 곳에 할 수 있으므로, 가처분사건의 1심 역시 원칙적으로는 각 고등법원이 소재한 곳의 지방법원(서울중앙지방법원, 대전지방법원, 대구지방법원, 광주지방법원, 부산지방법원)의 전속관할이나, 당사자는 이러한 제약에도 불구하고 대전지방법원, 대구지방법원, 광주지방법원, 부산지방법원이 아닌 '서울중앙지방법원'에 가처분신청을 할 수도 있다.

법률 제13522호로 개정된 법원조직법 제28조의4 제2호에 따라, 민사본안사건의 1심 판결에 불복하기 위한 항소심은 2016. 1. 1.부터 특허법원이 전속 관할한다.

반면, 가처분사건의 1심 결정에 불복하기 위한 항고심의 관할은 위 개정에도 불구하고 변함이 없다. 예를 들어, 서울중앙지방법원이 2016. 3. 5. 특허침해금지가처분신청 기각결정을 하고 2016. 12. 14. 특허침해금지청구 기각판결을 한 경우, 그 기각판결에 대한 항소심은 특허법원의 전속관할인데 반하여 그 기각결정에 대한 항고심은 서울고등법원의 관할이다.

민사본안사건의 3심(상고심), 가처분사건의 3심(재항고심) 모두 대법원의 관할임은 물론이다.

지금까지 살펴본 관할을 도식화하면 아래와 같다(특허법원 홈페이지 발췌).

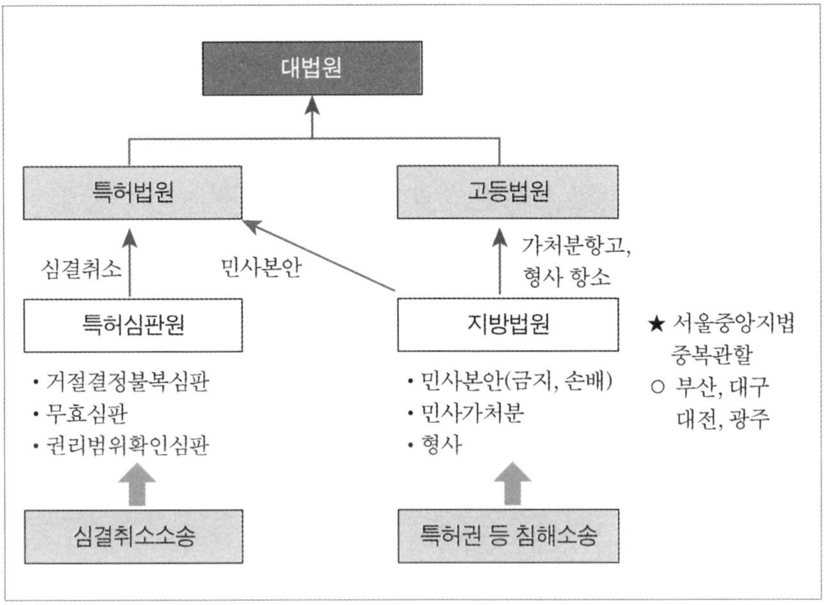

5) 소송대리권

위 제2장에서 살펴본 바와 같이, 위 가처분사건 또는 본안사건을 대리할 수 있는 자는 변호사에 한정되고, 변리사에게는 소송대리권이 없다.

라. 형사사건

특허권 또는 전용실시권의 침해는 특허권침해죄나 전용실시권침해에 해당할 수 있고, 특허권자 또는 전용실시권자는 특허권이나 전용실시권을 침해하는 자를 처벌하여 줄 것을 요구하는 취지의 고소를 할 수 있다. 검찰이 침해자를 기소하기 위하여는 고소가 필요하다(특허법 제225조 제2항). 형사사건에서 유의할 점은 뒤에서 살펴본다.

3. (특허권 발생 후의) 특허침해와 무관한 분쟁

이 밖에도 특허권 등과 관련한 소송으로는 특허권 등의 등록에 관한 소송, 특허권 등의 귀속에 관한 소송, 실시료 청구소송 등 다양한 소송이 있으나, 이에 대한 논의는 생략한다.

B [참고] 미국의 경우

미국에서도 특허권자 등은 앞서 살펴본 바와 대동소이한 형태로 특허권을 행사할 수 있고, 이에 대하여는 아래에서 간략히 살펴볼 예정이다.

여기에서 한 가지 알아두었으면 하는 것은, 미국에서는 특허권 침해를 주장하는 특허권자가 ITC(International Trade Commission)에 특허침해품의 수입을 금지하는 명령을 내려 달라는 신청을 할 수 있다는 것이다(19 U.S.C. 1337). 이는 한국에 없는 미국 특유의 제도이다. 한편 ITC는 '특허권 침해의 존재', '침해품의 미국 내 수입' 및 '미국 내 해당 산업의 존재'란 요건이 모두 충족되는 사안에서만 수입금지명령을 할 수 있다.[162)]

162) 대법원 사법정책연구원, 「미국 특허쟁송실무에 관한 연구」, p.123~130

8-3-2. 침해경고 관련 주의사항

1. 침해경고시 주의사항

가. 침해경고의 필요성

특허권자 등은 많은 시간과 비용을 들이며 때로는 감정까지 소모하여야 하는 소송을 진행하기에 앞서 침해 혐의자에게 침해경고를 함으로써 분쟁을 저렴한 비용으로 신속하고도 원만히 해결할 수 있다. 이는 지극히 상식적인 침해경고의 실익이다.

침해경고의 실익은 아래와 같이 더 있다.

뒤에서 살펴보겠지만, 특허침해자를 형사처벌하기 위하여는 특허권 침해죄가 성립하여야 하고, 이를 위하여 반드시 특허침해자의 '고의'를 입증하여야 한다. 침해경고는 특허침해자의 고의를 입증하기 위한 하나의 수단이다. 왜냐하면 침해 혐의자가 특허권자 등의 침해경고를 받고도 계속 종전 행위를 이어갈 경우, 이는 침해 혐의자가 고의로 특허침해를 하였음을 뒷받침하는 증거가 될 수 있기 때문이다.

역시나 후술하겠지만, 미국에서는 오래 전부터 인정되어온 악의의 특허침해자에 대한 증액손해배상제도가 한국 특허법에도 최근 도입되었는데, 법률 제16208호로 개정된 특허법(2019. 7. 9. 시행) 제128조 제8항에 따르면, 법원은 타인의 특허권 또는 전용실시권을 침해한 행위가 고의적인 것으로 인정되는 경우에는 제128조 제2항부터 제7항까지의 규정에 따라 인정된 손해액의 3배를 넘지 아니하는 범위에서 손해배상액을 정할 수 있다. 침해경고는 여기서의 고의를 입증하기 위한 수단도 될 수 있을 것이다.

나. 불법행위의 해당가능성

침해 혐의자가 침해경고를 받은 이후 특허권자 등과 원만히 합의하여 분쟁이 종결되는 것이 이상적이겠지만, 현실에서는 특허권자 등의 침해경고가 별다른 효과를 가져 오지 못할 때가 많다.

더 나아가 특허권자 등의 침해경고가 오히려 자신에게 독이 될 수도 있다. 그 예시로 아래에서는 저자가 수행한 사례[서울중앙지방법원 2016. 12. 23. 선고 2016가합529142 판결(확정)]를 소개한다.

1) 기초사실

① A사와 B사의 경쟁관계

A사와 B사는 중국으로부터 수입한 자동차용 블랙박스를 'Z쇼핑'이라는 홈쇼핑업체를 통하여 판매하는 회사들이다.

A사는 중국의 C2사를 통해 블랙박스(이하 'A사 블랙박스'라 한다)를 주문자 상표 부착 생산방식(OEM[163])으로 생산하고 이를 수입하는데, C2사가 사용하는 블랙박스 '케이스'는 중국의 C1사가 생산한 케이스이다.

또한, B사는 중국의 C3사를 통해 블랙박스(이하 'B사 블랙박스'라 한다)를 주문자 상표 부착 생산방식으로 생산하고 이를 수입하는데, C3사가 사용하는 블랙박스 케이스도 중국의 C1사가 생산한 케이스이다. B사는 C3사로부터 해당 블랙박스를 한국에 독점판매할 수 있는 권리를 부여받았다.

A사는 2015. 11.부터 Z쇼핑을 통해 A사 블랙박스를 판매하여 왔고, B사는 2016. 3. 19.부터 A사 블랙박스보다 저렴한 B사 블랙박스를 Z쇼핑을 통해 판매하기 시작하였다.

163) Original Equipment Manufacturing

② A사의 경고장

B사 블랙박스가 Z쇼핑을 시청하는 시청자들로부터 큰 인기를 끌자, 이에 위기의식을 느낀 A사는 2016. 4. 1. 법률대리인을 통해 Z쇼핑을 상대로 다음과 같은 경고장을 발송하였다.

- B사 블랙박스는 A사 블랙박스를 모방한 후발업체의 유사제품으로, Z쇼핑의 B사 블랙박스 판매행위는 부정경쟁방지법 제2조 제1호 (자)목 소정의 '타인이 제작한 상품의 형태를 모방한 상품을 판매하는 상품형태 모방행위'의 부정경쟁행위이다.
- 이에 A사는 Z쇼핑에 대하여 디자인사용금지 청구, 부정경쟁방지법 제4조에 따른 물품의 폐기청구, 부정경쟁방지법 제5조에 따른 손해배상청구를 고려하고 있고, 향후 특허등록[164]이 이루어지면 침해방지 및 손해배상에서 더 나아가 디자인보호법 제220조(디자인권침해죄)에 따른 형사고소도 불사할 예정이다.
- 그러므로 A사는 Z쇼핑에게 신속히 위와 같은 침해행위를 중단하고 A사와 사이에 적절한 손해배상에 관한 협의를 진행할 것을 권유한다. 만일 그렇지 않을 경우에는 위에서 언급한 법적 조치를 취할 수밖에 없음을 양지하기 바란다.

③ Z쇼핑의 B사 블랙박스 판매방송 중단

Z쇼핑은 A사로부터 위 침해경고장을 받은 다음 날인 2016. 4. 5.부터 B사 블랙박스의 판매방송을 중단하였다.

2) 쟁점 및 법원의 판단

저자는 B사를 대리하여 A사를 상대로 불법행위에 기한 손해배상청구를 하였다. 이에 대해 A사는 권리자로서의 당연한 권리행사

164) 당시 A사는 A사 블랙박스의 디자인에 대하여 디자인등록출원을 해 놓은 상태이었고, 위 경고장의 '특허등록'은 디자인등록을 의미하는 것으로 보인다.

에 해당하는 침해경고가 불법행위라는 B사의 주장이 부당하다고 주장하였다. 비록 특허법이 아닌 부정경쟁방지법 및 디자인보호법에 관련된 침해경고가 문제된 사안이지만, 아래의 법원의 판단은 특허침해경고에도 충분히 적용될 수 있는 판단이라 할 것이다.

B사의 손해배상청구는 타당한가? 그렇다. 법원은 아래와 같은 판시를 하며, A사의 손해배상책임을 인정하였다.

(1) 이 사건 경고장 발송 행위가 정당한 권리행사인지 여부 등

① A사는 이 사건 경고장에서 B사 블랙박스의 판매가 부정경쟁방지법 제2조 제1호 (자)목에서 정한 상품형태 모방행위의 부정경쟁행위 등에 해당한다[165]고 단정하면서 Z쇼핑을 상대로 B사 블랙박스의 판매중단 요구, 금지 및 폐기 요구, 손해배상청구 및 장차 디자인권침해로 형사고소를 할 예정이라고 강력하게 경고하는 한편 손해배상을 위한 협의를 진행할 것을 요구한 점,

② 홈쇼핑업체인 Z쇼핑은 B사 블랙박스가 상품형태 모방행위의 부정경쟁행위에 해당하는지 판단할 객관적인 능력이 있다고 보기 어려우며, 이 사건 경고장 송달 무렵 이미 B사 블랙박스에 대한 판매 방송이 진행 중이었으므로 전문가의 자문을 구할 시간적 여유도 없었던 점,

③ 이 사건 경고장은 A사가 법무법인을 통해 발송한 것으로, Z쇼핑으로서는 법률 전문가인 법무법인이 'B사 블랙박스의 판매

165) A사 블랙박스의 케이스(제품의 외형)와 B사 블랙박스의 케이스는 모두 동일한 케이스 제작사 C1사가 제작하여 그 형태가 동일한 것일 뿐, B사 블랙박스가 A사 블랙박스의 상품형태를 '모방'한 상품도 아니다. 따라서 B사가 부정경쟁방지법 제2조 제1호 (자)목 소정의 상품형태 모방행위를 하였다는 A사의 주장은 이유 없다. 이것이 저자의 주장 중 하나이었다.

가 부정경쟁행위에 해당한다'고 경고하고 있음에도 법적분쟁에 휘말릴 위험을 무릅쓰면서 B사 블랙박스의 판매를 강행하기는 어려운 점,

④ 이 사건과 같이 A사가 경쟁업자(B사)의 거래처인 Z쇼핑에 경고장을 발송함으로써 B사와 Z쇼핑의 거래관계가 중단될 경우 그 거래관계를 원래대로 회복시키기는 쉽지 않은 점,

⑤ 비록 A사가 A사 블랙박스의 국내 독점판매권자이고 A사 블랙박스의 디자인등록출원자라고 하더라도 그러한 사정만으로는 누구에게나 어떠한 행위든 임의로 요구할 권리가 있다고 볼 수는 없는 점,

⑥ A사는 2016. 4. 14.자 Z쇼핑의 내용증명우편,[166] 2016. 4. 21.자 B사의 내용증명우편[167]을 받고 B사 블랙박스가 중국 내수용으로 만든 블랙박스를 적법하게 수입한 것임을 구체적으로 확인한 이후 2016. 4. 26. Z쇼핑에 향후 Z쇼핑을 상대로 손해배상청구나 형사고소를 할 의사가 전혀 없다는 내용의 이 사건 사과공문[168]을 발송한 점에 비추어, 만일 A사가 이 사건 경고장을 발송하기 이전에 B사가 Z쇼핑에게 통상적으로 필요로

166) B사는 Z쇼핑에 A사의 침해경고가 부당한 이유를 해명하였고, Z쇼핑은 2016. 4. 14. B사의 해명을 A사에게 전달하며 A사의 침해경고가 부당하다는 내용증명을 발송하였다.

167) A사는 Z쇼핑의 2016. 4. 14.자 내용증명을 받고도 Z쇼핑 내지 B사에게 'Z쇼핑이 B사 블랙박스를 판매해도 좋다'는 의사를 표시하지 않았다. 이에 B사는 2016. 4. 21. A사에게 '더 이상 B사의 영업을 방해하지 말아 줄 것'을 요청하는 내용증명을 발송하였다.

168) "이 사건 경고장의 표현이 지나친 점에 대하여 사과한다. (중략) A사는 최근에 H쇼핑을 통해 A사 블랙박스를 판매하고 있는데, B사 블랙박스가 A사 블랙박스보다 20,000원 저렴하게 판매됨으로써 A사가 H쇼핑으로부터 문제 제기를 당할 상황에 처하였다. 이에 Z쇼핑이 B사 블랙박스의 판매 가격을 가급적 89,000원 이상으로 해 주길 부탁드린다. A사는 향후 Z쇼핑을 상대로 손해배상청구나 형사고소를 진행할 의사가 전혀 없음을 알린다."라는 내용의 공문임.

하는 사실조사나 법률적 검토를 하였더라면 B사 블랙박스의 판매 중단을 요구할 근거가 없음을 쉽게 알 수 있었을 것으로 보이는 점,

⑦ 더구나 A사는 자신의 손해를 예방하기 위한 방법으로 B사를 상대로 B사 블랙박스의 판매를 금지시키는 가처분신청 등 법적 구제절차를 취하지는 아니한 채 B사의 거래처인 Z쇼핑에 B사 블랙박스의 판매를 중단할 것을 요구하면서, 만일 이를 거절할 경우 손해배상청구 및 형사고소와 같은 법적조치를 취하겠다는 내용의 이 사건 경고장을 발송한 점 등을 종합하여 보면,

A사의 Z쇼핑에 대한 이 사건 경고장 발송 행위는 외형적으로 권리행사의 형식을 취하고 있을 뿐이고, 그 실질은 사회상규상 정당한 권리행사의 범위를 벗어나 B사의 신용을 훼손하고 경쟁에서 우위에 설 목적에서 한 위법한 행위라 봄이 타당하고, A사가 A사 블랙박스의 국내 독점판매권자이고 A사 대표이사가 당시 A사 블랙박스에 관한 디자인등록출원자라는 사정만으로는 이와 달리 볼 수 없다.

나아가, B사 블랙박스 판매가 부정경쟁행위에 해당하는지 여부는 고도의 전문적인 식견을 가지고 판단하여야 하고, 전문가에 따라 견해의 차이가 있을 수 있으므로, 종국적으로는 법원의 판결 등에 의하여 비로소 객관적으로 확정될 수 있는데, A사는 앞서 본 바와 같이 필요한 사법적 구제절차를 전혀 시도하지 않은 채 B사 블랙박스가 부정경쟁행위에 해당한다고 단정하고 Z쇼핑에 이 사건 경고장을 보낸 점,

A사가 이 사건 경고장 발송에 앞서 B사나 Z쇼핑에게 B사 블랙박스 판매에 대한 문제를 제기하거나 의견을 조회하는 등

사실관계 조사를 위한 별다른 조치를 취하지 아니한 점,

그런데 부정경쟁행위에 대한 경고의 상대방이 '경쟁업자'가 아닌 '경쟁업자의 거래처'일 경우 경쟁업자의 영업상 신용의 훼손 등 파급 효과가 더욱 크고, 그 거래처가 거래상대방을 경고의 통보자로 바꾸는 등 경쟁업자로부터 거래처를 탈취하는 수단으로 악용될 소지도 있어 경쟁업자의 거래처에 대한 경고장 발송의 경우 한층 더 높은 주의의무가 요구된다는 점 등에 비추어 보면,

A사가 필요한 사실조사를 소홀히 한 채 Z쇼핑에 B사 블랙박스의 판매중단을 요구하는 이 사건 경고장을 발송한 행위는 고의 또는 적어도 과실에 의하여 B사의 영업 활동을 방해한 것으로 봄이 타당하다.

(2) 이 사건 경고장 발송행위와 B사의 손해발생 사이의 인과관계 여부

앞서 본 바와 같이, Z쇼핑이 B사 블랙박스의 판매를 중단하여 B사에게 손해가 발생하게 된 것은 A사가 B사의 거래처인 Z쇼핑에게 B사 블랙박스의 판매중단과 손해배상 협의를 요구하며, 만일 이에 응하지 않을 경우 민·형사상 조치를 취하겠다는 강력한 경고가 담긴 이 사건 경고장을 발송하였기 때문으로 봄이 타당하고,

…의 각 기재만으로는 위 인정을 뒤집고 B사 블랙박스의 판매중단이 B사 블랙박스의 주문수량 급감에 따른 Z쇼핑의 자체적인 판단에 따른 것이라거나 A사가 Z쇼핑에게 B사 블랙박스의 판매중단을 강권하지 않았다고 볼 수 없으므로,

A사의 이 사건 경고장 발송행위와 B사의 손해발생 사이에는 인과관계가 있다고 판단된다.

3) 시사하는 바

위에서 본 바와 같이, 경쟁업체가 아닌 경쟁업체의 거래처에 침해경고장을 발송할 때는 특히 신중할 필요가 있다.

그리고 경고장에서 특허권침해, 디자인권침해, 부정경쟁행위와 같은 불법행위를 단정짓고, 그 중단을 강력하게 경고하는 것은 자신에게 독이 될 수 있다. 실제로는 그 불법행위가 성립할 수 없을 때, 침해경고를 한 자의 손해배상책임이 인정될 위험이 더욱 커짐은 물론이다. 단정적 표현을 가급적 피하면서도 침해경고의 목적을 충분히 달성할 수 있는 침해경고장이 바람직한 침해경고장이다. 그럼에도 강력한 침해경고를 하고자 하는 자는, 그 같은 침해경고를 하기에 앞서 상대방의 행위에 관하여 충분한 사실조사를 하였는지 스스로에게 물어볼 필요가 있다.

또한, 아무리 변호사나 변리사의 의견을 존중하여 침해경고장을 발송하였다고 하더라도, 침해경고자의 손해배상책임이 인정될 수 있다는데 주목하여야 한다. 상대방의 행위가 불법행위인지 여부가 모호하여 법원의 판단을 받아야 비로소 객관적으로 확정될 수밖에 없을 것으로 생각되는 사안에서는 침해경고장 발송 이전에 침해금지가처분신청 등의 사법적 구제절차를 시도하지 않은 것 역시 침해경고를 불법행위로 인정하는 근거가 될 수 있다.

2. 침해경고를 받은 자의 바람직한 대응

가. 침해경고의 당부 판단

1) 침해경고자가 진정한 특허권자 또는 전용실시권자인가?

침해경고자가 특허권자라고 주장하는 경우, 침해경고를 받은 자는 그 주장이 진정 사실인지 특허등록원부를 통해 확인할 필요가 있다. 특허출원만 하였을 뿐 아직 특허등록을 받지 못한 자, 특허연차료를 납부하지 않아 이미 소멸된 특허권을 주장한 자[169] 등이 특허침해경고를 하는 경우가 간혹 있으므로, 이에 대한 확인이 반드시 필요하다.

한편, 침해경고자가 전용실시권자라고 주장하는 경우에는 특히 주의하여야 한다. 앞서 본 바와 같이, 전용실시권자라고 주장하는 자가 법적으로는 '전용실시권자'가 아닌 경우가 많기 때문이다.

2) 침해경고자가 주장하는 피침해특허권이 구체적으로 특정되어 있는가?

침해경고자가 침해경고장에서 침해받았다고 주장하는 특허권을 무분별하게 나열할 때가 있다. 예를 들어, 특허권자 甲이 침해경고장에 "수신인(침해 혐의자)이 甲의 특허 제1234567호, 제1234568호를 침해하였다."와 같이 기재하였다고 하자.

이러한 침해경고는 피침해특허권조차 제대로 특정하지 못한 부적절한 경고인 것이다. 왜냐하면, 그 침해경고장만 보아서는 각 특허의 어떤 청구항에 대한 특허권이 침해되었다는 것인지 알 수 없기 때문이다. 이러한 침해경고로는 위 "1. 가. 침해경고의 필요성"란에 설명되어 있는 실익을 달성하기도 어려울 것이다.

위 예시에서, 특허권자 甲은 "수신인이 甲의 특허 제1234567호의 청구항 3 기재 발명 및 특허 제1234568호의 청구항 1 기재 발명에 대한 특허권을 침해하였다."와 같은 표현으로 피침해특허권을 특정하였어야 한다.

---

169) 다만, 이 같은 특허권자라고 하더라도 특허권이 소멸하기 전의 특허침해에 기한 손해배상청구를 할 수는 있다.

3) 침해경고자가 주장하는 피침해특허권이 사실대로 특정되어 있는가?

일반인들이 흔히 간과하기 쉬운 부분인데, 특허출원 당시의 청구항 기재 내용(①), 특허권 설정등록 당시의 청구항 기재 내용(②), 특허권 발생 이후의 청구항 기재 내용(③)이 서로 다른 경우가 많다. ①과 ②가 서로 다른 이유는 출원인이 출원과정에서 청구항에 대한 보정을 하였기 때문이고, ②와 ③이 서로 다른 이유는 특허권자가 특허권 발생 이후 정정심판 또는 정정청구를 통해 청구항에 대한 정정을 하였기 때문이다.

만일 특허권자가 적법한 정정을 하였다면, 피침해특허권은 그 정정을 거친 청구항 기재 발명에 발생된 특허권이다. 그에 반해, 특허권자가 특허권 발생 이후 적법한 정정을 한 바 없다면 피침해특허권은 특허권설정등록 당시의 청구항 기재 발명에 발생된 특허권이다. 침해경고자가 이를 혼동하여 피침해특허권을 엉뚱하게 특정하는 경우를 어렵지 않게 볼 수 있으므로, 이에 유의하여야 한다.

4) 침해경고자가 밝힌 침해의 이유가 타당한가?

침해경고를 받은 자는 침해경고자가 주장하는 문언침해, 균등침해, 간접침해 등의 논거가 타당한지 살펴보아야 할 뿐만 아니라, 자신에게 뒤에서 살펴볼 특허무효의 항변사유, 자유실시기술의 항변사유, 특허소진의 항변사유, 선사용권 등이 있는지도 면밀히 살펴보아야 한다.

나. 침해경고자에 대한 답변

침해경고를 받은 자는 그 침해경고가 이유 없다고 생각되더라도 답변하는 것이 바람직하다. 다만, 자세히 답변하는 것보다는 간단히 자신의 입장만 밝히는 것이 낫다.

다. 전문가의 의견 구하기

침해경고를 받은 자는 자신이 특허침해를 하고 있는지 여부에 대하여 변호사의 전문적인 의견을 받는 것이 좋다.

미국에서는 침해경고를 받은 자가 혹시 향후 소송에서 특허침해가 인정될 경우 악의의 특허침해자로 인정받지 않기 위해, 특허 전문 변호사(patent attorney)에게 특허침해 여부에 관한 의견을 구하는 것이 일반적이다.[170] 이때, 미국에는 디스커버리 제도가 있어 자신에게 불리한 자료가 소송에서 상대방에게 공개될 위험이 있으므로, 미국 실무상 의뢰인에게 불리한 내용의 의견을 제공하고자 하는 변호사는 의뢰인에게 서면이 아닌 구두로 해당 의견을 주는 경우가 많다.[171]

한편, 한국 기업이 미국에 소재한 특허권자로부터 침해경고를 받은 경우 그 특허침해 여부에 관한 의견을 자신의 사내 변호사/변리사 또는 한국 변리사에게 구하기 쉬울 수 있다. 그러나 그 사내 변호사/변리사 또는 한국 변리사가 특허침해가 아니라는 의견을 주었어도, 이는 미국 특허침해소송에서 '악의'의 특허침해를 부정하는 증거가 되지 못할 뿐 아니라,[172] 변호사-의뢰인 간의 비밀유지특권(attorney client privilege)의 대상도 아니어서 오히려 자신에게 불리하게 작용할 수도 있다는 것을 주의하여야 한다.[173]

---

170) 특허청, 「해외지식재산권보호 가이드북(미국)」, p.475~478
171) 특허청, 「해외지식재산권보호 가이드북(미국)」, p.475
172) 특허청, 「해외지식재산권보호 가이드북(미국)」, p.479 각주 198
173) 특허청, 「해외지식재산권보호 가이드북(미국)」, p.479

8-3-3. 특허침해금지가처분신청시 주의사항

1. 당사자적격

특허권자 또는 전용실시권자(이를 '채권자' 또는 '신청인'이라 명명한다)가 특허권 또는 전용실시권을 침해하고 있는 자 혹은 침해할 우려가 있는 자(이를 '채무자' 또는 '피신청인'이라 명명한다)를 상대로 특허침해금지가처분 또는 전용실시권침해금지가처분신청을 할 수 있다. 특허권자의 통상실시권자는 채권자가 될 수 없다(특허법 제126조 제1항).

2. 피보전권리

특허침해금지가처분신청은 특허법 제126조 제1항 소정의 특허침해금지청구권 또는 특허침해예방청구권을 보전하기 위해 하는 것이다.

실무상 특허침해를 하던 채무자가 특허침해금지가처분신청을 받고 난 뒤, 더 이상 침해를 하지 않고 있다고 주장할 때가 적지 않다. 이러한 경우, 채권자는 채무자가 더 이상 특허침해를 하지 않는지 다시 한 번 확인할 필요가 있고, 만일 채무자가 침해행위를 중단한 것이 확실하다면 특허침해가 다시 발생할 개연성을 충분히 소명하여야 한다.

하지만 이를 악용하는 채무자를 규제할 방법은 없을까? 만일 채무자가 또 다시 특허침해를 하지 않을 것이라고 주장한다면 채권자로서는 재판부 앞에서 채무자와 이에 명시적으로 합의하거나 재판부에 가처분신청 인용결정에 갈음하는 화해권고결정을 요청하는 방안을 생각해 볼 수 있을 것이다.

3. 보전의 필요성

특허침해금지가처분신청이 받아들여지기 위하여는 본안소송에서와 달리, '피보전권리(침해금지청구권 또는 침해예방청구권)'뿐만 아니라 '보전의 필요성'까지 인정되어야 한다.

보전의 필요성이 있는지 여부를 판별하기 위한 판단기준에 관하여, 법원은 아래와 같이 판시를 한 바 있다.

"민사소송법 제714조 제2항에서 규정하는 임시의 지위를 정하기 위한 가처분을 필요로 하는지 여부는 가처분신청의 인용 여부에 따른 당사자 쌍방의 이해득실관계, 본안소송에 있어서의 장래의 승패의 예상, 기타의 제반 사정을 고려하여 법원의 재량에 따라 합목적적으로 결정하여야 할 것이므로 가처분채권자가 신청 당시에 실체법상의 권리를 가지고 있다 하더라도 그 권리가 가까운 장래에 소멸하여 본안소송에서 패소판결을 받으리라는 점이 현재에 있어 충분히 예상되는 경우에는 필요성이 없다고 풀이하는 것이 상당하고, 더구나 특허권침해의 금지라는 부작위의무를 부담시키는 이른바 만족적 가처분일 경우에 있어서는 보전의 필요성 유무를 더욱 신중하게 결정하여야 할 것으로서 만일 가처분신청 당시 채무자가 특허청에 별도로 제기한 심판절차에 의하여 그 특허권이 무효라고 하는 취지의 심결이 있은 경우나, 무효심판이 청구되고 그 청구의 이유나 증거관계로부터 장래 그 특허가 무효로 될 개연성이 높다고 인정되는 등의 특별한 사정이 있는 경우에는 당사자 간의 형평을 고려하여 보전의 필요성을 결한 것으로 보는 것이 합리적이라 할 것이다(대법원 1993. 2. 12. 선고 92다40563 판결)."

여기서 '당사자 쌍방의 이해득실관계'란, 가처분신청이 받아들여지지 않을 경우에 채권자가 입게 될 손해 및 가처분신청이 받아들여질 경우에 채무자가 입게 될 손해 모두를 지칭한다.

위 대법원 92다40563 판결이 설시한 '기타의 제반사정'의 예로는, 가처분신청을 받아들일 경우에 오히려 공공복리에 심각한 위해가 발생할 우려가 있지는 않은지 여부, 채무자의 태도, 채무자의 지위(채권자와의 관계에서 채무자가 어떠한 지위에 있는지 여부, 채무자가 특허침해를 주도하는 자인지 여부 등)를 들 수 있다.[174)]

4. 결정 및 그에 대한 불복수단

가. 가처분신청 인용결정의 경우

1심 법원은 채권자의 특허침해금지가처분신청이 이유 있다고 판단되면 즉, 피보전권리와 보전의 필요성 모두가 인정된다고 판단되면 가처분신청 인용결정 즉, 가처분결정을 내린다. 이를 다투고자 하는 채무자는 '항고'가 아닌 '가처분이의'신청을 하여 위 가처분결정에 불복하여야 한다. 가처분이의사건은 위 가처분결정을 내린 1심 재판부가 심리하는데, 가처분이의사건의 심리결과 1심 재판부가 원결정(위 가처분결정)을 유지하는 경우가 대부분이다.

이처럼 유지된 원결정에 불복하고자 하는 채무자는 '항고'하여 2심 법원의 판단을 구할 수 있다. 항고심의 결정에 불복하고자 하는 자는 대법원에 '재항고'를 할 수 있다.

나. 가처분신청 기각결정의 경우

1심 법원은 채권자의 특허침해금지가처분신청이 이유 없다고 판단되면 즉, 피보전권리와 보전의 필요성 중 적어도 하나가 인정되지 않는다고 판단되면 가처분신청 기각결정을 내린다.

이를 다투고자 하는 채권자는 '항고'하여 2심 법원의 판단을 구할 수

174) 특허법원 지적재산소송 실무연구회, 「지적재산 소송실무」, 박영사(2019), p.516~517

있고, 항고심의 결정에 불복하고자 하는 자는 대법원에 '재항고'를 할 수 있다.

5. [참고] 미국의 경우

한국에서와 달리, 미국에서 특허침해금지가처분신청을 하고자 하는 자는 반드시 본안소송을 제기하여야 한다.[175)]

또한 미국에서도 특허침해금지가처분신청이 인정되기 위하여는 보전의 필요성이 인정되어야 한다.

보전의 필요성이 있는지 여부를 심리하기 위하여 법원은 ① 회복할 수 없는 피해(irreparable harm)가 있고 그 피해를 금전적으로 보상하는 것이 부적절한지 여부, ② 채권자에게 본안소송에서의 합리적 승소 가능성(reasonable likelihood of success on the merit)이 있는지 여부, ③ 양 당사자 간 고통의 형평(balance of the hardship), ④ 침해금지가처분결정이 공익(public interest)에 반하지 않는지 여부를 고려한다.[176)]

---

175) 대법원 사법정책연구원, 「미국 특허쟁송실무에 관한 연구」, p.95

176) 대법원 사법정책연구원, 「미국 특허쟁송실무에 관한 연구」, p.95; 특허청, 「해외지식재산권보호 가이드북(미국)」, p.254

8-3-4. 특허침해금지청구시 주의사항

1. 침해금지청구권(침해예방청구권)

가. 의의 및 요건

특허권자 등은 자기의 권리를 침해한 자에 대하여 그 침해의 금지를 청구할 수 있고, 자기의 권리를 침해할 우려가 있는 자에 대하여 그 침해의 예방을 청구할 수 있다(특허법 제126조 제1항).

손해배상청구와는 달리 침해금지청구(침해예방청구)는 침해 혐의자의 고의나 과실을 필요로 하지 않는다. 참고로 영업비밀 침해금지를 청구할 수 있는 자는 영업비밀 침해행위에 의해 '영업상 이익이 침해되거나 침해될 우려'가 있는 자인데 반하여(부정경쟁방지법 제10조 제1항), 특허침해금지를 청구할 수 있는 자는 특허권이 침해되거나 침해될 우려가 있는 특허권자 등이다(특허법 제126조 제1항).

나. 특허침해금지의 소에서 청구의 대상이 되는 기술의 특정 정도

특허권자 등은 침해 혐의자의 실시기술을 어느 정도로 특정하여야 할까? 민사소송에서 청구취지는 내용과 범위를 명확히 알아볼 수 있도록 구체적으로 특정되어야 하므로, 특허권에 대한 침해의 금지를 청구하는 경우 청구의 대상이 되는 제품 또는 방법은 사회통념상 침해의 금지를 구하는 대상으로서 다른 것과 구별될 수 있는 정도로 구체적으로 특정되어야 한다(대법원 2011. 9. 8. 선고 2011다17090 판결).

다. 침해 혐의자의 구체적 행위태양 제시 의무

재판에서 침해 혐의자가 특허권자 등이 주장하는 침해행위의 구체적 행위태양을 부인하는 경우가 종종 있다. 이에 대비하여 2019. 7. 9.

부터 시행된 현행 특허법 제126조의2는 그러한 부인을 하는 침해 혐의자에게 구체적인 행위태양을 제시하도록 하였다(제1항).

다만, 침해 혐의자가 자기의 구체적 행위태양을 제시할 수 없는 정당한 이유가 있다고 주장하는 경우, 법원은 그 주장의 당부를 판단하기 위해 침해 혐의자에게 자료의 제출을 명할 수 있다. 단, 침해 혐의자가 그 자료의 제출을 거절할 정당한 이유가 있으면 그러하지 아니하다(특허법 제126조의2 제2항).

이와 관련하여, 침해 혐의자가 자신의 구체적 행위태양을 입증할 수 있는 자료가 영업비밀에 해당하므로 이를 제출할 수 없는 정당한 이유가 있다고 주장할 수 있다. 하지만, 해당 자료가 구체적 행위태양을 제시할 수 없는 정당한 이유의 유무 판단에 반드시 필요한 때에는, 그 자료가 영업비밀에 해당한다는 것이 정당한 이유가 될 수 없다는 것에 유의하여야 한다(특허법 제126조의2 제3항, 제132조 제3항).[177)]

침해 혐의자가 정당한 이유 없이 자기의 구체적 행위태양을 제시하지 않는 경우에는 법원은 특허권자 등이 주장하는 침해행위의 구체적 행위태양을 진실한 것으로 인정할 수 있다(특허법 제126조의2 제4항).

라. [참고] 미국의 경우

한국의 경우, 특허권 침해가 인정되는 이상 그 금지청구는 권리남용에 해당한다는 등의 특별한 사정이 없는 이상 인용된다.

반면에, 미국의 경우는 다소 사정이 다르다. 미국에서도 과거에는 특허권자가 특허침해소송에서 승소한 경우에 법원은 거의 자동적으로 침해자에 대한 영구적 침해금지명령(permanent injunction)을 내렸다.

177) 이 경우, 법원은 제출명령의 목적 내에서 열람할 수 있는 범위 또는 열람할 수 있는 사람을 지정하여야 한다(특허법 제126조의2 제3항, 제132조 제3항 2문).

하지만 미국 연방대법원이 2006년에 이른바 eBay v. MercExchange 사건에서 '영구적 침해금지명령을 원하는 원고는 ① 영구적 침해금지명령이 없다면 원고에게 회복 불가능한 손해가 발생한다는 사정, ② 특허권 침해로 인하여 손해를 입은 원고를 영구적 침해금지명령 이외의 수단(예를 들어, 손해배상)으로 구제하는 것이 부적절한 사정, ③ 영구적 침해금지명령이 내려지지 않을 때 원고가 겪을 고통이 영구적 침해금지명령이 내려져 피고가 겪을 고통보다 큰 사정 및 ④ 영구적 침해금지명령이 공익에 반하지 않는 사정을 입증하여야 한다'라고 판시[178] 한 뒤로, 법원이 특허권 침해를 인정하면서 영구적 침해금지명령도 내리는 경우가 위 연방대법원 판결이 있기 전보다 약간 줄었다.[179]

2. 폐기 등 청구권

특허권자 등은 침해 혐의자를 상대로 침해금지청구(침해예방청구)를 할 때, 침해행위를 조성한 물건(물건을 생산하는 방법의 발명인 경우에는 침해행위로 생긴 물건을 포함한다)의 폐기, 침해행위에 제공된 설비의 제거, 그 밖에 침해예방에 필요한 행위를 청구(이하 그 청

---

178) eBay Inc. v. MercExchange, L.L.C., 547 U.S. 388, 391 (2006) ("[A] plaintiff seeking a permanent injunction must satisfy a four-factor test before a court may grant such relief. A plaintiff must demonstrate: ① that it has suffered an irreparable injury; ② that remedies available at law, such as monetary damages, are inadequate to compensate for that injury; ③ that, considering the balance of hardships between the plaintiff and defendant, a remedy in equity is warranted; and ④ that the public interest would not be disserved by a permanent injunction.")

179) Christopher B. Seaman, "Permanent Injunctions in Patent Litigation After eBay: An Empirical Study", 101 Iowa L. Rev. 1949, 1983 (2016); "미국 특허쟁송실무에 관한 연구-연방순회항소법원, 연방지방법원, 국제무역위원회(ITC), 특허청(USPTO)을 중심으로-", 사법정책연구원 연구총서 2016-18(대법원 사법정책연구원), p.106 재인용

구권을 '폐기 등 청구권'이라 한다)할 수 있다(특허법 제126조 제2항). 이 때 폐기 등 청구권은 독자적으로 행사하여서는 아니 되고, 반드시 침해금지청구(침해예방청구)와 함께 행사하여야 한다는 것을 주의하여야 한다.

또한, 법원은 위 '침해행위를 조성한 물건'에 대한 폐기를 명함에 있어서 그 현존 여부를 밝힌 다음, 그 소유자나 처분권한이 있는 자에게 명하여야 한다(대법원 1996. 12. 23. 선고 96다16605 판결 참조). 따라서 만일 침해 혐의자가 그 침해행위 조성물을 소지하지 않고 있거나, 소지하고 있더라도 그 침해행위 조성물에 대한 소유자나 처분권한이 있는 자가 아니라면 특허권자 등은 침해 혐의자에게 그 침해행위 조성물에 대한 폐기를 청구할 수 없다.

8-3-5. 특허침해로 인한 손해배상액의 산정방법 및 징벌적 손해배상

1. 손해배상청구권의 요건사실

특허권자 등은 고의나 과실로 자기의 특허권을 침해한 자에 대해 특허침해로 인하여 입은 손해의 배상을 청구할 수 있다(특허법 제128조 제1항). 특허침해에 따른 손해배상청구권은 특허법 제128조 제1항에 규정되어 있기는 하지만, 그 실질이 민법상 불법행위에 기한 손해배상청구권이다.

구체적으로, 특허침해에 따른 손해배상청구권이 성립하기 위하여는 ① 청구인이 특허권자 등이어야 하고, ② 책임능력이 있는 피청구인이 고의나 과실로 위법하게 특허권을 침해하여, ③ 그로 인하여 청구인에게 손해가 발생하였어야 한다.

특허권 침해자의 책임능력이 문제되는 경우는 거의 없고, 특허권 침해는 특별한 사정이 없는 이상 위법하며, 특허권 침해자는 그 침해행위에 대하여 과실이 있는 것으로 추정한다(특허법 제130조).

위 손해배상청구권의 성립요건 중 실무에서 주로 문제되는 것은 특허권 침해의 성립 여부, 그 침해로 인한 특허권자 등의 손해배상의 범위인데, 특허권 침해의 성립 여부는 위 8-2-1.~8-2-3.에서 자세히 살펴보았으므로, 이하 특허침해로 인한 특허권자 등의 손해배상의 범위를 살펴보고자 한다.

2. 손해의 종류

특허침해에 따른 손해는 민법상 불법행위에 기한 손해와 마찬가지로 재산적 손해와 비재산적 손해(정신적 손해)로 나뉘고, 재산적 손해는 특허침해가 없었더라면 특허권자 등이 얻었을 이익을 뜻하는 '소극적 손해('일실이익'이라 부르기도 함)'와 특허침해로 인하여 특허권자 등의 기존 재산이 감소한 것을 의미하는 '적극적 손해'로 나뉜다.

실무상 주로 문제되는 손해는 소극적 손해이다. 특허침해에 따른 소극적 손해에는 어떠한 것들이 있을까? 특허권 침해로 인하여 발생할 수 있는 소극적 손해에는, 특허권자 등의 제품(이하 '특허권자 등 제품'이라고 한다) '판매량'이 감소한 것에 따른 일실이익, 특허권자 등이 침해자와 가격경쟁을 하면서 특허권자 등 제품의 '판매가격'을 인하함으로써 발생하는 일실이익, 특허권자 등 제품의 판매량이 감소하면서 그와 동반하여 또는 그에 후속적으로 판매되던 관련 제품(예를 들어, 부속품)의 매출 역시 감소한 것에 따른 일실이익, 특허권자 등이 장래 입을 것으로 예상되는 장래의 일실이익, 실시권설정계약을 통해 실시료를 받을 수 있어야 마땅한데 이를 받지 못한 소극적 손해 등 다양할 수 있다.[180]

3. 특허법 제128조에 의한 손해액 산정

특허법 제128조는 특허권자 등이 보다 쉽게 손해액을 산정할 수 있도록 다양한 손해액 산출방식을 규정하고 있다. 실무에서는 주로 특허법 제128조에 따라 손해액을 계산하므로, 이하에서는 동 규정의 적용 시 주의할 점을 살펴보고자 한다.

가. 추정의 범위

특허법 제128조는 '손해액'과 '특허권 침해와 손해 사이의 상당인과

---

180) 상세하게는, 특허법원 지적재산소송실무연구회, 「지적재산 소송실무」, 박영사 (2019), p.540~546

관계'를 추정할 뿐(대법원 1992. 2. 25. 선고 91다23776 판결), '손해의 발생'까지 추정하지는 않는다.

그렇다면 특허권자 등은 손해의 발생을 어떻게 입증하여야 할까?

판매량 감소에 따른 일실이익 상당의 손해배상을 구하고자 하는 특허권자 등은 특허권 침해자가 특허권자 등과 경업 관계에 있는 등의 이유로 특허권자 등에게 손해 발생의 염려나 개연성이 있음을 주장・입증하는 것으로 손해 발생에 대한 주장・입증을 다 하였다고 볼 수 있다(대법원 2006. 10. 12. 선고 2006다1831 판결).

한편, 설령 특허권자 등이 특허발명을 실시하지 아니할 뿐만 아니라 침해자와 경업관계에 있지 아니하더라도, 침해자의 특허침해가 있다면 특별한 사정이 없는 한 특허권자 등에게 적어도 실시료 상당의 손해가 발생하였다고 보아야 하므로(대법원 2016. 9. 30. 선고 2014다59712 판결 등) 특허권자 등이 실시료 상당의 손해배상을 구하고자 할 때에는 특별히 손해의 발생에 대하여 입증할 것이 없다고 할 것이다.[181]

나. 특허법 제128조 제2, 3항

특허법 제128조 제2, 3항은 아래와 같이 특허권자 등이 '특허권자 등 제품의 판매량 감소'에 따라 입은 일실이익 상당의 손해액을 추정하는 규정이다.

"② 제1항에 따라 손해배상을 청구하는 경우 그 권리를 침해한 자가 그 침해행위를 하게 한 물건을 양도하였을 때에는 그 물건의 양도수량에 특허권자 또는 전용실시권자가 그 침해행위가 없었다면 판매할 수 있었던 물건의 단위수량당 이익액을 곱한 금액을 특허권자 또는 전용실시권자가 입은 손해액으로 할 수 있다.

181) 특허법원 지적재산소송실무연구회, 「지적재산 소송실무」, 박영사(2019), p.550

③ 제2항에 따라 손해액을 산정하는 경우 손해액은 특허권자 또는 전용실시권자가 생산할 수 있었던 물건의 수량에서 실제 판매한 물건의 수량을 뺀 수량에 단위수량당 이익액을 곱한 금액을 한도로 한다. 다만, 특허권자 또는 전용실시권자가 침해행위 외의 사유로 판매할 수 없었던 사정이 있으면 그 침해행위 외의 사유로 판매할 수 없었던 수량에 따른 금액을 빼야 한다."

위 규정이 다소 어지러워 보일 수 있으나, 판례와 실무[182)]에 따르면 특허법 제128조 제2, 3항에 따른 손해액은 다음과 같이 계산된다.

[손해액 산정을 위하여 특허권자 등이 입증하여야 하는 사항]

특허권자 등의 손해액

= '침해제품의 양도수량'과 '특허권자 등 제품의 생산 가능량 – 특허권자 등 제품의 판매량' 중 적은 양(이하 '① 수량')

× 특허권자 등 제품의 단위수량당 이익액(= 판매가액 – 변동비용, 이하 '②원')

[손해액을 낮추고자 하는 침해자가 입증하여야 하는 사항]

- 특허침해 외의 사유로 특허권자 등이 판매할 수 없었던 특허권자 등 제품의 수량(이하 '①' 수량')
- 침해제품의 판매나 가치에 특허발명이 기여하는 비율 즉, 기여율(이하 '③%')

만일, 위 사항이 모두 입증된다면 특허권자 등의 손해액은 다음과 같이 계산됨.

특허권자 등의 손해액 = (① 수량 – ①' 수량) × ②원 × ③%

위 계산식과 관련하여 중요한 사항을 정리하면 아래와 같다.

182) 특허법원 지적재산소송실무연구회, 「지적재산 소송실무」, 박영사(2019), p.549~573

첫째, 특허법 제128조 제2, 3항은 특허권자 등이 특허권자 등 제품의 판매량 감소에 따라 입은 일실이익 상당의 손해액을 추정하는 규정으로, 기본적으로는 '침해자가 양도한 침해품 수량'을 곧 '특허권자 등이 침해로 인하여 팔지 못한 특허권자 등 제품의 수량'으로 보고 있다.

둘째, 특허법 제128조 제3항의 '특허권자 등이 판매할 수 있었던 물건'이란 특허실시제품에 한정되는 것이 아니라 대체제품으로서 특허권자 등이 판매하거나 판매할 예정인 것도 포함한다고 할 것이다.[183)]

셋째, 특허권자 등 제품의 단위수량당 '이익액'을 산정하기 위하여 판매가액에서 제외하여야 하는 비용은 '고정비용'이 아니고 '총 비용'도 아니며 '변동비용'이다. 여기서 '변동비용'이란 조업도의 증감에 따라 변동하는 원가요소를 의미하고, '고정비용'이란 변동비용을 제외한 원가요소를 의미한다. 이처럼 위 단위수량당 이익액은 '한계이익'을 의미한다(대법원 2006. 10. 13. 선고 2005다36830 판결).[184)]

넷째, 특허법 제128조 제2, 3항에 따른 단위수량당 이익액은 '특허권자 등'의 단위수량당 이익액이지, '침해자'의 단위수량당 이익액이 아니다. 따라서 특허권자 등은 침해자의 단위수량당 이익액을 모르더라도 손해액을 산정할 수 있다. 반면, 뒤에서 보는 바와 같이 특허법 제128조 제4항에 따른 단위수량당 이익액은 '침해자'의 단위수량당 이익액이다.

다섯째, 위 박스 표기와 같이 특허권자 등의 입증사항과 침해자의 입

---

183) 정상조, 박성수 공편, 「특허법 주해 Ⅱ」, 박영사(2010), p.189~190; 특허법원 지적재산소송실무연구회, 「지적재산 소송실무」, 박영사(2019), p.550 재인용

184) "의장권 등의 침해로 인한 손해액의 추정에 관한 구 의장법(2004. 12. 31. 법률 제7289호 디자인보호법으로 개정되기 전의 것) 제64조 제1항 본문에서 말하는 '단위수량당 이익액'은 침해가 없었다면 의장권자가 판매할 수 있었을 것으로 보이는 의장권자 제품의 단위당 판매가액에서 그 증가되는 제품의 판매를 위하여 추가로 지출하였을 것으로 보이는 제품 단위당 비용을 공제한 금액을 말한다."

증사항을 구별하여야 한다.

여섯째, 비록 특허권이 아닌 디자인권(구 의장권)에 관한 사안이긴 하지만, 위 ①' 수량의 의미와 관련하여 판례는 "의장권 등의 침해로 인한 손해액의 추정에 관한 구 의장법(2004. 12. 31. 법률 제7289호 디자인보호법으로 개정되기 전의 것) 제64조 제1항 단서의 사유는 침해자의 시장개발 노력 · 판매망, 침해자의 상표, 광고 · 선전, 침해제품의 품질의 우수성 등으로 인하여 의장권의 침해와 무관한 판매수량이 있는 경우를 말하는 것으로서, 의장권을 침해하지 않으면서 의장권자의 제품과 시장에서 경쟁하는 경합제품이 있다는 사정이나 침해제품에 실용신안권이 실시되고 있다는 사정 등이 포함될 수 있으나, 위 단서를 적용하여 손해배상액의 감액을 주장하는 침해자는 그러한 사정으로 인하여 의장권자가 판매할 수 없었던 수량에 의한 금액에 관해서까지 주장과 입증을 하여야 한다(대법원 2006. 10. 13. 선고 2005다36830 판결)."라고 판시한 바 있다.

일곱째, 기여율의 산정이 특히 중요한 경우는 침해제품이 여러 부품으로 이루어져 있거나 침해제품에 여러 지식재산권이 적용된 경우인데, 그 구체적인 산정방법은 매우 다양하고 복잡하여 여기서는 다루지 않기로 한다.

다. 특허법 제128조 제4항

특허법 제128조 제4항은 아래와 같이 침해자가 특허침해로 인하여 얻은 이익액을 특허권자 등의 소극적 손해액으로 추정하는 규정이다.

"④ (중략) 특허권 또는 전용실시권을 침해한 자가 그 침해행위로 인하여 얻은 이익액을 특허권자 또는 전용실시권자가 입은 손해액으로 추정한다."

위 규정 자체는 단순해 보이나, 판례와 실무[185]에 따르면 특허법 제128조 제4항에 따른 손해액은 다음과 같이 계산된다고 할 것이다.

[손해액 산정을 위하여 특허권자 등이 입증하여야 하는 사항]

특허권자 등의 손해액
= 침해자가 특허침해로 인하여 얻은 이익액(이하 '㉠원')
= 침해제품의 양도수량 × 침해제품의 단위수량당 이익액
OR 침해제품의 매출액 × 침해자의 영업이익률
(등 그 구체적인 계산방식은 다양함.)

[손해액을 낮추고자 하는 침해자가 입증하여야 하는 사항]

- 침해제품의 판매나 가치에 특허발명이 기여하는 비율 즉, 기여율(이하 '㉡%')

만일, 위 사항이 모두 입증된다면 특허권자 등의 손해액은 다음과 같이 계산됨.

특허권자 등의 손해액 = ㉠원 × ㉡%

위 계산식과 관련하여 주의하여야 할 사항을 정리하면 아래와 같다.

첫째, 특허법 제128조 제4항 소정의 '이익액'은 순이익액이나 총이익액이 아니라 '한계이익'액이라 할 것이다. 여기에서, 순이익이란 침해자의 매출액에서 매출을 얻기 위하여 필요한 비용 전부를 공제한 것을 의미하고, 총이익이란 침해자의 매출액에서 제조원가·판매원가와 침해제품을 제조·판매하는데 직접 소요된 제경비를 공제한 것(일반관리비는 공제대상이 아님)을 의미하며, 한계이익이란 침해자의 매출액에서 변동비를 공제한 것을 의미한다.

둘째, 침해자의 이익액을 계산하는 방식은 다양할 수 있다. 특허법

185) 특허법원 지적재산소송실무연구회, 「지적재산 소송실무」, 박영사(2019), p.573~581

제128조 제2, 3항에서와 비슷한 구조로 '침해제품의 양도수량'에 '침해제품의 단위수량당 이익액'을 곱하여 침해자의 이익액을 계산할 수도 있다. 이때 그 계산식에서의 양도수량은 '침해제품'의 양도수량이지 '특허권자 등 제품의 양도수량'이 아니고, 그 계산식에서의 단위수량당 이익액은 '침해제품'의 단위수량당 이익액이지 '특허권자 등 제품'의 단위수량당 이익액이 아니다.

셋째, 위 박스 표기와 같이 특허권자 등의 입증사항과 침해자의 입증사항을 구별하여야 한다.

넷째, 비록 특허법 제128조 제4항에 같은 조 제3항 단서[186]와 같은 규정이 없긴 하지만, 만일 침해자의 이익액 중 특허권 침해와 인과관계가 없는 이익액[187]이 있어서 특허권 침해로 인한 '실제' 이익액이 같은 조 제4항에 따른 '추정' 이익액보다 적고, 침해자가 이를 입증할 수 있다면 같은 조 제4항의 추정과 달리 위 실제 이익액이 손해액으로 인정될 수 있을 것이다(대법원 2008. 3. 27. 선고 2005다75002 판결 참조).

다섯째, 특허법 제128조 제2, 3항에 따른 손해액 산정에서와 마찬가지로 같은 조 제4항에 따른 손해액 산정시에도, 기여율에 대한 침해자의 입증이 있는 이상 이를 고려하여야 한다.[188]

라. 특허법 제128조 제5, 6항

특허법 제128조 제5, 6항의 규정은 아래와 같고, 이에 근거하여 손해배상을 청구하고자 하는 특허권자 등은 침해자에게 통상적인 실시료 상당액의 손해배상을 청구할 수가 있다.

---

186) ③ (중략) 다만, 특허권자 또는 전용실시권자가 침해행위 외의 사유로 판매할 수 없었던 사정이 있으면 그 침해행위 외의 사유로 판매할 수 없었던 수량에 따른 금액을 빼야 한다.
187) 예를 들어, 침해자의 신용, 판매정책, 선전 등으로 인한 이익액
188) 특허법원 지적재산소송실무연구회, 「지적재산 소송실무」, 박영사(2019), p.580

"⑤ 제1항에 따라 손해배상을 청구하는 경우 그 특허발명의 실시에 대하여 통상적으로 받을 수 있는 금액을 특허권자 또는 전용실시권자가 입은 손해액으로 하여 손해배상을 청구할 수 있다.

⑥ 제5항에도 불구하고 손해액이 같은 항에 따른 금액을 초과하는 경우에는 그 초과액에 대해서도 손해배상을 청구할 수 있다. 이 경우 특허권 또는 전용실시권을 침해한 자에게 고의 또는 중대한 과실이 없을 때에는 법원은 손해배상액을 산정할 때 그 사실을 고려할 수 있다."

특허법 제128조 제5, 6항에 따른 손해액 산정과 관련하여 주의할 점은 아래와 같다.

첫째, 특허권자 등은 '손해의 발생'에 관하여 주장할 필요 없이 '특허권 침해'와 '통상 받을 수 있는 실시료 상당액'만 주장 · 입증하면 충분하다.[189), 190)]

둘째, 상표법 제110조 제4항[191)]에 따른 손해배상청구에 대하여는 손해가 없다는 침해자의 항변이 가능한데 반하여, 특허법 제128조 제5항

189) 이는 상표법 제110조 제4항(특허법 제128조 제5항에 대응됨)에 기한 손해배상청구에도 마찬가지이다. 이와 관련하여, 판례는 "구 상표법(2014. 6. 11. 법률 제12751호로 개정되기 전의 것) 제67조에 의하면 상표권자는 자기의 상표권을 고의 또는 과실로 침해한 자에 대하여 통상 받을 수 있는 상표권 사용료 상당액을 손해액으로 주장하여 배상을 청구할 수 있다. 이 규정은 손해에 관한 피해자의 주장 · 증명책임을 경감해 주고자 하는 것이므로, 상표권자는 권리침해 사실과 통상 받을 수 있는 사용료를 주장 · 증명하면 되고 손해의 발생 사실을 구체적으로 주장 · 증명할 필요는 없다. 그러나 위 규정이 상표권의 침해 사실만으로 손해의 발생에 대한 법률상의 추정을 하거나 손해의 발생이 없는 것이 분명한 경우까지 손해배상의무를 인정하려는 취지는 아니므로, 침해자는 상표권자에게 손해의 발생이 있을 수 없다는 점을 주장 · 증명하여 손해배상책임을 면할 수 있다(대법원 2016. 9. 30. 선고 2014다59712, 59729 판결)."라고 판시하고 있다.

190) 특허법 제128조 제5항에 손해액 자체가 법정되어 있어서, 특허권자 등으로서는 손해의 발생을 요건사실로 주장할 필요가 없다(특허법원 지적재산소송실무연구회, 「지적재산 소송실무」, 박영사(2019), p.582).

191) 특허법 제128조 제5항에 대응됨.

에 따른 손해배상청구에 대하여는 손해가 없다는 침해자의 항변이 매우 어렵다.[192] 특허권자 등은 특허권자 제품을 생산·판매하지 않아 침해자와 경업관계에 있지 않더라도 특허발명 그 자체를 보호하기 위한 특허권을 가진 자이므로,[193] 특별한 사정이 없는 이상 통상 받을 수 있는 특허권 실시료 상당액의 손해를 입었기 때문이다.[194]

셋째, '특허발명의 실시에 대하여 통상적으로 받을 수 있는 금액'과 관련하여, 판례는 "특허발명의 실시에 대하여 통상 받을 수 있는 금액에 상당하는 액을 결정함에 있어서는, 특허발명의 객관적인 기술적 가치, 당해 특허발명에 대한 제3자와의 실시계약 내용, 당해 침해자와의 과거의 실시계약 내용, 당해 기술분야에서 같은 종류의 특허발명이 얻을 수 있는 실시료, 특허발명의 잔여 보호기간, 특허권자의 특허발명 이용 형태, 특허발명과 유사한 대체기술의 존재 여부, 침해자가 특허침해로 얻은 이익 등 변론종결시까지 변론과정에서 나타난 여러 가지 사정을 모두 고려하여 객관적, 합리적인 금액으로 결정하여야 하고, 특히 당해 특허발명에 대하여 특허권자가 제3자와 사이에 특허권실시계약을 맺고 실시료를 받은 바 있다면 그 계약 내용을 침해자에게도 유추 적용하는 것이 현저하게 불합리하다는 특별한 사정이 없는 한 그 실시계약에서 정한 실시료를 참작하여 위 금액을

---

192) 특허법 제128조 제5항이 '추정' 규정인지 아니면 '간주' 규정인지 논란이 있고, 이를 '간주' 규정으로 보면 위와 같은 항변을 할 수 없고, 이를 '추정' 규정으로 보면 위와 같은 항변을 할 수는 있지만 본문에서와 같은 이유로 그러한 항변을 하기란 극히 어렵다.

193) 특허권과 달리 상표권은 상표 자체를 보호하기 위한 권리가 아니라 상표의 사용으로 상표에 화체되는 신용을 보호하기 위한 권리이다. 이러한 차이에 기인하여, 판례는 상표법 제110조 제4항(특허법 제128조 제5항에 대응됨)과 관련하여, "상표권은 특허권 등과 달리 등록되어 있는 상표를 타인이 사용하였다는 것만으로 당연히 통상 받을 수 있는 상표권 사용료 상당액이 손해로 인정되는 것은 아니고, 상표권자가 상표를 영업 등에 실제 사용하고 있었음에도 상표권 침해 행위가 있었다는 등 구체적 피해 발생이 전제되어야 인정될 수 있다(대법원 2016. 9. 30. 선고 2014다59712, 59729 판결)."라고 판시하고 있다.

194) 특허법원 지적재산소송실무연구회, 「지적재산 소송실무」, 박영사(2019), p.582

산정하여야 하며, 그 유추 적용이 현저하게 불합리하다는 사정에 대한 입증책임은 그러한 사정을 주장하는 자에게 있다(대법원 2006. 4. 27. 선고 2003다15006 판결)."라고 판시한 바 있다.

넷째, 특허법 제128조 제2~4항에서와 마찬가지로, 같은 조 제5항에서도 기여율에 대한 침해자의 입증이 있는 이상 이를 고려하여야 한다.[195]

마. 특허법 제128조 제7항

특허법 제128조 제7항은 같은 조 제2항, 4항 또는 5항에 의한 손해액을 증명하기 극히 곤란한 경우에 한하여 보충적으로 적용되는 조항으로서 아래와 같이 규정되어 있다.

"⑦ 법원은 특허권 또는 전용실시권의 침해에 관한 소송에서 손해가 발생된 것은 인정되나 그 손해액을 증명하기 위하여 필요한 사실을 증명하는 것이 해당 사실의 성질상 극히 곤란한 경우에는 제2항부터 제6항까지의 규정에도 불구하고 변론 전체의 취지와 증거조사의 결과에 기초하여 상당한 손해액을 인정할 수 있다."

특허법 제128조 제7항은 실무에서 같은 조 제128조의 각항 중 가장 흔하게 접할 수 있는 조항이라 생각된다. 다만, 그렇다고 하여 특허권자 등이 특허법 제128조 제2항, 4항 또는 5항에 의한 손해액의 '입증'을 소홀히 하면서 법원에 같은 조 제7항에 의한 손해액을 인정하여 달라고 요구하는 것은 무리한 요구이고, 재판부는 그러한 요구를 하는 특허권자 등의 손해배상청구를 기각할 것이다. 특허법 제128조 제7항은 특허권자 등이 특허법 제128조 제2항, 4항 또는 5항에 근거하여 손해액을 입증하기 위하여 최선의 노력을 다 하였을 때에 한하여 고려될 수 있는 조항인 것이다.

195) 특허법원 지적재산소송실무연구회, 「지적재산 소송실무」, 박영사(2019), p.586

4. 징벌적 손해배상

2019. 7. 9.부터 시행 중인 현행 특허법 제128조에 처음 도입된 제도가 바로 '징벌적 손해배상' 제도이다. 이로써, 미국에서와 같이 한국 특허권의 침해에 따른 손해배상에서도 징벌적 손해배상이 가능하게 되었다.

이에 따르면, 법원은 타인의 특허권 또는 전용실시권을 침해한 행위가 고의적인 것으로 인정되는 경우에는 특허법 제128조 제2항부터 제7항까지의 규정에 따라 손해로 인정된 금액의 3배를 넘지 아니하는 범위에서 배상액을 정할 수 있다(특허법 제128조 제8항).

이 경우 법원은 ① 침해행위를 한 자의 우월적 지위 여부, ② 고의 또는 손해 발생의 우려를 인식한 정도, ③ 침해행위로 인하여 특허권자와 전용실시권자가 입은 피해규모, ④ 침해행위로 인하여 침해한 자가 얻은 경제적 이익, ⑤ 침해행위의 기간·횟수 등, ⑥ 침해행위에 따른 벌금, ⑦ 침해행위를 한 자의 재산상태, ⑧ 침해행위를 한 자의 피해구제 노력의 정도 등을 고려하여야 한다(특허법 제128조 제9항).

5. 소송에서 유의할 사항

특허권자 등이 특허권 침해에 따른 손해액을 입증하기 위하여 재판부에 침해 혐의자에 대한 자료제출명령신청을 하고, 재판부가 그 필요성을 인정하여 자료제출명령신청을 채택하면 침해 혐의자가 유의하여야 할 사항이 있다.

위 8-2-2.에서 본 바와 같이, 예전에는 침해 혐의자가 "해당 자료는 영업비밀에 해당하므로 제출할 수 없다."는 취지의 답변을 하며 자료제출을 거부할 정당한 이유가 있음을 주장하는 경우가 자주 있었다.

하지만 2016. 6. 30.부터 시행된 구 특허법(2016. 2. 29. 법률 제14035호로 일부개정되기 전의 것) 제132조 제2항 내지 제5항에 따라 더 이상은 침해 혐의자가 앞서 본 바와 같은 대응을 하기가 어렵게 되었다. 이 규정을 구체적으로 살펴보면 다음과 같다.

만일 상대방이 자료제출을 거부할 정당한 이유가 있다고 주장하면, 법원은 그 주장의 당부를 판단하기 위하여 상대방에게 자료의 제시를 명할 수 있다(특허법 제132조 제2항).[196] 또한, 상대방이 제출을 거부하는 자료가 영업비밀에 해당할지라도, 그것이 손해액의 증명에 반드시 필요한 때에는 자료가 영업비밀에 해당한다는 것이 정당한 이유가 되지 않는다는 점에 유의해야 한다(특허법 제132조 제3항).[197]

당사자가 정당한 이유 없이 자료제출명령에 따르지 아니한 때에는, 법원은 '자료의 기재'에 대한 상대방의 주장을 진실한 것으로 인정할 수 있다(특허법 제132조 제4항). 이 경우, 자료의 제출을 신청한 당사자가 자료의 기재에 관하여 구체적으로 주장하기에 현저히 곤란한 사정이 있고 자료로 증명할 사실을 다른 증거로 증명하는 것을 기대하기도 어려운 때에는, 법원은 '그 당사자가 자료의 기재에 의하여 증명하고자 하는 사실'에 관한 주장을 진실한 것으로 인정할 수 있다(특허법 제132조 제5항).

196) 이 경우, 법원은 그 자료를 다른 사람이 보게 하여서는 아니 된다(특허법 제132조 제2항 2문).

197) 이 경우, 법원은 제출명령의 목적 내에서 열람할 수 있는 범위 또는 열람할 수 있는 사람을 지정하여야 한다(특허법 제132조 제3항 2문).

6. [참고] 미국의 경우

미국 특허법이 규정한 손해액 산정방법은 ① 일실이익액을 손해액으로 보는 방법 또는 ② 합리적 실시료(reasonable royalty)를 손해액으로 보는 방법이다(35 U.S.C. 284). 35 U.S.C. 284는 특허권 침해에 대하여는 적정한 배상액을 산정하여야 하며, 그 배상액은 어떠한 경우에도 합리적 실시료에 법원이 정하는 이자와 소송비용을 더한 금액보다 적어서는 아니된다고 규정하고 있다.

참고로, 1946년 이전의 미국 특허법에는 침해자의 이익액을 특허권자의 손해액으로 보는 규정이 있었으나, '침해자의 이익'을 산정하는 것이 어려워 소송을 지연시킨다는 이유로 그 규정은 1946년의 미국 특허법 개정에서 삭제되었다.[198)]

---

198) 양은상 "특허를 이용한 자본의 유동화" [내부보고서, 법원행정처(2013), 13면; "미국 특허쟁송실무에 관한 연구 - 연방순회항소법원, 연방지방법원, 국제무역위원회(ITC), 특허청(USPTO)을 중심으로 -", 사법정책연구원 연구총서 2016 - 18(대법원 사법정책연구원), p.107 재인용

8-3-6. 특허권침해죄 관련 주의사항

1. 특허법상 범죄

특허법에는 침해죄(제225조)를 비롯하여 비밀누설죄(제226조), 위증죄(제227조), 허위표시의 죄(제228조), 거짓행위의 죄(제229조), 비밀유지명령 위반죄(제229조의2) 등 여러 범죄가 규정되어 있다. 이 중 실무에서 주로 문제되는 범죄는 특허권침해죄이고, 이하에서는 이와 관련하여 주의할 사항을 살펴보기로 한다.

2. 특허권침해죄

가. 친고죄

특허권침해죄(특허법 제225조 제1항)는 친고죄이어서, 특허권침해죄를 문제삼는 특허권자의 고소가 없으면 검찰이 공소를 제기할 수 없다(특허법 제225조 제2항).

고소하고자 하는 특허권자는 침해자를 알게 된 날부터 6월 내에 하여야 한다(형사소송법 제230조 제1항).

나. 성립요건

일반적인 범죄의 성립요건과 같이 특허권침해죄가 성립하기 위하여는 침해자의 행위가 특허권침해죄의 구성요건에 해당하여야 하고 위법하여야 하며, 침해자에게 책임능력이 있어야 한다.

한편, 특허권침해죄가 성립하기 위하여는 침해자가 '고의'로 특허권을 침해하여야 한다(형법 제13조). 실무에서 주로 문제되는 것은 바로 침해자에게 고의가 있는지 여부이다.

다. 특허권침해죄의 고의

1) 고의의 의의

특허권침해죄의 '고의'란 타인의 특허권을 침해한다는 인식 내지 타인의 특허권 침해에 대한 용인(容認)을 뜻한다고 할 것이다. 다만, 여기서 타인성이나 침해의 의미 등에 관한 침해자의 인식 내지 용인은 정확한 법적평가를 요구하는 것이 아니며, 문외한으로서의 소박한 가치 평가가 그러한 인식 내지 용인에 해당하면 족하다.

2) 경고장과 고의

일반적으로 특허권자 등은 침해자의 고의를 입증하기 위하여 침해자에게 특허침해'경고장'을 발송한다. 특별한 사정이 없는 이상 특허침해경고장을 받고도 계속하여 특허권 침해를 하는 침해자에게는 특허침해의 고의가 있다고 할 것이다.

다만, 경고장을 받은 침해자가 변호사나 변리사에게 특허침해 여부에 대한 자문을 구했는데, 그로부터 특허침해가 아니라는 답변을 듣고 '나의 행동에 문제가 없구나.'라고 생각하여 자신의 실시행위를 계속하였다면, 이런 침해자에게도 고의가 있다고 할 수 있는가?

이것이 이하에서 살펴볼 법률의 착오에 관한 논의이다.

3) 법률의 착오

범죄의 구성요건에 해당하는 객관적 사실에 대한 인식이나 용인은 있으나, 그것이 위법하다는 인식을 하지 못한 것을 '법률의 착오'라 부른다. 이러한 법률의 착오에 정당한 이유가 있다면, 그 침해자에게는 특허권침해죄의 '고의'가 있다고 할 수 없어(형법 제16조, 대법원 1994. 5. 27. 선고 93도3377 판결 등 참조), 특허권침해죄와 관련하여 법률의 착오에 해당하는 경우를 검토해 볼 필요가 있다.

단순히 특허법을 몰랐었다는 것은 법률의 착오에 해당할 수 없다.

실무상 주로 문제되는 것들을 살펴보자.

변호사나 변리사가 '특허침해가 없다'는 의견을 주어 자신의 침해행위가 위법하지 않다고 믿은 침해자의 고의가 조각된다고 볼 수 있는가? 이러한 질문에 단정적으로 답하는 것은 곤란하고, 주어진 사실관계에 따라 고의의 조각 여부가 달라질 것이다.

예를 들어, 만일 침해자가 전문가에게 정직하게 사실관계를 밝힌 후 진지하게 특허침해 여부에 관한 자문을 구하여, 그로부터 침해가 아니라는 의견을 듣고 이를 믿어 실시행위를 하였다면 그에게 고의가 있다고 보기 어려울 것이다.[199] 만일 침해자가 전문가에게 모든 사실관계를 알려주지 않고 자신에게 유리한 자료만 제공하며 특허침해 여부에 대한 자문을 구하였다면, 그로부터 얻은 의견을 신뢰한 침해자의 고의가 조각된다고 보기 어려울 것이다.[200]

다만, 현실에서는 침해자가 자신의 입맛에 맞는 전문가를 찾아가 그로부터 의견을 받는 경우가 많을 것이므로, 실제 재판에서는 "변호사나 변리사 등으로부터 받은 특허 비침해의 의견을 믿었을 뿐"이라는 주장만으로 침해자의 고의가 조각되는 일이 많지 않을 것이다.[201]

---

199) 우라옥, 특허침해소송 실무에 관한 제 문제(2008. 6. 4.), 특허심판원, p.97

200) 우라옥, 특허침해소송 실무에 관한 제 문제(2008. 6. 4.), 특허심판원, p.98

201) 그 구체적인 사실관계를 알 수는 없으나, 대법원은 "원심이 인용한 제1심판결의 채택증거에 의하면, 피고인은 변리사로부터 이 사건 등록상표는 상품의 품질이나 원재료를 보통으로 표시하는 방법으로 사용하는 상표로서 효력이 없다는 자문과 감정을 받아 피고인이 제작한 물통의 의장등록을 하고 이 사건 등록상표와 유사한 상표를 사용한 사실이 인정되는바, 설사 피고인이 위와 같은 경위로 자기의 행위가 죄가 되지 아니한다고 믿었다 하더라도 이러한 경우에는 누구에게도 그 위법의 인식을 기대할 수 없다고 단정할 수 없으므로 피고인은 상표법 위반의 죄책을 면할 수 없다 하겠다. 이와 배치되는 피고인의 주장은 이유 없다(대법원 1995. 7. 28. 선고 95도702 판결)."라고 판시한 바 있다.

당연한 이야기이지만, 재판부는 침해자의 고의 유무 여부를 판단할 때 전문가에게 의견을 구하였는지 여부만 고려하는 것이 아니라, 기타 여러 사정을 종합적으로 고려한다는 것에 유의하여야 한다.

이와 관련하여 흥미로운 판례 하나를 소개한다.

원심은, 피고인 1이 이 사건 특허발명의 존재를 명확히 알고 있었음에도 이 사건 특허발명의 일부 부품을 치환하여 원심 판시 이 사건 장치를 개발한 후 특허보다 손쉽게 등록할 수 있는 실용신안등록을 한 점, 이 사건 특허발명과 이 사건 장치 간에 본질적인 차이가 없고 실질적으로 균등한 구성인 점, 피고인 2도 특허권자인 피해자의 경고장을 보았음에도 계속 이 사건 장치를 제작하여 납품한 점 등을 근거로 피고인들에게 특허권 침해의 고의가 있다고 판단하였다(의정부지방법원 2008. 1. 8. 선고 2007노1485 판결).

반면, 대법원은 "원심이 적법하게 채택한 증거에 의하여 인정되는 다음과 같은 사정 즉, 피고인 1이 피해자인 이 사건 특허권자로부터 납품받은 이 사건 특허발명의 실시품이 회전판과 꼬챙이의 결합이 견고하지 못하여 고기가 이탈되고 화재가 발생하는 등의 문제가 발생함에 따라 피고인 1의 남편인 공소외인이 이 사건 특허발명을 개량하여 실용신안등록출원을 한 점, 공소외인의 등록실용신안의 고안의 상세한 설명에서도 이 사건 특허발명을 종래기술로 언급하면서 그 문제점을 지적하고 있는 점, 이 사건 특허발명과 공소외인의 등록실용신안의·실시품인 이 사건 장치는 그 구성에서 일부 차이가 있고 균등관계에 있는지 여부의 판단은 통상의 기술자에게도 쉽지 않으며 일반인의 경우는 매우 어려운 점, 이 사건 장치를 개발한 후 피고인 1이 변리사에게 문의하였을 때, 이 사건 장치가 이 사건 특허발명을 침해하지 않는다는 의견을 들은 점, 공소외인의 등록실용신안의 고안의 상세한 설명에 이 사건 특허발명이 종래기술로 기재되어 있음에도 심사관이 기술평가절차에서 공소외인의 등록실용신안에 대하여 실용신안등록 유지결정을 한 점, 이 사건 장치가 이 사건 특허발명의 일부 청구항의 권리범위에 속한다는 특허심판원의 심결이 2006. 2. 28. 무렵에야 이루어진 점 등에 비추어 보면, 특허심판원의 심결 이전인 이 사건 범죄일시에 피고인들에게 이 사건 장치가 이 사건 특허발명을 침해한다는 인식과 용인이 있었다고 보기는 어렵다. 그런데도 그 판시와 같은 사정만으로 피고인들에게 특허권 침해의 고의가 있다고 단정한 원심에는 특허권침해죄의 범의에 관한 법리를 오해하거나 채증법칙을 위반하여 사실을 오인함으로써 판결에 영향을 미친 위법이 있다(대법원 2010. 1. 14. 선고 2008도639 판결)."라고 판시하였다.

그 밖에, 특허심판원에서 진행된 권리범위확인심판이나 무효심판에서 '甲의 실시기술이 특허권자 乙이 가진 특허권의 권리범위에 속하지 않는다는 심결' 또는 '乙의 특허권이 무효라는 심결'이 있어 이를 신뢰한 甲이 실시행위를 하였는데, 위 심결 이후 그에 반하는 법원의 확정판결 즉, '甲이 乙의 특허권을 침해한다.'는 내용의 확정판결이 있는 경우에 甲에게 특허권침해죄의 고의가 있는지 여부가 문제될 수 있다.

이 역시 앞서 살펴본 '전문가의 의견을 받아 실시행위를 한 경우'에서와 마찬가지로, 재판부는 사안마다 그 구체적인 사실관계를 종합적으로 고려하여 침해자에게 고의가 있는지 여부를 판단할 것이다.

라. 기타

1) 간접침해를 특허권침해죄로 처벌할 수 있는지 여부

특허권에 대한 '직접침해'가 아닌 '간접침해'를 특허권침해죄로 처벌할 수 있는가? 그렇지 않다.

구체적으로, 판례는 "구 특허법(1990.1.13. 법률 제4207호로 개정되기 전의 것) 제64조 소정의 "침해로 보는 행위"(강학상의 간접침해행위)에 대하여 특허권 침해의 민사책임을 부과하는 외에 같은 법 제158조 제1항 제1호에 의한 형사처벌까지 가능한가가 문제될 수 있는데, 확장해석을 금하는 죄형법정주의의 원칙이나, 특허권 침해의 미수범에 대한 처벌 규정이 없어 특허권 직접침해의 미수범은 처벌되지 아니함에도 특허권 직접침해의 예비단계 행위에 불과한 간접침해행위를 특허권 직접침해의 기수범과 같은 벌칙에 의하여 처벌할 때 초래되는 형벌의 불균형성 등에 비추어 볼 때, 제64조의 규정은 특허권자 등을 보호하기 위하여 특허권의 간접침해자에게도 민사 책임을 부과시키는 정책적 규정일 뿐 이를 특허권 침해행위를 처벌하는 형벌법규의 구성요건으로서까지 규정한 취지는 아니다(대법원 1993. 2. 23. 선고 92도3350 판결)."라고 판시하고 있다.

2) 특허권침해죄와 청구항 정정의 문제

피고인의 제조, 판매행위 이후에 이 사건 특허발명의 청구범위를 정정하는 심결이 확정되고, 피고인이 제조·판매한 제품이 정정 전이 아닌 정정 '후'의 청구범위와 동일 또는 균등한 관계에 있는 물건인 경우, 이러한 피고인에게도 특허권침해죄의 고의가 인정될까? 그렇지 않다.

구체적으로 판례는 "헌법 제13조 제1항, 형법 제1조 제1항의 입법 취지 및 특허발명의 특허청구범위는 특허권자가 독점하여 실시할 수 있는 영역과 제3자가 침해해서는 아니 되는 영역을 객관적으로 획정하여 대외적으로 공시하는 규범적 효력이 있는 점에 비추어 보면, 피고인의 행위가 특허권침해죄에 해당하는지 여부를 판단함에 있어 정정 후의 특허청구범위를 침해대상 특허발명으로 삼는 것이 피고인에게 불리한 결과를 가져오는 경우까지도 정정의 소급적 효력이 당연히 미친다고 할 수는 없는 법리이고, 그 결과 원심이 정정 전의 특허청구범위를 침해대상 특허발명으로 삼아 피고인이 그 특허발명의 침해죄를 범하였는지 여부를 판단한 것은 정당하다(대법원 2005. 10. 14. 선고 2005도1262 판결)."라고 판시한 바 있다.

8-3-7. 특허침해사건에서의 방어전략

1. 특허침해 여부를 다투는 경우

가. 직접침해 또는 간접침해의 불성립(특허발명 v. 실시기술)

침해 혐의자는 자신의 '실시기술'과 (위 8-2-1.에서 살펴본 보호범위를 가지는) 특허권자 등의 '특허발명'을 대비하면서 특허권의 침해 여부를 다툴 수 있는데, 그 구체적인 내용은 아래와 같다.

특허권자 등이 특허권의 문언침해를 주장하는 경우, 침해 혐의자는 '실시기술이 특허발명의 모든 구성요소와 그 유기적 결합관계를 그대로 가지고 있지 않아, 구성요건완비의 원칙에 비추어 볼 때 자신이 특허권을 문언침해하지 않았다'는 취지의 반박을 할 수 있다(구성요건완비의 원칙에 대한 자세한 소개는 위 8-2-2. 참조).

특허권자 등이 특허권의 균등침해를 주장하는 경우, 침해 혐의자는 실시기술이 균등침해의 성립요건 중 하나 이상의 요건에 위배되어 균등침해가 성립하지 못한다는 취지의 반박을 할 수 있다(균등침해의 성립요건에 대한 자세한 소개는 위 8-2-2. 참조).

특허권자 등이 특허권의 간접침해를 주장하는 경우, 침해 혐의자는 실시기술이 간접침해의 성립요건 중 하나 이상의 요건에 위배되어 간접침해가 성립하지 못한다는 취지의 반박을 할 수 있다(간접침해의 성립요건에 관한 자세한 소개는 위 8-2-3. 참조).

나. 특허무효의 항변(공지기술 v. 특허발명)

위 8-2-1.에서 살펴본 바와 같이, 특허발명에 무효사유가 있어 그 보호범위가 부정되는 경우에는 설령 침해 혐의자의 실시기술이 특허발명과 동일 또는 균등하다고 하더라도, 문언침해 내지 균등침해가 성립할 수 없다. 이와 같이, 침해 혐의자가 특허발명의 무효사유를 주장하면서 특허침해를 부정하는 경우, 이러한 항변을 '특허무효의 항변'이라 부른다. 특허무효의 항변을 위해 비교하여야 할 대상은 (특허발명의 출원 당시 공지되어 있는) '공지기술'과 '특허발명'이다.

침해 혐의자가 특허침해소송에서 특허발명에 무효사유가 있다는 주장을 하는 경우는 매우 흔하며, 가장 일반적인 무효사유는 신규성 흠결(특허법 제29조 제1항)이나 진보성 흠결(특허법 제29조 제2항)의 무효사유이다.

다. 자유실시기술의 항변(공지기술 v. 실시기술)

(특허발명의 출원 전에 공지되어 있는) 공지기술과 동일하거나 통상의 기술자가 공지기술로부터 쉽게 생각해낼 수 있는 실시기술은 위 출원 당시에 이미 일반 공중에 속해 누구라도 자유롭게 실시할 수 있는 기술 즉, '자유실시기술'이다. 따라서 침해 혐의자의 실시기술이 자유실시기술인 경우에는 실시기술과 특허발명의 보호범위를 대비할 필요도 없이 특허침해가 성립하지 않는데, 이러한 항변을 '자유실시기술의 항변'이라 한다(대법원 2017. 11. 14. 선고 2016후366 판결 참조). 자유실시기술의 항변을 위해 비교하여야 할 대상은 '침해 혐의자의 실시기술'과 '(특허발명의 출원 당시 공지된) 공지기술'이다.

실무상 주의할 것은, 특허권자 등의 문언침해 주장에 대하여 침해 혐의자가 자유실시기술의 항변을 할 수 있는가 여부이다. 특허권자 등의 균등침해 주장에 대하여 침해 혐의자가 자유실시기술의 항변을 할 수 있음에는 다툼의 여지가 없다(위 8-2-2. 참조).

한국의 경우, 특허권자 등의 '균등침해' 주장에 대한 항변으로 허용되는 자유실시기술의 항변이 '문언침해' 주장에 대한 항변으로 허용되지 못할 이유가 없다. 이와 관련하여 판례는 "자유실시기술 법리의 본질,

기능, 대비하는 대상 등에 비추어 볼 때, 위 법리는 특허권 침해 여부를 판단할 때 일반적으로 적용되는 것으로, 실시기술이 결과적으로 특허발명의 청구범위에 나타난 모든 구성요소와 그 유기적 결합관계를 그대로 가지는 이른바 문언침해에 해당하는 경우에도 그대로 적용된다(대법원 2017. 11. 14. 선고 2016후366 판결 등)."라고 판시하고 있다.

반면, 미국에서는 그러하지 아니하다. 특허권자 등의 균등침해 주장과 달리, 문언침해 주장에 대하여는 자유실시기술의 항변(practicing the prior art defense)을 하지 못한다는 것에 주의하여야 한다.[202)]

왜 그럴까? 특허권자 등이 특허발명과 침해 혐의자의 실시기술이 동일하다며 문언침해 주장을 하는 경우 침해 혐의자는 특허무효의 항변을 할 수 있고, 이때 그 무효사유를 명백하고 확실한 증거(clear and convincing evidence)로 증명하여야 한다. 그런데 같은 상황에서 침해 혐의자가 자유실시기술의 항변을 하고자 할 경우에는 해당 사유를 '명백하고 확실한 증거'보다 낮은 수준의 증거인 '우월한 증거(preponderance of evidence)'만을 들어 증명하면 족하다.

이와 같이 자유실시기술의 항변을 허용하게 되면 결과적으로 침해 혐의자가 증명책임을 회피하는 결과가 초래될 수 있고, 그 때문에 미국 법원이 위와 같은 판시를 한 것으로 보인다.[203)]

라. 맺으며

위에서 살펴본 방어전략은 거의 모든 특허침해소송에서 다루어지는

---

202) Communique Laboratory, Inc v. Citrix System, Inc, 889 F.3d 735 (Fed. Cir. 2018)
203) 정차호, 「권리범위확인심판 및 침해소송에서의 공지기술의 항변 및 자유실시기술의 항변」, 성균관 법학 제27권 제3호(2015. 9.), p.281 ; 이상희, 「특허침해소송에서 피고의 자유실시기술 항변 전략활용 가능 여부」, IP Insight(2018. 12. 27.), p.7

방어전략이다. 최근의 통계 자료[204]는 2003년부터 2017년 9월까지 1심 판결이 선고된 특허침해소송 사건 중 특허권자나 실용신안권자가 패소한 사건마다 그 패소사유를 집계하여 아래와 같은 표를 도출하였는데, 아래 표를 보더라도 이를 명확히 확인할 수 있다.

구분	직접침해 또는 간접침해의 불성립 (위 1. 가. 참조)	특허무효의 항변 (위 1. 나. 참조)	자유실시기술의 항변 (위 1. 다. 참조)	기타
특허권자가 패소한 사건	100%	48.9%	40.3%	7.7%
실용신안권자가 패소한 사건	100%	46.4%	43.9%	7.3%

따라서 위 1. 가.~다.의 방어전략은 정확하게 알고 있어야 하는 방어전략이다. 특히, 비교대상을 혼동하여서는 아니 된다.

그 밖에도, 침해 혐의자에게 선사용권 등 각종 실시권이 있는 경우, 특허 실시제품이 판매되어 그 판매 시점부터 당해 특허제품에 한하여 특허권이 소진된 관계로(이를 이른바 '특허권 소진의 법리'라 함) 침해 혐의자가 그 특허제품을 실시하는 경우 등에도 특허침해가 성립하지 않으나, 이는 앞서 본 내용에 비하여 중요도가 많이 떨어지므로, 그 자세한 논의를 생략하기로 한다.

한편, 침해 혐의자가 특허침해소송에서 특허침해를 부정하면서 이를 뒷받침하기 위해 특허심판원에 무효심판이나 소극적 권리범위확인심판을 청구할 수도 있는데, 이에 대하여는 아래 8-3-8.에서 살펴본다.

---

204) 광운대학교 산학협력단, 「특허심판과 침해소송의 비교연구」, 특허심판원(2017. 12. 31.), p.103

2. 특허침해 여부 이외의 사항을 다투는 경우

가. 침해금지청구의 경우

위 8-3-4.에서 살펴본 바와 같이, 침해 혐의자는 특허권자 등이 특정한 침해 혐의자의 실시기술이 불명확하다는 것 등을 다툴 수 있다.

나. 폐기청구의 경우

위 8-3-4.를 통해 살펴본 바와 같이, 침해 혐의자는 특허권자 등이 폐기를 요구한 침해행위 조성물이 현존하지 않는다거나 침해 혐의자가 침해행위 조성물의 소유자나 처분권한이 있는 자가 아니라는 등의 반박을 할 수 있다.

다. 손해배상청구의 경우

침해자는 특허침해를 인정하더라도, 위 8-3-5.에서 살펴본 바와 같이 기여율 등을 주장·입증하며 손해배상액을 낮추기 위한 노력을 하여야 한다.

그 밖에 침해자는 특허권 침해로 인한 손해의 발생 또는 확대에 특허권자 등의 과실이 기여한 경우 법원에 이를 참작하여 손해배상액을 정해 줄 것을 요구할 수도 있고[이른바 과실상계의 법리(민법 제396조)], 민법 제766조[205), 206)] 소정의 소멸시효 항변을 할 수도 있으며, 침해자

---

205) 제766조(손해배상청구권의 소멸시효)

① 불법행위로 인한 손해배상의 청구권은 피해자나 그 법정대리인이 그 손해 및 가해자를 안 날로부터 3년간 이를 행사하지 아니하면 시효로 인하여 소멸한다.

② 불법행위를 한 날로부터 10년을 경과한 때에도 전항과 같다.

206) 민법 제776조 제1항의 단기소멸시효와 관련하여, 판례는
"민법 제766조 제1항은 불법행위로 인한 손해배상청구권은 피해자나 그 법정대리인이 그 손해 및 가해자를 안 날로부터 3년간 이를 행사하지 아니하면 시효로 소멸한다고 규정하고 있다. 여기서 '손해 및 가해자를 안 날'이란 피해자나 그 법정대

에게 고의 또는 중대한 과실이 없음을 이유로 민법 제765조[207] 또는 특허법 제128조 제6항 소정의 경감청구를 할 수도 있다.

라. 특허권침해죄의 성립 여부가 문제되는 경우

침해 혐의자는 특허침해 혐의로 수사기관의 조사를 받게 되거나 검찰의 기소로 형사재판을 받게 될 수 있다. 이 경우, 침해 혐의자는 위 8-3-6.에서 본 바와 같이 특허권침해죄의 고의 등을 부정할 수 있을 것이다.

리인이 손해 및 가해자를 현실적이고도 구체적으로 인식한 날을 의미하며, 그 인식은 손해발생의 추정이나 의문만으로는 충분하지 않고, 손해의 발생사실뿐만 아니라 가해행위가 불법행위를 구성한다는 사실, 즉 불법행위의 요건사실에 대한 인식으로서 위법한 가해행위의 존재, 손해의 발생 및 가해행위와 손해 사이의 인과관계 등이 있다는 사실까지 안 날을 뜻한다. 그리고 피해자 등이 언제 불법행위의 요건사실을 현실적이고도 구체적으로 인식한 것으로 볼 것인지는 개별 사건의 여러 객관적 사정을 참작하고 손해배상청구가 사실상 가능하게 된 상황을 고려하여 합리적으로 인정하여야 하고, 손해를 안 시기에 대한 증명책임은 소멸시효 완성으로 인한 이익을 주장하는 자에게 있다(대법원 2013. 7. 12. 선고 2006다17539 판결)."라고 판시하고 있고,

민법 제766조 제2항의 장기소멸시효와 관련하여, 판례는

"민법 제766조 제2항에 의하면, 불법행위를 한 날부터 10년을 경과한 때에도 손해배상청구권이 시효로 소멸한다고 규정되어 있는데, 가해행위와 이로 인한 손해의 발생 사이에 시간적 간격이 있는 불법행위에 기한 손해배상청구권의 경우, 위와 같은 장기소멸시효의 기산점이 되는 '불법행위를 한 날'은 객관적·구체적으로 손해가 발생한 때, 즉 손해의 발생이 현실적인 것으로 되었다고 할 수 있을 때를 의미하고, 그 발생 시기에 대한 증명책임은 소멸시효의 이익을 주장하는 자에게 있다(대법원 2013. 7. 12. 선고 2006다17539 판결)."라고 판시하고 있다.

207) 제765조(배상액의 경감청구)

① 본 장의 규정에 의한 배상의무자는 그 손해가 고의 또는 중대한 과실에 의한 것이 아니고 그 배상으로 인하여 배상자의 생계에 중대한 영향을 미치게 될 경우에는 법원에 그 배상액의 경감을 청구할 수 있다.

② 법원은 전항의 청구가 있는 때에는 채권자 및 채무자의 경제상태와 손해의 원인 등을 참작하여 배상액을 경감할 수 있다.

3. [참고] 미국의 경우

미국에도 위 1. 및 2.에서 살펴본 방어전략과 대동소이한 방어전략은 있으나, 그에 대한 자세한 소개는 생략한다. 다만, 특히 미국에서의 특허침해소송에서는 '집행불능(unenforceability)의 항변'이 매우 중요한 바 이에 대하여만 살펴보기로 한다.

특허권을 행사(집행)할 수 없는 대표적인 경우는, 특허권자가 불공정 행위(inequitable conduct)를 한 경우이다. 실무에서 접할 수 있는 대표적인 불공정 행위는 특허출원인이 신의성실의무에 반하여 IDS (Information Disclosure Statement: 정보공개진술서) 제출의무를 위반한 것이다.

특허출원인은 일정 기간 내 '발명자, 특허출원인 및 대리인이 출원 준비 중 또는 출원 진행 중에 알게 된 중요한(material)[208] 선행기술'을 IDS의 형태로 밝혀야 하는데(Rule 56), 만일 특허출원인이 중요한 선행기술을 IDS의 형태로 밝히지 않고 '의도적으로' 숨긴 채 특허권자가 되었다면, 그의 특허권 행사는 집행불능의 권리를 행사하는 것이어서 허용되지 아니한다.

여기서, 집행불능에 해당하는 청구항은 심사관이 특허출원인이 의도적으로 숨긴 선행기술을 알았다면 거절이유를 지적하였을 청구항에 한정되지 않고, 해당 청구범위에 기재된 '모든' 청구항이라는데 주의하여야 한다[MPEP 2016, Therasense, Inc. v. Becton, Dickinson and Co., 649 F.3d 1246 (Fed. Cir. 2011)].

---

208) '중요한(material)' 선행기술인지 여부를 판별하는 기준은 무엇인가? 만일 심사관이 그 선행기술을 알았다면 해당 청구항 기재 발명의 특허성을 인정하지 않았을지 모른다고 생각된다면, 그 선행기술은 중요한 선행기술이다[Therasense, Inc. v. Becton, Dickinson and Co., 649 F.3d 1246 (Fed. Cir. 2011)]. 이러한 테스트를 'test of materiality'라 부른다.

이러한 IDS 제출의무가 한국인들에게는 다소 어색하고 생소할 수 있으나, 이를 모르고 미국에 특허출원을 하였다가는 특허권자가 되더라도 그 행사를 하고자 할 때 큰 어려움에 빠질 수 있다.

예를 들어, 한국에서 특허출원을 한 甲이 그 한국출원일부터 1년 내에 우선권주장을 하며 미국에 특허출원을 한 경우,[209] 한국 특허청이 甲의 한국 특허출원에 대해 선행기술 R1, R2를 제시하며 진보성 흠결을 지적하는 거절이유통지를 하였다면, 甲은 미국 특허청에 그 선행기술 R1, R2를 IDS의 형태로 알려야 한다.

---

209) 이 경우, 미국 특허청은 미국출원의 등록요건을 판단할 때 그 미국출원이 한국출원일에 출원된 것처럼 간주하고 판단하게 된다.

8-3-8. 무효심판과 권리범위확인심판

침해 혐의자가 자신이 실시하고 있거나 실시하고자 하는 기술이 특허권자 등의 특허권을 침해하지 않는다고 생각할 때 적극적으로 취할 수 있는 조치가 바로 앞서 간단히 살펴본 무효심판과 소극적 권리범위확인심판이다.

아래 표[210]는 2003년부터 2017년 9월까지 1심 판결이 선고된 특허권 또는 실용신안권 침해소송과 관련된 무효심판사건과 권리범위확인심판사건의 수를 보여주는데, 그 통계에 따르면 797건의 특허권 및 실용신안권 침해소송과 관련하여 총 2,774건[211]의 무효심판, 소극적 권리범위확인심판이 제기되었다. 이를 보더라도 무효심판과 소극적 권리범위확인심판이 침해소송과 밀접한 관계에 있음을 알 수 있다.

권리	침해소송	무효		소극적 권리		적극적 권리		심판계	
		건	심판/소송	건	심판/소송	건	심판/소송	건	심판/소송
특허	676	1,629	2.41건	822	1.22건	514	0.76건	2,965	4.39건
실용	121	202	1.67건	121	1.00건	95	0.78건	418	3.45건
계	797	1,831	2.30건	943	1.18건	609	0.76건	3,383	4.24건

참고로, 누적된 집계[212]에 따르면, 특허권에 대한 전체 무효심판사건 중 특허가 무효라는 심결이 나온 사건의 비율과 특허권에 대한 전체 소극적 권리범위확인심판사건 중 확인대상발명이 특허권의 권리범위에 속하지 아니한다는 심결이 나온 사건의 비율 모두 50%를 초과한다.

이하에서는 무효심판과 권리범위확인심판의 지엽적인 의의와 요건

210) 광운대학교 산학협력단, 「특허심판과 침해소송의 비교연구」, 특허심판원(2017. 12. 31.), p.110

211) 1,831건 + 943건

212) 광운대학교 산학협력단, 「특허심판과 침해소송의 비교연구」, 특허심판원(2017. 12. 31.), p.121

등을 살피는 대신, 실무에서 주로 유의하여야 할 사항들만 살펴보도록 한다.

1. 특허침해소송과의 차이

가. 판단 주체의 차이

특허침해소송의 판단주체는 법원인데 반해, 무효심판과 권리범위확인심판의 판단주체는 법원이 아니라 특허심판원이다.

나. 심문 · 변론 장소의 차이

특허침해소송의 심문(가처분사건)이나 변론(본안사건)은 법정에서 이루어지는데 반해, 무효심판이나 권리범위확인심판의 구술변론은 특허심판원 심판정에서 이루어진다.

한편, 특허심판원 심판정이 대전정부청사에 위치하므로, 구술변론에 참석해야 하는 대리인(변리사)은 대전정부청사로 가야 하는 것이 원칙이다. 하지만, 2014년부터는 양 대리인이 모두 서울에 있는 경우에는 특허청 서울사무소에서 구술심리가 개최될 때가 많다(이러한 구술심리를 '원격영상 구술심리'라 하고, 그 근거규정은 심판사무취급규정 제39조의3, 제39조의4이다). 이 경우 구술심리는 마치 화상통화를 하는 것처럼 진행되고, 서울(특허청 서울사무소)에 있는 대리인들과 대전(특허심판원 심판정)에 있는 심판부가 화면을 보며 대화를 하게 된다.[213)]

---

213) 심판부가 '구술심리'가 아닌 '기술설명회'를 개최하는 경우도 있는데, 양자의 차이는 무엇일까?

① 구술심리의 경우 합의체 심판관 모두 참석하여야 하지만, 기술설명회의 경우 주심심판관만 참석해도 무방하다.

② 구술심리는 심판정에서 개최되는데 반해, 기술설명회는 심판정 뿐만 아니라 심

다. 기일 진행 방식의 차이

특허침해소송 중 가처분사건에서는 통상적으로 1~2회의 심문기일이 지정되기는 하지만, 특허침해소송 중 본안사건에서는 일반적으로 그보다 많은 변론기일이 지정된다. 이처럼, 특허침해소송(특히 본안사건)에서는 많은 기일이 지정되므로, 혹시라도 어떤 기일에 준비가 미진하였던 부분이 있더라도 이를 다음 기일에 만회할 수 있는 가능성이 상대적으로 많다.

반면에, 무효심판 또는 권리범위확인심판에서는 특별한 사정이 없는 이상 1회의 구술변론기일만 지정된다. 그러므로 무효심판 또는 권리범위확인심판의 구술변론기일에 출석하는 대리인은 특허침해소송의 기일을 준비하는 것 이상으로 만반의 준비를 해야 한다. 참고로 특허침해소송과 관련된 사건으로서 당사자로부터 신속심판신청이 있는 권리범위확인심판사건이나 무효심판사건, 혹은 특허법 제164조 제3항[214)]에 의해 법원이 통보한 침해소송과 관련된 사건으로서 심리종결 되지 아니한 권리범위확인심판사건, 무효심판사건은 신속심판사건으로 지정되어(심판사무취급규정 제31조의2), 통상적인 특허심판원 사건에 비하여 신속히 진행된다.

판장실, 면담실 등에서도 개최될 수 있다.

③ 증인신문은 일반적으로 구술심리와 함께 실시되며, 구술심리에서는 당사자·증인의 진술이 선서 등의 엄격한 형식하에 진행된다. 반면, 기술설명회에서는 증인신문이 이루어지는 경우가 드물고, 당사자는 진술할 때 형식적 절차 없이 심판장 또는 심판관의 지휘하에 자유롭게 할 수 있다.

④ 구술심리의 경우 개최 이후에 심판 사무관이 정해진 형식의 구술심리조서를 작성하는데 반해, 기술설명회의 경우 심판관이 비교적 자유로운 형식의 설명회결과보고서를 작성한다.

(이상의 내용은, 특허심판원, 2017 심판편람, p.290)

214) "③ 법원은 특허권 또는 전용실시권의 침해에 관한 소가 제기된 경우에는 그 취지를 특허심판원장에게 통보하여야 한다. 그 소송절차가 끝났을 때에도 또한 같다."

라. 판단 형태의 차이

특허침해소송 중 본안사건의 재판부는 '판결'의 형태로 결론을 선고하는데 반해, 특허침해소송 중 가처분사건의 재판부는 '결정'의 형태로 결론을 내린다. 또한, 판결은 재판부가 '미리 예고한 판결선고기일'에 선고된다. 반면, 가처분사건의 속성상 재판부가 심문기일을 최소한으로 지정하고 최대한 신속히 결정을 내릴 것을 예상할 수만 있을 뿐, 결정이 정확히 언제 내려질지는 알 수 없다.

한편, 무효심판과 권리범위확인심판에서 심판부는 '심결'의 형태로 결론을 내린다. 심판장은, 심리가 종결될 것으로 예상되는 날짜인 심리종결예정시기를 심리종결시기 이전에 당사자에게 알려주어야 하고,[215] 사건이 심결을 할 수 있을 정도로 성숙하였을 때에는 심리의 종결을 당사자와 참가인에게 통지하여야 하며(특허법 제162조 제3항), 그 심리종결통지를 한 날부터 20일 내에 심결을 하여야 한다(특허법 제162조 제5항).

2. 특허 무효심판과 관련하여 유의하여야 하는 사항

가. 실시권자가 무효심판을 청구할 수 있는지 여부

특허권에 대한 무효심판은 특허권의 소멸에 이해관계를 가지는 이해관계인(예를 들어, 특허권자 등으로부터 특허침해경고를 받은 자) 또는 심사관만이 청구할 수 있다(특허법 제133조 제1항). 그런데 특허권자로부터 특허발명을 실시할 수 있는 권리[흔히 '라이선스(license)'라 부른다]를 허락받은 자 즉, 실시권자 역시 무효심판을 청구할 수 있는 이해관계인이 될 수 있을까? 이에 대한 판례가 최근에 전원합의체 판결을 통해 변경되어 주목받고 있다.

215) 다만, 심판장은 신속심판사건 등에서는 심리종결예정시기의 통지를 생략할 수 있다(심판사무취급규정 제32조 제1항 단서).

종전 판례에 따르면, 실시권자는 무효심판을 청구할 수 없었다(대법원 1983. 12. 27. 선고 82후58 판결[216] 등 참조).

그러나 대법원 2019. 2. 21. 선고 2017후2819 전원합의체 판결은 다음과 같이 종전 판결을 변경하였다.

"구 특허법(2013. 3. 22. 법률 제11654호로 개정되기 전의 것, 이하 같다) 제133조 제1항 전문은 "이해관계인 또는 심사관은 특허가 다음 각 호의 어느 하나에 해당하는 경우에는 무효심판을 청구할 수 있다"라고 규정하고 있다. 여기서 말하는 이해관계인이란 당해 특허발명의 권리존속으로 인하여 법률상 어떠한 불이익을 받거나 받을 우려가 있어 그 소멸에 관하여 직접적이고도 현실적인 이해관계를 가진 사람을 말하고, 이에는 당해 특허발명과 같은 종류의 물품을 제조·판매하거나 제조·판매할 사람도 포함된다. 이러한 법리에 의하면 특별한 사정이 없는 한 특허권의 실시권자가 특허권자로부터 권리의 대항을 받거나 받을 염려가 없다는 이유만으로 무효심판을 청구할 수 있는 이해관계가 소멸되었다고 볼 수 없다."[217]

---

216) "실용신안권의 실시권자로 등록을 받은 자는 그 실용신안의 무효심판청구의 이해관계인의 범주에 속한다고 할 수 없다."

217) 위 대법원 전원합의체 판결이 내세운 이유는 아래와 같다.

1) 특허권의 실시권자에게는 실시료 지급이나 실시 범위 등 여러 제한 사항이 부가되는 것이 일반적이므로, 실시권자는 무효심판을 통해 특허에 대한 무효심결을 받음으로써 이러한 제약에서 벗어날 수 있다.

2) 그리고 특허에 무효사유가 존재하더라도 그에 대한 무효심결이 확정되기까지는 특허권은 유효하게 존속하고 함부로 그 존재를 부정할 수 없으며, 무효심판을 청구하더라도 무효심결이 확정되기까지는 상당한 시간과 비용이 소요된다. 이러한 이유로 특허권에 대한 실시권을 설정받지 않고 실시하고 싶은 사람이라도 우선 특허권자로부터 실시권을 설정받아 특허발명을 실시하고 무효 여부에 대한 다툼을 추후로 미루어 둘 수 있으므로, 실시권을 설정받았다는 이유로 특허의 무효 여부를 다투지 않겠다는 의사를 표시하였다고 단정할 수도 없다.

나. 특허발명 실시계약 체결 이후 특허권이 무효로 된 경우

특허권이 무효로 되는 경우가 빈번히 있다 보니, 특허발명 실시계약이 체결된 이후에 특허권이 무효로 되어 분쟁이 발생할 때가 종종 있다.

특허권이 무효로 되기 전까지 특허권자가 실시권자로부터 특허발명 실시계약에 따른 실시료를 지급받아 왔는데, 특허권이 무효로 되면 특허권자가 그동안 지급받은 실시료가 부당이득이 될까? 원칙적으로 그렇지 않다. 판례(대법원 2014. 11. 13. 선고 2012다42666, 42673 판결)는 그 이유를 다음과 같이 설명하고 있다.

"특허발명 실시계약이 체결된 이후에 계약 대상인 특허가 무효로 확정되면 특허권은 특허법 제133조 제3항의 규정에 따라 같은 조 제1항 제4호의 경우를 제외하고는 처음부터 없었던 것으로 간주된다.

그러나 특허발명 실시계약에 의하여 특허권자는 실시권자의 특허발명 실시에 대하여 특허권 침해로 인한 손해배상이나 금지 등을 청구할 수 없게 될 뿐만 아니라 특허가 무효로 확정되기 이전에 존재하는 특허권의 독점적·배타적 효력에 의하여 제3자의 특허발명실시가 금지되는 점에 비추어 보면, 특허발명 실시계약의 목적이 된 특허발명의 실시가 불가능한 경우가 아닌 한 특허무효의 소급효에도 불구하고 그와 같은 특허를 대상으로 하여 체결된 특허발명 실시계약이 계약체결 당시부터 원시적으로 이행불능 상태에 있었다고 볼 수는 없고, 다만 특허무효가 확정되면 그때부터 특허발명 실시계약은 이행불능 상태에 빠지게 된다고 보아야 한다.

따라서 특허발명 실시계약 체결 이후에 특허가 무효로 확정되었더라도 특허발명 실시계약이 원시적으로 이행불능 상태에 있었다거나 그밖에 특허발명 실시계약 자체에 별도의 무효사유가 없는 한 특허권자가 특허발명 실시계약에 따라 실시권자로부터 이미 지급받은 특허실시료 중 특허발명 실시계약이 유효하게 존재하는 기간에 상응하는 부분을 실시권자에게 부당이득으로 반환할 의무가 있다고 할 수 없다."

다른 질문을 해 보자. 만일 실시권자가 특허발명 실시계약을 체결한 이후에 계속하여 실시료를 지급하지 않고 있던 중에 해당 특허권이 무효로 되었다면, 특허권자는 더 이상 실시권자에게 과거의 미지급 실시료를 지급하여 달라고 요구할 수 없는가? 위 대법원 2012다42666, 42673 판결의 취지를 생각해 보면, 미지급 실시료의 지급을 구할 수 있음이 원칙이라는 것을 쉽게 알 수 있다.[218)]

덧붙여 위 대법원 2012다42666, 42673 사건에서 실시권자는 착오를 이유로 하여 특허발명 실시계약의 취소[219)]를 주장하기도 했는데, 이와 같은 주장은 타당한가? 이와 관련하여, 판례는 "특허는 성질상 특허등록 이후에 무효로 될 가능성이 내재되어 있는 점을 감안하면, 특허발명 실시계약 체결 이후에 계약 대상인 특허의 무효가 확정되었더라도 특허의 유효성이 계약 체결의 동기로서 표시되었고 그것이 법률행위의 내용의 중요부분에 해당하는 등의 사정이 없는 한 착오를 이유로 특허발명 실시계약을 취소할 수는 없다(대법원 2014. 11. 13. 선고 2012다42666,42673 판결)."라고 판시하였다.

218) 대법원 2019. 4. 25. 선고 2018다287362 판결 역시 같은 취지의 판시를 함.

219) 의사표시는 법률행위 내용의 중요부분에 착오가 있는 때에는 취소할 수 있다(민법 제109조 제1항 본문). 다만, 동기의 착오가 법률행위의 내용의 중요부분의 착오에 해당함을 이유로 표의자가 법률행위를 취소하려면, 그 동기를 당해 의사표시의 내용으로 삼을 것을 상대방에게 표시하고, 그 동기가 의사표시의 해석상 법률행위의 내용으로 되어 있다고 인정되면 충분하고, 당사자들 사이에 별도로 그 동기를 의사표시의 내용으로 삼기로 하는 합의까지 이루어질 필요는 없다. 하지만, 그 법률행위의 내용의 착오는 보통 일반인이 표의자의 입장에 섰더라면 그와 같은 의사표시를 하지 아니하였으리라고 여겨질 정도로 그 착오가 중요한 부분에 관한 것이어야 한다(대법원 2000. 5. 12. 선고 2000다12259 판결).

3. 특히 권리범위확인심판과 관련하여 유의하여야 하는 사항

가. 침해 혐의자가 소극적 권리범위확인심판에서 승소한 것의 의미

특허권자 등인 甲이 침해 혐의자 乙을 상대로 특허권 침해금지(특허법 제126조 제1항) 및 특허침해에 따른 손해의 배상(특허법 제128조)을 구하는 특허침해소송을 제기하였다. 이에 乙은 특허심판원에 甲을 상대로 소극적 권리범위확인심판[220]을 청구하였고, 특허심판원은 "확인대상발명이 甲의 특허권의 보호범위에 속하지 않는다."는 심결을 내렸으며, 이는 확정되었다. 만일 위 특허침해소송이 현재 진행 중이라면, 乙은 위 특허침해소송에서 '위 소극적 권리범위확인심판에서 승소한 사실'을 근거로 특허권 침해를 부정할 수 있을까?

그럴 수 없다. 왜냐하면 '소극적 권리범위확인심판에서의 확인대상발명'이 '위 특허침해소송에서 문제된 乙의 실시기술'과 같다고 볼 근거가 없기 때문이다. 乙은 위 특허침해소송에서 문제된 자신의 실시기술과 전혀 다르며 자신이 실시한 바조차 없는 기술을 확인대상발명으로 특정하고, 이에 대한 소극적 권리범위확인심판을 청구할 수도 있는 것이다.

위 8-3-1.에서 간단히 살펴본 바이지만, 적극적 권리범위확인심판에서의 확인대상발명이 될 수 있는 기술은 침해 혐의자가 '실시'한 기술뿐인데 반하여, 소극적 권리범위확인심판에서의 확인대상발명이 될 수 있는 기술은 이해관계인(예를 들어, 침해 혐의자)이 현재 실시하거나 과거에 실시한 바 있는 기술뿐만 아니라, '장래에 실시하고자 하는' 기술도 의미할 수 있다는 것에 유의하여야 한다.

만일 위에서 예로 든 사안에서, 甲이 乙을 상대로 '위 특허침해소송

---

220) 乙이 "확인대상발명은 甲의 특허권의 권리범위에 속하지 않는다"는 것을 확인받기 위하여 청구한 심판을 의미함.

에서 문제된 乙의 실시기술'을 확인대상발명으로 특정하여 적극적 권리범위확인심판[221]을 청구하였고, 특허심판원이 "확인대상발명이 甲의 특허권의 권리범위에 속하지 않는다."는 심결을 내렸다면, 위 답변이 달라졌을까? 그렇다. 乙은 이를 근거로 위 특허침해소송에서 특허침해를 부정하는 주장을 할 수 있고, 이러한 주장은 논리적으로 어색하지 않다.

나. 권리 대 권리 간 권리범위확인심판의 가부

1) 권리 대 권리 간 적극적 권리범위확인심판

특허권자 甲이 경쟁업체 乙이 실시하는 기술을 확인대상발명으로 특정하고, 확인대상발명이 특허발명의 권리범위에 속한다는 것을 확인받기 위해 권리범위확인심판(적극적)을 청구하였는데, 乙은 그 심판청구가 있기 전에 확인대상발명에 대한 특허등록을 받았다고 하자[甲은 선(先) 등록 특허권자, 乙은 후(後) 등록 특허권자]. 이 경우, 위 적극적 권리범위확인심판청구의 확인대상발명은 실제로는 장치나 방법 등 '기술' 자체라기보다는 (乙의) '권리(특허권)'인 것이다.

그런데 이러한 권리[222] 대 권리[223] 간 적극적 권리범위확인심판청구는 부적법하여 각하되어야 함이 원칙이다. 권리 대 권리의 적극적 권리범위확인심판은 후 등록된 권리에 대한 무효심결이 확정되기도 전에 그 권리의 효력을 부정하는 결과를 낳기 때문이다(대법원 2002. 6. 28. 선고 99후2433 판결 참조).

---

221) 甲이 "확인대상발명이 甲의 특허권의 권리범위에 속한다"는 것을 확인받기 위하여 청구한 심판을 의미함.

222) 선 등록된 甲의 특허권

223) 후 등록된 乙의 특허권

다만, 선 등록된 특허발명과 후 등록된 특허발명 사이에 특허법 제98조 소정의 이용관계가 성립하는 경우에는 후 등록된 특허권의 효력을 부정하지 않으면서(즉, 후 등록된 특허발명의 무효사유를 주장하지 않으면서) 후 등록된 특허발명이 선 등록된 특허권의 권리범위에 속한다는 확인을 할 수가 있으므로, 예외적으로 권리 대 권리 간 적극적 권리범위확인심판청구가 허용된다(대법원 2002. 6. 28. 선고 99후2433 판결 참조).

이에 따라, 권리범위확인심판이 '권리 대 권리 간 적극적 권리범위확인심판'인지 여부가 문제될 때는 후 등록된 특허발명이 확인대상발명과 동일한지 여부, 선 등록된 특허발명과 후 등록된 특허발명 사이에 특허법 제98조 소정의 이용관계가 성립하는지 여부가 다투어지게 된다.

2) 권리 대 권리 간 소극적 권리범위확인심판

권리 대 권리 간 적극적 권리범위확인심판과 달리, 후 등록 특허권자가 선 등록 특허권자를 상대로 제기하는 소극적 권리범위확인심판은 후 등록 특허권자 스스로가 자신의 등록된 권리의 효력이 부인되는 위험을 감수하면서 타인의 등록된 권리의 범위에 속하는지 여부에 대한 판단을 구하는 것이어서 적법하다고 할 것이다(대법원 2007. 10. 11. 선고 2007후2766 판결 등).

다. 권리범위확인심판에서 진보성 흠결의 무효사유를 근거로 보호범위를 부정할 수가 있는지 여부

특허법이나 실용신안법이 규정하고 있는 권리범위확인심판에서 심판부가 특허발명 또는 등록실용신안의 진보성 여부를 심리 · 판단할 수 있는가? 그렇지 않다. 이를 '특허침해소송에서 법원이 특허발명에 진보성 흠결의 무효사유가 있는지 여부에 대한 판단을 할 수 있다'라는 대법원 2012. 1. 19. 선고 2010다95390 전원합의체 판결과 혼동하여서는 아니 된다(더욱 상세하게는 위 8-2-1. 참조).

라. 권리범위확인심판에서 선사용권 등의 대인적(對人的) 항변을 할 수 있는지 여부

위 8-3-7.에서 특허침해소송에서 침해 혐의자(침해자)가 취할 수 있는 방어전략을 살펴보았는데, 이러한 방어전략이 권리범위확인심판에서도 그대로 유효할까? 그렇지 않다. 특허침해소송과 권리범위확인심판 간에 아래에서 보는 바와 같은 커다란 차이가 있기 때문이다.

특허침해소송에서 '침해 혐의자의 실시기술이 특허권을 침해하는지 여부'가 다투어지는 것처럼, 권리범위확인심판에서는 '침해 혐의자의 확인대상발명이 특허발명의 권리범위에 속하는지 여부'가 다투어지므로, 얼핏 양자 간에 별다른 차이가 없다고 생각될 수도 있다.

하지만, 양자 사이에는 큰 차이가 있다. 특허침해소송에서의 확정판결은 양 당사자에게만 효력을 미치는데 반해, 권리범위확인심판에서의 확정심결은 양 당사자뿐만 아니라 제3자에게까지 효력을 미치는(이를 '일사부재리[224]'라 함) 것이 바로 그 차이이다. 특허침해소송은 '침해 혐의자'가 특허권자 등의 특허권을 침해하였는지 여부를 판단받기 위한 분쟁인데 반해, 권리범위확인심판은 확인대상발명이 특허권의 권리범위에 속하는지 여부를 확인함으로써 '특허권의 권리범위를 확정'하기 위한 분쟁인 것이다.

---

224) 특허법 제163조(일사부재리) 이 법에 따른 심판의 심결이 확정되었을 때에는 그 사건에 대해서는 누구든지 동일 사실 및 동일 증거에 의하여 다시 심판을 청구할 수 없다. 다만, 확정된 심결이 각하심결인 경우에는 그러하지 아니하다.

이런 차이에 기인하여, 권리범위확인심판에서는 이해관계인[225]의 선사용권(특허법 제103조)[226] 항변 등 대인적(對人的) 항변이 불가능하다(대법원 2012. 3. 15. 선고 2011후3872 판결[227] 참조).

물론, 위 8-3-7.에서 살펴본 방어전략 중 직접침해(문언침해, 균등침해), 간접침해를 부정하거나, 특허무효의 항변을 하거나, 자유실시기술의 항변을 하는 전략은 권리범위확인심판에서도 유효적절한 전략이다.

4. [참고] 미국의 경우

가. 들어가며

미국에는 한국의 권리범위확인심판과 같은 제도는 없으나, 한국의 무효심판에 대응될 수 있는 제도는 있는데 구체적인 예를 통해 그 제도를 간략히 살펴보고자 한다.

다음의 상황을 가정하자. 미국에서 특허권자 甲이 침해 혐의자 乙을

---

225) 적극적 권리범위확인심판에서는 '피청구인'이고, 소극적 권리범위확인심판에서는 '청구인'이다.

226) 제103조(선사용에 의한 통상실시권) 특허출원 시에 그 특허출원된 발명의 내용을 알지 못하고 그 발명을 하거나 그 발명을 한 사람으로부터 알게 되어 국내에서 그 발명의 실시사업을 하거나 이를 준비하고 있는 자는 그 실시하거나 준비하고 있는 발명 및 사업 목적의 범위에서 그 특허출원된 발명의 특허권에 대하여 통상실시권을 가진다.

227) "상표권의 적극적 권리범위확인심판은 심판청구인이 그 청구에서 심판의 대상으로 삼은 확인대상표장에 대하여 상표권의 효력이 미치는지를 확인하는 권리확정을 목적으로 한 것으로 심결이 확정된 경우 심판의 당사자뿐만 아니라 제3자에게도 일사부재리의 효력이 미친다. 그런데 적극적 권리범위확인 심판청구의 상대방이 확인대상표장에 관하여 상표법 제57조의3의 '선사용에 따른 상표를 계속 사용할 권리'(이하 '선사용권'이라고 한다)를 가지고 있다는 것은 대인적(對人的)인 상표권 행사의 제한사유일 뿐이어서 상표권의 효력이 미치는 범위에 관한 권리확정과는 무관하므로, 상표권 침해소송이 아닌 적극적 권리범위확인심판에서 선사용권의 존부에 대해서까지 심리·판단하는 것은 허용되지 않는다."

상대로 특허권을 행사하였다. 乙은 이러한 甲의 특허권 행사에 문제가 있다고 생각하고 있다. 왜냐하면, 乙이 생각하기에 선행기술 R1, R2(이들 모두 심사관이 甲의 출원에 대한 심사 과정에서 언급한 바 없는 선행기술이고, 특허공보에 개시되어 있는 기술이다)에 비추어 볼 때 甲의 특허발명에 진보성 흠결의 무효사유가 있고, 심지어 그 특허명세서가 특허법 소정의 기재요건에 위배되어 작성된 관계로 위 특허권에 기재불비의 무효사유마저 있기 때문이다. 이러한 예시에서 乙이 甲의 특허권이 무효가 되도록 하기 위하여 취할 수 있는 조치는 무엇인가? 혹시라도 乙이 아닌 甲이 특허권이 유효라는 것을 더욱 확실하게 하기 위하여 취할 수 있는 조치도 있을까?

나. 乙이 특허권을 무효로 만들기 위하여 취할 수 있는 조치

1) PGR(Post Grant Review): 특허심판원

乙(이해관계인)은 특허등록일부터 9월 내에 특허심판원에 PGR을 청구할 수 있다. 이때 乙은 어떤 유형의 공지기술에 근거한 무효사유도 주장할 수 있고 나아가 공지기술과 무관한 무효사유도 주장할 수 있으므로(35 U.S.C. 321), 앞서 살펴본 예시에서 乙이 생각한 무효사유 모두 PGR에서 주장할 수 있는 무효사유이다. 특허심판원이 특허가 무효라는 심결을 하고 이것이 확정되면, 甲의 특허권은 소멸한다.

2) IPR(Inter Partes Review): 특허심판원

乙(이해관계인)은 특허등록일부터 9월이 경과한 날 및 PGR이 종료한 날 중 늦은 날부터 특허심판원에 IPR을 청구할 수 있다(35 U.S.C. 311(c)). 만일 乙이 甲으로부터 특허침해를 주장하는 소장을 받았다면, 乙은 그로부터 1년 내에만 IPR을 청구할 수 있다(35

U.S.C. 315(b)).

乙이 IPR에서 주장할 수 있는 무효사유는 신규성 또는 진보성 흠결뿐이다. 이때 乙이 제시할 수 있는 공지기술은 특허발명(patents)이나 간행물(publications)에 개시된 공지기술뿐이다(35 U.S.C. 311(b)). 위 예시에서 乙이 생각한 무효사유 중 진보성 흠결의 무효사유만 IPR에서 주장할 수 있는 무효사유이다.

PGR에서와 마찬가지로 IPR에서도 특허심판원이 특허가 무효라는 심결을 하고, 이것이 확정되면 甲의 특허권은 소멸한다.

3) 특허무효 확인소송: 연방지방법원

한국의 경우, 특허침해소송에서 법원이 특허발명에 무효사유가 있는지 여부를 판단할 수 있기는 하지만, 특허권의 무효 여부를 최종적으로 판단할 수 있는 주체는 오직 특허심판원 뿐이다.[228)]

반면, 미국에서는 특허권의 무효 여부를 최종적으로 판단할 수 있는 주체가 특허심판원에 한정되지 않고, 법원 역시 최종적인 판단주체가 될 수 있다. 위 예시에서 乙은 연방지방법원에 甲을 상대로 특허무효 확인소송을 제기할 수 있고, 이에 따라 '甲의 특허권이 무효임을 확인한 연방법원의 확정판결'이 있게 되면 이는 특허청(USPTO)을 기속하며, 특허청은 특허발명에 무효사유가 있는지 여부를 심사할 수 없게 된다.[229)] 그리고 乙은 연방지방법원에 특허무효 확인소송을 제기하면, 더 이상 특허심판원에 PGR 또는 IPR을 청구할 수 없게 된다(반면, 乙이 PGR 또는 IPR을 청구한 후 특허무효 확인소송을 제기하면 특허무효 확인소송은 원칙적으로 자

228) 특허침해소송에서 특허발명에 무효사유가 있다는 법원의 확정판결이 있을 경우, 특허심판원이 특허권에 대한 무효심결을 내릴 가능성이 높기는 하다.

229) 대법원 사법정책연구원, 「미국 특허쟁송실무에 관한 연구」, p.224; 따라서 위 본문에서 후술하는 결정계 재심사(Ex parte reexamination) 절차는 진행될 수 없다.

동 중지된다).[230]

다. 甲이 특허권이 유효라는 것을 더욱 확실히 하기 위하여 취할 수 있는 조치

甲은, 자신의 특허발명이 유효라는 것을 더욱 확실히 하기 위하여 특허청에 해당 특허발명에 무효사유가 없음을 재심사(reexamination)하여 달라고 신청할 수 있다. 그 재심사를 '결정계 재심사(EPX: Ex Parte reeXamination)'라고 명명한다(35 U.S.C. 302, 303). 부연하면, 특허권자를 포함한 누구라도 특허권 행사가능기간 동안에는 EPX를 신청할 수 있다(35 U.S.C. 301(a)).

EPX 신청인이 EPX에서 언급할 수 있는 무효사유는 신규성 또는 진보성 흠결뿐이다. 이때 EPX 신청인이 제시할 수 있는 공지기술은 특허발명 또는 간행물(publications)에 개시된 공지기술뿐이다(35 U.S.C. 302, 37 C.F.R. 1.510). 위 예시에서 乙이 언급할 무효사유들 중 진보성 흠결의 무효사유만 EPX에서 언급할 수 있는 무효사유이다.

참고로, 한국에는 EPX와 같이 특허권자가 먼저 나서 자신의 특허발명이 유효라는 것을 재차 확인받고자 할 경우 이용할 수 있는 제도가 없다.

라. 위 조치의 대비

위에서 살펴본 각 조치를 보다 구체적으로 대비하면 아래의 표와 같다.[231]

---

230) 대법원 사법정책연구원, 「미국 특허쟁송실무에 관한 연구」, p.233~235, p.242~243

231) 김국현, "미국특허 무효도전 절차", 한국기업의 특허실무자를 위한 미국특허등록, 특허분쟁대응 및 특허소송 실무 세미나, 가산종합법률사무소/특허법인가산(2015. 7. 23. 발표), 이해영, 미국특허법(Ⅱ), 한빛지적소유권센터(2013), p.225, 대법원 사법정책연구원, 「미국 특허쟁송실무에 관한 연구」, p.233~235, p.227~229 재인용

	PGR	IPR	특허무효 확인소송	EPX
판단 주체	특허심판원	특허심판원	법원	특허청
신청인 적격	이해관계인	이해관계인	특허권자 등과 실체적 분쟁이 있는 침해 혐의자 or 당해 특허의 효력에 관한 이해관계인	특허권자를 포함한 누구나
신청 가능 시점	특허등록일로부터 9월 내 & 특허무효 확인소송을 제기하기 전	특허등록 후 9월과 PGR 종료일 중 늦은 날부터 & 특허무효 확인소송을 제기하기 전 & 특허침해를 주장하는 소장을 받은 날부터 1년 내	실제적 분쟁이 발생한 시점부터	특허권의 유효기간 동안
신청 사유	모든 무효사유	신규성 또는 진보성 흠결	모든 무효사유	신규성 또는 진보성 흠결
청구항 해석 방법	〈넓은 해석〉 최광의의 합리적 해석 (broadest reasonable interpretation)	〈좁은 해석〉 통상의 기술자가 이해하는 문언의 통상적 의미에 따라 해석		〈넓은 해석〉 최광의의 합리적 해석
입증의 정도	〈낮은 기준〉 증거의 우위 (preponderance of evidence)	〈높은 기준〉 명확하고 설득력 있는 증거 (clear and convincing evidence)		〈낮은 기준〉 증거의 우위 (preponderance of evidence)

	PGR	IPR	특허무효 확인소송	EPX
판단에 불복할 경우의 새로운 판단 주체	연방순회항소법원 (CAFC)			특허심판원 (PTAB) ↓ (불복) 연방순회 항소법원 (CAFC)

특허무효 확인소송을 통해 특허가 무효라는 판단을 받기 위하여는 좁게 해석된 청구항 기재 발명의 무효사유를 높은 수준으로 입증하여야 하는데 반해, 특허심판원을 통해 특허를 무효시키기 위하여는 넓게 해석된 청구항 기재 발명의 무효사유를 낮은 수준으로 입증해도 족하다. 따라서 특허무효 확인소송보다는 PGR 내지 IPR이 특허가 무효라는 판단을 이끌어내기 쉬운 수단이라 할 것이다.[232)]

참고로, PGR보다는 IPR의 이용률이 훨씬 높다.[233)]

한편, EPX는 특허권자가 상대적으로 매우 적은 비용으로 특허의 유효를 확인받아 침해 혐의자로 하여금 더 이상 특허의 무효를 운운할 수 없도록 함으로써 분쟁의 신속한 종결을 유인하는 제도라 할 것이다.

232) 대법원 사법정책연구원, 「미국 특허쟁송실무에 관한 연구」, p.226
233) 대법원 사법정책연구원, 「미국 특허쟁송실무에 관한 연구」, p.201

제 9 장 영업비밀침해 관련 권리행사

TRADE SECRET

TRADE SECRET

9-1 부정경쟁방지법상의 영업비밀침해 관련 쟁점

특허권 침해, 디자인권 침해, 상표권 침해의 경우에는, 형사상 침해죄가 성립할 수 있는지 여부를 검토하기 위하여는 민사상 쟁점인 침해행위의 성립 여부도 검토해야 한다.

예를 들어, 특허권 침해죄가 '고의'로 '특허권 침해행위'를 할 때 성립한다는 것을 생각하면, 그 이유를 알 수 있을 것이다.

그렇다면 영업비밀 침해행위와 관련하여서도 그러한가? 즉, 아래에서 살펴보는 바와 같이 오직 부정경쟁방지법 제2조 제1호 제3호에 나열된 6가지 유형의 행위만이 민사상 영업비밀 침해행위에 해당할 수 있는데, 영업비밀과 관련된 범죄인 부정경쟁방지법위반(영업비밀누설등)죄는 고의로 '위 제3호 소정의 영업비밀 침해행위'를 해야 성립하는 것인가? 그렇지 않다. 이하 살펴보기로 한다.

1. 영업비밀 침해행위의 성립 여부(민사상 쟁점)

부정경쟁방지법 제2조 제3호 각 목은 다음과 같이 영업비밀 침해행위를 나열하고 있다.

> **부정경쟁방지법 제2조 제3호**
>
> "영업비밀 침해행위"란 다음 각 목의 어느 하나에 해당하는 행위를 말한다.
>
> 가. 절취(竊取), 기망(欺罔), 협박, 그 밖의 부정한 수단으로 영업비밀을 취득하는 행위(이하 "부정취득행위"라 한다) 또는 그 취득한 영업비밀을 사용하거나 공개(비밀을 유지하면서 특정인에게 알리는 것을 포함한다. 이하 같다)하는 행위
>
> 나. 영업비밀에 대하여 부정취득행위가 개입된 사실을 알거나 중대한 과

실로 알지 못하고 그 영업비밀을 취득하는 행위 또는 그 취득한 영업비밀을 사용하거나 공개하는 행위

다. 영업비밀을 취득한 후에 그 영업비밀에 대하여 부정취득행위가 개입된 사실을 알거나 중대한 과실로 알지 못하고 그 영업비밀을 사용하거나 공개하는 행위

라. 계약관계 등에 따라 영업비밀을 비밀로서 유지하여야 할 의무가 있는 자가 부정한 이익을 얻거나 그 영업비밀의 보유자에게 손해를 입힐 목적으로 그 영업비밀을 사용하거나 공개하는 행위

마. 영업비밀이 라목에 따라 공개된 사실 또는 그러한 공개행위가 개입된 사실을 알거나 중대한 과실로 알지 못하고 그 영업비밀을 취득하는 행위 또는 그 취득한 영업비밀을 사용하거나 공개하는 행위

바. 영업비밀을 취득한 후에 그 영업비밀이 라목에 따라 공개된 사실 또는 그러한 공개행위가 개입된 사실을 알거나 중대한 과실로 알지 못하고 그 영업비밀을 사용하거나 공개하는 행위

이상의 규정이 다소 복잡하게 보일 수 있으나, 이를 분설하여 파악해 보면 아래와 같이 명료하다.

	"취득자"에 대한 규정	"전득자(傳得者)"에 대한 규정
(가)~(다)목의 영업비밀 침해행위	**"(가)목"** 부정[234] 취득 (또는 사용 or 공개)	**"(나)목"** 부정[235] 전득(또는 사용 or 공개)
		"(다)목" 정당 전득 & 부정[236] 사용 or 공개
(라)~(바)목의 영업비밀 침해행위	**"(라)목"** 정당 취득 & 부정[237] 사용 or 공개	**"(마)목"** 부정[238] 전득(또는 사용 or 공개)
		"(바)목" 정당 전득 & 부정[239] 사용 or 공개

부정경쟁방지법 제2조 제3호에서 말하는 '취득' 또는 '사용'의 의미에 대하여는 좀 더 생각해 볼 필요가 있다.

부정경쟁방지법 제2조 제3호에서 말하는 영업비밀의 '취득'은 문서, 도면, 사진, 녹음테이프, 필름, 전산정보처리조직에 의하여 처리할 수 있는 형태로 작성된 파일 등 유체물의 점유를 취득하는 형태로 이루어질 수도 있고, 유체물의 점유를 취득함이 없이 영업비밀 자체를 직접 인식하고 기억하는 형태로 이루어질 수도 있으며, 또한 영업비밀을 알고 있는 사람을 고용하는 형태로 이루어질 수도 있다. 어느 경우에나 사회통념상 영업비밀을 자신의 것으로 만들어 이를 사용할 수 있는 상태가 되었다면, 영업비밀을 '취득'하였다고 보아야 할 것이다.

예를 들어, 회사가 다른 업체의 영업비밀에 해당하는 기술정보를 습득한 자를 스카우트하였다면 특별한 사정이 없는 이상 그 회사는 그 영업비밀을 취득하였다고 보아야 한다(대법원 1998. 6. 9. 선고 98다1928 판결). 한편, 기업의 직원으로서 영업비밀을 인지하여 이를 사용할 수 있는 자는 이미 당해 영업비밀을 취득하였다고 보아야 하므로, 그러한 자가 당해 영업비밀을 단순히 기업의 외부로 무단반출한 행위는 업무상 배임죄에 해당할 수 있음은 별론으로 하고 부정경쟁방지법 제2조 제3호 (가)목 소정의 영업비밀의 취득에는 해당할 수 없다(대법원 2008. 4. 10. 선고 2008도679 판결).

영업비밀의 '사용'은 영업비밀 본래의 사용 목적에 따라 이를 상품의

---

234) 절취(竊取), 기망(欺罔), 협박, 그 밖의 부정한 수단을 이용하는 것. 부정경쟁방지법 제2조 제3호 (가)목 참조

235) (가)목 위반 사실에 대한 악의 또는 중과실

236) (가)목 위반 사실에 대한 악의 또는 중과실

237) 부정한 이익을 얻거나 그 영업비밀의 보유자에게 손해를 입힐 목적이 있는 것. 부정경쟁방지법 제2조 제3호 (라)목 참조

238) (라)목 위반 사실에 대한 악의 또는 중과실

239) (라)목 위반 사실에 대한 악의 또는 중과실

생산·판매 등의 영업활동에 이용하거나 연구·개발 사업 등에 활용하는 등으로 기업활동에 직접 또는 간접적으로 사용하는 행위로서 구체적으로 특정 가능한 행위를 말한다(대법원 1998. 6. 9. 선고 98다1928 판결).

2. 부정경쟁방지법위반죄의 성립 여부(형사상 쟁점)

가. 구 부정경쟁방지법[240] 제18조 제1, 2항

구 부정경쟁방지법 제18조 제1, 2항은 다음과 같이 형사상 범죄를 규정하였다.

제18조(벌칙)

① 부정한 이익을 얻거나 영업비밀 보유자에게 손해를 입힐 목적으로 그 영업비밀을 외국에서 사용하거나 외국에서 사용될 것임을 알면서 취득·사용 또는 제3자에게 누설한 자는 10년 이하의 징역 또는 1억 원 이하의 벌금에 처한다. 다만, 벌금형에 처하는 경우 위반 행위로 인한 재산상 이득액의 10배에 해당하는 금액이 1억 원을 초과하면 그 재산상 이득액의 2배 이상 10배 이하의 벌금에 처한다.

② 부정한 이익을 얻거나 영업비밀 보유자에게 손해를 입힐 목적으로 그 영업비밀을 취득·사용하거나 제3자에게 누설한 자는 5년 이하의 징역 또는 5천만 원 이하의 벌금에 처한다. 다만, 벌금형에 처하는 경우 위반행위로 인한 재산상 이득액의 10배에 해당하는 금액이 5천만 원을 초과하면 그 재산상 이득액의 2배 이상 10배 이하의 벌금에 처한다.

나. 현행 부정경쟁방지법 제18조 제1, 2항

2019. 7. 9.부터 시행된 현행 부정경쟁방지법 제18조 제1, 2항은 다음

240) 부정경쟁방지법(2019. 1. 8. 법률 제16204호로 일부개정되기 전의 것)

과 같이 형사상 범죄를 규정하고 있다.

제18조(벌칙)

① 영업비밀을 외국에서 사용하거나 외국에서 사용될 것임을 알면서도 다음 각호의 어느 하나에 해당하는 행위를 한 자는 15년 이하의 징역 또는 15억 원 이하의 벌금에 처한다. 다만, 벌금형에 처하는 경우 위반행위로 인한 재산상 이득액의 10배에 해당하는 금액이 15억 원을 초과하면 그 재산상 이득액의 2배 이상 10배 이하의 벌금에 처한다.

1. 부정한 이익을 얻거나 영업비밀 보유자에 손해를 입힐 목적으로 한 다음 각 목의 어느 하나에 해당하는 행위
   가. 영업비밀을 취득·사용하거나 제3자에게 누설하는 행위
   나. 영업비밀을 지정된 장소 밖으로 무단으로 유출하는 행위
   다. 영업비밀 보유자로부터 영업비밀을 삭제하거나 반환할 것을 요구받고도 이를 계속 보유하는 행위
2. 절취·기망·협박, 그 밖의 부정한 수단으로 영업비밀을 취득하는 행위
3. 제1호 또는 제2호에 해당하는 행위가 개입된 사실을 알면서도 그 영업비밀을 취득하거나 사용(제13조 제1항에 따라 허용된 범위에서의 사용은 제외한다)하는 행위

② 제1항 각 호의 어느 하나에 해당하는 행위를 한 자는 10년 이하의 징역 또는 5억 원 이하의 벌금에 처한다. 다만, 벌금형에 처하는 경우 위반행위로 인한 재산상 이득액의 10배에 해당하는 금액이 5억 원을 초과하면 그 재산상 이득액의 2배 이상 10배 이하의 벌금에 처한다.

구 부정경쟁방지법 제18조 제1, 2항과 달리 현행 부정경쟁방지법 제18조 제1, 2항은 부정한 이익을 얻거나 영업비밀 보유자에게 손해를 입힐 목적으로 영업비밀을 지정된 장소 밖으로 무단 유출하는 행위, 영업비밀 보유자로부터 영업비밀의 삭제 또는 반환을 요구받고도 이를 계속 보유한 행위 등도 부정경쟁방지법위반죄로 처벌하도록 한다.

또한, 현행 부정경쟁방지법 제18조에서는 부정경쟁방지법위반죄에 대한 벌칙이 구 부정경쟁방지법 제18조에 비해 대폭 상향되었다.

3. 실제 수행 사례(위 발전소 사건[241]) 검토

지금까지 부정경쟁방지법상의 민사상 쟁점 및 형사상 쟁점을 살펴보았다. 이하 위 발전소 사건의 경위를 살펴보면서 위에서 살펴본 민사상 쟁점 및 형사상 쟁점에 대한 이해도를 높이고자 한다.

가. 1차 불기소처분

1) A사의 진정

위 발전소 형사사건에서, A사는 '이 사건 설계자료는 A사의 영업비밀인데, N사가 A사의 동의 없이 이 사건 설계자료를 B사에 제공하여 A사의 영업비밀을 누설하고, B사가 이를 사용하여 Y발전소 5, 6호기를 설계함으로써, N사와 B사가 구 부정경쟁방지법(2019. 1. 8. 법률 제16204호로 일부개정되기 전의 것) 제18조 제2항을 위반하였다.'라고 주장하며 2012. 12. 검찰에 진정하였다(수원지방검찰청 2013 형제27040호).

2) 대응전략

N사를 대리한 저자가 위 발전소 형사사건에서 가장 강조한 주장은 아래의 사정에 근거하였을 때, 이 사건 설계자료는 영업비밀일 수 없다는 것이다. 저자는 위 4-3.에서 본 영업비밀의 3가지 성립요건 중 특히 '비밀유지성'의 흠결을 주장하였는데, 그 주장의 논거가 된 주요 사정은 아래와 같다.

---

241) 자세한 사실관계는 위 4-1. 참조

- 2003. 2. 28.자 3, 4호기 계약상의 참고자료이용 조항 등에 따르면, 이 사건 설계자료는 (향후 선정될) Y발전소 5, 6호기 설계용역사에게 제공되어야 하므로, 그 계약당사자인 A사는 'N사가 Y발전소 5, 6호기의 설계용역사(2009년에 B사가 선정됨)에게 이 사건 설계자료를 제공할 것'을 잘 알고 있었다. 그런데 A사는 2012. 12. 검찰에 진정을 할 때까지 'N사가 2009년경 B사에게 이 사건 설계자료를 제공한 것'에 대해 아무런 이의를 제기한 바 없다.
- N사가 2009. 6.경 작성한 수행계획서는 향후 Y발전소 5, 6호기 설계용역사로 선정될 업체가 수행하여야 하는 업무 내역을 자세히 정리한 것인데, 이에 따르더라도 'N사가 Y발전소 5, 6호기의 설계용역사(2009. 8. B사가 선정됨)에게 이 사건 설계자료를 제공할 것'은 예정되어 있었다. A사는 2009. 7.경 (Y발전소 5, 6호기의 직전) 선행호기 설계용역사로서 수행계획서의 내용에 문제가 없는지 검토하였는데, 위 설계자료 제공과 관련된 내용에 대하여 아무런 이의를 제기하지 않고 묵시적으로 동의하였다. A사는 늦어도 2009. 7.에는 'N사가 Y발전소 5, 6호기의 설계용역사(2009. 8. B사 선정)에게 이 사건 설계자료를 제공할 것'을 잘 알고 있었던 것이다. 그럼에도 A사는 2012. 12. 검찰에 진정을 할 때까지 'N사가 2009년경 B사에게 이 사건 설계자료를 제공한 것'에 대해 아무런 이의를 제기한 바 없다.

3) 검찰의 판단

검찰은, N사 측이 내세운 위 사정들을 주된 논거로 하여 이 사건 설계자료가 영업비밀이 아니라고 판단하고, 2014. 1. 6. 모든 피의자들에 대해 무혐의처분(이하 '1차 불기소처분'이라 한다)을 내렸다.

나. 2차 불기소처분

위 발전소 형사사건에서 A사는 검찰의 1차 불기소처분에 항고하였고, 이를 검토한 서울고등검찰청은 재기수사명령을 내렸다(항고인: A사, 피항고인: B사와 관련 직원들). 이에 검찰은 이를 다시 수사하고 2015. 1. 20. 또 다시 불기소처분(이하 '2차 불기소처분'이라 한다)을 내렸다(수원지방검찰청 2014 형제39997호).

2차 불기소처분에서 검찰은 1차 불기소처분에서와 달리 이 사건 설계자료의 영업비밀성을 인정하였고, 대신 구 부정경쟁방지법(2019. 1. 8. 법률 제16204호로 일부개정되기 전의 것) 제18조 제2항 소정의 '범의' 내지 '부정한 이익을 얻거나 영업비밀 보유자에게 손해를 입힐 목적'이 B사의 직원들에게 인정되지 않는다며, B사 및 해당 직원들에 대하여 무혐의처분을 하였다.

검찰은, N사 측이 강조하는 위 사정들에 근거하여, B사는 예정되었된 대로 N사로부터 이 사건 설계자료를 받고 참조하여 Y발전소 5, 6호기를 설계한 것이라는 판단을 하고, 위와 같이 B사 직원들의 범의 등을 부정하였다.

다. 민사 1심(N사의 패소, B사의 승소)

위 발전소 형사사건이 두 차례의 불기소처분으로 종결되면서 모든 분쟁이 종식된 것처럼 생각되었으나, A사는 2015. 2. 27. B사를 상대로 영업비밀 침해행위금지 및 손해배상청구(이하 이 발전소 민사사건을 'N사 보조참가사건'이라고 한다)를 하였다(서울중앙지방법원 2015가합514730호). N사는 B사의 승소를 돕기 위하여 2015. 9. 16. N사 보조참가사건에 보조참가하였다.

한편, A사는 2016. 4. 11. N사를 상대로 영업비밀 침해행위에 따른 손해배상청구(이하 이 발전소 민사사건을 'N사 피고사건'이라 한다)를 하였다(서울중앙지방법원 2016가합518302호).

위 두 발전소 민사사건에서 A사는 N사에 대하여는 구 부정경쟁방지법 제2조 제3호 (라)목 위반을, B사에 대하여는 같은 호 (마)목 또는 (바)목 위반을 주장하였다.

이에 대하여 1심 재판부는 이 사건 설계자료의 영업비밀성을 인정하고, N사의 영업비밀 침해행위를 인정하였다(서울중앙지방법원 2016. 12. 8. 선고 2016가합518302 판결). 반면, 같은 재판부는 이 사건 설계자료의 영업비밀성을 인정하면서도, B사의 영업비밀 침해행위를 부정하였다(서울중앙지방법원 2016. 12. 8. 선고 2015가합514730 판결). 1심이 이 사건 설계자료를 영업비밀이라고 인정하면서도 B사가 구 부정경쟁방지법 제2조 제3호 (마)목 내지 (바)목의 영업비밀 침해행위를 하지 않았다고 본 이유는, B사에게 N사의 영업비밀 침해행위에 대한 악의 또는 중과실이 없다고 보았기 때문이다.

라. 민사 2심(N사의 승소, B사의 승소)

N사가 그동안 일관되게 주장해 온 위 사정들에도 불구하고 민사 1심 법원은 이 사건 설계자료를 영업비밀로 인정하였고, 저자는 이를 다투기 위한 민사 항소심에서의 변론준비기일에서도 재판부가 동일한 심증을 가지고 있다는 느낌을 받았다.

이러한 상황에서는 전략의 수정이 불가피하였고, 저자는 지금까지 강조하여 온 위 사정들에 더하여 몇 가지 사정을 추가로 더 입증하고(상세하게는 아래에서 살펴보는 9-2의 B. 2. 가. 참조), 이를 근거로 하여 'N사가 B사에게 이 사건 설계자료를 제공하여 B사가 이를 사용하는 것'에 대해 A사의 (묵시적인) 이용허락이 있었다는 주장에 집중

하였다.

이에 관하여 양 당사자의 치열한 공방이 있었고, 민사 항소심은 1심 판결을 취소하고 N사가 A사의 영업비밀을 침해하지 않았다고 판단하였다(서울고등법원 2017. 11. 2. 선고 2017나2003008 판결, 2017나2000733 판결).

마. 민사 3심(N사의 승소, B사의 승소)

A사는 위 민사 항소심 판결에 불복하기 위해 대법원에 상고하였으나 대법원은 이를 기각하고, 위 민사 항소심 판결을 지지하였다(대법원 2019. 2. 14. 선고 2017다284892 판결, 대법원 2019. 1. 31. 선고 2017다284885 판결).

4. 부정경쟁방지법상 쟁점은 아니나 함께 알아두어야 할 형사상 쟁점(업무상배임죄)

가. 성립요건

업무상배임죄는 타인의 사무를 처리하는 자가 그 임무에 위배하는 행위로 재산상 이익을 취득하거나 제3자로 하여금 이를 취득하게 하여 본인에게 손해를 가함으로써 성립한다.

여기에서 '그 임무에 위배하는 행위'란 사무의 내용, 성질 등 구체적 상황에 비추어 법률의 규정, 계약의 내용 혹은 신의칙상 당연히 할 것으로 기대되는 행위를 하지 않거나 당연히 하지 않아야 할 것으로 기대되는 행위를 하여 본인과 사이의 신임 관계를 저버리는 일체의 행위를 말한다.

실무에서는 부정경쟁방지법위반(영업비밀누설등)죄의 성립 여부가 문제되는 사안에서 업무상배임죄의 성립 여부가 함께 문제될 때가 많다. 판례가 업무상배임죄의 성립 요건에 관하여 아래와 같은 입장을 견지하고 있기 때문이다.

회사직원이 영업비밀을 경쟁업체에 유출하거나 스스로의 이익을 위하여 이용할 목적으로 무단으로 반출하였다면 그 반출시에 업무상배임죄의 기수가 되고, 그 자료가 영업비밀이 아니더라도 불특정 다수의 사람에게 공개되지 않았고 사용자가 상당한 시간, 노력과 비용을 들여 제작한 영업상 주요한 자산이라면 그 자료의 반출행위는 업무상배임죄를 구성한다. 또한, 회사직원이 영업비밀이나 영업상 주요한 자산인 자료를 적법하게 반출하여 그 반출행위가 업무상배임죄에 해당하지 않는 경우라도 퇴사시에 그 영업비밀 등을 회사에 반환하거나 폐기할 의무가 있음에도 경쟁업체에 유출하거나 스스로의 이익을 위하여 이용할 목적으로 이를 반환하거나 폐기하지 아니하였다면, 이러한 행위 역시 업무상배임죄에 해당한다[242](대법원 2008. 4. 24. 선고 2006도9089 판결[243]).

이처럼, 업무상배임죄는 부정경쟁방지법위반죄와 달리 무단 반출 또는 미반환·미폐기의 대상이 영업비밀이 아닌 영업상 주요한 자산인 경우에도 성립할 수 있다.

이와 같은 이유 때문인지, 검찰이 피고인을 부정경쟁방지법위반(영업비밀누설등)죄, 업무상배임죄로 기소하는 경우를 어렵지 않게 볼 수 있다.

242) 퇴사 시에 업무상배임죄의 기수가 된다(대법원 2017. 6. 29. 선고 2017도3808 판결).
243) 회사 관련 파일에 관한 보안준수서약서 또는 비밀유지서약서, 고용계약에 따른 부수적 의무 내지 신의칙상 퇴사 시 위 파일들을 회사에 반환하거나 폐기할 의무가 있고, 업무상 필요가 있는 경우에 한하여 업무용 자료의 반출을 용인하고 있음에도 회사직원이 회사의 승낙을 받지 않은 채 위 파일들을 반출하고, 퇴사 시에 위 사실을 고지하지 않은 채 위 파일들을 폐기하지 않고 계속 보관하여 위 파일들 중 일부를 경쟁업체에 반출한 사안에서, 위 파일들이 회사의 영업비밀 또는 영업상 주요한 자산에 해당한다면, 위 파일들의 각 반출행위 또는 파일들의 미반환·미폐기행위는 업무상배임죄를 구성한다고 본 사례

나. 무단 반출, 미반환 · 미폐기된 자료의 유출 또는 이용행위가 별도로 업무상배임죄를 구성하는지 여부

회사직원이 위 반출행위 또는 미반환 · 미폐기행위 이후 그 영업상 주요한 자산을 경쟁업체에 유출하거나 스스로의 이익을 위하여 이용하는 것이 위 반출행위 또는 미반환 · 미폐기행위와 별도로 업무상배임죄를 구성하는가? 그 유출이나 이용행위에 공모한 자에게 업무상배임죄의 공범이 성립할 수 있는가?

이와 관련하여, 판례는 아래와 같이 판시하고 있다.

"회사직원이 퇴사한 후에는 특별한 사정이 없는 한 퇴사한 회사직원은 더 이상 업무상배임죄에서 타인의 사무를 처리하는 자의 지위에 있다고 볼 수 없고, 위와 같이 반환하거나 폐기하지 아니한 영업비밀 등을 경쟁업체에 유출하거나 스스로의 이익을 위하여 이용하더라도 이는 이미 성립한 업무상배임 행위의 실행 행위에 지나지 아니하므로, 그 유출 내지 이용행위가 부정경쟁방지및영업비밀보호에관한법률위반(영업비밀누설등)죄에 해당하는지는 별론으로 하더라도, 따로 업무상배임죄를 구성할 여지는 없다.

그리고 위와 같이 퇴사한 회사직원에 대하여 타인의 사무를 처리하는 자의 지위를 인정할 수 없는 이상 제3자가 위와 같은 유출 내지 이용행위에 공모 · 가담하였더라도 타인의 사무를 처리하는 자의 지위에 있다는 등의 사정이 없는 한 업무상배임죄의 공범 역시 성립할 수 없다(대법원 2017. 6. 29. 선고 2017도3808 판결)."

9-2 영업비밀 보유자의 권리행사 및 상대방의 방어전략

A 영업비밀 보유자의 권리행사

1. 들어가며

영업비밀 보유자가 영업비밀 침해행위가 있다고 생각할 경우 상대방에 대해 취할 수 있는 조치는, 특허권자 등이 특허권 침해가 있다고 생각할 경우 상대방에 대해 취할 수 있는 조치(단, 적극적 권리범위확인심판청구는 제외함)와 대동소이하다. 다만, 주의할 사항 위주로 몇 가지만 살펴보기로 한다.

2. 침해금지청구 또는 침해금지가처분신청

가. 누가 침해금지청구(침해예방청구)를 할 수 있는가?

영업비밀의 보유자는 영업비밀 침해행위에 의하여 영업상 이익이 침해되거나 침해될 우려가 있는 경우, 영업비밀 침해자에게 그 행위의 금지나 예방을 청구할 수 있다(부정경쟁방지법 제10조 제1항). 주의해야 할 점은 단순히 '영업비밀 침해행위가 있거나 있을 우려가 있는 경우'에 영업비밀 침해금지청구(침해예방청구)를 할 수 있는 것이 아니라, '영업비밀 침해행위로 인하여 영업비밀 보유자의 영업상 이익이 침해되거나 침해될 우려가 있는 경우'에 영업비밀 침해금지청구(침해예방청구)를 할 수 있다는 것이다.

나. 침해금지기간의 제한

특허권, 디자인권, 상표권, 저작권의 존속기간은 해당 법률에 정해져 있고, 그 존속기간과 침해금지기간이 획일적으로 정해진다. 반면, 영업비밀의 보호기간은 부정경쟁방지법에 규정되어 있지 않으며, 그 침해금지기간이 당해 영업비밀을 둘러싼 여러 제반사정을 고려하여 정해진다. 이와 관련하여, 판례의 구체적인 입장을 살펴보기로 한다.

1) 영구적인 침해금지의 불가

영구적인 영업비밀 침해금지가 가능한가? 불가능하다. 이는 특허권 등 지식재산권의 침해금지에서도 마찬가지이긴 하다.

이에 관하여, 판례는 "영업비밀 침해행위를 금지시키는 목적에 비추어 영업비밀 침해행위의 금지는 이러한 목적을 달성함에 필요한 시간적 범위 내에서만 인정되어야 하며, 만약 영구적으로 금지시킨다면 이는 제재적인 성격을 가지게 될 뿐만 아니라 자유로운 경쟁을 조장하고 종업원들이 그들의 지식과 능력을 발휘할 수 있게 하려는 공공의 이익과 상치되어 적절하지 않다(대법원 2017. 4. 13.자 2016마1630 결정 등 참조)."라고 판시하고 있다.

2) 영업비밀의 침해금지기간

영업비밀 침해행위의 금지기간에 관하여, 판례는 다음과 같이 판시하였다.

"영업비밀 침해행위를 금지시키는 것은 침해행위자가 침해행위에 의하여 공정한 경쟁자보다 유리한 출발 내지 시간 절약이라는 우월한 위치에서 부당하게 이익을 취하지 못하도록 하고, 영업비밀 보유자로 하여금 그러한 침해가 없었더라면 원래 있었을 위치로 되돌아갈 수 있게 하는 데에 그 목적이 있으므로,

영업비밀 침해행위의 금지는 공정하고 자유로운 경쟁의 보장 및 인적 신뢰 관계의 보호 등의 목적을 달성함에 필요한 시간적 범위 내로 제한되어야 하고, 그 범위를 정함에 있어서는 영업비밀인 기술정보의 내용

과 난이도, 영업비밀 보유자의 기술정보 취득에 소요된 기간과 비용, 영업비밀의 유지에 기울인 노력과 방법, 침해자들이나 다른 공정한 경쟁자가 독자적인 개발이나 역설계와 같은 합법적인 방법에 의하여 그 기술정보를 취득하는 데 필요한 시간, 침해자가 종업원(퇴직한 경우 포함)인 경우에는 사용자와의 관계에서 그에 종속하여 근무하였던 기간, 담당 업무나 직책, 영업비밀에의 접근 정도, 영업비밀보호에 관한 내규나 약정, 종업원이었던 자의 생계활동 및 직업선택의 자유와 영업활동의 자유, 지적재산권의 일종으로서 존속기간이 정해져 있는 특허권 등의 보호기간과의 비교, 그 밖에 심문에 나타난 당사자의 인적·물적시설 등을 고려하여 합리적으로 결정하여야 한다(대법원 1998. 2. 13. 선고 97다24528 판결 등 참조)."

이러한 이유로, 일반적으로 법원은 영업비밀 침해금지를 명할 때 그 침해금지의 기간을 정한다. 다만, 이와 관련하여 판례는 "사실심의 심리 결과 영업비밀 보호기간이 남아 있으면 남은 기간 동안 침해금지청구권이 인정되고, 이미 영업비밀 보호기간이 지나면 침해금지청구권은 소멸한다. 다만, 침해행위자나 다른 공정한 경쟁자가 독자적인 개발이나 역설계와 같은 합법적인 방법으로 영업비밀을 취득하거나 영업비밀과 동일한 기술을 개발할 가능성이 인정되지 않는 등으로 영업비밀 보호기간의 종기를 확정할 수 없는 경우에는 침해행위금지의 기간을 정하지 않을 수 있다. 이처럼 금지기간을 정하지 않는다고 해서 영구히 금지하는 것은 아니고, 금지명령을 받은 당사자는 나중에 영업비밀 보호기간이 지났다는 사정을 주장·증명하여 가처분 이의나 취소, 청구이의의 소 등을 통해 다툴 수 있다(대법원 2019. 3. 14.자 2018마7100 결정)."라고 판단한 바 있다.

3) 영업비밀 침해금지기간의 기산점

영업비밀 보호기간의 기산점은 당연히 영업비밀이 발생한 시점이다. 반면에 영업비밀 침해금지기간의 기산점은 영업비밀 침해행위가 시작된 시점(침해금지청구권이 피보전권리인 경우)이나 그 침해의 우려가 발생한 시점(침해예방청구권이 피보전권리인 경우)이라 할 것이다.

특히, 경쟁업체로의 전직 과정에서 영업비밀 침해행위가 있거나 있을 우려가 있는 경우에 영업비밀 침해의 금지 또는 예방을 구할 수 있는 기산점을 어디로 볼지에 관하여, 판례는 다음과 같이 판시하였다.

"영업비밀 침해금지의무를 부과함에 있어서 영업비밀의 해당 여부 및 영업비밀의 존속기간은 영업비밀을 취급한 근로자가 지득한 영업비밀을 기준으로 평가하여야 하는데,

부정경쟁방지법 제10조에서 영업비밀 침해행위의 금지 또는 예방을 위한 조치를 취할 수 있다고 규정하고 있으므로, 근로자가 회사에서 퇴직하지는 않았지만 전직을 준비하고 있는 등으로 영업비밀을 침해할 우려가 있어서 이를 방지하기 위한 예방적 조치로서 미리 영업비밀 침해금지를 구하는 경우에는, 근로자가 그 영업비밀을 취급하던 업무에서 실제로 이탈한 시점을 기준으로 영업비밀 침해금지기간을 산정할 수 있을 것이며,

영업비밀이 존속하는 기간 동안에는 영업비밀의 침해금지를 구할 수 있는 것이므로, 근로자가 퇴직한 이후에 영업비밀 침해금지를 구하는 경우에도 근로자가 영업비밀 취급업무에서 이탈한 시점을 기준으로 영업비밀 침해금지기간을 산정함이 타당할 것이다(대법원 2003. 7. 16.자 2002마4380 결정, 2017. 4. 13.자 2016마1630 결정)."

3. 손해배상청구

누가 영업비밀 침해행위로 인한 손해의 배상을 청구할 수 있는가? 단지, '영업비밀 보유자'이면 되는가? 아니다. 영업비밀 침해행위로 인하여 '영업상 이익을 침해받은' 영업비밀 보유자이다(부정경쟁방지법 제11조, 제14조의2 제1항 내지 제3항).

영업비밀 침해로 인한 손해배상액의 산정방식(부정경쟁방지법 제14조의2)은 특허침해로 인한 손해배상액의 산정방식(특허법 제128조)과 거의 같다.

또한, 2019. 7. 9.부터 시행된 현행 부정경쟁방지법 제14조의2 제6항에 따르면, 법원은 영업비밀 침해행위가 '고의'적인 것으로 인정될 경우 부정경쟁방지법 제14조의2 제1항부터 제5항까지의 규정에 따라 손해로 인정된 금액의 3배를 넘지 아니하는 범위에서 배상액을 정할 수 있는데(부정경쟁방지법 제14조의2 제6항), 이러한 징벌적 손해배상제도 역시 2019. 7. 9.부터 시행된 특허법 제128조 제8항에 대응된다.

한편, 부정경쟁방지법 제2조 제3호 (가)목 소정의 영업비밀 침해행위를 한 자는 그 취득한 영업비밀을 실제 사용하였는지와 관계없이 부정취득 행위 자체만으로 영업비밀 보유자의 영업상 이익을 침해한 것인가? 이와 관련하여, 판례는 "영업비밀이나 영업상 주요 자산인 자료 등(이하 '영업비밀 등'이라고 한다)을 부정취득한 자는 취득한 영업비밀 등을 실제 사용하였는지와 관계없이 부정취득 행위 자체만으로 영업비밀 등의 경제적 가치를 손상시킴으로써 영업비밀 등 보유자의 영업상 이익을 침해하여 손해를 입힌다(대법원 2017. 9. 26. 선고 2014다27425 판결)"라고 판시하였다. 영업비밀 등의 보유자는 영업비밀 등의 부정취득자가 영업비밀 등을 취득함으로써 얻은 이익 상당의 손해를 입었다고 볼 수 있으며(부정경쟁방지법 제14조의2 제2항), 영업비밀 등을 취득함으로써 얻은 이익은 영업비밀 등이 가지는 재산가치이고, 재산가치는 영업비밀 등을 가지고 경쟁사 등 다른 업체에서 제품을 만들 경우 영업비밀 등으로 인하여 기술 개발에 소요되는 비용이 감소되는 경우의 그 감소분과 나아가 영업비밀 등을 이용하여 제품생산에까지 발전시킬 경우 제품판매이익 중 영업비밀 등이 제공되지 않았을 경우의 차액으로서 그러한 가치를 감안하여 시장경제원리에 따라 형성될 시장교환 가격을 의미한다(대법원 2017. 9. 26. 선고 2014다27425 판결).

4. 형사고소

영업비밀 보유자는 부정경쟁방지법 제18조 제1, 2항 소정의 부정경쟁방지법위반죄를 범한 자 또는 그 미수범의 처벌을 바라는 내용의 고소를 할 수 있다(부정경쟁방지법 제18조 제1, 2항, 제18조의2). 다만, 부정경쟁방지법위반죄는 친고죄가 아닌바, 고소가 없더라도 검찰이 기소를 할 수 있다.

B 상대방의 방어전략

1. 일반적인 방어전략

영업비밀 보유자라고 주장하는 자(이하 '영업비밀 주장자'라고 한다)가 위에서 살펴본 권리행사를 한 경우, 상대방은 어떠한 방어전략을 수립할 수 있을까? 상대방이 검토 가능한 주요 방어전략을 나열하면 다음과 같다.

(1) 영업비밀 보유자라고 주장하는 자(이하 '영업비밀 주장자'라 한다)가 제대로 영업비밀을 특정하지 않았다는 반박

(2) 영업비밀 주장자가 주장하는 영업비밀이 부정경쟁방지법 제2조

제2호 소정의 영업비밀이 아니라는 반박

(3) 영업비밀 주장자가 주장한 영업비밀이 영업비밀 주장자가 아니라 상대방 등 다른 사람에게만 귀속되어 있거나 영업비밀 주장자와 상대방이 공유하고 있다는 반박

(4) 상대방이 영업비밀 주장자가 주장하는 부정경쟁방지법 제2조 제3호 소정의 영업비밀 침해행위를 하지 않았다는 반박

(5) [상대방이 부정경쟁방지법 제2조 제3호 (다)목 또는 (바)목 소정의 영업비밀 침해행위를 한 영업비밀 전득자(傳得者)인 경우에 한하여 검토할 수 있는 방어전략임] 상대방의 행위가 부정경쟁방지법 제13조[244] 소정의 선의자에 관한 특례에 해당한다는 반박

(6) [침해금지청구(침해예방청구)에 대하여] 영업비밀 보유자가 그 침해행위에 의하여 영업상의 이익이 침해되거나 침해될 우려가 있다는 사실 및 침해행위자를 안 날부터 3년이 경과하였다거나 그 침해행위가 시작된 날부터 10년이 경과하였다는 반박(부정경쟁방지법 제14조)

(7) [손해배상청구에 대하여] 영업비밀 보유자가 주장하는 손해배상액이 지나치게 과다하다는 반박

덧붙여 너무나 자명한 설명이지만, 영업비밀은 특허권, 디자인권, 상표권과 달리 특허청의 심사를 거쳐 발생되는 IP 권리가 아니므로, 영

244) 제13조(선의자에 관한 특례)

① 거래에 의하여 영업비밀을 정당하게 취득한 자가 그 거래에 의하여 허용된 범위에서 그 영업비밀을 사용하거나 공개하는 행위에 대하여는 제10조부터 제12조까지의 규정을 적용하지 아니한다.

② 제1항에서 "영업비밀을 정당하게 취득한 자"란 제2조 제3호 다목 또는 바목에서 영업비밀을 취득할 당시에 그 영업비밀이 부정하게 공개된 사실 또는 영업비밀의 부정취득행위나 부정공개행위가 개입된 사실을 중대한 과실 없이 알지 못하고 그 영업비밀을 취득한 자를 말한다.

업비밀과 관련하여 상대방이 방어전략의 하나로 취할 수 있는 조치 중에는 특허권, 디자인권, 상표권에 대한 무효심판이나 소극적 권리범위 확인심판을 청구하는 것에 대응될만한 조치가 없다.

2. 영업비밀에 대한 묵시적 이용허락의 법리

가. 위 발전소 민사사건[245)]에서의 방어전략

지금부터 살펴볼 방어전략은 위 발전소 민사사건에서 대법원이 처음으로 명시적으로 인정한 법리이다.

문제가 되는 상황은 다음과 같다. 영업비밀 침해금지 및 손해배상청구를 주장하고 있는 영업비밀 주장자가 부정경쟁방지법 제2조 제2호 소정의 영업비밀을 창작하였고, 상대방은 같은 조 제3호 소정의 영업비밀 침해행위를 하였다고 가정하자. 이와 같은 상황에서 영업비밀 보유자의 위 청구가 전부 기각될 수 있는 경우는 두 가지 경우라 할 것이다.

하나는 '상대방이 영업비밀 주장자로부터 해당 영업비밀을 양수한 경우', 다른 하나는 '상대방이 영업비밀 주장자로부터 해당 영업비밀에 대한 이용허락을 받은 경우'이다.

N사는 전자의 주장은 설득력이 약하다고 보아 하지 않았고, 후자의 주장에 집중하였다. 저자는, 위 발전소 민사사건의 항소심에서, 재판부가 이 사건 설계자료를 A사의 영업비밀로 인정할 가능성이 있다고 예상하고, 그에 대한 대비책으로 'N사가 Y발전소 5, 6호기의 설계용역사인 B사에게 이 사건 설계자료를 제공하여 B사로 하여금 Y발전소 5, 6호기의 설계에 Y발전소 3, 4호기의 설계자료인 이 사건 설계자료를 참조하도록 해 이 사건 설계자료를 이용하는 것'을 A사가 허락하였다는 주장을 강조하였다.

---

245) 자세한 사실관계는 위 4-1. 참조

N사와 A사 사이에 이 사건 설계자료의 이용허락에 관한 '명시적'인 계약이 없었다는 것은 A사에게 약점이었을 것으로 생각된다. A사는 "이 사건 설계자료가 영업비밀이고, A사는 N사만 Y발전소 5, 6호기의 설계에 이 사건 설계자료를 참조할 수 있도록 허락하였을 뿐이다."라고 주장하였지만, A사의 주장대로 이 사건 설계자료가 소중한 영업비밀이라면 A사가 N사에게 이 사건 설계자료에 대한 이용허락을 하면서 N사와 그 이용 조건, 범위 등을 명시한 계약을 체결하지 않은 것이 부자연스러워 보이기 때문이다.

이처럼 명시적 이용허락계약이 없는 상황에서, N사는 A사가 영업비밀이라고 주장하는 이 사건 설계자료에 대한 묵시적 이용허락을 주장할 수밖에 없었다. 이를 위하여 N사는 이 사건 설계자료의 비밀유지성을 부정하며 든 주요 근거들[246](상세하게는 위 4-3. 참조)을 묵시적 이용허락의 논거로도 사용하였다. 뿐만 아니라, N사는 국내 화력발전소의 설계용역계약 체결 이력 및 관련 실무 관행도 입증하였다. 이를 통해 N사는 '후행호기의 설계 시 후행호기 설계용역사가 선행호기 발주사가 제공한 선행호기 설계자료를 참조·검토하는 것'은 수십 년 전부터 있었던 오래된 실무 관행이고, 이러한 관행은 선행호기의 설계용역사가 후행호기의 설계용역사와 다른 경우에도 이어졌음을 입증하였다.

비밀로 유지·'관리'되어야 성립될 수 있는 영업비밀에 대해 '묵시적'으로 이용허락을 한다는 것이 다소 어색해보이고 일반적이지 않아 보일 수 있다. 또한 이 사건 설계자료에 대한 묵시적 이용허락이 인정될 수 있는 사안이라면, 애당초 이 사건 설계자료에 대한 '비밀유지성'을 인정할 수 있을지부터 의문이기는 하다. 하지만, 법리적으로 영업비밀에 대한 이용허락이 명시적 이용허락에 한정된다고 볼 이유가 전혀 없

246) A사가 N사가 이 사건 설계자료를 Y발전소 5, 6호기 설계용역사(훗날 B사로 정해짐)에게 제공할 것임을 오래 전부터 알고 있음에도 이를 수년 넘게 묵인하였다는 것

고, 이에 따라 N사는 위와 같은 묵시적 이용허락을 주장하였다.

나. 법원의 판단

위 발전소 민사사건의 항소심은, 이 사건 설계자료가 영업비밀이 아니라는 N사의 주장을 배척하면서도 N사의 묵시적 이용허락 주장을 받아들여 A사가 N사에 대하여 영업비밀 침해를 주장할 수 없도록 하였다. 대법원 2019. 1. 31. 선고 2017다284885 판결은 아래와 같이 영업비밀에 대한 묵시적 이용허락에 관한 법리를 처음으로 판시하면서, 항소심 판단을 지지하였다.

> 가. 영업비밀 보유자가 거래 상대방에게 영업비밀을 사용하도록 승낙하는 의사표시는 일정한 방식이 요구되지 않고 묵시적 의사표시로도 할 수 있다. 위와 같은 묵시적 의사표시의 존재는 거래 상대방과 체결한 영업비밀 관련 계약의 내용, 영업비밀 보유자가 사용하도록 승낙한 것으로 볼 수 있는 범위, 관련 분야의 거래 실정, 당사자의 태도 등 여러 사정을 종합적으로 고려하여 판단하여야 한다.
>
> 나. 원심은 다음과 같은 사정들에 비추어 보면, N사가 B사에 Y발전소 5, 6호기의 설계 목적 범위에서 Y발전소 3, 4호기에 관한 이 사건 설계자료를 제공하여 사용하도록 하는 것에 대하여 A사의 묵시적인 승낙이 있었다고 봄이 타당하다고 판단하였다.
>
> (1) A사는 2003. 2. 28. N사와 A사가 건설하는 Y발전소 3, 4호기에 관한 설계기술용역계약을 체결하였고, 위 계약에 따라 이 사건 설계자료를 작성하였다. Y발전소 3, 4호기의 설계기술용역 계약서에는 '준공자료는 본 발전소 운전 및 정비에 필수적으로 이용되고, 향후 발전소 건설 시 중요한 참고자료로 이용될 것'이라는 내용의 참고자료 이용 조항이 명시되어 있다. 그리고 Y발전소 5, 6호기의 설계기술용역 수행계획서와 설계용역 계약서에는 설계용역사가 N사가 제공하는 자료를 기준으로 기존 설비를 조사·

검토하고 이를 설계에 반영하도록 하고 있다.

(2) 한국전력공사는 1984년에 500MW급 화력발전소 설계표준화를, 1995년에 800MW급 화력발전소 설계표준화를 추진하였고, 실제로 B발전소 3~6호기, T발전소 5, 6호기와 S발전소 3~6호기 등은 동일 부지에 같은 용량의 화력발전소를 연속적으로 설계하면서 선행호기의 설계자료를 후속호기의 여건에 맞게 개선·반영하는 이른바 '카피플랜트 설계방식'으로 설계하도록 하였다. 이와 같이 선행호기 설계자료가 후속호기 설계에 사용되었을 때 후속호기의 발주자나 설계용역사가 선행호기 설계용역사에게 그 이용에 대한 대가를 지급하거나 별도의 사용승낙을 받은 예가 없었다.

(3) 발주자인 한국전력공사와 A사 사이에 1989년에 체결된 S발전소 3, 4호기 설계용역계약의 경우에도 A사가 S발전소 1, 2호기의 설계자료를 조사·검토하고 이를 반영하여 설계자료를 작성하도록 하고 있다. 한편, 위 S발전소 1, 2호기 설계업무의 상당 부분은 B사가 수행하였는데, A사는 B사로부터 별도의 사용승낙을 받거나 대가를 지급하지 않고 한국전력공사로부터 S발전소 1, 2호기의 설계자료를 제공받은 것으로 보인다.

(4) A사는 2009. 6.경 이 사건 설계자료를 토대로 설계용역을 수행한다는 취지의 역무 수행방법과 역무내역이 기재된 Y발전소 5, 6호기에 관한 설계기술용역 수행계획서를 검토한 적이 있다. 이 경우 이 사건 설계자료가 Y발전소 5, 6호기의 설계용역사에게 제공될 것이 예정되어 있다고 볼 수 있는데도 A사는 위와 같은 역무내역 등에 대해서는 이의를 제기하지 않았다.

다. 원심판결 이유를 위에서 본 법리와 원심이 적법하게 채택한 증거에 비추어 살펴보면, 원심의 판단은 정당하다. 원심의 판단에 상고이유 주장과 같이 묵시적 의사표시의 해석과 처분문서의 해석·적용에 관한 법리를 오해하거나 논리와 경험의 법칙에 반하여 자유심증주의의 한계를 벗어난 잘못이 없다.

다. 시사하는 바

영업비밀 보유자는 타인에게 자신의 영업비밀에 대한 이용허락을 하고자 할 경우, 그 이용조건, 범위 등을 가능한 상세하게 명시한 계약을 체결할 필요가 있다. 만일 이용허락의 조건, 범위 등에 관한 명시적 계약이 존재하지 않는다면, 영업비밀 보유자가 향후에 타인이 자신의 의도를 벗어난 범위에까지 그 영업비밀을 이용하였다고 생각하게 되더라도(이하 이러한 이용형태를 '계쟁 이용형태'라고 한다), 타인을 상대로 영업비밀 침해를 주장하지 못하게 될 가능성이 있기 때문이다. 영업비밀 보유자가 계쟁 이용형태를 오래 전에 알았거나 알 수 있었던 사정이 많으면 많을수록, 계쟁 이용형태를 '영업비밀에 대한 묵시적 이용허락'하에 이루어진 적법한 이용형태로 볼 여지가 많아진다.

이를 타인의 입장에서 살펴보자. 영업비밀 보유자뿐만 아니라 타인 역시 계쟁 이용형태가 적법한지 여부에 관하여 향후 분쟁에 휘말리지 않기 위하여 그 이용조건, 범위 등에 관한 명시적 계약을 체결할 필요가 있다. 비록 이용허락의 조건, 범위 등에 관한 명시적 계약은 없지만, 영업비밀 보유자로부터 제공받은 바 있는 영업비밀을 계쟁 이용형태로 이용하는 것이 적법하다고 생각하는 타인은 위 '영업비밀에 관한 묵시적 이용허락의 법리'를 반드시 검토하여야 한다. 이는 구 부정경쟁방지법하에서보다 영업비밀의 성립요건을 완화한 현행 부정경쟁방지법하에서 더욱 필요한 방어전략이라 하겠다.

C 전직금지가처분 또는 경업금지가처분 사건에서의 공방

1. 근로자의 전직 또는 경쟁업체 설립이 문제되는 경우의 구제 수단

근로자가 전직하거나 경쟁업체를 설립하는 과정에서 영업비밀이 침해되는 경우가 종종 있다. 따라서 영업비밀 침해금지청구 또는 침해금지가처분신청을 검토할 때, 전직한 근로자나 경쟁업체를 설립한 근로자를 상대로 한 전직금지가처분신청 또는 경업금지가처분신청(이하 '경업금지가처분신청'으로 통칭한다)에 대하여도 검토하여 볼 필요가 있다.

근로자의 전직 또는 경쟁업체 설립(이하 '전직'으로 통칭한다)이 문제되는 경우, 경업금지가처분신청 이외에 본안소송도 가능할까? 물론 가능하다. 하지만, 실무에서는 경업금지청구(본안소송) 또는 전직을 이유로 하는 손해배상청구(본안소송)를 찾아보기 힘들다. 이유가 무엇일까? 일반적으로는 하루라도 신속히 경업금지를 명하는 법원의 판단을 받기 위해 경업금지를 구하는 것이므로, 경업금지를 명하는 법원의 판단을 구하는 사람은 통상적으로 경업금지청구(본안소송)보다는 경업금지가처분신청을 선호하기 마련이다. 또한 '전직 그 자체에 따른 손해'액을 입증하기는 쉽지 않을 것이기 때문에, 경업금지약정 위반시의 위약금을 별도로 약정하지 않은 이상 경업금지약정 위반에 기한 손해배상청구(본안소송)를 함에 있어서도 신중을 기할 필요가 있다. 이러한 이유로, 전직이 문제되는 분쟁 유형의 대부분이 경업금지가처분인 것으로 보인다.

이하에서는 실무상 빈번히 제기되는 경업금지가처분 사건의 주요 내용 및 판례에 대하여 살펴본다.

2. 경업금지가처분신청의 유형

가. 경업금지약정에 기한 경업금지가처분신청

회사는 근로자의 입사 시, 재직 중 또는 퇴사 시에 근로자와 경쟁업체로의 전직을 몇 년 간 금지하는 내용의 경업금지약정을 체결할 수 있다. 이 경우 회사는 위 경업금지약정을 위반하여 전직을 한 근로자[247]를 상대로 하여 경업금지약정에 기한 경업금지가처분신청을 할 수 있다.

이러한 경업금지가처분신청에서 주의할 점은 ① 경업금지가처분신청의 상대방은 문제되는 행위를 한 근로자 개인이지 그 근로자가 전직한 회사가 아니라는 것과 ② 신청인이 경업금지가처분신청을 통하여 보호하고자 하는 대상이 부정경쟁방지법상 영업비밀에 이르지 못한다고 하더라도 그 역시 경업금지약정을 통해 보호하기로 약정되어 있는 이상 경업금지가처분신청을 할 수 있다는 것이다.

나. 부정경쟁방지법 제10조 제1항에 기한 경업금지가처분신청

설령 회사가 근로자와 경업금지약정을 체결한 바 없다고 하더라도, '근로자가 전직한 회사에서 영업비밀과 관련된 업무에 종사하는 것을 금지하지 않고서는 회사의 영업비밀을 보호할 수 없다고 인정되는 경우'에는 부정경쟁방지법 제10조 제1항에 의한 침해행위의 금지 또는 예방 및 이를 위하여 필요한 조치 중의 한 가지로서 그 근로자로 하여금 '전직한 회사에서 영업비밀 관련 업무에 종사하는 것을 금지하도록 하는 조치'를 취할 수 있다(대법원 2003. 7. 16.자 2002마4380 결정 등).

이러한 판례에 근거하여, 회사는 전직을 통하여 영업비밀을 침해한

247) 경업금지약정의 계약 당사자는 근로자 개인이지 그 근로자가 전직한 회사가 아니므로, 그 근로자가 전직한 회사를 상대로는 경업금지가처분신청을 할 수 없다.

근로자와 그 근로자가 전직한 회사 모두를 상대로 부정경쟁방지법 제10조 제1항에 기하여 경업금지가처분신청을 할 수 있다. 예를 들어, 회사는 전직을 한 근로자를 상대로는 부정경쟁방지법 제2조 제1호 (라)목 위반을, 그 근로자가 전직한 회사를 상대로는 같은 호 (가)목 위반을 주장할 수 있을 것이다.

위 경업금지약정에 기한 경업금지가처분신청과는 달리 부정경쟁방지법 제10조 제1항 위반에 기한 경업금지가처분신청의 경우, ① 전직한 근로자뿐만 아니라 그 근로자가 전직한 회사도 상대방이 될 수 있고, ② 신청인은 부정경쟁방지법상 영업비밀을 보유하고 있어야 한다.

3. 경업금지약정에 기한 경업금지가처분신청 관련 주요 쟁점

가. 경업금지약정의 유효 여부에 관한 판단기준

경업금지약정에 기한 경업금지가처분신청을 받은 상대방이 가장 흔하게 하는 주장은, 경업금지약정이 민법 제103조에 정한 선량한 풍속 기타 사회질서에 위반하여 무효라는 주장이다.

경업금지약정이 유효하기 위한 요건에 관하여, 판례는 "사용자와 근로자 사이에 경업금지약정이 존재한다고 하더라도, 그와 같은 약정이 헌법상 보장된 근로자의 직업선택의 자유와 근로권 등을 과도하게 제한하거나 자유로운 경쟁을 지나치게 제한하는 경우에는 민법 제103조에 정한 선량한 풍속 기타 사회질서에 반하는 법률행위로서 무효라고 보아야 하며, 이와 같은 경업금지약정의 유효성에 관한 판단은 보호할 가치 있는 사용자의 이익, 근로자의 퇴직 전 지위, 경업 제한의 기간·지역 및 대상 직종, 근로자에 대한 대가의 제공 유무, 근로자의 퇴직 경위, 공공의 이익 및 기타 사정 등을 종합적으로 고려하여야 하고, 여기에서 말하는 '보호할 가치 있는 사용자의 이익'이라 함은 부정경쟁방지법 제2조 제2호에 정한 '영업비밀' 뿐만 아니라 그 정도에 이르지 아니하였더라도 당해 사용자만이 가지고 있는 지식 또는 정보로서 근로자와 이를 제3자에게 누설하지 않기로 약정한 것이거나 고객 관계나 영업상의 신용의 유지도 이에 해당한다(대법원 2010. 3. 11. 선고 2009다82244 판결 등)."라고 판시한 바 있다.

이와 같이, 대법원이 경업금지약정의 유효 여부를 판단하기 위해 고려하는 사정은 다양하다. 구체적으로 경업금지약정을 통해 보호하고자 하는 대상이 영업비밀인 사정, 전직한 근로자의 회사에서의 지위가 중직인 사정, 회사가 경업제한의 기간, 지역 및 대상 직종을 모든 근로자에 대하여 획일적으로 정하지 않고 근로자마다 개별적으로 정한 사정, 회사가 근로자에게 (단순한 상여금 등이 아닌) '전직금지'의 대가를 (임금과 별도로) 지급한 사정, 전직한 근로자의 퇴직에 회사의 귀책이 없는 사정 등이 많을수록 경업금지약정이 유효라고 인정받을 가능성이 높다.[248)]

---

248) 대법원이 설시한 경업금지약정의 유효 여부에 관한 판단기준에 맞추어 경업금지약정의 유효를 인정하면서 그 구체적인 이유를 설시한 두 하급심 판례를 소개한다. 이를 통해 위 대법원 2009다82244 판결을 보다 구체적으로 이해할 수 있을 것이다.
[**서울중앙지법** 2008. 3. 19.**자** 2007**카합**3903 **결정**]
(다) 이 사건으로 돌아와 살피건대, 위 기초 사실 및 이 사건 기록에 의하여 소명되는 다음과 같은 사정을 종합하면, 신청인 회사와 피신청인들 사이의 경업금지약정은 선량한 풍속 기타 사회질서에 반하지 아니하여 유효하다고 할 것이다.
① 신청인 회사가 담수 및 발전 사업 분야에 있어서 30년 가량에 걸친 업무수행과 기술 축적을 통하여 세계적인 수준의 기술 및 수주 실적을 가지게 된 점, 신청인 회사가 담수 및 발전 사업과 관련하여 각 단계별 중요자료들을 영업비밀로 분류하고 관리한 점, 피신청인들은 신청인 회사의 영업비밀뿐만 아니라 경영상, 기술상 유용한 정보나 재직 중 입수한 각종 서류, 파일 등을 제3자에게 유출하지 아니하고 모두 회사에 반납하기로 약정한 점, 피신청인 1, 2, 3, 4, 5가 유출하거나 사용한 신청인 회사의 자료는 신청인 회사의 영업비밀에 해당할 가능성이 많은 것으로 보일 뿐만 아니라, 가사 영업비밀이 아니라도 경쟁회사에게 제공되면 그로 하여금 상당한 시행착오를 줄이게 할 수 있는 유용한 정보에 해당될 것으로 보이는 점, 같은 피신청인들은 실제로 신청인 회사에서 유출한 자료를 이용하여

에스티엑스의 라빅 프로젝트 예비제안서를 작성하는 등 이를 이용한 바 있는 점, 에스티엑스가 2007. 6.경 산업플랜트 부문의 사업을 시작하면서 피신청인들을 영입한 것은 짧은 시간 내에 신청인 회사가 가지고 있는 담수 및 발전 사업 분야의 조직과 경영 및 기술 관련 정보를 취득할 목적으로 보이는 점 등을 종합하여 보면, 신청인 회사는 담수 및 발전 사업에 관하여 영업비밀 기타 경영상, 기술상 중요자료 등 보호할 가치 있는 이익을 보유하고 있음이 명백하다.

② 피신청인들은 퇴직 전 신청인 회사의 담수 비즈니스그룹장, 상무, 전무, 팀장, 차장, 과장 등 중역을 맡고 있었으며, 오랜 기간 신청인 회사에서 근무함으로써 각 분야에서 전문성을 가지고 있었던 점, 특히 피신청인 1, 3의 경우 임원으로서의 임기가 종료된 후 2년 또는 3년 동안 고문으로 재직하면서 임원에 준하는 대우를 받은 점, 신청인 회사가 피신청인들을 해고한 바 없으며 급여, 복지, 기타 처우 등에 있어서 다른 회사에 비하여 부당하거나 열악한 조건에 있었던 것으로 보이지 아니하는 점 등에 비추어 보면, 피신청인들의 퇴직 전 지위가 열악하거나 불안정하여 경쟁업체로의 전직이 불가피하였던 것으로 판단되지도 아니한다.

③ 경업금지 기간은 피신청인들의 전직으로 인한 영업비밀 등의 침해로 에스티엑스가 공정한 경쟁자보다 유리한 출발, 즉 시간 절약이라는 부당한 이익을 취하지 못하게 함으로써 공정하고 자유로운 경쟁을 보장하는 데에 필요한 시간적 범위가 어느 정도인지 여부를 중심으로 고려하여야 할 것인데, 신청인 회사는 담수 및 발전 사업에 관하여 30년 가량의 연구개발과 경험을 통하여 각종 경영상, 기술상 자료를 축적하고 있는 반면, 에스티엑스는 2007. 6.에 담수 및 발전 사업에 발을 들여놓은 회사이므로, 에스티엑스가 신청인 회사의 조직, 경영 및 기술을 따라가기 위하여는 상당한 시간이 소요될 것으로 보이는 점, 신청인과 피신청인들의 경업금지약정에서 피신청인들 중 비즈니스그룹장, 전무, 상무 등 고위직 임원에 대하여는 3년, 중요기술을 취급한 과장급 이상에 대하여는 2년 또는 3년, 계약・입찰 등 영업에 관여한 과장급 이상에 대하여는 1년으로 경업금지 기간을 정한 점 등에 비추어 보면, 경업금지 기간이 합리적으로 설정된 것으로 보인다. 또한, 신청인 회사의 사업이 세계적인 경쟁력을 가지고 있고, 주로 해외에서 사업을 수주하므로, 대한민국을 포함한 전 세계를 경업금지 지역으로 정한 것도 합리적으로 판단되며, 경업금지 대상을 신청인 회사와 동종영업을 하는 업체로 한정한 것도 합리성이 있다고 할 것이다.

④ 피신청인 1, 3의 경우에는 임원으로서의 임기가 종료된 후 2년 또는 3년 동안 고문으로 재직하면서 임원에 준하는 대우를 받았다. 나머지 피신청인들의 경우에는 경업금지약정을 직접적인 원인으로 하는 금전적 보상을 받은 바는 없으나, 오랜 기간 고용의 보장을 받고 한 가지 분야에서 전문성을 키우면서 적정한 승진 및 승급의 기회를 가질 수 있었던 것도 경업금

지약정에 대한 대상(대상)으로 볼 수 있을 것이며, 가사 신청인 회사의 대상 조치가 부족하더라도, 앞서 본 바와 같이 신청인 회사의 보호할 가치 있는 이익의 크기가 현저하므로, 대상 조치의 부족함만으로 경업금지약정의 효력이 없다고 할 수 없다.

⑤ 에스티엑스가 발전 및 담수 사업을 시작한 시점과 피신청인들의 퇴사 시점, 피신청인들 중 일부가 신청인 회사의 영업비밀 등을 반출하여 에스티엑스의 영업에 사용한 점, 비록 자료에 의하여 소명되지는 아니하였으나 나머지 피신청인들도 신청인 회사를 퇴사하면서 각종 자료 등을 반출하였을 가능성이 없다고 단정할 수 없는 점, 피신청인들이 신청인 회사에서 부여받은 직급과 급여에 비하여 높은 직급 및 보수를 받고 에스티엑스에 취업한 점 등에 비추어 보면, 피신청인들의 전직은 개인적인 차원에서 이루어진 것이라기보다는 담수 및 발전 사업에 있어서 손쉽게 신청인 회사의 조직, 경영 및 기술 관련 정보를 취득하려는 에스티엑스의 계획에 따라 이루어진 것으로 보인다.

⑥ 신청인 회사는 오랜 기간에 걸친 담수 및 발전 사업에 있어서의 기술 축적을 통하여 해외에서 수천억 내지 수조 원에 이르는 공사를 수주함으로써 국익을 증진하고 국위를 선양하고 있어 신청인 회사 자체를 넘어서 국가적으로도 그 영업비밀과 경영상, 기술상 중요자료를 보호할 가치가 큰 점, 이러한 상황에서 발전 및 담수 사업에 새롭게 진출한 에스티엑스가 짧게는 수년에서 길게는 수십 년에 이르는 경영 및 기술상의 격차를 손쉽게 극복하기 위하여 신청인 회사의 주요 임직원을 채용하고 그 영업비밀 등을 침해하여 해외시장에서 낮은 가격에 응찰함으로써 신청인 회사와 경쟁한다면, 오랜 기간에 걸친 연구개발과 경험을 통하여 현재의 경영 및 기술 수준에 도달한 신청인 회사로서는 상당한 타격을 입게 될 가능성이 있으며, 이는 결국 국부(國富)의 손실로 이어질 우려가 있는 점 등에 비추어 보면, 공익적인 측면에서도 위와 같은 전직은 일정 기간 금지할 필요성이 있다.

(라) 따라서 신청인 회사와 피신청인들 사이의 경업금지약정은 유효하다고 할 것이며, 그 약정이 민법 제103조에 의하여 무효라는 피신청인들의 주장은 이유 없다고 할 것이다(아울러, 위 경업금지약정에 따른 경업금지 기간도 합리적이라고 하겠다).

[**서울고등법원** 2011. 8. 1.**자** 2010**라**384 **결정**]

"기록에 의하여 알 수 있는 다음과 같이 사정을 종합하면, 이 사건 각 서약서의 경업금지 약정이 선량한 풍속 기타 사회질서에 반하는 것으로서 무효라고 볼 수는 없으므로, 피신청인 1, 2는 신청인에 대하여 유효한 경업금지의무를 부담한다고 판단한다.

① 이 사건 각 서약서에는 생산 및 생산공정, 품질관리, 판매 및 영업에 관한

나. 경업금지기간의 제한

대법원이 경업금지약정의 유효 여부를 판단하기 위하여 고려하는 사정들 중 특히 경업금지기간에 관하여는 조금 더 살펴볼 필요가 있다.

판례가 경업금지약정상의 경업금지기간이 지나치게 긴 경우, 그 경업금지기간을 제한할 수 있다는 법리를 판시하고 있기 때문이다.

구체적으로, 판례는 "근로자의 경업금지 약정은 직업선택의 자유와 근로자의 권리 등을 제한하는 의미가 있으므로, 근로자가 사용자와의 약정에 의하여 경업금지기간을 정한 경우에도, 보호할 가치 있는 사용자의 이익, 근로자의 퇴직 전 지위, 퇴직 직위, 근로자에 대한 대상 제공 여부 등 제반 사정을 고려하여 약정한 경업금지기간이 과도하게 장기라고 인정될 때에는 적당한 범위로 경업금지기간을 제한할 수 있다(대법원 2007. 3. 29.자 2006마1303 결정)."라고 판시한 바 있다.

사항 등에 관한 유무형의 자료, 정보, 기술 등의 유출을 금지하고, 동종업계로 전직하거나 동종회사를 설립하지 않으며 이와 관련된 기술, 자료, 정보, 지식을 타사에 기술적으로 지원하지 않는 약정이 명확히 기재되어 있고, 이 사건 각 서약서가 위 피신청인들의 의사에 반하여 작성되었다거나 위 피신청인들이 그 내용을 모르고 작성하였다고는 보이지 아니한다.

② 위와 같은 기술, 자료, 정보 등은 비록 영업비밀에는 이르지 않는다고 하더라도 경업금지약정에 의하여 충분히 보호할 가치가 있는 신청인 고유의 이익으로 보인다.

③ 신청인은 위 피신청인들에게 위 경업금지의무의 부과 등에 대한 대가로 1,000만 원 상당의 신청인 회사 주식을 제공하였다.

④ 위 피신청인들은 신청인 회사에 입사하여 핵심 업무를 담당하다가 입사한 지 불과 2년여 만에 동종업체인 솔루시스를 설립한 후 퇴사하였고, 위 피신청인들의 경력 등에 비추어 볼 때 반드시 솔루시스에서만 근무가 가능한 것이 아니라 신청인 회사와 동종업체가 아닌 다른 회사로의 전직이나 회사설립도 가능하다고 보인다."

4. 부정경쟁방지법 제10조 제1항에 기한 경업금지가처분신청 관련 주요 쟁점

가. 영업비밀 침해금지기간과 경업금지기간

전직한 근로자가 영업비밀을 침해하는 것을 금지하는 것은 그 전직 자체를 금지하는 것과 구별된다. 그러므로 전직 과정에서 영업비밀 침해가 있거나 있을 우려가 있는 경우에 부정경쟁방지법 제10조 제1항에 기한 경업금지가처분신청을 통해 주장할 수 있는 경업금지기간은 영업비밀 침해금지기간과 다를 수 있다.

한편, 퇴직한 근로자에 대하여 전직금지의무를 부과하는 것은 종전에 근무하던 직장의 영업비밀을 보호하기 위한 것이므로, 특별한 사정이 없는 한 영업비밀의 존속기간을 넘는 기간까지 전직을 금지하기는 어려울 것이다(대법원 2003. 7. 16.자 2002마4380 결정 참조).

나. 영업비밀 침해금지기간의 기산점과 경업금지기간의 기산점

위에서 영업비밀 침해금지기간의 기산점에 관한 법리를 살펴본 바 있다. 그런데 (부정경쟁방지법 제10조 제1항에 기한) 경업금지기간의 기산점에 관하여, 위 대법원 2002마4380 결정은 다음과 같이 판시한 바 있다.

"근로자가 회사에서 퇴직하지는 않았지만 전직을 준비하고 있는 등으로 영업비밀을 침해할 우려가 있어서 이를 방지하기 위한 예방적 조치로서 미리 전직금지를 구하는 경우에는 근로자가 회사에서 퇴직하지 않았다고 하더라도 실제로 그 영업비밀을 취급하던 업무에서 이탈한 시점을 기준으로 전직금지기간을 산정할 수 있을 것이지만,

근로자가 회사에서 퇴직한 이후에 전직금지를 신청하는 경우에는, 전직금지는 기본적으로 근로자가 사용자와 경쟁관계에 있는 업체에 취업하는

것을 제한하는 것이므로, 근로자가 영업비밀을 취급하지 않는 부서로 옮긴 이후 퇴직할 당시까지의 제반 상황에서 사용자가 근로자가 퇴직하기 전에 미리 전직금지를 신청할 수 있었다고 볼 사정이 인정되지 아니하는 이상 근로자가 퇴직한 시점을 기준으로 전직금지기간을 산정하는 것이 타당하다고 할 것이다."

제10장 디자인권의 행사

DESIGN

DESIGN

10-1 디자인권의 효력

1. 디자인권의 효력

디자인권(또는 디자인권자가 설정 가능한 전용실시권, 이하 '디자인권'이라 통칭함)은 독점·배타권인데, 이 중 독점권은 디자인권의 '적극적' 효력, 배타권은 디자인권의 '소극적' 효력에 해당한다.

가. 적극적 효력(독점권)

'독점권'은 디자인권자(전용실시권을 설정한 경우에는 그 전용실시권자)만 등록디자인을 독점적으로 실시할 수 있는 권리를 뜻한다. 디자인권의 적극적 효력은 등록디자인과 동일(=형태 동일 & 물품 동일)한 디자인에뿐만 아니라, 등록디자인과 유사(=형태 동일 & 물품 유사, 형태 유사 & 물품 동일, 형태 유사 & 물품 유사)한 디자인에도 미친다(디자인보호법 제92조).

이와 같은 내용을 그림으로 정리하면 아래와 같다. 아래 그림에서 음영처리된 영역이 독점권이 미치는 영역이다.

<table>
<tr><td rowspan="2">물품</td><td>유사</td><td>(음영)</td><td>(음영)</td></tr>
<tr><td>동일</td><td>(음영)</td><td>(음영)</td></tr>
<tr><td colspan="2" rowspan="2">등록디자인</td><td>동일</td><td>유사</td></tr>
<tr><td colspan="2">디자인(형태)</td></tr>
</table>

나. 소극적 효력(배타권)

'배타권'은 디자인권자나 전용실시권자(이하 '디자인권자 등'이라 통칭함)가 타인이 디자인권자 등의 디자인권을 침해하는 것에 '제재'를 가할 수 있는 권리를 말한다. 디자인권의 소극적 효력 역시 등록디자인과 동일한 디자인에만 미치는 것이 아니라, 등록디자인과 유사한 디자인에도 미친다(디자인보호법 제92조). 이를 그림으로 표현하면 아래와 같고, 아래 그림에서 음영처리된 영역이 배타권이 미치는 영역이다.

<table>
<tr><td rowspan="2">물
품</td><td>유사</td><td>(음영)</td><td>(음영)</td></tr>
<tr><td>동일</td><td>(음영)</td><td>(음영)</td></tr>
<tr><td colspan="2" rowspan="2">등록디자인</td><td>동일</td><td>유사</td></tr>
<tr><td colspan="2">디자인(형태)</td></tr>
</table>

2. 디자인권과 실시권의 대비

위 8-1.에서 특허권과 그에 대한 실시권을 대비한 바 있는데, 그 내용 중 '특허권'을 '디자인권'으로 변경하면 그것이 곧 디자인권과 그 실시권의 대비가 될 것이다.

3. 앞으로의 전개 방향

지금부터 살펴볼 내용은 주로 디자인권의 '배타권' 행사에 관한 내용이다. 이에 '배타권'이 문제되는 경우가 언제인지 즉, '디자인권 침해'가 성립하는 경우가 언제인지를 먼저 살펴본 뒤(아래 10-2.), 디자인권 침해가 있다고 생각한 디자인권자 등이 취할 수 있는 조치와 그에 대한 상대방의 방어전략을 알아보고자 한다(아래 10-3.).

다음으로, 위 5-3.과 5-4.에서 살펴본 (디자인권의 보호를 받지 않는) 보호대상이 보호를 받지 못하는 상황에서 문제될 수 있는 쟁점도 살펴보고자 한다(아래 10-4~5.).

10-2 디자인권 침해의 성립요건

1. 디자인권의 보호범위(권리범위)

가. 디자인권 침해와의 관계

앞서 디자인권의 소극적 효력(배타권)을 설명하면서 디자인권 침해를 언급하였다. 감이 오겠지만, '디자인권을 침해한다'란 타인이 무단으로 '디자인권의 보호범위' 내에 있는 디자인 즉, 디자인권의 소극적 효력(배타권)이 미치는 범위에 있는 디자인을 업으로서 실시함을 의미한다. 이때, 디자인의 실시란 디자인에 관한 물품을 생산・사용・양도・대여・수출 또는 수입하거나 그 물품을 양도 또는 대여하기 위하여 청약(양도나 대여를 위한 전시를 포함한다. 이하 같다)하는 행위를 말한다(디자인보호법 제2조 제7호).

위에서 본 바와 같이, 디자인권의 소극적 효력은 등록디자인과 동일하거나 유사한 디자인에 미치는데, 여기에서 등록디자인(과 동일한 디자인)의 구체적인 범위는 디자인출원서의 기재사항 및 그 출원서에 첨부된 도면・사진 또는 견본과 도면에 적혀 있는 디자인의 설명에 따라 표현된 디자인에 의하여 정하여진다(디자인보호법 제93조).

나. 무효사유와의 관계

디자인권의 보호범위와 관련하여 주의하여야 할 사항은, 무효사유가 있는 디자인권의 경우 무효심판을 거치지 않고도 그 보호범위를 인정받지 못할 수도 있고 그 행사를 하지 못할 수도 있다는 것이다. 대표적인 몇 가지를 살펴본다.

1) 등록디자인에 신규성 흠결의 무효사유가 있는 경우(보호범위 부정)

아직 등록디자인에 대한 무효심결이 확정되기는커녕 무효심판청구조차 없는 상황에서도 그 등록디자인에 무효사유가 있다면 그 보호범위를 부정할 수 있을까?

불가능한 것이 원칙이다.

다만, 등록디자인에 신규성 흠결의 무효사유(디자인보호법 제33조 제1항)가 있는 경우에는, 그에 대한 무효심판청구조차 없었다고 하더라도 그 보호범위를 부정할 수 있다는 것이 판례의 태도이다. 구체적으로, 판례는 "등록의장이 그 출원 전에 국내 또는 국외에서 공지되었거나 공연히 실시된 의장이나 그 출원 전에 반포된 간행물에 기재된 의장과 동일 또는 유사한 경우에는 그에 대한 등록무효심판이 없어도 그 권리범위를 인정할 수 없다(대법원 2003. 1. 10. 선고 2002도5514 판결)"라고 판시하고 있다. 이는 신규성 흠결의 무효사유가 있는 특허권의 보호범위가 부정되는 것과 같다(자세하게는 위 8-2-1. 참조).

2) 등록디자인에 창작비용이성 흠결의 무효사유가 있는 경우(권리남용)

위에서 본 바와 같이, 진보성 흠결의 무효사유가 있는 특허권의 보호범위는 부정되지 아니하지만, 특허권이 무효심판에 의하여 무효로 될 것이 명백하다면 그 권리행사가 특허권 남용에 해당하여 허용되지 아니한다(위 8-2-1. 참조). 그와 같은 법리가 창작비용이성 흠결의 무효사유가 있는 디자인권에도 그대로 적용되는데, 구체적으로는 아래와 같다.

우선 권리범위확인사건에서 창작비용이성 흠결의 무효사유가 있는 디자인권의 보호범위를 무효심판을 거치지 않고 곧바로 부정할 수 있는지 여부에 관하여, 판례는 "등록된 의장[249]이 의장등록출원 전에 그 의장이 속하는 분야에서 통상의 지식을 가진 자가 국내에서 널리 알려진 형상·모양·색채 또는 이들의 결합에 의하여 용이하게 창작할 수 있는 의장에 해당하는 경우에는 그 등록이 무효로 되기 전에는 등록의장의 권리범위를 부인할 수 없다(대법원 2004. 4. 27. 선고 2002후2037 판결)."라고 판시하고 있다.

그런가하면 창작비용이성 흠결의 무효사유가 있는 디자인권을 디자인권침해소송을 통해 행사할 수 있는지 여부에 관하여, 판례는 "등록디자인에 대한 등록무효심결이 확정되기 전이라고 하더라도 등록디자인이 구 디자인보호법(2013. 5. 28. 법률 제11848호로 전부 개정되기 전의 것) 제5조 제1항 제1호 또는 제2호에 해당하는 디자인 등에 의하여 용이하게 창작될 수 있어 디자인등록이 무효심판에 의하여 무효로 될 것이 명백한 경우에는, 디자인권에 기초한 침해금지 또는 손해배상 등의 청구는 특별한 사정이 없는 한 권리남용에 해당하여 허용되지 아니하고, 디자인권침해소송을 담당하는 법원으로서도 디자인권자의 그러한 청구가 권리남용에 해당한다는 항변이 있는 경우 그 당부를 살피기 위한 전제로서 등록디자인의 용이 창작 여부에 대하여 심리·판단할 수 있다(대법원 2018. 9. 28. 선고 2016다219150 판결)."라고 판시하고 있다.

2. 직접침해

가. 성립요건

위에서 언급한 디자인권의 침해는 디자인권의 '직접침해'를 편의상 줄여 부른 것이다. 앞서 본 바와 같이, 디자인권자 등의 허락 없이 (그 보호범위가 부정되지 않는) 등록디자인과 동일 또는 유사한 디자인을

249) 현행 디자인보호법에서의 "디자인"을 의미한다.

3무단으로 업으로서 실시하면 디자인권자 등의 디자인권을 직접침해하게 된다.

나. 물품의 동일 · 유사, 디자인(형태)의 동일 · 유사

실시디자인이 등록디자인과 동일하거나 유사하다는 것은 실시디자인이 사용된 물품이 등록디자인의 대상이 되는 물품과 동일 또는 유사하면서 동시에 실시디자인(형태)이 등록디자인(형태)과 동일 또는 유사하다는 것을 의미한다. 따라서 디자인권의 직접침해가 있는지 여부를 판단하기 위하여는 물품의 동일 · 유사 여부에 대한 판단뿐만 아니라 디자인(형태)의 동일 · 유사 여부에 대한 판단도 필수적이다. 이때, 물품의 동일 또는 유사 여부에 대한 판단기준과 디자인 형태의 동일 또는 유사 여부에 대한 판단기준은 이미 위 5-1.에서 살펴본 바이다.

다. 공지 부분 또는 기능 관련 부분을 포함한 디자인(형태)의 유사 여부 판단방법

등록디자인의 구성요소 중 '물품의 기능을 확보하는 데 필요한 형상'이나 '공지의 형상' 부분이 있을 경우, 그 부분의 중요도를 낮게 평가하여 이를 제외한 나머지 특징적인 부분과 이에 대비되는 (실시디자인에서의) 해당 부분의 유사 여부를 판단하는 요부관찰을 하여야 하는가?

그렇다. 구체적으로, 판례는 "등록디자인이 신규성이 있는 부분과 함께 공지의 형상과 모양을 포함하고 있는 경우 그 공지 부분에까지 독점적이고 배타적인 권리를 인정할 수는 없으므로, 디자인권의 권리범위를 정함에 있어서는 공지 부분의 중요도를 낮게 평가하여야 한다. 따라서 등록디자인과 그에 대비되는 디자인이 공지 부분에서는 동일 · 유사하다고 하더라도 나머지 특징적인 부분에서 서로 유사하지 않다면 대비되는 디자인은 등록디자인의 권리범위에 속한다고 할 수 없다(대법원 2004. 8. 30. 선고 2003후762 판결 등 참조)."라고 판시한 바 있다(대법원 2013. 12. 26. 선고 2013다202939 판결).

위 5-1.에서도 공지 부분 또는 물품의 기능 관련 부분을 포함한 디자인(형태)의 유사 여부에 관한 판단방법을 살펴보았는데, 이것이 위 대법원 2013다202939 판결에 따른 판단방법에 반하는 것은 아닌가 하는 의문이 들 수 있다. 하지만, 판례는 공지 부분 또는 물품의 기능 관련 부분을 포함한 디자인(형태)의 유사 여부에 관한 판단방법과 관련하여, 그러한 부분을 포함한 출원디자인이 '등록요건'을 충족하는지 여부 또는 그러한 부분을 포함한 등록디자인에 '무효사유'가 있는지 여부를 판단할 때 적용하는 판단방법과 그와 같은 부분을 포함한 등록디자인에 대한 디자인권의 '침해요건'을 판단할 때 적용하는 판단방법을 구분하고 있으므로, 양자를 혼동하여서는 아니 된다.

3. 간접침해

특허권에 대한 간접침해가 인정되는 것과 같이, 디자인권에 대한 간접침해 역시 인정된다. 구체적으로, 등록디자인이나 이와 유사한 디자인에 관한 물품의 생산에만 사용하는 물품을 업으로서 생산·양도·대여·수출 또는 수입하거나 업으로서 그 물품의 양도 또는 대여의 청약을 하는 행위는, 비록 그 디자인권의 직접침해에는 해당하지 아니하나 그 디자인권을 (간접)침해한 것으로 본다(디자인보호법 제114조).

10-3 디자인권자 등의 권리행사 및 상대방의 방어전략

디자인권자 등은 위 10-2.에서 본 바에 따라 디자인권 침해가 있다고 생각하는 경우 침해 혐의자를 상대로 디자인권(배타권)을 행사할 수 있고, 이와 관련하여 침해 혐의자와 디자인권자 사이에 아래와 같은 여러 공방이 있을 수 있다.

A 디자인권자 등의 권리행사

디자인권자 등이 디자인권 침해행위가 있다고 생각할 경우 침해 혐의자에게 취할 수 있는 조치는, 특허권자 등이 특허권 침해가 있다고 생각할 경우 침해 혐의자에 대해 취할 수 있는 조치와 대동소이하다. 즉, 디자인보호법에 따라 디자인권자 등은 침해 혐의자를 상대로 적극적 권리범위확인심판을 청구할 수도 있고(제122조), 디자인권침해경고를 할 수도 있으며, 디자인권침해금지청구권 또는 디자인권침해예방청구권을 보전하기 위해 침해금지가처분신청을 할 수도 있고, 디자인권침해금지청구나 디자인권침해예방청구를 할 수도 있으며(제113조 제1항), 디자인권의 침해에 따른 손해배상청구를 할 수도 있고(제115조)[250] 디자인권침해죄를 이유로 고소[251]를 할 수도 있다(제220조). 따라서 이에 대한 세부적인 설명은 생략하기로 한다.

250) 다만, 디자인보호법에는 특허법 제128조 제8, 9항과 같은 징벌적 손해배상규정이 없다.

251) 특허권침해죄와 마찬가지로, 디자인권침해죄도 친고죄이다(디자인보호법 제220조 제2항).

B 상대방의 방어전략

1. 일반적인 방어전략

디자인권자 등이 침해 혐의자를 상대로 위 A 에서 본 권리행사를 한 경우, 침해 혐의자는 어떠한 방어전략을 수립할 수 있는가? 위 8-3-7. 및 8-3-8.에서 본 모든 방어전략이 여기에서도 유효하다. 물론, 특허권자 등의 권리행사에 대한 방어전략과 디자인권자 등의 권리행사에 대한 방어전략 사이에 특허와 디자인의 본질적인 개념 차이로 인한 표현상의 차이는 존재한다.

예를 들어, 디자인권의 침해를 부정하는 침해 혐의자는 아래와 같은 반박을 할 수 있다.

(1) 침해 혐의자의 '실시디자인'이 디자인권자 등의 '등록디자인'과 동일 또는 유사하지 않다는 반박(이는 '등록디자인' v. '실시디자인'에 관한 주장이고, 위 8-3-7.에서 살펴본 바에서도 이러한 반박이 있었다.)

(2) 디자인권자 등의 디자인권에 무효사유가 있어 그 보호범위가 부정되거나 그 행사가 권리남용에 해당한다는 반박(이는 '공지디자인 등' v. '등록디자인'에 관한 주장이고, 위 8-3-7.에서 살펴본 바에서도 이러한 반박이 있었다.)

(3) 등록디자인에 대한 무효심판청구 또는 실시디자인이 디자인권의 권리범위에 속하지 않는다는 확인을 구하기 위한 소극적 권리범위확인심판청구(위 8-3-8.에서도 이러한 대응이 있었다.)

(4) 침해 혐의자의 실시디자인이 등록디자인의 출원 전에 그 디자인이 속하는 분야에서 통상의 지식을 가진 자가 공지디자인 등으로부터 쉽게 실시할 수 있는 이른바 '자유실시디자인'이므로 이

를 등록디자인과 대비할 것도 없이 침해 혐의자는 침해를 하지 않았다는 반박[252](이는 '공지디자인 등' v. '실시디자인'에 관한 주장이고, 위 8-3-7.에서 살펴본 바에서도 이러한 반박이 있었다.)

2. 특수한 방어전략

디자인일부심사등록출원은 상대적으로 신속히 쉽게 등록될 수 있는데 반해, 누구든지 디자인일부심사등록출원에 따라 디자인권이 설정등록된 날부터 디자인일부심사등록공고일 후 3개월이 되는 날까지 그 디자인일부심사 등록이 신규성, 창작비용이성 등을 흠결하였음을 이유로 특허청장에게 이의신청을 할 수 있다(디자인보호법 제68조 제1항).

심사관 합의체는 이의신청이 이유 있다고 판단하는 경우, 그 등록을 취소하게 된다(디자인보호법 제73조 제3항).

C 실제 수행 사례 소개

위 5-2.에서 살펴본 실제 수행 사례를 참고하기 바란다.

---

252) "등록디자인과 대비되는 디자인(※ 이것이 침해 혐의자의 실시디자인이다)이 등록디자인의 출원 전에 그 디자인이 속하는 분야에서 통상의 지식을 가진 사람이 공지디자인 또는 이들의 결합에 따라 쉽게 실시할 수 있는 것인 때에는 등록디자인과 대비할 것도 없이 그 등록디자인의 권리범위에 속하지 않는다고 보아야 한다(대법원 2016. 8. 29. 선고 2016후878 판결)."

10-4 상품형태 모방행위 관련 분쟁

1. 들어가며

위 5-3.에서 미등록디자인이라 하더라도 부정경쟁방지법 제2조 제1호 (자)목의 보호를 받을 수 있음을 살펴보았다. 그 미등록디자인의 상품화를 위하여 자본이나 노력을 투자하거나 모험을 감수한 자(이하 '상품형태 개발자'라 한다)가 상대방이 부정경쟁방지법 제2조 제1호 (자)목의 부정경쟁행위(흔히 '상품형태 모방행위'라 부른다)를 하였다거나 하고 있다고 주장하면서 입증하여야 할 사항이 무엇인지 살펴보고, 그러한 상품형태 모방행위가 있다고 생각한 상품형태 개발자가 취할 수 있는 조치 및 그에 대한 상대방의 방어전략을 살펴보고자 한다.

2. 상품형태 모방행위의 성립 요건

상품형태 모방행위가 성립하기 위하여는 상품형태 개발자가 자본이나 노력을 투자하거나 모험을 감수하면서 상품화한 상품의 형태를 '모방'하여야 하는데, 그 모방자에게는 '모방행위'와 '모방의사' 모두가 있어야 한다. 이때, '모방'이란 상품형태 개발자의 상품형태에 의거하여 실질적으로 동일한 형태의 상품을 만들어 내는 것을 의미하고, 형태의 변경이 있는 경우 실질적으로 동일한 형태의 상품에 해당하는지는 당해 변경의 내용·정도, 착상의 난이도, 변경에 의한 형태적 효과 등을 종합적으로 고려하여 판단하여야 한다(대법원 2012. 3. 29. 선고 2010다20044 판결 등 참조).

3. 상품형태 개발자의 권리행사 및 상대방의 방어전략

가. 상품형태 개발자의 권리행사

상품형태 개발자가 상품형태 모방행위가 있다고 생각할 경우 상대방에 대해 취할 수 있는 조치는, 영업비밀 보유자가 영업비밀 침해행위가 있다고 생각할 경우 상대방에 대해 취할 수 있는 조치와 대동소이하다.

예를 들어, 상품형태 개발자가 취할 수 있는 대표적인 민사상 조치는 다음과 같다.

상품형태 개발자는 상품형태 모방행위에 의하여 영업상의 이익이 침해되거나 침해될 우려가 있는 경우, 상품형태 모방자에게 그 행위의 금지나 예방을 청구할 수 있다(부정경쟁방지법 제4조 제1항). 주의해야 할 점은, 단순히 '상품형태 모방행위가 있거나 있을 우려가 있는 경우'에 금지청구(예방청구)를 할 수 있는 것이 아니라, 상품형태 모방행위로 인해 '상품형태 개발자의 영업상 이익이 침해되거나 침해될 우려가 있는 경우'에 금지청구(예방청구)를 할 수 있다는 것이다. 이 밖에, 상품형태 개발자가 상품형태 모방행위 금지청구권(예방청구권)을 보전하기 위하여 상품형태 모방행위 금지(예방)가처분신청을 할 수도 있음은 물론이다.

또한, 상품형태 개발자는 고의 또는 과실에 의한 상품형태 모방행위로 상품형태 개발자의 영업상 이익을 침해하여 손해를 입힌 자에게 그 손해의 배상을 청구할 수 있다(부정경쟁방지법 제5조). 참고로, 영업비밀 침해행위에 적용될 수 있는 징벌적 손해배상제도(부정경쟁방지법 제14조의2 제6, 7항)는 상품형태 모방행위와 같은 부정경쟁행위에는 적용되지 아니한다.

한편, 상품형태 개발자는 상품형태 모방행위를 한 자(단, 미수범은 처벌 불가)의 처벌을 바라는 내용의 고소를 할 수 있다(부정경쟁방지법 제18조 제3항). 다만, 위 부정경쟁방지법위반죄는 친고죄가 아니다.

나. 상대방의 방어전략

1) 일반적인 방어전략

상품형태 개발자라고 주장하는 자가 상품형태 모방행위를 주장하면서 위에서 살펴본 바와 같은 권리를 행사한 경우, 그 상대방은 일반적으로 (1) 상품형태 개발자라고 주장하는 자가 부정경쟁방지법 제2조 제1호 (자)목의 보호를 받을 수 없는 자라는 반박(위 5-3 참조), (2) 자신에게 모방행위 또는 모방의사가 없다는 반박 등을 할 수 있다.

2) 실제 수행 사례 소개

원단 도매업을 영위하는 甲은 2012년 말경 나염 및 염색업을 영위하는 A사에게 잡지 등에 있는 각 도안 및 사진(이하 '이 사건 선행디자인'이라 한다)을 제시하면서 이 사건 선행디자인이 구현된 원단을 제작하여 달라고 의뢰하였다.

A사는 甲의 요청에 따라 아래 〈표 1〉과 같은 4종류의 원단(이하 '원고 제품'이라 한다)을 제작하였고, 甲은 이를 시중에 판매하였다.

〈표 1〉 원고 제품

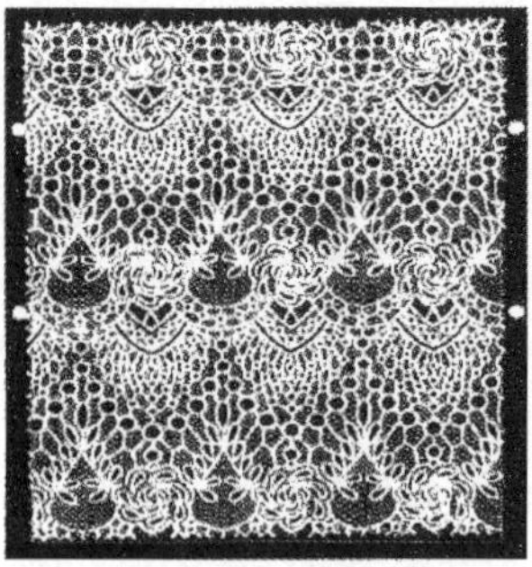	
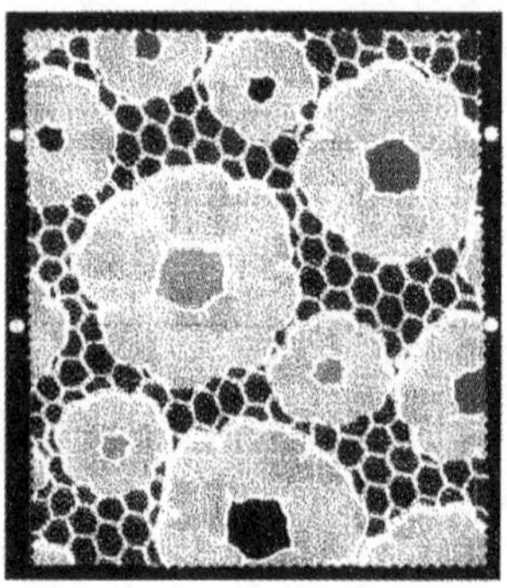	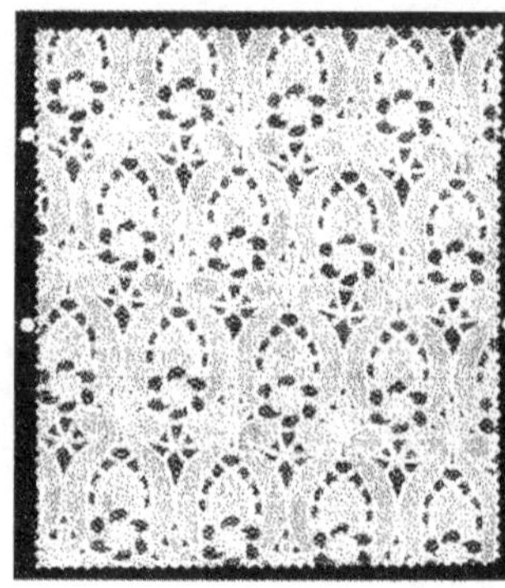

A사는 甲과 같은 원단 도매업자들로부터 의뢰를 받아 제작한 제품의 샘플을 보관하였고, A사의 전무이사 ○○○은 2012. 12.경 乙의 사업장을 방문하여 보관 중이던 100여 개 이상의 원단 샘플을 보여주며 제품 구매를 권유하였다.

이에 乙은 2013. 1.경 약 30여 종류의 샘플을 선택하여 제품을 주문하였는데, 이 중 원고 제품에 해당하는 샘플이 포함되어 있었다. A사는 乙의 주문에 따라 아래 〈표 2〉와 같은 4종류의 원단(이하 '피고 제품'이라 한다) 등 약 30여 종류의 원단을 제작하였고, 乙은 이를 시중에 판매하였다.

〈표 2〉 피고 제품

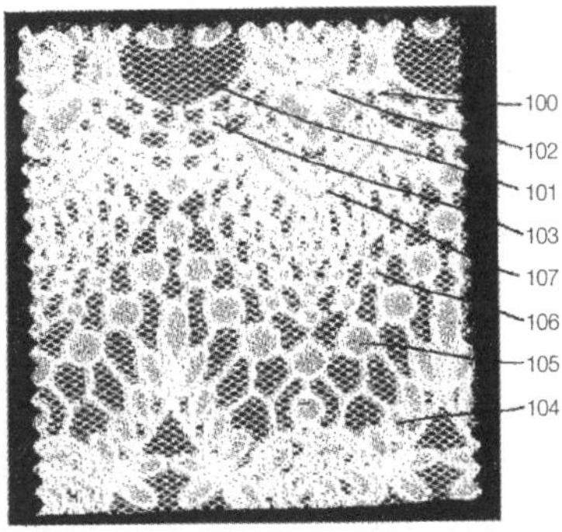

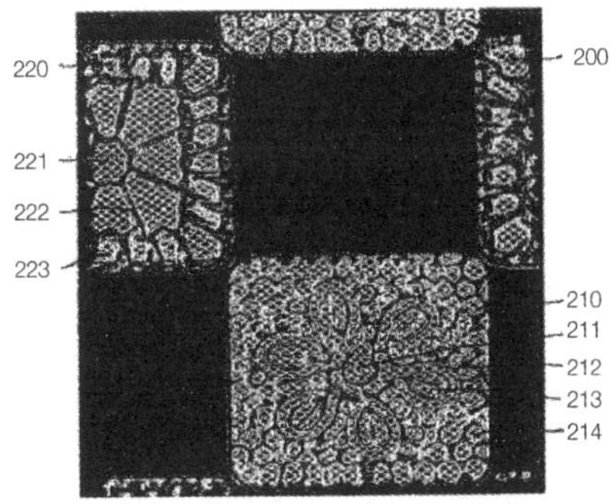

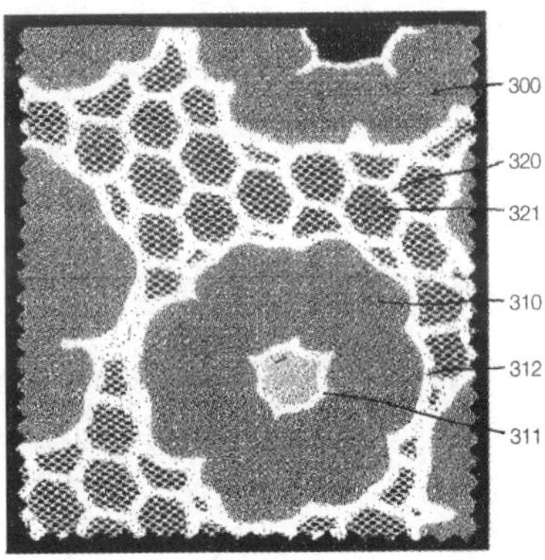

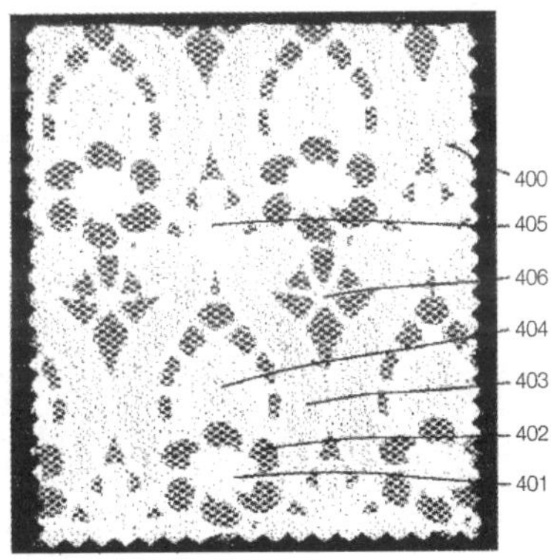

甲은 乙이 상품형태 모방행위를 하였다고 주장하면서, 乙을 상대로 100,000,100원의 손해배상을 청구하였다. 필자는 乙을 대리하였다.

甲의 주장은 타당한가? 비록 원고 제품의 디자인(형태)에 창작성이 없어 보이기는 하지만 부정경쟁방지법 제2조 제1호 (자)목은 디자인보호법 소정의 신규성 및 창작비용이성을 갖추지 못한 상품형태도 보호할 수가 있고, 원고 제품과 피고 제품을 대비하면 그 차이를 찾기 힘들 정도로 서로 동일하므로(또는 유사하므로),[253] 乙은 甲의 원고 제품 형

253) 〈표 1〉, 〈표 2〉에 삽입된 사진은 해당 판결문 별지에 삽입된 사진인데, 〈표 2〉에

태를 모방한 것이고, 이에 따라 甲에게 손해배상책임을 부담하는가?

이러한 사안에서, 乙은 어떠한 반박을 할 수 있을까? 甲은 부정경쟁방지법 제2조 제1호 (자)목 소정의 보호를 받을 수 있는 자가 아니라는 반박(위 5-3 참조), 원고 제품의 존재조차 몰랐던 乙에게 甲의 원고 제품에 대한 '모방의사'가 없었다는 반박 등을 생각해 볼 수 있다.

또한, 乙의 손해배상책임은 고의나 과실이 있는 경우에 한하여 인정된다는 점에 착안하여(민법 제750조, 부정경쟁방지법 제5조), '위 사실관계에 비추어 볼 때 乙에게는 고의나 과실이 없으므로 乙의 손해배상책임이 부정된다'는 반박도 가능하다.

1심 법원 역시 아래와 같이 乙의 고의 또는 과실을 부정하며 甲의 위 청구를 기각하였다[서울북부지방법원 2015. 11. 19. 선고 2014가합22226 판결(확정)].

"① 피고(乙)는 A사의 적극적인 제품 구매 권유에 따라 A사가 제시한 100여 개 이상의 원단 샘플 중 30여 개의 샘플을 선택하여 제품을 주문하였는데 그중 원고 제품이 포함되어 있었을 뿐인 점, ② 모방이라 함은 타인의 상품의 형태에 의거하여 이와 실질적으로 동일한 형태의 상품을 만들어 내는 것을 말하는데(대법원 2008. 10. 17.자 2006마342 결정), 원고(甲)가 제출한 증거들만으로는 피고가 피고 제품이 원고 제품을 모방하여 만들어진 것이라는 사실을 알거나 알 수 있었을 것이라고 볼 증거가 부족한 점, ③ 오히려 원고 제품은 이미 잡지 등을 통해 널리 알려진 이 사건 선행디자인을 원고가 원하는 원단[254]에 그대로 구현하면서 그 무늬나 색상 등을 원단에 적합하도록 일부 수정한 것에 불과할 뿐만 아니라 그 제품 자체나 디자인 등이 따로 등록되어 보호받고 있지도 않으므로, 피고로서는 원고 제품의 형

삽입된 사진은 〈표 1〉에 삽입된 사진보다 원단 가까이에서 촬영된 사진으로 보인다. 〈표 2〉에 삽입된 식별번호와 그에 연결된 실선이 판결문에 표시되어 있기는 하지만, 재판 과정에서 甲이 표기했던 표시에 불과하므로 무시해도 무방하다.

254) 그 어떤 디자인도 구현되기 전인 백지 상태의 원단

태를 제작하는 것에 타인의 독자적인 자본이나 노력이 투입되었으리라고 예견하기 어려웠을 것으로 보이는 점 등에 비추어 보면 피고의 고의 또는 과실을 인정하기 어렵다.”

10-5 트레이드 드레스의 침해 등에 관한 분쟁

1. 디자인의 기술적 특징에 관한 분쟁

위 5-4.에서 디자인의 기술적 특징은 특허권[255]의 보호를 받을 수 있다는 것을 살펴보았다.

만일 디자인의 기술적 특징에 관하여 특허권이 있고 타인이 무단으로 특허권을 침해한다면, 제8장에서 살펴본 바와 같은 특허침해와 관련된 분쟁이 있을 수 있다.

2. 디자인의 상표적 기능에 관한 분쟁

위 5-4.에서 디자인의 상표적 기능은 상표법, 부정경쟁방지법의 보호를 받을 수 있다는 것을 살펴보았다. 디자인의 상표적 기능에 관하여는 아래 제11장에서 보는 바와 같은 분쟁이 있을 수 있다.

3. 디자인의 표현적 요소에 관한 분쟁

위 5-4.에서 디자인의 표현적 요소는 저작권법의 보호를 받을 수 있음을 살펴보았다. 디자인의 표현적 요소에 관하여는 아래 제12장에서 살펴보는 바와 같은 분쟁이 있을 수 있다.

---

255) 실용신안권의 보호를 받을 수도 있다.

제11장 상표권의 행사

TRADEMARK

TRADEMARK

11-1 상표권의 효력

1. 상표권의 효력

상표권(또는 상표권자가 설정할 수 있는 전용사용권, 이하 '상표권'이라 통칭함)은 독점·배타권인데, 이 중 독점권은 상표권의 '적극적' 효력, 배타권은 상표권의 '소극적' 효력에 해당한다.

가. 적극적 효력(독점권)

'독점권'은 상표권자(전용사용권을 설정한 경우에는 그 전용사용권자)만이 등록상표를 독점적으로 사용할 수 있는 권리를 의미하고, 등록상표와 '동일'한 상표 및 그 지정상품(지정서비스업)과 '동일'한 상품(서비스업)에만 미친다(상표법 제89조). 아래의 그림에서 음영처리된 영역이 독점권이 미치는 영역이다.

상품[256]	유사		
	동일		
·		동일	유사
		등록상표	

나. 소극적 효력(배타권)

'배타권'은 상표권자나 전용사용권자(이하 '상표권자 등'이라 통칭함)가 타인이 상표권자 등의 상표권을 침해하는 것에 제재를 가할 수 있는 권리를 의미하고, 등록상표와 동일하거나 유사한 상표 및 그 지정상품(지정서비스업)과 동일하거나 유사한 상품(서비스업)에 미친다(상표법 제108조 제1항 제1호).

256) 또는 서비스(업)

이상의 설명을 도표로 정리하면 아래와 같고, 아래 그림에서 음영처리된 영역이 배타권이 미치는 영역이다.

상품[257)	유사		
	동일		
·		동일	유사
		등록상표	

2. 상표권과 사용권의 대비

위 8-1.에서 특허권과 그에 대한 실시권을 대비한 바 있는데, 그 내용 중 '특허권'을 '상표권'으로 변경하고 '실시권'을 '사용권'으로 변경하면, 그것이 곧 상표권과 그 사용권의 대비가 될 것이다. 다만, 특허권에 대한 통상실시권은 그 설정계약만으로 효력이 발생하고, 특허권에 대한 전용실시권은 그 설정계약 및 설정등록에 의하여 효력이 발생하는데 반해, 상표권에 대한 통상사용권 및 전용사용권 모두는 그 설정계약만으로 효력이 발생한다는 점에 유의하여야 한다.[258)]

3. 앞으로의 전개 방향

지금부터 볼 내용은 주로 상표권의 '배타권' 행사에 관한 내용이다. 이에 배타권이 문제되는 경우가 언제인지 즉, 상표권 침해가 성립하는 경우가 언제인지를 먼저 살펴보고(아래 11-2.), 상표권 침해가 있다고 생각한 상표권자 등이 취할 수 있는 조치 및 그에 대한 상대방의 방어전략을 살펴보고자 한다(아래 11-3.).

마지막으로 위 6-3.에서 살펴본 미등록상표에 대한 부정경쟁행위와 관련하여 문제될 수 있는 쟁점도 살펴보고자 한다(아래 11-4.).

---

257) 또는 서비스(업)

258) 다만, 전용사용권이나 통상사용권의 설정은 등록을 하지 아니하면 제3자에게 대항을 할 수 없다(상표법 제100조 제1항 제1호).

11-2 상표권 침해의 성립요건

1. 직접침해와 간접침해

가. 직접침해의 성립요건

위에서 상표권의 소극적 효력(배타권)을 설명하면서 상표권 침해를 언급하였다. '상표권을 침해한다'란, 타인이 무단으로 '상표권의 보호범위' 내에 있는 상표 즉, 상표권의 소극적 효력(배타권)이 미치는 범위에 있는 상표를 해당 상품(서비스업)에 업으로서 사용하는 것을 의미한다. 다시 말해, 상표권의 침해란 타인이 무단으로 등록상표와 동일하거나 유사한 상표를 그 지정상품(서비스업)과 동일하거나 유사한 상품(서비스업)에 업으로서 사용하는 것을 말한다(상표법 제108조 제1항 제1호). 이와 같은 침해를 뒤에서 볼 '간접'침해와 구별하여 '직접'침해라 부르기도 한다.

나. 간접침해의 성립요건

위에서 본 직접침해에 해당하지는 않지만, 상표법이 특별히 침해로 여기는 행위가 있는데, 이러한 침해를 '간접'침해라 부른다. 구체적인 간접침해 행위는 ① 타인의 등록상표와 동일・유사한 상표를 그 지정상품과 동일・유사한 상품에 사용하거나 사용하게 할 목적으로 교부・판매・위조・모조 또는 소지하는 행위, ② 타인의 등록상표를 위조 또는 모조하거나 위조 또는 모조하게 할 목적으로 그 용구를 제작・교부・판매 또는 소지하는 행위, ③ 타인의 등록상표 또는 이와 유사한 상표가 표시된 지정상품과 동일・유사한 상품을 양도하거나 인도하기 위해 소지하는 행위이다(상표법 제108조 제1항 제2~4호).

다. 소결론

실무에서 주로 문제되는 것은 상표권의 '직접'침해이다. 이하에서는 상표권 침해(특히 직접침해)의 성립요건과 관련하여 주로 문제되는 사항들을 개별적으로 살펴본다.

2. 상표권의 보호범위와 상표등록무효사유

특허권에 신규성 흠결 등의 무효사유가 있는 경우에는 아직 그 무효심결이 확정되지 않았더라도 그 보호범위가 제한되거나 부정되고(상세하게는 위 8-2-1. 참조), 디자인권에 신규성 흠결의 무효사유가 존재하는 경우에도 그에 대한 무효심결이 확정되었는지 여부에 관계없이 그 보호범위가 부정된다(상세하게는 위 10-2. 참조).

다만, 앞서 본 바와 같이 특허권에 진보성 흠결의 무효사유가 있거나 디자인권에 창작비용이성 흠결의 무효사유가 있는 경우에는 권리범위확인심판 사건에서 그 무효심결의 확정 전에 그 보호범위(권리범위)를 부정할 수는 없지만, 침해소송에서 그 특허권이나 디자인권의 행사가 권리남용에 해당하여 금지될 수는 있다(상세하게는 위 8-2-1. 및 10-2. 참조).

마찬가지로, 상표권의 무효심결이 확정되지 않은 상황에서 진행되고 있는 권리범위확인심판에서 상표권에 무효사유가 있다는 이유로 그 보호범위를 부정할 수는 없다(대법원 2014. 3. 20. 선고 2011후3698 전원합의체 판결).[259] 다만, 무효사유가 있는 상표권의 행사가 권리남용에 해당하

---

259) [1] [다수의견] 상표의 유사 여부는 외관, 호칭 및 관념을 객관적, 전체적, 이격적으로 관찰하여 지정상품의 거래에서 일반 수요자들이 상표에 대하여 느끼는 직관적 인식을 기준으로 상품의 출처에 관하여 오인·혼동을 일으키게 할 우려가 있는지에 따라 판단하여야 한다. 그리고 그 판단에서는 자타상품을 구별할 수 있게 하는 식별력의 유무와 강약이 주요한 고려요소가 된다 할 것인데, 상표의 식별력은

상표가 가지고 있는 관념, 상품과의 관계, 당해 상품이 거래되는 시장의 성질, 거래 실태 및 거래 방법, 상품의 속성, 수요자의 구성, 상표 사용의 정도 등에 따라 달라질 수 있는 상대적 · 유동적인 것이므로, 이는 상표의 유사 여부와 동일한 시점을 기준으로 그 유무와 강약을 판단하여야 한다.
따라서 상표권의 권리범위확인심판 및 그 심결취소청구 사건에서 등록상표와 확인대상표장의 유사 여부를 판단하기 위한 요소가 되는 등록상표의 식별력은 상표의 유사 여부를 판단하는 기준시인 심결 시를 기준으로 판단하여야 한다. 그러므로 등록상표의 전부 또는 일부 구성이 등록결정 당시에는 식별력이 없거나 미약하였다고 하더라도 등록상표를 전체로서 또는 일부 구성 부분을 분리하여 사용함으로써 권리범위확인심판의 심결 시점에 이르러서는 수요자 사이에 누구의 상품을 표시하는 것인지 현저하게 인식될 정도가 되어 중심적 식별력을 가지게 된 경우에는, 이를 기초로 상표의 유사 여부를 판단하여야 한다.
[대법관 신영철, 대법관 민일영의 반대의견] 상표등록이 무효로 될 것임이 명백함에도 권리범위확인심판을 허용하는 것은 상표권에 관한 분쟁을 실효적으로 해결하는 데 도움이 되지 아니하고 당사자로 하여금 아무런 이익이 되지 않는 심판절차에 시간과 비용을 낭비하도록 하는 결과를 초래하며, 상표사용자의 업무상의 신용유지를 도모하여 산업발전에 이바지함과 아울러 수요자의 이익을 보호하려는 상표법의 목적을 달성하기 위하여 권리범위확인심판 제도를 마련한 취지에 부합하지 않는다.
권리범위확인심판이 상표등록이 유효함을 전제로 하여서만 의미를 가질 수 있는 절차이므로 심판절차에서는 등록상표의 무효사유가 있는지를 선결문제로서 심리한 다음 무효사유가 부정되는 경우에 한하여 등록상표의 권리범위에 관하여 나아가 심리 · 판단하도록 심판 구조를 바꿀 필요가 있다.
이러한 사정들을 종합적으로 고려하면, 등록상표에 대한 등록무효심결이 확정되기 전이라고 하더라도 상표등록이 무효심판에 의하여 무효로 될 것임이 명백한 경우라면 그러한 상표등록을 근거로 하여 적극적 또는 소극적 권리범위확인심판을 청구할 이익이 없다고 보아야 하고, 그러한 청구는 부적법하여 각하하여야 한다.
[2] 확인대상표장 " UNISTAR "의 사용자 갑 주식회사가 을 미국회사를 상대로 확인대상표장이 을 회사의 등록상표 ""의 권리범위에 속하지 않는다면서 소극적 권리범위확인심판을 청구하였는데 특허심판원이 이를 받아들이는 심결을 한 사안에서, 등록상표의 전부 또는 일부 구성이 등록결정 당시에는 식별력이 없거나 미약하였으나, 등록상표의 구성 중 " " 부분은 심결 당시에는 수요자 사이에 상품의 출처를 인식할 수 있게 하는 중심적 식별력을 가진 것으로 보아야 할 것이고, 확인대상표장에서도 " " 부분과 동일성이 인정되는 " " 부분이 수요자의 주의를 끄는 중심적 식별력을 가지는 부분이 되므로, 양 표장은 유사한 상

여 허용되지 아니할 수는 있다. 구체적으로는, 등록상표에 대한 무효심결이 확정되기 전이라고 하더라도 상표등록이 무효심판에 의하여 무효로 될 것임이 명백한 경우에는, 상표권에 기초한 침해금지나 손해배상 등의 청구가 특별한 사정이 없는 한 권리남용에 해당하여 허용될 수 없다(대법원 2012. 10. 18. 선고 2010다103000 전원합의체 판결).

3. 업으로서의 '상표'적 '사용'

가. 상표적(商標的) 사용의 의미

상표권 침해가 성립하기 위하여는 문제되는 상표를 '상품출처표시 또는 영업출처표시로서' 사용하여야 한다. 예를 들어, 甲사가 제작하는 스마트폰(등록상표: "○○○")용 휴대폰 케이스를 제작 및 판매하는 乙이 甲사의 허락 없이 자신의 휴대폰 케이스 광고에 "○○○용 휴대폰 케이스"라는 표현을 사용하였다고 하자.

이 경우, 乙은 甲사의 등록상표 "○○○"를 甲사의 허락 없이 사용하였지만, 甲사의 상표권을 침해하지 않았다. 왜냐하면, 乙은 甲사의 등록상표 "○○○"를 자신의 휴대폰 케이스에 대한 출처를 표시하기 위하여 사용하지 않았고, 이에 따라 乙의 그러한 행위에도 불구하고 표장 "○○○"에 대한 출처의 오인·혼동이 발생할 염려가 없기 때문이다.

나. 상표 '사용'의 의미

상표법 제2조 제1호 제11호는 ① 상품 또는 상품의 포장에 상표를 표시하는 행위(이하 '표시 행위'라 한다), ② 상품 또는 상품의 포장에 상표를 표시한 것을 양도 또는 인도하거나 양도 또는 인도할 목적으로

표라고 한 사례(대법원 2014. 3. 20. 선고 2011후3698 전원합의체 판결).

전시 · 수출 또는 수입하는 행위(이하 '유통 행위'라 한다), ③ 상품에 관한 광고 · 정가표(定價表) · 거래 서류, 그 밖의 수단에 상표를 표시하고 전시하거나 널리 알리는 행위(이하 '광고 행위'라고 한다)를 상표 '사용' 행위로 규정하고 있다. 여기에서 상표를 '표시'하는 행위에는 '표장의 형상이나 소리 또는 냄새로 상표를 표시하는 행위'나 '전기통신회선을 통하여 제공되는 정보에 전자적 방법으로 표시하는 행위'가 포함된다(상표법 제2조 제2항).

위 규정을 '상품'에 상표를 사용하는 것에 관한 규정으로 이해하는 것에는 전혀 문제가 없다. 그러나 위 규정을 (무형의) '서비스업'에 상표를 사용하는 것에 관한 규정으로 이해하기에는 약간의 어려움이 있다. 이와 관련하여, 판례는 "서비스표는 통상 유형물인 상품과는 달리 수요자에게 제공되는 무형의 서비스를 표장의 대상으로 하는 것이므로 그 서비스 자체에 서비스표를 직접 사용할 수는 없다. 이러한 상품과 서비스의 차이를 고려할 때, 서비스표의 사용에는 서비스업에 관한 광고 · 정가표 · 거래 서류 · 간판 또는 표찰에 서비스표를 표시하고 이를 전시 또는 반포하는 행위는 물론, 서비스의 제공시 수요자의 이용에 공여되는 물건 또는 당해 서비스의 제공에 관한 수요자의 물건에 서비스표를 표시하는 행위, 서비스의 제공시 수요자의 이용에 공여되는 물건에 서비스표를 표시한 것을 이용하여 서비스를 제공하는 행위 또는 서비스의 제공에 이용하는 물건에 서비스표를 표시한 것을 서비스의 제공을 위하여 전시하는 행위 등이 포함된다(대법원 2011. 7. 28. 선고 2010후3080 판결)."라고 판시하였다.

4. 상표의 동일 · 유사, 상품(서비스업)의 동일 · 유사

상표권의 (직접)침해 여부를 판단하기 위하여는 '등록상표와 침해 혐의자의 사용상표 간의 동일 · 유사 여부' 및 '그 지정상품(서비스업)

과 침해 혐의자가 사용상표를 사용한 상품(서비스업) 간의 동일·유사 여부'를 판단해야 한다. 상표의 동일·유사 여부에 대한 판단기준 및 상품(서비스업)의 동일·유사 여부에 대한 판단기준은 위 6-1을 통해 살펴본 바이다.

5. 상표권의 효력이 제한되는 사유에 해당하지 않음

가. 상표법 제90조에 따른 제한

특허법(제96조[260]), 디자인보호법(제94조[261])은 특허권, 디자인권의 효력이 미치지 아니하는 경우를 규정하고 있다. 이와 마찬가지로 상표법

---

260) 제96조(특허권의 효력이 미치지 아니하는 범위) ① 특허권의 효력은 다음 각 호의 어느 하나에 해당하는 사항에는 미치지 아니한다.
 1. 연구 또는 시험(「약사법」에 따른 의약품의 품목허가·품목신고 및 「농약관리법」에 따른 농약의 등록을 위한 연구 또는 시험을 포함한다)을 하기 위한 특허발명의 실시
 2. 국내를 통과하는데 불과한 선박·항공기·차량 또는 이에 사용되는 기계·기구·장치, 그 밖의 물건
 3. 특허출원을 한 때부터 국내에 있는 물건
 ② 둘 이상의 의약[사람의 질병의 진단·경감·치료·처치(處置) 또는 예방을 위하여 사용되는 물건을 말한다. 이하 같다]이 혼합되어 제조되는 의약의 발명 또는 둘 이상의 의약을 혼합하여 의약을 제조하는 방법의 발명에 관한 특허권의 효력은 「약사법」에 따른 조제행위와 그 조제에 의한 의약에는 미치지 아니한다.

261) 제94조(디자인권의 효력이 미치지 아니하는 범위) ① 디자인권의 효력은 다음 각 호의 어느 하나에 해당하는 사항에는 미치지 아니한다.
 1. 연구 또는 시험을 하기 위한 등록디자인 또는 이와 유사한 디자인의 실시
 2. 국내를 통과하는 데에 불과한 선박·항공기·차량 또는 이에 사용되는 기계·기구·장치, 그 밖의 물건
 3. 디자인등록출원 시부터 국내에 있던 물건
 ② 글자체가 디자인권으로 설정등록된 경우 그 디자인권의 효력은 다음 각 호의 어느 하나에 해당하는 경우에는 미치지 아니한다.
 1. 타자·조판 또는 인쇄 등의 통상적인 과정에서 글자체를 사용하는 경우
 2. 제1호에 따른 글자체의 사용으로 생산된 결과물인 경우

역시 제90조에서 상표권의 효력이 미치지 아니하는 경우를 아래와 같이 규정하고 있는데, 이는 특허법 제96조, 디자인보호법 제94조보다 실무상 자주 문제된다.

제90조(상표권의 효력이 미치지 아니하는 범위) ① 상표권(지리적 표시 단체표장권은 제외한다)은 다음 각 호의 어느 하나에 해당하는 경우에는 그 효력이 미치지 아니한다.

1. 자기의 성명·명칭 또는 상호·초상·서명·인장 또는 저명한 아호·예명·필명과 이들의 저명한 약칭을 상거래 관행에 따라 사용하는 상표
2. 등록상표의 지정상품과 동일·유사한 상품의 보통명칭·산지·품질·원재료·효능·용도·수량·형상·가격 또는 생산방법·가공방법·사용방법 및 시기를 보통으로 사용하는 방법으로 표시하는 상표
3. 입체적 형상으로 된 등록상표의 경우에는 그 입체적 형상이 누구의 업무에 관련된 상품을 표시하는 것인지 식별할 수 없는 경우에 등록상표의 지정상품과 동일·유사한 상품에 사용하는 등록상표의 입체적 형상과 동일·유사한 형상으로 된 상표
4. 등록상표의 지정상품과 동일·유사한 상품에 대하여 관용하는 상표와 현저한 지리적 명칭 및 그 약어 또는 지도로 된 상표
5. 등록상표의 지정상품 또는 그 지정상품 포장의 기능을 확보하는 데 불가결한 형상, 색채, 색채의 조합, 소리 또는 냄새로 된 상표

② (생략)

③ 제1항 제1호는 상표권의 설정등록이 있은 후에 '부정경쟁의 목적'으로 자기의 성명·명칭 또는 상호·초상·서명·인장 또는 저명한 아호·예명·필명과 이들의 저명한 약칭을 사용하는 경우에는 적용하지 아니한다.

특허침해소송(또는 디자인권침해소송)에서 침해 혐의자 측의 자유실시기술(또는 자유실시디자인)의 항변이 인정될 경우, 법원은 침해 혐의자의 실시기술(또는 실시디자인)과 특허발명(또는 등록디자인)을 대비하지 않고도 침해 혐의자가 특허권(또는 디자인권)을 침해하지 않았다고 판단한다. 이와 비슷하게 상표권침해소송에서 침해 혐의자의 상표법 제90조에 기한 항변이 인정되면, 법원은 침해 혐의자의 사용상표·상품과 등록상표 및 그 지정상품을 대비하지 않고, 침해 혐의자가 상표권을 침해하지 않았다고 판단하게 된다.

저자가 상표법 제90조의 문언에 기재된 사항 이외에 특별히 부연하고자 하는 사항은 다음의 네 가지이다.

첫째, 침해 혐의자가 사용하는 상표 전체가 아니라 그 사용상표 중 '일부' 구성부분만 상표법 제90조 제1항에 해당하는 경우에도 같은 항에 의하여 위 일부 구성부분에 상표권의 효력이 미치지 않을 수 있음을 유의하여야 한다(대법원 2008. 4. 24. 선고 2006후1131 판결 등 참조).[262] 나아가, 사용상표 중 상표법 제90조 제1항에 해당하는 일부 구성부분과 나머지 구성부분의 결합으로 인하여 새로운 식별력이 생기지 않는 경우에는 사용상표의 '전체' 구성부분에 같은 항이 적용된다(대법원 2001. 12. 27. 선고 2001후1716 판결 등).[263]

둘째, 만일 등록상표가 상표법 제33조 제1항 제3~6호에 해당하는 상표이지만 사용에 의한 식별력을 취득하여 등록된 상표라면, 그 상표권자 등은 같은 법 제90조 제1항 제2, 4호에 해당하는 상표를 사용하는

262) 이는 등록상표의 요부가 사용상표 중 상표법 제90조 제1항에 해당하는 구성부분과 동일 또는 유사한 경우에 검토할 실익이 있다.
263) 특허법원 지적재산소송 실무연구회, 「지적재산 소송실무」, 박영사(2019), p.1007 참조

침해 혐의자에 대해 상표권(배타권)을 행사할 수 있다. 구체적으로, 판례는 "상표의 구성 중 식별력이 없거나 미약한 부분과 동일한 표장이 거래사회에서 오랜 기간 사용된 결과 상표의 등록 또는 지정상품추가등록 전부터 수요자 간에 누구의 업무에 관련된 상품을 표시하는 것인가 현저하게 인식되어 있는 경우에는 그 부분은 사용된 상품에 관하여 식별력 있는 요부로 보아 상표의 유사 여부를 판단할 수 있고, 그러한 부분은 상표법 제51조 제1항 제2호[264]에 의한 상표권 효력의 제한을 받지 않는다(대법원 2012. 11. 29. 선고 2011후774 판결)"라고 판시한 바 있다.

셋째, 구 상표법(2016. 2. 29. 법률 제14033호로 전부개정되기 전의 것) 제51조 제1항 제1호는 현행 상표법 제90조 제1항 제1호 소정의 "상거래 관행에 따라 사용하는 상표"라는 표현 대신 "보통으로 사용하는 방법으로 표시하는 상표"라는 다소 모호한 표현을 사용하였다.

상표법 제90조 제1항 제1호에서는 특히 "자기의 상호를 보통으로 사용하는 방법으로 표시한 상표"의 범위가 자주 문제된다.

순수하게 상호로서만 기능하고 그것을 넘어 상표(상품출처표시 또는 영업출처표시)로서 기능하지 않는 상호는 '상표'부터가 아니어서, 상표법 제90조 제1항 제1호를 검토할 필요도 없이 누군가의 상표권을 침해하지 않는다.

실무상 중요한 것은, (상표적으로 사용되는[265]) 모든 상호가 상표법 제90조 제1항 제1호에 해당하는 것이 아니라, '자기의 상호를 보통으로 사용하는 방법으로 표시하는 상표'나 '자기의 상호를 상거래 관행에 따라 사용하는 상표'만 위 규정에 해당하여 상표권 침해를 구성하지 않는다는 것이다. 여기서, '자기의 상호를 보통으로 사용하는 방법으로 표

264) 현행 상표법 제90조 제1항 제2호

265) 예를 들어, 음식점 상호를 간판이나 광고에 사용하는 것은 그 상호를 상표적으로 (구 상표법에 따르면 '서비스표적으로') 사용하는 것이다.

시하는 상표' 내지 '자기의 상호를 상거래 관행에 따라 사용하는 상표'의 의미가 중요한데, 예를 들어 만일 상호를 일반수요자의 주의를 끌 만한 서체 또는 도안으로 표시한다면 이는 '자기의 상호를 보통으로 사용하는 방법으로 표시하는 상표'나 '자기의 상호를 상거래 관행에 따라 사용하는 상표'에 해당하기 어렵다.[266), 267)]

상표법 제90조 제1항 제1호(구 상표법 제51조 제1항 제1호)와 관련하여 추가로 주의해야 하는 사항은 '자기의 상호를 보통으로 사용하는 방법으로 표시하는 상표', '자기의 상호를 상거래 관행에 따라 사용하는 상표'라 하더라도 그 상호사용자에게 "부정경쟁의 목적"이 있다면 상표권 침해를 구성할 수 있다는 것이다(상표법 제90조 제3항).[268)]

---

266) "구 상표법(2016. 2. 29. 법률 제14033호로 전부개정되기 전의 것) 제51조 제1항 제1호는 자기의 성명, 명칭, 상호 등(이하 '상호 등'이라고만 한다)을 보통으로 사용하는 방법으로 표시하는 상표에 대하여는 등록상표의 효력이 미치지 않는다고 규정하고 있다. 여기에서 '상호 등을 보통으로 사용하는 방법으로 표시한다'는 것은 상호 등을 독특한 글씨체나 색채, 도안화된 문자 등 특수한 태양으로 표시하는 등으로 특별한 식별력을 갖도록 함이 없이 일반 수요자가 표장을 보고 상호 등으로 인식할 수 있도록 표시하는 것을 의미하므로, 이는 표장 자체가 특별한 식별력을 갖도록 표시되었는지뿐만 아니라 사용된 표장의 위치, 배열, 크기, 다른 문구와의 연결 관계, 도형과 결합되어 사용되었는지 여부 등 실제 사용 태양을 종합하여 거래통념에 의하여 판단하여야 하고, 이러한 법리는 서비스표의 경우에도 같다(대법원 2016. 9. 30. 선고 2014다59712, 59729 판결)."

267) "구 상표법 제51조 제1호 본문은 자기의 성명, 명칭, 상호 등(이하 '상호 등'이라고만 한다)을 보통으로 사용하는 방법으로 표시하는 상표에 대하여는 등록상표의 효력이 미치지 않는다고 규정하고 있는바, 위 규정은 자기의 상호 등은 자기의 인격과 동일성을 표시하기 위한 수단이기 때문에 상호 등이 상품에 관하여 사용되는 방법이 거래사회의 통념상 자기의 상호 등을 나타내기 위하여 필요한 범위 내에 있는 한 그 상호 등과 동일·유사한 타인의 등록상표권의 효력이 위와 같이 사용된 상호 등에 미치지 않고, 이와 달리 상호 등의 표시방법으로 보아 타인의 상품과 식별되도록 하기 위한 표장으로 사용되었다고 볼 수밖에 없는 경우에는 그 표장에 타인의 등록상표권의 효력이 미친다는 취지라고 봄이 상당하다(대법원 2002. 11. 13. 선고 2000후3807 판결)."

268) "구 상표법 제51조 제1항 제1호 단서에서 말하는 '부정경쟁의 목적'이란 등록된 상표권자 또는 서비스표권자의 신용을 이용하여 부당한 이익을 얻을 목적을 말하고,

마지막으로, 침해 혐의자의 사용상표가 상표법 제90조 제1, 2항에 해당하는지 여부는 어느 시점을 기준으로 판단하는가? 권리범위확인심판에서는 심결시를 기준으로 판단하고,[269] 상표권침해소송에서는 사실심 변론종결시를 기준으로 판단한다.[270]

나. 사용권에 의한 제한

침해 혐의자는 상표법 제99조 제1항 또는 제2항[271] 소정의 선사용권 등 법정 사용권을 가지고 있는 경우 '정당한 권원'으로 상표를 사용하는 것이다. 그러므로 이 경우에는 상표권 침해가 성립할 수 없다.

다. 상표권의 소진 및 진정상품의 병행수입에 따른 제한

'상표권의 소진'이 인정된다면 상표권 침해가 성립하지 않고, 일정한

단지 등록된 상표 또는 서비스표라는 것을 알고 있었다는 사정만으로 그와 같은 목적이 있다고 보기에는 부족하며, 상표권 등 침해자 측의 상표 등 선정의 동기, 피침해상표 등을 알고 있었는지 아닌지 등 주관적 사정과 상표의 유사성, 피침해상표의 신용상태, 영업목적의 유사성 및 영업활동의 지역적 인접성, 상표권 침해자 측의 현실 사용상태 등 객관적 사정을 고려하여 판단해야 한다(대법원 2012. 5. 10. 선고 2010후3387 판결)."

269) 특허법원 2010. 3. 19. 선고 2009허7840 판결(확정)

270) 특허법원 지적재산소송 실무연구회, 「지적재산 소송실무」, 박영사(2019), p.1008 참조

271) 제99조 (선사용에 따른 상표를 계속 사용할 권리) ① 타인의 등록상표와 동일·유사한 상표를 그 지정상품과 동일·유사한 상품에 사용하는 자로서 다음 각 호의 요건을 모두 갖춘 자(그 지위를 승계한 자를 포함한다)는 해당 상표를 그 사용하는 상품에 대하여 계속하여 사용할 권리를 가진다.

1. 부정경쟁의 목적이 없이 타인의 상표등록출원 전부터 국내에서 계속하여 사용하고 있을 것
2. 제1호에 따라 상표를 사용한 결과 타인의 상표등록출원 시에 국내 수요자 간에 그 상표가 특정인의 상품을 표시하는 것이라고 인식되어 있을 것

② 자기의 성명·상호 등 인격의 동일성을 표시하는 수단을 상거래 관행에 따라 상표로 사용하는 자로서 제1항 제1호의 요건을 갖춘 자는 해당 상표를 그 사용하는 상품에 대하여 계속 사용할 권리를 가진다.

요건을 갖춘 '진정상품의 병행수입'은 상표권 침해에 해당하지 않는다.

이상의 두 법리는 상표권침해소송에서 중요하므로, 이에 대한 구체적인 내용은 아래에서 저자가 실제로 수행한 사례를 통해 살펴보기로 한다.

라. 기타

그 밖에 등록료 보전 또는 재심 등에 의하여 회복한 상표권의 효력이 제한되는 경우(상표법 제77조 제3항, 제160조 등)도 있으나, 이 규정이 실무에서 문제되는 경우는 적으므로 그에 대한 설명은 생략하기로 한다.

6. 상표권의 행사가 권리남용에 해당하지 않음

가. 상표권의 행사가 신의칙에 반하는 경우

상표권자가 당해 상표를 출원·등록하게 된 목적과 경위, 상표권을 행사하기에 이른 구체적·개별적 사정 등에 비추어, 상대방에 대한 상표권의 행사가 상표사용자의 업무상의 신용유지와 수요자의 이익보호를 목적으로 하는 상표제도의 목적이나 기능을 일탈하여 공정한 경쟁질서와 상거래질서를 어지럽히고 수요자 사이에 혼동을 초래하거나 상대방에 대한 관계에서 신의성실의 원칙에 위배되는 등 법적으로 보호받을 만한 가치가 없다고 인정되는 때에는, 그 상표권의 행사는 비록 권리행사의 외형을 갖추었다 하더라도 등록상표에 관한 권리를 남용하는 것으로서 허용될 수 없고, 이 경우 상표권의 행사를 제한하는 위와 같은 근거에 비추어 볼 때 상표권 행사의 목적이 오로지 상대방에게 고통을 주고 손해를 입히려는 데 있을 뿐 이를 행사하는 사람에게는 아무런 이익이 없어야 한다는 주관적 요건을 반드시 필요로 하는 것은 아니다(대법원 2007. 1. 25. 선고 2005다67223 판결[272], 2008. 7. 24. 선고 2006다40461,40478 판결 등).

나. 무효사유 있는 상표권을 행사하는 경우[273]

위에서 본 바와 같이 등록상표에 대한 무효심결이 확정되기 전이라고 하더라도 상표등록이 무효심판에 의하여 무효로 될 것임이 명백한 경우에는, 상표권에 기초한 침해금지 또는 손해배상 등의 청구가 특별한 사정이 없는 한 권리남용에 해당하여 허용될 수 없다(대법원 2012. 10. 18. 선고 2010다103000 전원합의체 판결 참조).

---

272) "기존의 국내 가요들 중에서 일부를 선곡하여 수록한 진한커피 시리즈 편집음반은 특정 저작자의 창작물이라기보다는 그 음반 제작·판매자의 기획 상품이라는 성격이 짙고, 각 편집음반의 전면 상단에 일정한 도형과 색채를 가미하고 영문자를 부기하여 동일한 형태로 계속 사용된 "BLACK COFFEE 진한커피"라는 제명 역시 각 편집음반의 내용 등을 직접적으로 표시하는 것이 아니며, 위 진한커피 시리즈 편집음반의 판매기간 및 판매 실적 등에 비추어, 위 "진한커피"라는 제명은 이미 '편집음반' 상품과 관련하여서는 단순히 창작물의 내용을 표시하는 명칭에 머무르지 않고 거래자나 일반수요자 사이에 특정인의 상품을 표시하는 식별표지로서 인식되기에 이르렀고, 그 "진한커피" 제명에는 음반제작·판매자의 신용과 고객흡인력이 화체되어 있다. 시리즈 편집음반의 "BLACK COFFEE 진한커피"라는 제명이 자타상품의 식별표지로서 기능하고 있음에도 불구하고 위 제명의 선사용자인 음반제작·판매자의 동의나 허락 없이 "BLACK COFFEE 진한커피"와 같이 구성된 등록상표를 출원·등록한 다음 그 상표권에 기하여 위 음반제작·판매자가 '진한커피' 제명을 사용하여 출시한 음반의 제작·판매 금지 등을 구하는 것은 신청인이 위 음반제작·판매자의 자본과 노력 등에 의하여 획득되어 '진한커피' 제명에 화체된 신용 등에 편승하여 이익을 얻을 목적으로 위 등록상표를 출원·등록한 것을 기화로 오히려 그 신용 등의 정당한 귀속주체인 위 음반제작·판매자로부터 그 신용 등을 빼앗아 자신의 독점하에 두려는 행위이므로, 이러한 상표권 행사는 상표제도의 목적이나 기능을 일탈하고 법적으로 보호받을 만한 가치가 없고, 비록 상표권의 행사라는 외형을 갖추었다고 하더라도 등록상표에 관한 권리를 남용하는 것으로서 허용될 수 없다(대법원 2007. 1. 25. 선고 2005다67223 판결)."

273) 취소사유 있는 상표권의 행사가 권리남용에 해당하는지 여부에 대하여는 다툼이 있다.

11-3 상표권자 등의 권리행사 및 상대방의 방어전략

상표권자 등은 위 11-2.에서 본 바에 따라 상표권의 침해가 있다고 생각하는 경우 침해 혐의자를 상대로 상표권(배타권)을 행사할 수 있고, 이와 관련하여 침해 혐의자와 상표권자 사이에 아래와 같은 여러 공방이 있을 수 있다.

A 상표권자 등의 권리행사

1. 들어가며

상표권자 등이 상표권 침해가 있다고 생각할 경우 침해 혐의자에게 취할 수 있는 조치는, 특허권자 등이 특허권 침해가 있다고 생각할 경우 침해 혐의자에 대하여 취할 수 있는 조치와 크게 다르지 않다.

즉, 상표권자 등은 침해 혐의자를 상대로 적극적 권리범위확인심판을 청구할 수도 있고(제121조), 상표권 침해경고를 할 수도 있으며, 상표권침해금지청구권이나 상표권침해예방청구권을 보전하기 위하여 상표권 침해금지가처분신청을 할 수도 있고, 상표권침해금지청구나 상표권침해예방청구를 할 수도 있으며(제107조 제1항), 상표권의 침해에 따른 손해배상청구를 할 수도 있고(제110조), 상표권침해죄를 이유로 고소를 할 수도 있다(제230조).

다만, 상표권 침해를 이유로 한 손해배상청구와 형사고소는 특허권 침해에 따른 그것과 구별하여 검토할 필요가 있으므로, 이하 이에 대하여만 살펴보기로 한다.

2. 손해배상청구

가. 판례에 따른 과실의 추정

상표권자 등은 자기의 상표권을 고의 또는 과실로 침해한 자에 대하여 그 침해에 의하여 자기가 받은 손해의 배상을 청구할 수 있다(상표법 제109조). 비록 상표법에는 특허법 제130조 등과 같은 과실 추정 규정이 없지만, 판례는 상표권 침해자의 과실을 추정한다(대법원 2013. 7. 25. 선고 2013다21666 판결 등 참조).

나. 법정 손해배상청구(상표법 제111조)

상표법 제110조에도 특허법 제128조나 디자인보호법 제116조와 같이 상표권자 등의 손해액 입증부담을 덜어주기 위한 규정이 있다.[274)]다만, 상표법에는 손해배상청구와 관련하여 특허법이나 디자인보호법상에 전혀 없는 규정이 있는데, 바로 상표법 제111조이다. 구체적으로, 상표권자 등은 자기가 사용하고 있는 등록상표와 같거나 '동일'성이 있는 상표(예를 들어, 유명 등록상표를 거의 그대로 베낀 위조 상표)를 그 지정상품과 같거나 '동일'성이 있는 상품에 사용하여 자기의 상표권을 고의나 과실로 침해한 자에 대하여 상표법 제109조에 따른 손해배상을 청구하는 대신 5천만 원 이하의 범위에서 상당한 금액을 손해액으로 하여 배상을 청구할 수 있다. 이 경우 법원은 변론전체의 취지와 증거조사 결과를 고려하여 상당한 손해액을 인정할 수 있다(상표법 제111조 제1항).[275)] 또한, 상표법 제109조에 따라 손해배상을 청구한 상표

---

274) 다만, 상표법에는 특허법 제128조 제8, 9항과 같은 징벌적 손해배상규정이 없다.

275) 이 규정의 의미에 관하여, 판례는 "이는 위조상표의 사용 등으로 인한 상표권 침해행위가 있을 경우에 손해 액수의 증명이 곤란하더라도 일정한 한도의 법정금액을 배상받을 수 있도록 함으로써 피해자가 쉽게 권리구제를 받을 수 있도록 하는 예외적 규정이므로, 그 적용요건은 법문에 규정된 대로 엄격하게 해석하여야 한다.

권자 등은 법원이 변론을 종결할 때까지 그 청구를 위 법정 손해배상 청구(상표법 제111조 제1항)로 변경할 수 있다(상표법 제111조 제2항).

다. 등록상표를 사용한 바 없는 상표권자 등의 손해가 인정될 수 있는지 여부

앞서 본 바와 같이, 특허권이 특허발명 그 자체를 보호하므로 특허권자 등은 특허발명을 실시한 바 없더라도, 타인의 특허권 침해로 인하여 적어도 '특허발명에 대한 통상실시료' 상당의 손해를 입었다고 할 수 있다. 반면, 상표권은 등록상표 자체를 보호한다기보다는 그에 화체된 신용을 보호하므로, 상표권자 등은 등록상표를 사용한 바 없다면 타인의 상표권 침해행위로 인하여 손해를 입었다고 할 수 없다(대법원 2016. 9. 30. 선고 2014다59712, 59729 판결).[276] 이러한 차이를 이해하여야 한다.

라. 상표법 제110조가 손해의 발생까지 추정하는지 여부

상표법 제110조는 특허법 제128조나 디자인보호법 제116조와 마찬가지로, 상표권 침해로 인한 손해의 발생까지 추정하는 규정이 아니다.

따라서 상표권자가 이 규정에 따른 손해배상을 청구하려면 상표권 침해 당시 등록상표를 상표권자가 실제 사용하고 있었어야 하고, 침해자가 사용한 상표가 상표권자의 등록상표와 같거나 동일성이 있어야 하며, 동일성 요건을 갖추지 못한 경우에는 통상의 방법으로 손해를 증명하여 배상을 청구하여야지 위 규정에서 정한 법정손해배상을 청구할 수는 없고, 이러한 법리는 서비스표의 경우에도 동일하게 적용된다(대법원 2016. 9. 30. 선고 2014다59712, 59729 판결)."라고 판시한 바 있다.

276) "한편 상표권은 특허권 등과 달리 등록되어 있는 상표를 타인이 사용하였다는 것만으로 당연히 통상 받을 수 있는 상표권 사용료 상당액이 손해로 인정되는 것은 아니고, 상표권자가 상표를 영업 등에 실제 사용하고 있었음에도 상표권 침해행위가 있었다는 등 구체적 피해 발생이 전제되어야 인정될 수 있다. 따라서 상표권자가 상표를 등록만 해 두고 실제 사용하지는 않았다는 등 손해 발생을 부정할 수 있는 사정을 침해자가 증명한 경우에는 손해배상책임을 인정할 수 없고, 이러한 법리는 서비스표의 경우에도 동일하게 적용된다."

따라서 상표권자 등으로서는 상표권 침해로 인한 손해의 발생 사실을 증명해야 하지만, 경업관계 등으로 인해 손해 발생의 염려나 개연성이 있음을 증명하면 충분하고 이는 특허법 제110조, 디자인보호법 제116조에서도 마찬가지라 할 것이다.[277)]

3. 상표권침해죄

상표권자 등이 상표권침해죄를 이유로 고소를 할 수는 있으나, 특허권침해죄 또는 디자인권침해죄와 달리 상표권침해죄는 비친고죄이므로 상표권자 등의 고소가 없다 하더라도 검찰은 침해자를 기소할 수 있다.

B 상대방의 방어전략

1. 일반적인 방어전략

상표권자 등이 침해 혐의자를 상대로 위 A 에서 본 권리행사를 한 경우, 침해 혐의자는 어떠한 방어전략을 수립할 수 있는가?

특허권 행사에 대한 방어전략과 디자인권 행사에 대한 방어전략은 상당 부분 중첩되나, 상표권 행사에 대한 방어전략은 위 두 방어전략과 다소 다르다. 단적인 예로, 위 두 방어전략에서는 자유실시시술(자유실시디자인)의 항변 및 [특허발명(등록디자인)의 권리범위를 부정하기 위한] 특허무효(등록디자인무효)의 항변이 매우 중요하나, 상표권 행사에 대한 방어전략에서는 위와 같은 항변에 대응되는 항변을 생각하기 어렵다.

---

277) 특허법원 지적재산소송 실무연구회, 「지적재산 소송실무」, 박영사(2019), p.550 각주 81 참조

침해 혐의자가 상표권 행사에 대한 방어전략으로서 일반적으로 생각할 수 있는 것들을 정리하면 아래와 같다(상세한 내용은 위 11-2. 참조).

(1) 자신의 상표 사용은 '업으로서'의 '상표적' 사용이 아니라는 반박
(2) (상표권자 등의 직접침해 주장에 대하여) 자신이 사용한 상표가 등록상표와 동일·유사하지 않거나 그 사용상품(서비스업)이 지정상품(서비스업)과 동일·유사하지 않아 출처의 오인·혼동 염려가 없다는 반박
(3) (상표권자 등의 간접침해 주장에 대하여) 자신의 행위 태양이 상표법 제108조 제1항 제2~4호에 해당하지 않는다는 반박
(4) 상표법 제90조 등에 따라 상표권자 등이 가진 상표권의 효력이 자신의 사용상표에 미칠 수 없다는 반박
(5) 상표권자 등이 신의칙에 반하여 상표권을 행사하고 있거나 무효사유 있는 상표권을 행사하고 있는데,[278] 이는 권리남용에 해당하여 허용되지 아니한다는 반박
(6) (손해배상청구에 대하여) 상표권자 등이 등록상표를 사용한 바 없어, 상표권의 침해로 인한 손해가 발생하지 않았다는 반박 등

278) 등록상표에 대한 무효심결이 확정되기 전이더라도 상표등록이 무효심판에 의해 무효로 될 것임이 명백한 경우에는, 상표권에 기초한 침해금지 또는 손해배상 등의 청구가 특별한 사정이 없는 한 권리남용에 해당하여 허용되지 아니한다(대법원 2012. 10. 18. 선고 2010다103000 전원합의체 판결).
이미 살펴본 바인데, 진보성 흠결의 무효사유가 있어 무효될 것이 명백한 특허권의 행사 역시 권리남용에 해당할 수 있고(대법원 2012. 1. 19. 선고 2010다95390 전원합의체 판결), 창작비용이성 흠결의 무효사유가 있어 무효될 것이 명백한 디자인권의 행사도 권리남용에 해당할 수 있다(대법원 2018. 9. 28. 선고 2016다219150 판결).

2. 특허심판원에서의 적극적인 조치 강구

앞서 살펴본 바와 같이, 특허권 행사나 디자인권 행사에 대하여 침해 혐의자는 위와 같은 반박을 하는데 그치지 않고, 보다 적극적으로 특허심판원에 무효심판을 청구하거나 소극적 권리범위확인심판을 청구할 수 있다. 마찬가지로 상표권 침해 혐의자도 무효심판이나 소극적 권리범위확인심판을 청구할 수 있다. 나아가 상표권 침해 혐의자는 취소심판을 청구할 수도 있는데, 이는 특허법 및 디자인보호법에는 존재하지 않는 심판이고 실무상 중요한 심판이다. 이하에서는 상표권 침해 혐의자가 청구할 수 있는 무효심판, 소극적 권리범위확인심판 및 취소심판에서 실무상 주로 문제되는 사항을 살펴보기로 한다.

가. 무효심판

상표권자 등으로부터 침해경고를 받은 침해 혐의자 등 상표권이 무효로 되는지 여부에 이해관계를 가지는 침해 혐의자는 상표권에 대한 무효심판을 청구할 수 있고, 이때 등록상표의 지정상품(지정서비스업)이 둘 이상이라면 지정상품(지정서비스업)마다 청구를 할 수 있다(상표법 제117조 제1항). 한편, 무효사유는 상표법 제117조 제1항에 나열되어 있고, 위 6-1.의 3.항에서 본 상표법 제33조 내지 제35조에 위반되어 상표등록이 된 사정은 모두 무효사유에 해당한다.

일부 무효사유에 관하여는, 상표등록일부터 5년이 지난 후에 상표등록에 대한 무효심판을 청구할 수 없다는데 주의하여야 한다(상표법 제122조 제1항). 이는 상표권을 둘러싼 법률관계를 조속히 확정시켜 법적 안정을 도모하기 위함이다. 상표등록이 상표법 제34조 제1항 제7호, 제9호, 제35조에 위배하여 이루어졌다는 것은 위 5년의 제척기간의 적용을 받는 대표적인 무효사유이다(각 조항의 구체적인 내용은 위 6-1.

참조).

등록상표에 대한 무효심결이 확정된 경우 그 상표권은 처음부터 없었던 것으로 봄이 원칙이지만(상표법 제117조 제3항 본문), 등록상표가 상표등록 이후에 식별력을 상실한 경우(상표법 제117조 제1항 제6호) 등 일부 예외적인 경우에는 그와 같은 후발적 무효사유가 발생한 때부터 상표권이 소멸한다(상표법 제117조 제3항 단서).

나. 소극적 권리범위확인심판

상표권자 등으로부터 침해경고를 받은 침해 혐의자 등 상표권의 권리범위에 대해 이해관계를 가지는 침해 혐의자는 자신이 사용하고 있거나 사용하고자 하는 확인대상상표가 상표권의 권리범위에 속하지 않는 것을 확인받기 위하여 소극적 권리범위확인심판을 청구할 수 있다(상표법 제121조 본문). 이때 등록상표의 지정상품(지정서비스업)이 둘 이상인 경우에는, 지정상품(지정서비스업)마다 권리범위확인심판을 청구할 수 있다(상표법 제121조 단서).

무효심판에서와 달리, 권리범위확인심판을 청구할 수 있는 기한에 제한은 없다. 또한, 특허권에 대한 권리범위확인심판에서와 마찬가지로, 상표권에 대한 권리범위확인심판에서도 선사용권의 항변과 같은 대인적(對人的) 항변은 허용되지 않는다.

다. 취소심판

상표법 제119조 제1항은 상표권의 취소사유를 나열하는데, 등록상표가 오랜 기간 사용되지 않아 상표권이 취소되는 경우[해당 취소심판을 흔히 '불사용(不使用)취소심판'이라 한다]와 등록상표가 부정하게 사용되어 상표권이 취소되는 경우[해당 취소심판을 흔히 '부정사용으로 인한 취소심판'이라 한다]의 각 취소 요건이 실무상 중요하다.

불사용취소심판과 부정사용으로 인한 취소심판을 대비하면 아래 표와 같다.

	불사용취소심판 (상표법 제119조 제1항 제3호)	부정사용으로 인한 취소심판 (상표법 제119조 제1항 제1호)
청구인	누구든지 청구 가능 (상표법 제119조 제5항)	누구든지 청구 가능 (상표법 제119조 제5항)
요건	(1) 상표권자, 전용사용권자, 통상사용권자 중 누구도 등록상표를 국내에서 정당하게[279] 사용하지 않았음.	(1) '상표권자'가 상표를 사용함.[280]
	(2) 등록상표의 지정상품(서비스업)과 '동일'한 상품(서비스업)에 등록상표와 '동일'한 상표[281]를 사용하지 않았음.	(2) 상표권자가 독점권의 범위를 벗어나 등록상표를 지정상품(서비스업)과 유사한 상품(서비스업)에 사용하거나 등록상표와 유사한 상표를 지정상품(서비스업)과 동일·유사한 상품(서비스업)에 사용함.[282]
	(3) 취소심판청구일 전 계속하여 3년 이상 사용하지 않았음.	(3) 품질오인이나 출처혼동이 발생하였거나 그 오인·혼동을 일으킬 염려가 있음.
	(4) 불사용에 정당한 이유가 없음.	(4) 상표권자의 고의가 있음.[283]

279) 단순히 불사용취소를 면하기 위해 명목상 이루어진 상표 사용으로는 상표권의 취소를 면하기 어렵다(대법원 2017. 6. 29. 선고 2015후2006 판결).

280) 사용권자의 부정사용에 의하여도 상표권이 취소될 수가 있는데, 이는 상표법 제119조 제1항 제2호가 규정한다.

281) 상표권자 또는 사용권자가 등록상표의 구성 중 일부를 누락·삭제한 상표(이하

	불사용취소심판 (상표법 제119조 제1항 제3호)	부정사용으로 인한 취소심판 (상표법 제119조 제1항 제1호)
일부 상품・서비스만 대상으로 청구 가능한지 여부	가능	불가능
확정 취소심결 효과	상표권이 그 심판청구일에 소멸한 것으로 본다(상표법 제119조 제6항).	심결확정시부터 상표권이 소멸함.

'실사용상표'라 한다)를 사용할 수도 있고, 등록상표의 글자 또는 도형의 배치, 크기, 글자체 또는 색상에 변화를 준 실사용상표를 사용할 수도 있으며, 등록상표에 기존에는 없던 새로운 구성부분을 추가한 실사용상표를 사용할 수도 있다. 판례는 여러 사정을 종합적으로 판단하여 거래통념상 실사용상표를 등록상표와 동일하게 볼 수 있는지 여부를 판단한다. 상세하게는 특허법원 지적재산소송 실무연구회, 「지적재산 소송실무」, 박영사(2019), p.1086~1091 참조

282) 상표법 제119조 제1항 제2호는 사용권자가 등록상표를 지정상품(지정서비스업)에 사용하는 경우에도 적용될 수 있다.

283) 상표법 제119조 제1항 제2호의 경우에는 사용권자의 고의가 없어도 무방하다. 다만, 상표권자가 사용권자의 상표 사용실태를 정기적으로 감독하는 등의 방법으로 상표 사용에 관하여 사용권자를 실질적으로 그 지배하에 두고 있다고 평가할 수 있을 정도로 등록상표에 대한 사용권자의 부정사용행위에 대하여 상당한 주의를 하였다면, 상표법 제119조 제1항 제2호가 성립할 수 없다(대법원 2010. 4. 15. 선고 2009후3329 판결).

11-3-1. 실제 수행 사례 소개(상표적 사용, 상표의 유사 여부 등)

1, 기초사실

가. 甲의 상표권 획득

甲은 미국의 유명 청바지 메이커인데, 한국에서 아래와 같은 등록상표(이하 '이 사건 등록상표'라 한다)에 관한 상표권자이다. 기초적인 이야기를 덧붙이면, 한국에서 상표권을 행사하기 위하여는 그 전에 반드시 한국 특허청에 상표등록출원을 하여 상표등록을 받아야 하고, 甲과 같은 '외국인'도 한국에서 상표등록을 받을 수 있으며, 이 사건 등록상표와 같이 문자가 아닌 심볼(symbol)도 상표가 될 수 있고, 이를 등록'디자인'으로 오해하여서는 아니 된다. 참고로 甲의 이 사건 등록상표는 미국에서는 물론이고 국내에서도 널리 알려진 유명 상표이고, 주로 청바지의 뒷주머니에 크게 표시된다.

상표권자	甲
출원일/ 등록번호	2007. 3. 5./ 상표등록 제OOOOOOO호
상표	
지정상품	진(jean), 팬츠(pants) 등

나. 침해 혐의자 乙의 등장 및 甲의 상표권 행사

乙은 국내에서 어느 정도 인지도를 쌓은 "△△ Jean"이라는 상표가 부착된 청바지를 제작 및 판매하는데, 2016. 1.경부터는 청바지의 뒷주머니에 아래 표의 좌측 그림(이하 '제1 계쟁 표장'이라 한다)을 표시하였다(이하 해당 바지를 '제1 계쟁 바지'라 한다).

이에 따라 甲은 2016. 2. 11. 乙에게 상표권 침해의 금지를 촉구하는 내용증명을 발송하였다. 침해경고를 받은 乙은 2016. 3.부터 뒷주머니에 '제1 계쟁 표장'이 아닌 아래 표의 우측 그림(이하 '제2 계쟁 표장'이라 한다)이 표시된 청바지(이하 '제2 계쟁 바지'라 한다)를 제작 및 판매하였다.

제1 계쟁 표장	제2 계쟁 표장

이에 甲은 乙이 제1 또는 제2 계쟁 표장을 사용하여 이 사건 등록상표권을 침해하고 있다고 주장하며, 乙을 상대로 표장사용금지가처분신청[284]을 하였고, 상표권 침해를 이유로 한 형사고소도 하였다. 저자는 甲을 대리하였다.

위 표장사용금지가처분신청사건에서 乙은, 자신이 사용하는 상표는 제1 또는 제2 계쟁 표장이 아니라 "△△ jean"이고, 제1 또는 제2 계쟁 표장은 상표가 아닌 디자인으로 사용되었을 뿐이며, 가사 상표로 사용되었다 하더라도 제1 또는 제2 계쟁 표장은 이 사건 등록상표와 전혀

284) 제1 계쟁 표장에 관하여는 상표권침해예방청구권을 피보전권리로, 제2 계쟁 표장에 관하여는 상표권침해금지청구권을 피보전권리로 한다.

유사하지 않으므로 피보전권리가 없고, 나아가 보전의 필요성 역시 없다고 반박하였다. 위 고소사건에서도 乙은 비슷한 취지의 반박을 한 것으로 보인다.

다. 침해 혐의자 丙, 丁의 등장 및 甲의 상표권 행사

甲은 2016. 2.경 이 사건 등록상표와 완전히 동일한 심볼을 뒷주머니에 표시한 청바지를 판매하는 수많은 블로거들(편의상 丙, 丁)을 발견하고, 이들에게 각자 상표권 침해경고를 하였다. 그러나 丙, 丁 모두 甲의 침해경고를 무시하고 계속 영업을 하였다.

이에 甲은 丙과 丁 각자를 상대로 표장사용금지가처분신청을 하였으며, 상표권 침해를 이유로 한 형사고소도 하였다. 丙과 丁은 재판과정에서 의미 있는 반박을 하지 못하였고, 수사 과정에서도 그러하였던 것으로 보인다. 위 乙에 대한 사건에서와 같이 저자는 甲을 대리하였다.

2. 乙에 대한 법원 내지 검찰의 판단

가. 1심의 판단 및 검찰의 불기소처분(상표권 침해 부정)

1심은 乙의 반박을 받아들여 甲의 표장사용금지가처분신청을 기각하였고(서울중앙지방법원 2016. 7. 7.자 2016카합80547 결정), 이를 지켜 본 검찰은 상표권 침해 혐의에 대하여 불기소처분을 하였다(서울중앙지방검찰청 2016형제4283호).

나. 검찰의 항고기각(상표권 침해 부정)

甲은 위 가처분신청기각결정에 대하여 항고하였을 뿐만 아니라(민사), 위 불기소처분에 대하여도 항고하였다(형사). 이에 甲은 서울고등법원에서 1심 결정을 뒤집기 위하여 노력하고 있었으나, 같은 법원이 아래와 같이 1심 결정을 변경하기 며칠 전에 서울고등검찰청은 甲의 검찰항고를 기각하였다(서울고등검찰청 2016고불항 제10582호).

다. 항고심의 판단(상표권 침해 인정)

甲은 극적으로 서울고등법원에서 전세를 역전시켰다. 서울고등법원은 각 쟁점에 관하여 아래와 같은 판단을 하고, 가처분결정을 하였다(서울고등법원 2016. 11. 11.자 2016라20861 결정).

1) 제1 및 제2 계쟁 표장이 상표로서 사용되었는지 여부

제1 및 제2 계쟁 표장은 제1 및 제2 계쟁 바지에서 일정 부분 디자인적인 기능을 하지만, 기록에 의하여 소명되는 아래와 같은 점들을 참작하면, 상표로서도 사용되었다고 판단된다.

① 청바지의 뒷주머니는 수요자들의 이목을 끄는 부분으로서 그 위에 상표를 부착하여 그 출처표시로 삼는 것은 흔히 있는 일이다. 그런데 제1 또는 제2 계쟁 표장은 제1 또는 제2 계쟁 바지의 뒷주머니 상당 부분을 차지하는 크기로 표시 또는 부착되어 있고, ○○홈쇼핑은 그 홈쇼핑 방송에서 제1 또는 제2 계쟁 바지의 뒷주머니 부분을 부각시키기도 하였다.

② 이 사건 등록상표가 부착된 청바지는 백화점이나 인터넷 쇼핑몰 등에서 판매되어 오면서 국내 '프리미엄 진(jean)' 시장에서 수요자들에게 상당히 알려져 있는 것으로 보인다.

③ 乙은 당초에 제1 계쟁 표장을 부착한 청바지를 생산 또는 판매하였다가 甲이 상표권 침해 문제를 제기하자 선처를 요구하면서도 이를 다소 변형하였을 뿐인 제2 계쟁 표장을 부착한 청바지를 생산 또는 판매하였다.

④ 乙은 제1 및 제2 계쟁 바지 뒷주머니의 상단, 벨트 상단, 정면 가운데 단추, 정면 바깥쪽 주머니 상부, 안쪽 후면 상부, 가격표 등에 '△△ jean'이라는 상표(이하, '乙 상표'라 한다)를 표시하기는 하였다. 그러나 하나의 상품에 둘 이상의 상표가 표시될 수 있는 점, 그리고 乙 상표의 표시 위치 및 크기 등을 고려할 때, 위와 같은 사정들만으로는 제1 또는 제2 계쟁 표장이 제1 또는 제2 계쟁 바지에서 디자인적으로만 사용되었다고 볼 수 없다.

2) 상표의 동일·유사 여부

일반수요자의 인식을 기준으로, 이 사건 등록상표와 제1 또는 제2 계쟁 표장의 외관을 이격적으로 관찰해 본다.

이들 표장은 전체적으로 하트 모양을 이루고 있는데, 바깥쪽은 밑에서 좌우 양쪽 위로 퍼져 올라다가다 끝으로 가면서 안으로 말려 들어가는 잎사귀와 같은 형태로 되어 있고, 그 안쪽 중앙에  (이 사건 등록상표),  또는  (제1 또는 제2 계쟁 표장)와 같은 도형이 배치되어, 표장이 전체적으로 좌우 대칭을 이룬다는 점에서 공통된다(아래 대비표 참조).

그리고 이들 표장은 바깥쪽의 잎사귀와 같은 형태와 안쪽 중앙에 배치되어 있는 도형의 세부적인 모양에서는 차이가 있으나, 이는 이격적 관찰로는 쉽게 파악하기 어려운 정도에 불과하다.

이 사건 등록상표	제1 및 제2 계쟁 표장	

따라서 이들 표장은 전체적인 구성과 거기에서 주는 지배적 인상이 서로 유사하여 동일·유사한 상품에 다 같이 사용하는 경우 일반수요자에게 그 출처에 관하여 오인·혼동을 일으킬 염려가 있으므로, 서로 유사한 표장에 해당한다.

3) 피보전권리 및 보전의 필요성의 소명

따라서 乙이 제1 또는 제2 계쟁 표장을 청바지에 표시 또는 부착하거나 이러한 청바지를 판매한 것은 이 사건 등록상표에 대한 甲의 상표권을 침해하는 행위에 해당하므로, 甲에게는 乙에 대하여 피보전권리로서 상표법 제65조[285]가 정한 상표권침해금지(예방)청구권이 있음이 소명된다.

그리고 乙이 비록 현재는 제1 및 제2 계쟁 바지를 생산·판매하고 있지는 아니하지만, ① 乙의 경우는 제1 및 제2 계쟁 바지를 생산·판매한 전력이 있고(특히 乙은 그 재고품을 현재까지 폐기하지 않고 보관하고 있는 것으로 보인다), ② 乙은 애초에 제1 계쟁 바지를 생산 또는 판매하다가 甲으로부터 문제가 제기되자 이를 다

285) 현행 상표법 제107조

소 변형하였을 뿐인 제2 계쟁 바지를 생산 또는 판매하기도 한 점, ③ 乙이 甲의 위 상표권을 침해하지 않았다고 이 법원에서 적극적으로 다투고 있는 점 등을 참작할 때, 추후 언제라도 제1 또는 제2 계쟁 바지를 생산 또는 판매할 우려가 있다고 보이므로 보전의 필요성이 있다는 점도 소명된다.

라. 甲의 재정신청 및 검찰의 기소

甲은 서울고등법원의 가처분결정이 있자마자, 서울고등법원에 "서울고등검찰청 2016고불항 제10582호(서울중앙지방검찰청 2016형제4283호) 사건에 대하여 공소제기를 결정한다."라는 결정을 구하는 재정신청서를 제출하였다. 실무상 드문 경우인데, 재정신청이 받아들여졌고 이에 따라 乙과 그 대표이사는 형사재판도 받게 되었다(서울중앙지방법원 2017고단5870 상표법위반 사건).

마. 乙의 이의신청 및 서울고등법원의 원결정 유지 등

乙은 서울고등법원의 위 가처분결정에 대하여 이의신청을 하였다. 이에 서울고등법원에서 甲과 乙은 치열한 공방을 이어갔고, 같은 법원은 원결정을 유지하였다(서울고등법원 2017. 2. 15.자 2016카합90 결정). 乙은 이에 대한 재항고를 하였으나, 대법원은 이를 기각하였다(대법원 2017. 6. 29.자 2017마5192 결정).

바. [참고] 甲의 손해배상청구 및 화해권고결정

甲은 서울고등법원의 위 가처분결정이 있은 이후에 서울중앙지방법원에 乙을 상대로 상표권 침해를 이유로 한 손해배상청구를 하였다. 손해배상청구사건에서는 상표권 침해에 따른 甲의 손해액이 얼마인지가 쟁점이었는데, 乙의 상표권 침해기간 즉, 제1 및 제2 계쟁 바지의 판매기간이 짧고, 그러다 보니 그 판매량도 많지 않아 저자가 추산하는 손해액은 유명 상표권자 甲이 희망하는 손해배상액보다 적었다.

위 손해배상청구사건에서, 재판부는 '乙은 甲에게 70,000,000원을 지급하고, 甲은 그 돈이 지급된 날로부터 3일 내에 관련 형사 사건(서울중앙지방법원 2017고단5870) 재판부에 처벌을 원하지 아니한다는 취지의 고소취소장을 제출한다'라는 내용의 화해권고결정을 하였다. 양사 모두 이에 이의하지 않았고, 이에 따라 위 손해배상청구사건은 종결되었다(서울중앙지방법원 2017가합500469호).

3. 丙, 丁에 대한 법원 내지 검찰의 판단

1심은 丙과 丁에게 상표권 침해금지를 명하는 내용의 화해권고결정을 하였고, 양 당사자 모두 이에 대해 이의하지 않았다. 이로써 상표권 침해를 이유로 한 민사사건은 종결되었다.

한편, 상표권 침해를 이유로 한 형사사건에 대하여 살펴보자. 丙은 위 화해권고결정이 있은 이후 甲과 원만히 합의를 하였고, 이에 甲은 처벌을 원하지 않는다는 취지의 의사를 표시하였으며, 검찰은 丙에 대하여 기소유예처분을 내렸다. 반면, 丁은 甲과의 합의에 이르지 못하였고, 이에 검찰은 벌금형을 구하는 약식기소를 하였으며,[286] 법원은 丁에게 약식명령을 내렸다.

286) 丁이 판매한 상표권 침해품의 양이 많지 않았다.

11-3-2. 실제 수행 사례 소개(상표권의 소진)

1. 기초사실 및 사건의 경위

가. 甲의 상표권 취득

甲은 '오○○○'라는 상표(이하 본 사안에서 '이 사건 등록상표'라고 한다)를 사용하여 여성의류, 가방 등 제품(이하 '채권자 제품'이라 한다)을 제조·판매하는 네덜란드 회사로서 스커트, 블라우스, 스카프 등의 의류와 단화, 장화 등의 신발류 및 핸드백, 귀금속제 지갑 등의 지갑류를 지정상품으로 하는 이 사건 등록상표에 대한 상표권자이다.

나. 乙의 독점판매계약 체결

乙은 1988년경 甲과 사이에 채권자 제품을 수입하여 대한민국 내에서 독점적으로 판매하기로 하는 내용의 독점판매계약(이하 '이 사건 독점판매계약'이라고 한다)을 체결하고, 그 무렵부터 채권자 제품을 수입하여 판매하여 왔다.

다. 甲의 독점판매계약 해지

甲은 계속적 계약은 당사자 상호 간의 신뢰관계를 기초로 하는데, 乙이 채권자 제품에 대한 대금 지급을 연체하여 乙에 대한 신뢰관계가 깨졌다며, 2015. 8. 6.경 이 사건 독점판매계약에 대한 계약종료통보를 하였다.

이에 따라 이 사건 독점판매계약은 그 무렵 해지되었다.[287)]

---

287) 대법원 2015. 4. 23. 선고 2011다19102, 19119 판결의 법리에 비추어 이 사건 독점판매계약이 적법하게 해지되었는지 여부도 이 사건의 중요한 쟁점이었으나, 법원은 동 계약이 해지되었다고 보았고, 이에 대하여는 본문에서 별도로 언급하지 않는다.

라. 甲의 상표권침해금지가처분신청

甲의 느닷없는 계약해지로 인하여 수십 년간 이어져 온 이 사건 독점판매계약이 갑작스럽게 종료되었는데, 여기서의 이슈는 '이 사건 독점판매계약의 종료 이후에 乙이 (이미 수입하여 보관하는) 채권자 제품(이하 '수입제품'이라 한다)을 판매하는 것이 甲의 상표권을 침해하는지 여부'이다.

甲은 乙이 수입제품을 판매하여 甲의 이 사건 등록상표권을 침해한다며, 乙을 상대로 상표권침해금지가처분신청을 하였다. 저자는 2심에서 乙을 대리하였다.

1심에서의 공방은 언급하지 않기로 하고, 2심에서의 양 당사자의 주장을 정리하면 아래와 같다.

甲은, 이 사건 독점판매계약에 의하여 중간 유통업자인 乙에게 수입제품을 공급한 것만으로는 거래에 제공한 것이라고 할 수 없어 이른바 '상표권 소진'이 일어나지 아니하고, 따라서 乙이 이 사건 독점판매계약 종료 후 수입제품을 판매, 양도, 전시, 반포하는 것은 甲의 상표권을 침해한다고 주장하였다.

반면에 乙은, 甲이 이 사건 독점판매계약에 따라 이 사건 등록상표를 사용한 채권자 제품을 乙에게 양도하고 그 양도대가를 받음으로써 이 사건 등록상표의 경제적 가치가 실현되었으므로, 수입제품은 甲이 乙에게 양도한 때 거래에 제공된 것이고, 이 사건 등록상표권은 그 양도시에 그 목적을 달성하여 소진되었으며, 이에 따라 乙이 수입제품을 판매, 양도 또는 인도, 전시, 반포하는 것은 甲의 상표권을 침해하지 않는다고 반박하였다. 또한 乙은 '상표권의 소진은 甲의 거래상대방인 乙이 중간 유통업자인지 아니면 최종 소비자인지에 관계없이 일어나는 것'이라고 주장하였다.

2. 법원의 판단

가. 1심의 판단(상표권 침해 인정)

1심은 甲의 상표권침해금지가처분신청을 인용하고 가처분결정을 내렸다. 이에 대하여 乙이 이의신청을 하였으나, 1심 재판부는 위 가처분결정을 유지하였다(서울중앙지방법원 2016. 9. 6.자 2016카합80570 결정). 이로써 乙이 창고에 보관 중이던 수십억 원 상당의 수입제품이 백화점 등에 납품될 수 없게 되었고, 乙은 심각한 재산적 · 정신적 피해를 입게 되었다.

참고로 이 사건에서 문제되는 법리는 '상표권 소진'의 법리이다. 어떠한 이유에서인지 1심에서의 쟁점은 진정상품 병행수입에 관한 쟁점이었으나, 이 사건의 쟁점은 진정상품 병행수입에 관한 쟁점이 아니라 상표권 소진에 관한 쟁점이다. 비록 진정상품 병행수입이 상표권 소진으로부터 파생된 법리이기는 하나, 상표권 소진의 법리는 뒤에서 볼 진정상품 병행수입 관련 법리와 구별되어야 한다.

나. 항고심의 판단(상표권 침해 부정)

항고심은 아래와 같은 취지로[288] 상표권 소진의 원칙을 소개한 뒤, 이 사건에 상표권 소진의 원칙이 적용되어 '乙이 甲의 이 사건 등록상표권을 침해하지 않았다'는 것을 분명히 하였다(서울고등법원 2017. 8. 16.자 2016라21151 결정).[289]

이하 이를 살펴보면, 아래와 같다.

---

288) 결정문의 내용을 유지하면서 그 일부 표현만 사소하게 수정하였다.
289) 재항고심에서 가처분신청인 甲이 신청을 취하함.

1) 상표권 소진의 원칙

상표권 소진의 원칙이란, 상표권자 등이 등록상표가 표시된 상품(이하 '진정상품'이라 한다)을 판매한 경우 그 판매 이후의 유통단계마다 모두 상표권자의 이용허락을 별도로 받도록 요구하는 것은 거래의 안전과 신속성을 저해한다는 점, 상표권자가 이미 최초의 판매단계에서 상표권의 행사에 따른 이익을 취득하였고 상표권자의 의사에 따라 진정상품이 거래에 제공됨으로써 상표의 출처표시기능이나 품질보증기능이 저해되지도 않음에도 유통단계마다 별도의 이용허락이 필요하다고 한다면 결과적으로 상표권자에게 이중의 이득을 인정하는 것이 되어 불합리한 점 등을 고려할 때, 상표권자 등이 진정상품을 판매한 이후 그 진정상품의 유통에 관하여는 상표권자의 이용허락을 별도로 받지 않더라도 상표권의 침해가 성립하지 않는다고 보는 원칙을 의미한다.

따라서 특별한 사정이 없다면 상표권자 등이 국내에서 등록상표가 표시된 상품을 양도한 경우에 당해 상품에 대한 상표권은 그 목적을 달성한 것으로서 소진되고, 이에 따라 상표권의 효력은 당해 상품을 사용, 양도 또는 대여한 행위 등에는 미치지 않는다고 할 것이다(대법원 2003. 4. 11. 선고 2002도3445 판결 참조). 다만, 당사자 사이에 위와 같은 상표권 소진의 원칙을 배제하는 내용의 계약을 체결한 경우, 그와 같은 계약 내용이 다른 강행법규에 위반되지 않는다면, 그와 같은 계약은 계약자유의 원칙상 허용된다고 봄이 타당하다.

2) 판단

위와 같은 법리를 토대로 이 사건에서 보건대, 기록 및 심문 전체의 취지에 의해 소명되는 다음과 같은 사실 및 사정들을 종합하면, 甲이 이 사건 독점판매계약에 따라 乙에게 수입제품을 판매(양도)

함으로써 甲의 상표권은 그 목적을 달성하여 소진되었다고 할 것이어서, 이 사건 등록상표권의 효력은 '乙이 이 사건 독점판매계약이 종료되기 전에 甲으로부터 구매한 수입제품을 그 종료 후에 판매, 양도 또는 인도, 전시, 반포하는 등의 행위'에는 미치지 않는다고 봄이 타당하다.

① 甲은 乙과 사이에 乙이 甲으로부터 구매한 수입제품을 국내에서 독점적으로 판매하기로 하는 내용의 이 사건 독점판매계약을 구두로 체결하였을 뿐, 이와 별도로 판매기간을 제한하거나 이 사건 독점판매계약의 종료 후 수입제품의 판매를 금지하는 등의 약정을 한 것은 아니므로, 위 계약은 단순한 독점판매계약으로 해석된다.

② 甲은 이 사건 독점판매계약에는 乙에게 수입제품에 대한 독점판매권 외에도 이에 수반하는 독점적 상표사용권을 부여하는 약정도 포함되어 있다고 주장하나, 이 사건 독점판매계약은 乙이 국내에서 甲의 (이 사건 등록)상표가 부착된 수입제품을 독점적으로 판매하는 것을 전제로 하는 것이고, 乙의 국내 독점판매행위에는 필연적으로 상표법 제2조 제1항 제11호 (나)목 및 (다)목의 상표사용 행위가 수반된다고 보아야 하므로, 이를 이 사건 독점판매계약에 종속하는 별도의 독점적 상표사용권을 부여하는 약정이라고 볼 수 없고, 설령 독점적 상표사용권 약정으로 본다고 하더라도 이는 수입제품에 대한 자유로운 상표사용에 대한 허락일 뿐 이를 이 사건 독점판매계약이 존속하는 동안에만 상표사용이 가능하고 위 계약이 종료되면 상표사용이 금지되는 실질적인 상표권소진 제한 약정이라고 보기는 어렵다.

③ 甲은 스스로 乙과 사이에 이 사건 독점판매계약을 체결하였고, 이 사건 독점판매계약에 따라 이 사건 등록상표가 부착된 甲의 채권자 제품을 乙에게 판매(양도)함으로써 거래에 제공하였으며, 甲이 乙에 판매(양도)한 그 제품은 국내로 수입됨으로써 국내에서도 거래에 제공되었으므로, 결국 수입제품에 관한 甲의 상표권은 이미 목적을 달성하였다고 봄이 타당하다.

④ 상표권자가 자신의 상표가 부착된 상품을 제3자에게 판매(양도)하여 거래에 제공한 때에는 상표권은 그 목적을 달성하여 소진하는 것이고, 다만 앞서 본 바와 같이 강행법규에 위반되지 않는 한 계약자유의 원칙상 상표권자와 거래상대방 사이의 별도 약정으로 판매기간, 상표권 소진의 제한 등을 부가할 수 있기는 하나, 상표권자와 거래상대방 사이에 이와 같은 별도의 약정이 없는 경우에는, 거래상대방이 상표권자와 동일한 법적·경제적 지위를 가진 자가 아닌 이상 상표권 소진이 일어나는 거래제공행위의 상대방은 거래의 안전이나 이중 이익 취득의 억제라는 그 인정취지 등을 고려할 때 최종 소비자인지 중간 도매업자 등인지를 불문한다고 보아야 한다.

⑤ 그런데 乙은 甲으로부터 채권자 제품을 수입하여 국내에서 독점적으로 판매할 수 있는 특별한 권리를 부여받은 중간 판매업자의 지위에 있는 자에 불과할 뿐, 甲과 법적·경제적으로 동일한 지위에 있는 자라고 볼 수는 없다.

⑥ 또한, 甲이 乙에게 이 사건 등록상표가 부착된 상품을 판매(양도)하고 그 대금을 이미 지급받았거나 지급받을 수 있게 된 이상, 위 상품에 대한 소유권 및 이에 대한 처분권을 乙에게 완전히 이전시키고 자신의 상표권에 대한 경제적 가치 실현도

달성하였다고 보아야 할 것인데, 이 사건 독점판매계약 종료 후 甲이 乙에게 판매(양도)한 수입제품에 대해 여전히 상표권을 행사하여 乙의 판매 등을 금지시킬 수 있다고 한다면, 甲은 국내에서 乙에게 판매를 금지시키는 물량만큼을 다른 업체를 통하여 새로 판매하거나 판매수수료 등을 높게 설정하는 방법으로 이중의 이득을 얻을 수 있게 되어 불합리할 뿐만 아니라, 상표권자인 甲 자신의 의사에 따라 진정상품이 거래에 제공되었을 뿐이므로 수입제품에 관한 한 상표의 출처표시기능이나 품질보증기능이 저해되지도 않는다.

11-3-3. 실제 수행 사례 소개(진정상품 병행수입)

1. 기초사실 및 사건의 경위

가. 甲의 상표권 취득 및 乙의 상표사용

甲은 2012. 4. 16. 한국에서 “COMF-PRO”라는 표장(이하 본 사안에서 ‘이 사건 등록상표’라 하고, 지정상품은 책상, 의자 등 가구이다)에 대한 상표권을 획득하였다.

그런데 乙은 2015. 1.부터 이 사건 등록상표가 부착된 책상과 의자(이하 ‘이 사건 책상 및 의자’라 한다)를 러시아를 통하여 국내로 수입하여 왔고, 그 무렵부터 이를 乙이 운영하는 온·오프라인 매장에서 광고 및 판매하기 시작하였다.

나. 甲의 상표권침해금지가처분신청

甲은 乙이 甲의 허락을 받지 않고 무단으로 이 사건 등록상표를 이 사건 책상 및 의자에 사용함으로써 이 사건 등록상표권을 침해하였다며, 乙을 상대로 상표권침해금지가처분신청을 하였다. 저자는 2심에서 甲을 대리하였다. 위 기초사실만을 보면 乙이 甲의 이 사건 등록상표권을 침해하였다고 보는데 별다른 문제가 없어 보인다.

그러나 이 사건 사안에는 다음과 같은 특수한 사정이 있다. 대만 회사인 T**사(이하 ‘대만 회사’라 한다)는 대만에서 “ ”라는 표장에 관한 상표권자로서 기능성 책상, 의자 등을 제작하여 판매하고 있다. 그런데 甲은 2004. 6. 30. 대만 회사와 독점수입계약을 체결하고 그 회사로부터 책상과 의자를 수입하여 국내에 판매하여 왔다. 한편, 乙이 러시아로부터 수입한 이 사건 책상 및 의자는 대만 회사가 만들어 러시아 회사에 판매한 상품이며, '대만 회사'에 의하여 이 사건 책상 및 의자에 이 사건 등록상표가 부착된 것으로 보인다. 이러한 특수한 사정을 근거로 乙은 진정상품 병행수입을 주장하며 甲의 상표권침해금지가처분신청이 이유 없다고 반박하고 있다.

2. 법원의 판단

가. 1심의 최초 판단(상표권 침해 인정)

1심은 乙의 진정상품 병행수입에 관한 항변을 배척하고, 甲의 표장사용금지가처분신청을 인용하였다(인천지방법원 2015. 7. 9.자 2015카합10024 결정).

나. 1심의 판단 변경(상표권 침해 부정)

乙은 1심의 가처분결정에 대하여 이의하였고, 1심 재판부는 종전의 가처분결정을 변경하고 乙의 진정상품 병행수입에 관한 항변을 받아들여 甲의 표장사용금지가처분신청을 기각하였다(인천지방법원 2016. 4. 18.자 2015카합10155 결정).

다. 항고심의 판단(상표권 침해 인정)

甲은 위와 같은 가처분신청 기각결정에 대하여 항고하였고, 항고심은 아래와 같이 진정상품 병행수입에 관한 법리를 판시한 뒤, 그에 관한 乙의 항변을 배척하고 甲의 상표권침해금지가처분신청을 인용하였다(서울고등법원 2016. 9. 29.자 2016라20468 결정).

1) 진정상품 병행수입에 관한 법리

국내에 등록된 상표와 동일·유사한 상표가 부착되어 있고, 그 지정상품과 동일·유사한 상품을 수입하는 행위가 그 등록상표권의 침해에 해당하지 않기 위해서는 외국의 상표권자 또는 정당한 사용권자가 그 수입된 상품에 상표를 부착하였어야 하고, 그 외국 상표권자와 우리나라의 등록상표권자가 법적 또는 경제적으로 밀접한 관계에 있거나, 그 밖의 사정에 의하여 위와 같은 수입상품에 부착된 상표가 우리나라의 등록상표와 동일한 출처를 표시하는 것으로 볼 수 있어야 하며, 그 수입상품과 우리나라의 상표권자가 등록상표를 부착한 상품 사이에 품질에 있어 실질적인 차이가 없어야 한다(대법원 2010. 5. 27. 선고 2010도790 판결 등 참조).

2) 판단

(1) 앞서 본 기초사실에 기록과 심문 전체의 취지에 의하여 소명되는 다음과 같은 사정과 사실을 두루 종합하여 보면, 乙이 수입하여 판매한 이 사건 책상 및 의자에 표시된 이 사건 등록상표가 대만 회사에 의해 부착된 것이라 하더라도, 甲은 자체적으로 이 사건 등록상표가 표시될 상품을 개발·제작한 뒤 이를 판매하고 그 제품에 관한 선전·광고를 하는 등 그 자신을 상품의 출처로 삼는 행위를 하고 있다 할 것이므로, 대만 회사와 이 사건 등록상표의 국내 상표권자인 甲 사이에 이 사건 등록상표의 사용과 관련하여 법적·경제적으로 밀접한 관계가 있다거나 그 밖의 다른 사정에 의하여 乙이 수입한 이 사건 책상 및 의자에 부착된 상표가 이 사건 등록상표와 '동일한 출처'를 표시하는 것으로 볼 수 있는 경우에 해당한다고 보기는 어렵다.

① 甲은 대만 회사와는 별개의 회사로서 이 사건 등록상표에 관하여 국내에서는 甲만이 상표권을 가지고 있는데, 이와 관련하여 대만 회사도 '자기와 甲은 각자가 개발한 상품

에 대하여 2012년부터 각자의 나라에 디자인 및 특허등록을 통하여 별도로 관리하고 있는 대등한 독립법인의 지위에 있으며, 자기와 甲 사이에 체결된 독점판매계약서도 양자 간의 OEM/ODM 주문·제작거래를 위한 것일 뿐 자기의 대만 내 상표 및 甲의 한국 내 상표의 효력이나 사용과는 관련이 없다'라고 확인하고 있다(소갑 제64호증; 이에 대하여 乙은 이 소갑 제64호증은 대만 회사가 甲의 요청을 받고 허위로 작성해 준 것에 불과하다고 주장하지만, 乙의 주장에 따르면 국내에서의 이 사건 등록상표 사용과 관련하여 대만 회사가 甲에 대하여 보다 우월한 지위에 있다 할 것임에도 그러한 우월한 지위에 있는 대만 회사가 자신의 허락도 없이 이 사건 등록상표를 국내에서 임의로 사용해도 무방하다는 취지의 서면을 甲에게 허위로 작성해 준다는 것은 경험칙상 생각하기 어렵다).

② 甲은 2004년 무렵부터 대만 회사의 책상과 의자를 수입하여 판매하였는데, 2004년 무렵부터 2007년 무렵까지는 "GO furniture 지큐퍼니처" 상표 라벨, 2008년 무렵부터 2010년 무렵까지는 "HARVARD" 상표 라벨, 이 사건 등록상표를 출원한 2011년 무렵부터는 이 사건 등록상표 라벨 등 甲이 직접 제작한 라벨을 부착하는 이른바 주문자상표 부착 방식(OEM)으로 수입하여 판매하였다.

③ 甲은 이 사건 등록상표를 출원한 2011년 무렵부터는 자체 기술로 대만 회사로부터 수입하여 오던 책상과 의자 일부를 개량하여 대만 회사에 그와 같이 개량된 제품의 생산을 의뢰한 뒤 이를 수입하여 판매하기도 하였다.

④ 甲은 2014년 무렵부터 특허청에 기능성 책상 및 책장 제품에 관하여 특허를 출원하고 디자인 등록을 하였다. 甲은 위와 같이 대만 회사로부터 일부 책상과 의자 제품을 수입하는 것과 별도로 국내에서 甲이 자체 개발하고 디자인한 책상과 의자, 나아가 침대, 책장, 옷장, 수납장 등 전반적인 가구 제품을 직접 제조하여 판매하면서 이 사건 등록상표를 표시하고 있으며, 그 외에도 주식회사 마이더스트랜드, 주식회사 인토스퍼니처, INTOS-OA, 주식회사 이편한가구, 세이펙, 코원시스, 주식회사 건국코이어, 주식회사 레스토닉코리아, 주식회사 동해, SHIN SUNG KD 등으로 하여금 책상, 의자, 책장, 책상과 의자의 부품, 매트리스 등을 제작하도록 한 후 이 사건 등록상표를 부착하여 이를 판매하고 있는데, 甲이 국내에서 자체 개발하고 디자인하거나 위와 같이 국내업체를 통해 제작하도록 한 후 이 사건 등록상표를 부착하여 판매하는 제품의 비율은 대만 회사로부터 수입하여 판매하는 것보다 더 높아 보인다.

⑤ 甲은 국내 백화점, 인터넷 쇼핑몰 등 독자적인 판매망을 구축하여 이 사건 등록상표가 표시된 가구 제품을 판매하는 한편, 인터넷이나 방송 매체를 통한 광고, 카탈로그 배포, 전시회 개최 등의 방법을 통해 상당한 비용을 들여 그 판매를 위한 선전 등의 활동을 하여 옴으로써 국내의 소비자들로부터 이 사건 등록상표에 대한 독자적인 신용과 고객흡인력을 얻어가고 있는 것으로 보인다.

⑥ 乙이 수입한 이 사건 책상 및 의자에는 이 사건 등록상표인 "COMF-PRO"가 표시된 것으로 보이나, 乙이 운영하는 홈

페이지 등에서는 대만 회사의 등록상표 표장인 “COMF·PRO SINCE 1984”을 사용하고 있어 이 사건 책상 및 의자에 표시된 표장이 이 사건 등록상표와 동일한 출처를 표시하는 것으로 단정하기 어렵다.

⑦ 대만 회사의 홈페이지에 甲의 점포가 ‘해외지점(Oversea Branch)’으로 표기된 적이 있음은 인정되지만, 대만 회사의 제품 이외에 2개의 다른 브랜드 상품도 함께 판매하고 있는 싱가포르의 이른바 편집숍 또한 대만 회사의 해외지점으로 표시되었던 점에 비추어 보면 대만 회사가 甲의 점포를 대만 회사의 해외지점으로 표기한 것은 ‘대만 회사의 제품이 수출되는 지역’을 나타내기 위하여 표시한 것에 불과해 보이고, 실제 현재는 대만 회사의 홈페이지에 국내에는 대만 회사의 지점이 없는 것으로 수정되었다.

⑧ 甲은 홈페이지에 대만 회사의 1984년 창립 당시부터의 연혁을 게시하였고, 붉은 원 안에 ‘SINCE 1984’라고 기재되어 있는 대만 회사의 등록상표를 동시에 사용하였으며, 제품 카탈로그 등에도 ‘컴프프로는 대만에서 1984년 설립되어 오직 기능성 책상과 의자를 꾸준히 개발 · 생산하였다’, ‘컴프프로의 책상과 의자는 최종 생산지가 대만이다’는 등의 내용으로 광고한 바 있으나, 이는 甲이 판매하는 이 사건 책상 및 의자의 품질이 대만 회사의 제품에 뒤처지지 아니하다는 점을 광고하기 위한 것으로 볼 여지가 있어 그것이 양 제품의 출처가 동일하다는 것까지 표시한 것으로 보기에는 부족하다.

(2) 따라서, 乙이 이 사건 등록상표가 부착된 이 사건 책상 및 의자를 수입하여 국내에서 광고 및 판매를 하는 것은 甲의 상표권을 침해하는 행위에 해당한다.

라. 상고심의 판단(심리불속행 기각)

乙은 자신을 상표권 침해자로 판단한 항고심의 위 판단에 불복하기 위하여 재항고를 하였으나, 대법원은 그 재항고를 기각하였다(대법원 2017. 2. 10.자 2016라20468 결정).

3. 시사하는 바

위 사안은 '상표권 침해에 해당하지 않기 위한 진정상품 병행수입의 요건' 중 '양 표장이 동일한 출처를 표시한다고 볼 수 있어야 한다는 요건'이 문제된 사안이다. 재판부 스스로 자신의 판단을 변경하는 경우가 드문 현실을 감안할 때, 항고심에서는 1심이 종전의 가처분결정을 변경한 근거를 충실하게 반박하는 것이 매우 중요하였다. 보다 구체적으로, 저자는 "이 사건 책상 및 의자에 표시되어 있는 상표와 이 사건 등록상표가 동일 출처를 표시한다고 볼 수 없다"고 주장하며, 1심이 가처분결정을 변경하면서 근거로 삼은 '대만 회사와 甲 사이의 독점판매계약서'의 의미를 자세히 해명하기 위한 증거 등을 제출하는 방식으로 대만 회사와 甲이 서로 독립적인 관계에 있음을 뒷받침하는 여러 사정을 입증하였고, 항고심은 위에서 본 사정들을 종합적으로 고려하여 1심 결정을 취소하고, 乙의 상표권 침해행위를 인정하였다.

진정상품 병행수입의 요건 중 '양 표장이 동일 출처를 표시한다고 볼 수 있어야 한다는 요건'이 문제되는 사안에서는 위 항고심 결정이 든 사정들을 참고할 필요가 있다 하겠다.

11-4 상품주체 혼동행위 등에 관한 분쟁

위 6-3.에서 미등록상표라고 하더라도 부정경쟁방지법 제2조 제1호 (가)~(다)목에 의한 보호를 받을 수 있음을 살펴본 바 있다. 그러한 부정경쟁행위의 성립요건 중 주로 문제되는 사항을 살펴보면 다음과 같다.[290]

1. 상품주체 혼동행위 [부정경쟁방지법 제2조 제1호 (가)목] · 영업주체 혼동행위 [부정경쟁방지법 제2조 제1호 (나)목]

부정경쟁방지법 제2조 제1호 (가)목 소정의 '타인의 상품과 혼동을 하게 하는'의 의미는 상품의 출처가 동일하다고 오인하게 하는 경우(이른바 '출처의 혼동') 뿐만 아니라 국내에 널리 인식된 타인의 상품표지와 동일 또는 유사한 표지를 사용함으로써 일반수요자나 거래자

---

290) 제2조(정의) 이 법에서 사용하는 용어의 뜻은 다음과 같다.
  1. "부정경쟁행위"란 다음 각 목의 어느 하나에 해당하는 행위를 말한다.
    가. 국내에 널리 인식된 타인의 성명, 상호, 상표, 상품의 용기 · 포장, 그 밖에 타인의 상품임을 표시한 표지(標識)와 동일하거나 유사한 것을 사용하거나 이러한 것을 사용한 상품을 판매 · 반포(頒布) 또는 수입 · 수출하여 타인의 상품과 혼동하게 하는 행위
    나. 국내에 널리 인식된 타인의 성명, 상호, 표장(標章), 그 밖에 타인의 영업임을 표시하는 표지(상품 판매 · 서비스 제공방법 또는 간판 · 외관 · 실내장식 등 영업제공 장소의 전체적인 외관을 포함한다)와 동일하거나 유사한 것을 사용하여 타인의 영업상의 시설 또는 활동과 혼동하게 하는 행위
    다. 가목 또는 나목의 혼동하게 하는 행위 외에 비상업적 사용 등 대통령령으로 정하는 정당한 사유 없이 국내에 널리 인식된 타인의 성명, 상호, 상표, 상품의 용기 · 포장, 그 밖에 타인의 상품 또는 영업임을 표시한 표지(타인의 영업임을 표시하는 표지에 관하여는 상품 판매 · 서비스 제공방법 또는 간판 · 외관 · 실내장식 등 영업제공 장소의 전체적인 외관을 포함한다)와 동일하거나 유사한 것을 사용하거나 이러한 것을 사용한 상품을 판매 · 반포 또는 수입 · 수출하여 타인의 표지의 식별력이나 명성을 손상하는 행위

로 하여금 '당해 상품표지의 주체와 사용자 간에 자본, 조직 등에 밀접한 관계가 있지 않을까'라고 오신하게 하는 경우(이른바 '관계의 혼동')도 포함하며, 타인의 상품과 혼동을 하게 하는 행위에 해당하는지 여부는 상품표지의 주지성과 식별력의 정도, 표지의 유사 정도, 사용 태양, 상품의 유사 및 고객층의 중복 등으로 인한 경업·경합관계의 존부 그리고 모방자의 악의(사용의도) 유무 등을 종합적으로 판단하여야 한다(대법원 2007. 4. 27. 선고 2006도8459 판결 등 참조).

2. 식별력 또는 명성 손상행위 [부정경쟁방지법 제2조 제1호 (다)목]

부정경쟁방지법 제2조 제1호 (가)목 또는 (나)목과 달리 같은 호 (다)목은 출처 오인·혼동의 염려를 필요로 하지 않고, 저명[291]한 타인의 상품출처표지 또는 영업출처표시의 식별력 또는 명성에 대한 손상을 필요로 한다. 여기에서 식별력을 손상하게 하는 행위란 특정한 표지가 가진 상품표지나 영업표지로서의 출처표시기능이 손상되는 것을 의미하고, 이러한 식별력의 손상은 저명한 상품표지가 다른 사람에 의하여 영업표지로 사용되는 경우에도 생긴다(대법원 2004. 5. 14. 선고 2002다13782 판결[292]).

---

291) 위에서 본 바와 같이, 부정경쟁방지법 제2조 제1호 (가)목 또는 (나)목은 주지의 정도 이상으로 알려진 표장을 보호하는데 반해, 같은 호 (다)목은 주지보다 더 유명한 '저명'의 정도 이상으로 알려진 표장을 보호한다.

292) 이른바 '비아그라(viagra)' 사건에서 판례는 "피고들이 이 사건 상표들을 상품표지로 사용하였다고 볼 수 없음은 앞서 본 바와 같으므로, 원심이 피고들이 이 사건 상표들을 자신들의 상품표지로 사용함으로써 이 사건 상표들의 식별력을 손상하였다고 판단한 것은 잘못이나, 기록에 의하면 피고들이 이 사건 도메인 이름으로 개설한 웹사이트에서 생칡즙, 재첩국, 건강보조식품 등을 인터넷상으로 판매하는 행위를 한 것은, 원고들의 저명상표와 유사한 표지를 영업표지로 사용한 것에 해당하고, 이처럼 피고들이 위 상표들을 영업표지로 사용함에 의하여 위 상표들의 상품표지로서의 출처표시기능을 손상하였다고 할 것이며, 원심 또한 피고들이 이 사건 도메인 이름을 사용하여 생칡즙 판매 등의 영업을 한 것을 식별력 손상행위

한편, 경우에 따라서는 특정 표지의 사용이 부정경쟁방지법 제2조 제1호 (다)목과 같은 호 (가)목, (나)목에 모두 해당할 수도 있다(대법원 2004. 5. 14. 선고 2002다13782 판결).

중의 하나로 들고 있으므로, 피고들의 행위가 위 법률 제2조 제1호 (다)목의 부정경쟁행위에 해당한다고 본 원심은 그 결론에 있어서 정당하고, 거기에 상고이유 제2점에서 주장하는 바와 같은 위법이 없다(대법원 2004. 5. 14. 선고 2002다13782 판결)."라고 판시하였다.

11-4-1. 실제 수행 사례 소개
(공동 영업에 사용되는 미등록상표의 귀속주체)

1. 기초사실 및 사건의 경위

가. 2009년부터 2012년까지 J리조트에서 개최된 'J 밸리 록 페스티벌'

유명한 스키장인 J리조트[293]는 2009년부터 매년 여름 기획사와 협력하여 "J 밸리 록 페스티벌"이라는 명칭의 음악 페스티벌을 개최하여 왔다.

기획사 C는 2010년도 제2회 J 밸리 록 페스티벌의 기획사로부터 'J 밸리 록 페스티벌' 관련 사업권 전부를 무단으로 양수하고, 2011년부터 2012년까지 2년간 J 밸리 록 페스티벌에 기획사로 참여하였다. 하지만, J리조트와 기획사 C는 2012년도 제4회 J 밸리 록 페스티벌을 끝으로 협력관계를 종료하였다.

나. C사의 "A 밸리 록 페스티발" v. J리조트의 "J 월드 락 페스티벌"

기획사 C는 2013년 여름에 (J리조트 근처에 위치한) A시에서 "A 밸리 록 페스티발"이라는 명칭의 음악 페스티벌을 열 계획을 세웠고, J리조트는 2013년 여름에 J리조트에서 "J 월드 락 페스티벌"이라는 명칭의 음악 페스티벌을 열 계획을 세웠다.

293) J리조트를 운영하는 회사는 'J리조트 주식회사'이나, 위 본문에서는 설명의 편의상 '장소'로서의 J리조트와 그 '운영주체'로서의 J리조트 주식회사 모두를 'J리조트'라 부르기로 한다.

다. C사의 표장사용금지가처분신청

기획사 C는, J리조트가 "J 월드 락 페스티벌"이란 명칭의 음악 페스티벌을 개최해 부정경쟁방지법 제2조 제1호 (나)목 소정의 부정경쟁행위 즉, 영업주체 혼동행위를 할 우려가 있다며, J리조트를 상대로 "J 월드 락 페스티벌"이라는 명칭의 사용금지를 구하는 가처분을 신청하였다.

저자는 1심과 2심에서 J리조트 측을 대리하였다.

기획사 C가 자신의 영업출처표시라고 주장하는 "J 밸리 록 페스티벌"과 J리조트의 "J 월드 락 페스티벌"이 서로 비유사하다는 반박 및 영업출처표시 "J 밸리 록 페스티벌"이 주지하지 않다는 반박 모두 가능할 것이지만, 저자는 부정경쟁방지법 제2조 제1호 (나)목의 규정 중 "타인의"라는 부분을 집중적으로 공격하였다. 구체적으로, 위 가처분 신청사건에서 J리조트는 "J 밸리 록 페스티벌"이라는 명칭이 기획사 C가 아닌 J리조트의 영업표지로서 알려져 있고, 백 보를 양보하더라도 기획사 C와 J리조트 공동의 영업표지로 알려져 있으므로 기획사 C의 주장이 이유 없다고 반박하였다.

2. 법원의 판단

가. 1심 판단의 요지(부정경쟁행위 부정)

1심은, 2009년도 제1회 J 밸리 록 페스티벌부터 2011년도 제3회 J 밸리 록 페스티벌까지 기획사와 J리조트 간에 「기획사는 J리조트에 "페스티벌" 타이틀을 제공하기로 한다 - "페스티벌" 타이틀 앞에 'J' 명기(예를 들어, J 락 빌 페스티발)」이라는 합의 문구가 유지되어 온 것에 주목하여, 표장 "J 밸리 록 페스티벌"이 기획사가 아닌 J리조트에 귀속된다고 보았다.

1심은, 그러한 사정에 ① 제1회 J 밸리 록 페스티벌부터 제4회 J 밸리 록 페스티벌까지 주최사가 3차례 변경되었음에도 불구하고 "J 밸리 록 페스티벌"이라는 영업표지가 그대로 유지되어 온 사정, ② 일반수요자들은 "J 밸리 록 페스티벌"이라는 영업표지를 J리조트에서 매년 개최되는 음악축제로 인식하는 반면, 기획사 C가 주최하는 록 밴드들의 음악축제라고 하더라도 J리조트를 제외한 다른 장소에서 개최한다면 일반수요자들이 이를 'J 밸리 록 페스티벌'로 인식하기 어려운 사정 등을 더하여 보면 기획사 C의 가처분신청이 이유 없다고 판단하였다 (서울중앙지방법원 2013. 6. 11.자 2013카합663 결정).

나. 항고심 판단의 요지(부정경쟁행위 부정)

이에 대해 기획사 C는 항고하였으나, 항고심은 이를 기각하였다. 구체적으로, 항고심은 ① 2009년부터 2012년까지 매년 J리조트의 장소제공에 따라 개최된 이 사건 록 페스티벌 중 기획사 C가 단독으로 기획한 록 페스티벌은 2011년과 2012년 2회에 불과한데, 그 기간의 영업활동만으로 일반수요자들이 "J 밸리 록 페스티벌"이라는 명칭을 C의 영업표지로 인식하기에는 부족하고, ② 스키장인 J리조트에서 비수기인 여름철에 휴무시설을 이용해서 광활한 장소를 제공하여 록 페스티벌을 개최하고 아울러 관람객들에게 그 리조트의 편의부대시설 등을 비롯한 각종 서비스를 이용하게 한다는 점은 다른 록 페스티벌과 차별화되는 이 사건 록 페스티벌의 특징이라고 할 것이므로, J리조트가 페스티벌 장소 및 각종 편의부대시설을 원활하게 제공하는 업무 또한 이 사건 록 페스티벌 기획 및 개최에 중요한 부분으로서 록 페스티벌의 출연진이나 프로그램에 못지않게 이 사건 록 페스티벌의 성공적 개최와 이를 통한 록 페스티벌의 인지도, 신용, 명성 등의 가치형성에 기여한 바가 큰 것이어서, "J 밸리 록 페스티벌"이라는 명칭은 기획사 C의 단독 영업에 대한 출처표시라기보다는 J리조트와의 공동 영업에 대한 출처표시로 볼 여지가 있다고 보아, 기획사 C의 항고를 기각하였다[서울고등법원 2013. 8. 1.자 2013라867 결정(확정)].

3. 시사하는 바

공동으로 영업을 하던 자들 사이에 다툼이 생겨 그 공동 영업이 끝나는 경우가 종종 있다. 이때 상표와 관련하여 문제가 되는 상황은, 과거의 동업자들 각자가 독자적으로 예전의 공동 영업과 유사한 내용의 영업을 계속하면서 그 공동 영업 당시 사용한 표장과 동일하거나 유사한 표장을 사용[294)]하여 그 공동 영업 당시 사용한 표장의 귀속주체가 누구인지에 관하여 다툼이 일어나는 상황이다.[295)]

따라서 공동 영업을 영위할 때에는 그 공동 영업관계가 종료되어 각자 영업을 이어나갈 경우에 대비하여 위 공동 영업에 사용하는 표장의 귀속주체에 관하여 특별히 주의를 기울일 필요가 있다.

294) 이들이 이러한 표장을 사용하는 이유는 예전의 공동 영업에 화체되었던 신용 및 인지도를 계속 이용하기 위함일 것이다.

295) 주로, 공동 영업 당시 사용한 표장이 '미등록상표'인 경우에 그와 같은 문제되는 상황이 발생한다.

제12장 저작권 · 저작인접권의 행사

COPYRIGHT

COPYRIGHT

12-1 저작권 · 저작인접권의 효력[296)]

1. 산업재산권의 효력과의 비교

가. 절대적 권리? 상대적 권리?

앞서 본 바와 같이, 흔히 산업재산권이라 통칭하는 특허권, 실용신안권, 디자인권, 상표권은 절대적인 독점 · 배타권이다. 예를 들어, 甲이 물건 X를 발명하여 이에 대한 특허권자가 된 후, 乙이 甲과 완전히 별개로 순전히 자기만의 노력으로 물건 X′(단, X′는 X와 실질적으로 동일함)를 개발한 경우를 생각해 보자. 이 경우 乙이 "물건 X′는 자신이 개발한 것이므로, 내가 물건 X′를 실시하는 것은 적법하다."라고 주장할 수 있는가? 그렇지 않다. 甲은 한국에서 물건 X에 대한 유효한 특허권을 가지는 이상, 乙 등 한국에서 甲 특허권의 보호범위에 속하는 발명을 실시하는 자들 누구에게나 자신의 특허권을 행사할 수 있고, 물건 X′를 실시하는 乙은 甲의 특허권을 침해하는 것이다.

반면, 저작권은 자신이 창작한 해당 저작물을 독점 · 배타적으로 이용할 수 있는 권리로서 상대적인 권리이다. 예를 들어, 甲이 저작물 K를 창작하였고 甲의 저작물 K를 모르는 乙이 나름대로 저작물 K′를 창작하였는데, 우연히도 K′가 K와 실질적으로 유사한 경우 乙이 저작물 K′를 이용하는 것은 甲의 저작재산권을 침해하지 않는다. 乙은 甲이 창작한 저작물이 아닌 자신이 직접 창작한 저작물을 이용할 뿐인데, 甲이 그러한 乙에게까지 자신의 저작재산권을 행사할 수는 없는 것이다.

296) 실무에서 자주 문제되는 '저작권'의 효력을 중심으로 살펴보기로 한다.

나. 등록이 권리의 발생 내지 이전의 효력발생요건인지 여부

특허권 등 산업재산권의 발생 내지 이전의 효력이 발생하기 위하여는 등록원부에 해당 내용이 반드시 등록되어야 한다(특허법 제87조 제1항, 제101조 제1항 등).

반면에, 저작권(저작재산권과 저작인격권)의 발생에 등록이 필요하지 않다는 것은 이미 위 7-1에서 본 바이고, 저작재산권 이전의 효력 역시 해당 등록이 없더라도 발생한다(저작권법 제54조). 저작권자와 사이에 그 저작재산권을 양수하는 내용의 저작재산권 양수도계약을 체결한 자는, 그 등록을 하지 않았다고 하더라도 새로운 저작재산권자로서 무단으로 저작물을 이용하는 자를 상대로 저작재산권의 침해를 주장할 수 있다(대법원 2002. 11. 26. 선고 2002도4849 판결[297] 참조).

2. 저작권과 이용권의 비교

저작권자는 저작물을 무단 이용하는 자를 상대로 저작재산권 등의 침해를 주장할 수 있는데 반하여, 저작권자로부터 저작물에 대한 이용허락을 받은 자는 저작물을 무단 이용하는 자를 상대로 이용권의 침해를 주장할 수 없다. 쉽게 말해, 저작권법에는 특허법 소정의 전용실시권에 대응되는 이용권이 규정되어 있지 않다.

한편, 이용권자가 저작권자와 저작물에 대한 이용허락계약을 체결함

---

297) "구 저작권법(2000. 1. 12. 법률 제6134호로 개정되기 전의 것) 제52조에 따른 저작재산권의 양도등록은 그 양도의 유효요건이 아니라 제3자에 대한 대항요건에 불과하고, 여기서 등록하지 아니하면 제3자에게 대항할 수 없다고 할 때의 "제3자"란 당해 저작재산권의 양도에 관하여 양수인의 지위와 양립할 수 없는 법률상 지위를 취득한 경우 등 저작재산권의 양도에 관한 등록의 흠결을 주장함에 정당한 이익을 가지는 제3자에 한하고, 저작재산권을 침해한 사람은 여기서 말하는 제3자가 아니므로, 저작재산권을 양도받은 사람은 그 양도에 관한 등록 여부에 관계없이 그 저작재산권을 침해한 사람을 고소할 수 있다."

에 있어, 그 저작물을 독점적으로 이용할 수 있는 계약을 체결하였다고 하자. 이 경우, 독점적 이용권자는 저작물을 무단 이용하는 자를 상대로 이용권의 침해를 주장할 수 있는가? 그럴 수 없고, 다만 독점적 이용권자가 저작권자를 '대위'하여 저작권자의 침해정지청구권 등을 행사할 수는 있다(대법원 2007. 1. 25. 선고 2005다11626 판결).[298)]

3. 앞으로의 전개 방향

이하 언제 저작권(특히 저작재산권) 또는 저작인접권의 침해가 인정되는지를 먼저 살펴보고(아래 12-2.), 그러한 침해가 있다고 생각한 저작권자 등이 취할 수 있는 조치 및 그에 대한 상대방의 방어전략을 살펴보고자 한다(아래 12-3.).

---

298) "저작권법은 특허법이 전용실시권제도를 둔 것과는 달리 침해정지청구권을 행사할 수 있는 이용권을 부여하는 제도를 마련하고 있지 아니하여, 이용허락계약의 당사자들이 독점적인 이용을 허락하는 계약을 체결한 경우라도 그 이용권자가 독자적으로 저작권법상의 침해정지청구권을 행사할 수는 없다. 따라서 이용허락의 목적이 된 저작권법이 보호하는 재산권의 침해가 발생하는 경우에도 그 권리자가 스스로 침해정지청구권을 행사하지 아니하는 때에는 독점적인 이용권자로서는 이를 대위하여 행사하지 아니하면 달리 자신의 권리를 보전할 방법이 없을 뿐만 아니라, 저작권법이 보호하는 이용허락의 대상이 되는 권리들은 일신전속적인 권리도 아니어서 독점적인 이용권자는 자신의 권리를 보전하기 위하여 필요한 범위 내에서 권리자를 대위하여 저작권법 제91조에 기한 침해정지청구권을 행사할 수 있다."

12-2 저작권 · 저작인접권 침해의 성립요건

1. 침해의 성립요건

위 7-1.을 통해 저작권(저작재산권, 저작인격권)과 저작인접권의 내용을 간단히 살펴본 바 있는데, 저작권 또는 저작인접권의 침해는 해당 권리자의 허락 없이 해당 권리에 해당하는 행위를 함으로써 성립한다. 특히 실무에서 자주 문제되는 것은 저작재산권(그중에서도 '복제권' 및 '2차적 저작물 작성권')의 침해 여부이고, 이하 이를 중심으로 살펴보기로 한다.

2. 복제권 또는 2차적 저작물 작성권의 침해 여부에 대한 판단 기준

가. 저작물의 동일 또는 유사 여부

저작권자의 저작물에 의거하여 무단으로 그와 '동일'한 저작물을 복제하면 저작권자의 '복제권'이라는 저작재산권을 침해하게 되고, 저작물을 이용하여 그와 실질적으로 '유사'한 저작물을 창작하면 저작권자의 '2차적 저작물 작성권'이라는 저작재산권을 침해하게 된다. 그에 반해 저작권자의 저작물을 무단으로 이용하더라도 그와 실질적으로 유사하지도 않은 저작물을 창작한 경우에는 저작권자의 저작재산권을 침해하지 않는다.

다만, 여기에서 '동일'은 물리적 동일만을 의미하지 않는다. 저작물을 원형 그대로 복제하지 아니하고 다소의 수정 · 증감 또는 변경을 가하였다 하더라도 새로운 창작성을 더하지 아니한 정도이면 '복제'로 보아야 한다(대법원 2010. 2. 11. 선고 2007다63409 판결).

이상의 내용을 도표로 정리하면 아래와 같다.

	(低) ← 개변의 정도 → (高)			
저작권자의 저작물과의 대비	물리적 동일	실질적 동일	실질적 유사	비유사
저작재산권의 침해 여부	복제권 침해		2차적 저작물 작성권 침해	저작재산권 비침해

한편, 저작물의 동일 내지 실질적 유사 여부를 판단하기 위해 양 저작물을 대비할 때에는 양 저작물의 창작적인 표현형식에 해당하는 것만을 가지고 대비하여야 한다. 저작권법이 보호하는 것은 인간의 사상 또는 감정을 말·문자·음·색 등에 의하여 구체적으로 외부에 표현하는 '창작적인 표현형식'뿐이기 때문이다(대법원 2010. 2. 11. 선고 2007다63409 판결 참조).

나. 의거성

복제권이나 2차적 저작물 작성권의 침해가 있다고 하기 위하여는, 침해되었다고 주장되는 기존의 저작물과 대비대상이 되는 저작물 사이에 동일성이나 실질적 유사성이 있다는 점 이외에도 대상 저작물이 기존의 저작물에 의거하여 작성되었다는 점이 인정되어야 한다.

이때, 대상 저작물이 기존의 저작물에 의거하여 작성되었다는 사실을 직접 입증하지 아니하더라도, 기존의 저작물에 대한 접근가능성, 대상 저작물과 기존의 저작물 사이의 실질적 유사성 등의 간접사실에 근거하여 대상 저작물이 기존의 저작물에 의거하여 작성되었다는 점을 사실상 추정할 수 있다(대법원 2007. 12. 13. 선고 2005다35707 판결 참조).

그리고 대상 저작물이 기존의 저작물에 의거하여 작성되었는지 여부와 양 저작물 사이에 동일성이나 실질적 유사성이 있는지 여부는 서로 별개의 판단이며, 전자의 판단에는 후자의 판단과 달리 저작권법에 의해 보호받는 표현뿐만 아니라 저작권법에 의하여 보호받지 못하는 표현 등이 유사한지 여부도 함께 참작될 수 있다(대법원 2007. 3. 29. 선고 2005다44138 판결, 2014. 1. 29. 선고 2012다73493,73509 판결 참조).

3. 저작재산권의 효력이 제한되는 경우

저작권법 제23조 내지 제38조는 저작재산권이 제한되는 경우를 나열하고 있는데, 그 규정들 모두 실무상 중요한 규정들인바, 이에 대한 정확한 이해가 필요하다. 실무상 특히 자주 문제되는 규정들만 살펴보면 아래와 같다.

가. 저작권법 제28조

공표된 저작물은 보도・비평・교육・연구 등을 위하여는 정당한 범위 안에서 공정한 관행에 합치되게 이를 인용할 수 있다(저작권법 제28조). 우리가 책에서 흔히 볼 수 있는 '각주'가 바로 저작권법 제28조에 따른 적법한 인용의 예가 될 수 있다.

구체적으로, 이 규정에 해당하기 위하여 인용의 목적이 보도・비평・교육・연구에 한정된다고 볼 것은 아니지만, 인용저작물의 표현형식상 피인용저작물이 보족, 부연, 예증, 참고자료 등으로 이용되어 인용저작물에 대해 부종적 성질을 가지는 관계[즉, 인용저작물이 주(主)이고, 피인용저작물이 종(從)인 관계]에 있다고 인정되어야 그 인용이 '정당한' 범위에서 이루어졌다고 볼 수 있을 것이다. 나아가, 정당한 범위 안에서 공정한 관행에 합치되게 인용한 것인지 여부는 인용의 목적, 저작물의 성질, 인용된 내용과 분량, 피인용저작물을 수록한 방법 및 형태, 독자의 일반적 관념, 원저작물에 대한 수요를 대체하는지 여부 등을 종합적으로 고려하여 판단하여야 한다(대법원 2013. 2. 15. 선고 2011도5835 판결 등).

나. 저작권법 제30조

공표된 저작물을 영리를 목적으로 하지 아니하고 개인적으로 이용하거나 가정 및 이에 준하는 한정된 범위 안에서 이용하는 경우, 그 이용자는 이를 복제할 수 있다. 다만, 공중의 사용에 제공하기 위하여 설치된 복사기기에 의한 복제는 그러하지 아니하다(저작권법 제30조). '기업 내부'에서 업무상 이용하기 위하여 저작물을 복제하는 행위는 이를 '개인적으로 이용'하는 것이라거나 '가정 및 이에 준하는 한정된 범위 안에서 이용'하는 것이라고 볼 수 없어, 저작권법 제30조가 규정하는 사적 이용을 위한 복제에 해당하지 않는다(대법원 2013. 2. 15. 선고 2011도5835 판결).

다. 저작권법 제35조의3

저작권법 제35조의3 제1항에 따르면, 같은 법 제23조부터 제35조의2까지, 제101조의3부터 제101조의5까지의 경우 외에 저작물의 통상적인 이용 방법과 충돌하지 아니하고 저작자의 정당한 이익을 부당하게 해치지 아니하는 경우에는 저작물을 이용할 수 있다. 저작물 이용 행위가 저작권법 제35조의3 제1항에 해당하는지를 판단할 때는 이용의 목적과 성격, 저작물의 종류와 용도, 이용된 부분이 저작물 전체에서 차지하는 비중과 그 중요성, 저작물의 이용이 그 저작물의 현재 시장 또는 가치나 잠재적인 시장 또는 가치에 미치는 영향 등을 고려하여야 할 것이다(저작권법 제35조의3 제2항).

라. 소결론

앞서 본 바와 같이 저작재산권자의 효력이 제한되는 경우, 그 저작재산권에 해당하는 행위를 하더라도 저작재산권의 침해가 성립하지 않는다.

저작재산권의 효력이 제한된다면, 위 2.항에서 본 동일성(또는 실질적 유사성)과 의거성을 충족하는 행위라 하더라도 복제권 또는 2차적 저작물 작성권의 침해에 해당할 수 없는 것이다.

4. 저작물에 대한 이용허락

당연한 이야기이지만, 저작재산권자로부터 저작물에 대한 이용허락을 받은 자가 그 허락받은 이용방법 및 조건의 범위 안에서 저작물을 이용하는 것은 저작재산권 침해를 구성하지 아니한다(저작권법 제46조 제2항). 그와 같은 이용허락의 범위의 구체적인 내용은 저작권자와 이용권자 간의 저작물 이용허락계약에 대한 해석을 통해 정해지므로, 그 계약 해석을 둘러싸고 많은 다툼이 있다.

저작권자와 이용권자 사이의 이용허락계약에서 그 이용허락의 구체적인 범위가 명백하지 아니한 경우 이를 어떻게 해석하여야 하는지에 관하여, 판례는 "음반제작자와 저작재산권자 사이에 체결된 이용허락계약을 해석함에 있어서 그 이용허락의 범위가 명백하지 아니한 경우에는 당사자가 그 이용허락계약을 체결하게 된 동기 및 경위, 그 이용허락계약에 의하여 달성하려는 목적, 거래관행, 당사자의 지식, 경험 및 경제적인 지위, 수수된 급부가 균형을 유지하고 있는지 여부, 이용허락 당시 당해 음악저작물의 이용방법이 예견 가능하였는지 및 그러한 이용방법을 알았더라면 당사자가 다른 내용의 약정을 하였을 것이라고 예상되는지 여부, 당해 음악저작물의 이용방법이 기존 음반시장을 대체하는 것인지 아니면 새로운 시장을 창출하는 것인지 여부 등 여러 사정을 종합하여 그 이용허락의 범위를 사회일반의 상식과 거래의 통념에 따라 합리적으로 해석하여야 한다(대법원 2007. 2. 22. 선고 2005다74894 판결)."라고 판시한 바 있다.

덧붙여, 저작권자와 체결한 계약이 저작물에 대한 이용허락계약인지 아니면 저작재산권 자체를 양수하는 계약인지를 다투는 경우도 있다. 이와 관련하여, 판례는 "저작권에 관한 계약을 해석함에 있어 과연 그것이 저작권 양도계약인지 이용허락계약인지는 명백하지 아니한 경우, 저작권 양도 또는 이용허락되었음이 외부적으로 표현되지 아니한 경우에는 저작자에게 권리가 유보된 것으로 유리하게 추정함이 상당하며, 계약 내용이 불분명한 경우 구체적인 의미를 해석함에 있어 거래관행이나 당사자의 지식과 행동 등을 종합하여 해석함이 상당하다(대법원 1996. 7. 30. 선고 95다29130 판결)."라고 판시한 바 있다.

5. 참고(공동저작자가 다른 공동저작자와 합의 없이 공동저작물을 이용하면, 다른 공동저작자의 공동저작물에 관한 저작재산권을 침해하게 되는지 여부)

저작권법 제48조 제1항 전문은 "공동저작물의 저작재산권은 그 저작재산권자 전원의 합의에 의하지 아니하고는 이를 행사할 수 없다"고 정하고 있는데, 위 규정은 어디까지나 공동저작자들 사이에서 각자의 이바지한 부분을 분리하여 이용할 수가 없는 단일한 공동저작물에 관한 저작재산권을 행사하는 방법을 정하고 있을 뿐이다. 그러므로 공동저작자가 다른 공동저작자와의 합의 없이 공동저작물을 이용한다 하여도 그것은 공동저작자들 사이에서 위 규정이 정하는 공동저작물에 관한 저작재산권의 행사방법을 위반한 행위가 되는 것에 그칠 뿐이고, 다른 공동저작자의 공동저작물에 관한 저작재산권을 침해하는 행위가 되지는 아니한다(대법원 2014. 12. 11. 선고 2012도16066 판결).

12-3 저작권자 · 저작인접권자의 권리행사 및 상대방의 방어전략

저작권자 · 저작인접권자가 해당 권리의 침해가 있다고 생각하는 경우 침해 혐의자를 상대로 취할 수 있는 조치는 특허권자가 특허권 침해가 있다고 생각하는 경우 침해 혐의자를 상대로 취할 수 있는 조치와 크게 다르지 않다.

단적인 예로, 저작재산권자는 침해경고를 할 수도 있고, 침해정지청구권 또는 침해예방청구권을 보전하기 위하여 침해정지가처분신청을 할 수도 있으며,[299] 침해정지청구나 침해예방청구를 할 수도 있고,[300] 저작재산권침해에 따른 손해배상청구를 할 수도 있으며(저작권법 제125조,[301), 302)] 저작권법 제126조[303)]), 침해죄를 이유로 고소를 할 수도 있다.

---

299) 신청할 수 있는 자는 저작재산권자에 한정되지 않고, 저작권 그 밖에 이 법에 따라 보호되는 권리(제25조 · 제31조 · 제75조 · 제76조 · 제76조의2 · 제82조 · 제83조 및 제83조의2의 규정에 따른 보상을 받을 권리를 제외한다.)를 가진 자는 그러한 신청을 할 수 있다(저작권법 제123조).

300) 청구할 수 있는 자는 저작재산권자에 한정되지 않고, 저작권 그 밖에 이 법에 따라 보호되는 권리(제25조 · 제31조 · 제75조 · 제76조 · 제76조의2 · 제82조 · 제83조 및 제83조의2의 규정에 따른 보상을 받을 권리를 제외한다.)를 가진 자는 그러한 청구를 할 수 있다(저작권법 제123조).

301) 제125조(손해배상의 청구)

① 저작재산권 그 밖에 이 법에 따라 보호되는 권리(저작인격권 및 실연자의 인격권을 제외한다)를 가진 자(이하 "저작재산권자등"이라 한다)가 고의 또는 과실로 권리를 침해한 자에 대하여 그 침해행위에 의하여 자기가 받은 손해의 배상을 청구하는 경우에 그 권리를 침해한 자가 그 침해행위에 의하여 이익을 받은 때에는 그 이익의 액을 저작재산권자등이 받은 손해의 액으로 추정한다.

② 저작재산권자등이 고의 또는 과실로 그 권리를 침해한 자에 대하여 그 침해행위에 의하여 자기가 받은 손해의 배상을 청구하는 경우에 그 권리의 행사로 통상 받을 수 있는 금액에 상당하는 액을 저작재산권자등이 받은 손해의 액으로 하여 그 손해배상을 청구할 수 있다.

③ 제2항의 규정에 불구하고 저작재산권자등이 받은 손해의 액이 제2항의 규정에 따른 금액을 초과하는 경우에는 그 초과액에 대하여도 손해배상을 청구할 수 있다.

다만, 저작재산권자등이 고의나 과실로 권리를 침해한 자에 대하여 사실심의 변론이 종결되기 이전에는 실제 손해액 또는 제125조나 제126조에 따라 정하여지는 손해액을 갈음하여 침해된 저작물등마다 1천만 원(영리를 목적으로 고의로 권리를 침해한 경우에는 5천만 원) 이하의 범위에서 상당한 금액의 배상을 청구할 수 있다는 것(저작권법 제125조의2), 그리고 저작재산권침해죄 중 일부만 친고죄라는 것(저작권법 제140조)[304]과 같은 내용은 특허법에는 없다.

위와 같은 저작재산권자의 조치에 대하여, 침해 혐의자는 일반적으로 다음과 같은 반박을 할 수 있다.

(1) 저작재산권자가 특정한 저작물은 저작권법상 보호되는 '표현'이 아니라 아이디어에 불과하다는 반박
(2) 자신이 이용한 저작물은 저작재산권자의 저작물에 '의거'하여 창작한 저작물이 아니라는 반박
(3) 저작재산권자의 저작물 중 창작적인 표현형식과 자신의 저작물

---

④ 등록되어 있는 저작권, 배타적발행권(제88조 및 제96조에 따라 준용되는 경우를 포함한다), 출판권, 저작인접권 또는 데이터베이스제작자의 권리를 침해한 자는 그 침해행위에 과실이 있는 것으로 추정한다.

302) 다만, 저작권법에는 특허법 제128조 제2, 3항과 같은 추정규정과 같은 조 제8, 9항과 같은 징벌적 손해배상규정이 없다.

303) 제126조(손해액의 인정) 법원은 손해가 발생한 사실은 인정되나 제125조의 규정에 따른 손해액을 산정하기 어려운 때에는 변론의 취지 및 증거조사의 결과를 참작하여 상당한 손해액을 인정할 수 있다.

304) 구 저작권법에서는 저작권법위반죄가 모두 친고죄로 규정되어 있었으나, 저작권 침해의 공익적인 해악에 관한 논의가 제기되어 2006. 12. 28.자 개정 당시 '영리를 위하여 상습적으로' 저작재산권을 침해한 경우가 비친고죄에 해당하는 것으로 개정되었고, 이후 한미 FTA 이행을 위한 2011. 12. 2.자 개정(2011. 12. 2. 법률 제11110호로 일부 개정되어 2012. 3. 15. 시행됨)에서 '영리를 목적으로 또는 상습적으로' 저작재산권등을 침해한 경우가 비친고죄에 해당하는 것으로 개정되었다(저작권법 제140조 단서 제1호). (수원지방법원 성남지원 2016. 8. 18. 선고 2016고정432 판결 참조)

중 그에 대응되는 부분을 대비하여 보면 서로 동일하거나 실질적으로 유사하지 않다는 반박

(4) 이 사건이 저작재산권의 효력이 미치지 아니하는 경우에 해당한다는 반박

(5) 저작재산권의 침해를 주장하는 자가 저작자 또는 그 저작재산권의 양수인이 아니라 단지 그 저작물에 대한 이용허락을 받은 자에 지나지 않는다는 반박

(6) (침해 혐의자가 저작재산권자와 저작물에 대한 이용허락계약을 체결한 바 있는 경우) 자신의 이용은 이용허락의 조건 및 범위 내의 적법한 이용이라는 반박 등

12-3-1. 실제 수행 사례 소개(저작권의 침해 여부 등)

1. 기초사실 및 사건의 경위

가. 甲의 교재 발간

甲은 2005. 5.경부터 일본의 유한회사 C사(대표자 호○○ ○○○, 이하 '소외 회사'라고 한다)가 제공하는 컬러테라피스트 과정을 이수하는 등 색채심리에 관한 공부를 해오던 중, 2007년경 소외 회사와 사이에 소외 회사가 甲이 소외 회사에서 발행한 교재[305]를 한국어로 번역하고 그 교재를 이용해 한국에서 컬러테라피스트 강좌를 실시하는 것을 허락하기로 하는 내용의 테라피스트 강좌 실시권 허락계약(이하 '이 사건 계약'이라 한다)을 체결하였다.

甲은 이 사건 계약 체결 이후 호○○ ○○○(이하 '원저작권자'라 한다) 명의로 일본에 저작권 등록이 되어 있는 소외 회사의 컬러테라피스트 과정과 관련된 교재(이하 '이 사건 원저작물'이라 한다)의 한국어 번역본인 '갑 제1교재'를 발간하였을 뿐만 아니라, 직접 색채심리상담사 관련 교재(이하 '갑 제2교재'라 한다)를 저술하여 발간하였다.

나. 乙의 교재 발간

乙은, 甲이 운영하던 색채심리 관련 연구소의 자문 교수로 재직하다가 2010. 5.경 퇴사한 다음, 2010. 10.경 '을 제1 내지 2교재'를 작성 및 발간하고 이를 이용하여 색채심리상담사 양성과정을 운영하고 있다.

다. 甲의 저작권 침해정지 및 손해배상청구 등

甲은 乙을 상대로 을 제1 내지 2교재의 판매금지 및 폐기 등을 구하

305) 호○○ ○○○가 저술한 교재들임.

는 소를 제기하고 아래와 같은 주장을 선택적으로 하였다. 선택적으로 주장을 하였다 함은 甲이 '乙의 행위가 甲의 아래 주장 중 적어도 어느 하나에는 해당한다'고 생각한다는 의미이다.

(1) 乙이 (甲의 저작권뿐만 아니라) 원저작권자의 저작권도 침해하여 원저작권자에게 손해를 입혔는바, 원저작권자는 乙에 대하여 저작권 침해정지 및 손해배상청구권을 가지며, 甲은 이 사건 원저작물의 한국어 번역물에 대한 독점번역 출판권자로서 원저작권자를 대위(代位)하여 乙에게 저작권 침해정지 및 손해배상을 청구한다.
(2) 乙이 甲의 번역저작권(갑 제1교재의 경우) 및 저작권(갑 제2교재의 경우)을 침해하여 甲에게 손해를 입혔으므로, 甲은 乙을 상대로 저작권 침해정지 및 손해배상청구를 한다.
(3) 甲은 이 사건 계약에 의해 소외 회사로부터 이 사건 원저작물에 대한 '독점적 2차적 저작물 작성권'을 부여받았는데, 乙이 이 사건 원저작물의 2차적 저작물에 해당하는 을 제1 내지 2교재를 작성·발간함으로써 악의적으로 甲이 소외 회사에 대하여 가지는 독점적인 2차적 저작물 작성권을 침해하는 불법행위를 하였다. 따라서 甲은 乙을 상대로 불법행위에 기한 손해배상을 청구한다.[306)]

---

306) 이외에, 甲은 "갑 제1 및 2교재 및 그 내용, 甲의 색채심리 분석방법과 그에 관한 교육시스템, 수업방식, 커리큘럼 등은 甲이 상당한 노력과 투자로 구축한 '성과'에 해당하는데, 乙은 甲이 운영하던 연구소에서 근무하면서 甲의 색채심리 분석방법 및 그 교육시스템 등을 습득하게 된 것을 기화로 을 제1 및 2교재를 작성·발간하였고, 甲의 색채심리분석방법과 교육시스템 등을 모방한 색채심리 상담과 상담사 교육프로그램을 시행하는 등 공정한 상거래 관행이나 경쟁질서에 반하는 방법으로 甲이 이룩한 성과를 무단으로 사용하고 있다. 乙의 이러한 행위는 부정경쟁방지법 제2조 제1호 (카)목 소정의 부정경쟁행위에 해당하므로, 甲은 乙에게 같은 법 제4조 제1, 2항에 의하여 그 행위의 금지를, 같은 법 제5조 및 제14조의2, 민법 제750조에 의하여 손해배상을 구한다."는 주장도 하였으나, 항소심은 이 주장도 배척하였다.

저자는 위 사건의 항소심(2심)에서 乙을 대리하였다.

2. 법원(항소심)의 판단

항소심은 아래와 같은 판시를 하며 甲의 주장을 전부 배척하였다(서울고등법원 2015. 4. 30. 선고 2014나2018733 판결(확정)). 그 판시 내용이 저작재산권의 침해 여부에 관한 여러 기본 법리를 다루고 있어, 이를 아래와 같이 소개한다.

가. 채권자대위청구 부분이 적법한지 여부

저작권자와 저작물에 관하여 '독점적 이용허락계약'을 체결한 자는 자신의 권리를 보전하기 위하여 필요한 범위 내에서 저작권자를 대위하여 저작권침해정지청구권 등을 행사할 수가 있지만, 저작권자와의 이용허락계약에 의하여 취득하는 독점적 번역출판권은 독점적으로 원저작물을 번역하여 출판하는 것을 내용으로 하는 채권적 권리이므로, 제3자가 작성한 저작물이 원저작물의 번역물이라고 볼 수 없는 때에는 독점적 번역출판권자가 저작권자를 대위하여 그 제3자를 상대로 침해정지 등을 구할 보전의 필요성이 있다고 할 수 없다(대법원 2007. 3. 29. 선고 2005다44138 판결 참조).

그런데 (중략) 을 제1 또는 2교재를 이 사건 원저작물의 번역물이라거나 그에 준하는 작품이라고 인정하기 어렵고 달리 이를 인정할 증거가 없다. 따라서 甲에게 이 사건 원저작물의 저작권자인 호○○ ○○○를 대위하여 을 제1 및 2교재의 복제·배포 등의 금지 및 손해배상을 구할 보전의 필요성이 있다고 할 수 없고, 甲의 채권자대위권 행사는 부적법하다.

나. 저작권 침해 주장이 타당한지 여부

1) 의거성에 관한 판단

(상략) 乙로서는 갑 제1 및 2교재에 손쉽게 접근할 수 있는 지위에 있었고, 또한 을 제1 및 2교재와 갑 제1 및 2교재를 대비해 보면 색채의 정서적 의미를 설명하는 단어 내지 표현, 색채심리분석의 틀, 색채카드의 활용 및 해석방법, 도안 등 그 내용의 상당 부분이 유사하다 할 것이므로[저작권침해의 성립요건으로서의 실질적 유사성 판단을 위한 자료에는 저작권의 보호대상이 아닌 '아이디어'나 '주제'가 포함될 수 없으나, 의거관계를 인정하는 데 필요한 실질적 유사성 판단을 위한 자료에는 '아이디어'나 '주제'가 포함될 수 있다(대법원 1997. 9. 29. 선고 97마330 결정 참조)], 결국 을 제1 및 2교재는 갑 제1 및 2교재에 의거하여 작성된 것으로 봄이 상당하다.

2) 실질적 유사성에 관한 판단

이하 갑 제1교재는 번역저작권의 측면에서, 갑 제2교재는 저작권의 측면에서 본다.

[갑 제1교재의 경우]

번역저작물의 창작성은, 원저작물을 언어 체계가 다른 나라의 언어로 표현하기 위한 적절한 어휘와 구문의 선택 및 배열, 문장의 장단 및 서술의 순서, 원저작물에 대한 충실도, 문체, 어조 및 어감의 조절 등 번역자의 창의와 정신적 노력이 깃들은 부분에 있는 것이고, 그 번역저작물에 나타난 사건의 전개, 구체적인 줄거리, 등장인물의 성격과 상호관계, 배경 설정 등은 경우에 따라 원저작물의 창작적 표현에 해당할 수 있음은 별론으로 하고 번역저작물의 창작적 표현이라 할 수 없으므로, 번역저작권의 침해 여부를 가리기 위하여 번역저작물과 대상 저작물 사이에 실질적 유사성이 있는가의 여부를 판단함에 있어서는 위와 같은 번역저작물의 창작적인 표현에 해당하는 것만을 가지고 대비하여야 한다. 그리고 번역저작물의 개개 번역 표현들을 구성하는 어휘나 구문과 부분적으로 유사해 보이는 어휘나 구문이 대상 저작물에서 드문드문 발견된다는 사정만으로 바로 번역저작물과 대상 저작물 간에 실질적 유사성이 있다거나 번역저작물에 대한 번역저작권이 침해되었다고 단정할 수는 없고, 그 실질적 유사성을 인정하기 위해서는 대상 저작물에서 유사 어휘나 구문이 사용된 결과 번역저작물이 갖는 창작적 특성이 대상 저작물에서 감지되는 정도에 이르러야 한다(대법원 2007. 3. 29. 선고 2005다44138 판결 참조).

먼저 갑 제1교재의 표현 중 ○○○ 부분은 원저작물 중 한자어 명사 내지 단문의 일본어를 국문 번역으로 치환한 것이어서, 긴 문장의 번역과는 달리 일본어 내지 한자어의 말뜻을 정확하게 이해하는 능력을 가진 사람이라면 누구든지 동일하게 번역할 것이라고 보이므로, 이 부분을 甲만의 창작적인 번역의 결과라고는 할 수 없다.

다음으로 갑 제1교재의 표현 중 △△△ 부분은 극히 기계적인 번역 내지 직역이 아니라 적절한 어휘와 구문의 선택 및 배열, 문장의 장단 및 서술의 순서, 원저작물에 대한 충실도, 문체, 어감의 조절 등에 있어서 번역자인 甲의 창의와 정신적인 노력이 어느 정도 깃들여진 표현이기는 하나, 이를 을 제1 및 2교재와 대비하여 보면, 상호 간에 서술의 순서, 주어 · 술어의 선택, 용어 선택, 문장의 구조와 완결성 등 그 표현에 있어 상당히 차이가 나서 을 제1 및 2교재의 표현이 갑 제1교재의 그것을 베낀 것이라 할 수 없고, 설령 그중 일부분의 표현에 다소 유사한 점이 있다 하더라도 이는 을 제1 및

2교재에서 차지하는 비중이 극히 미미하므로, 이러한 사정만으로 갑 제1교재와 을 제1 및 2교재 사이에 실질적 유사성이 있다고 인정하기는 어렵다.

나아가 (중략) 갑 제1교재에서 사용하고 있는 복수 색의 정렬방식이나 구성체계, 색채카드의 활용 및 배열 방법과 해석 등은 색채심리 관련 서적 등에서 일반적으로 사용하고 있는 방식, 즉 아이디어에 관한 것에 불과할 뿐 저작권에 의하여 보호되는 창작적인 표현형식이라고 보기 어렵다.

[갑 제2교재의 경우]

(상략) 을 제2교재의 표현 및 서술내용과 그림 중 일부가 갑 제2교재의 그것과 동일·유사하기는 하나, (그 동일·유사한 부분 중 ** 부분은) 색채가 주는 이미지나 느낌에 대한 기술에 관한 것으로서 甲이 사용하기 이전부터 보편적으로 사용되어 온 것이고, 스펙트럼이나 색상환을 이용한 색채분석 부분은 동종 분야에서 통상 활용되는 것임을 인정할 수 있으므로, 이를 甲이 독창적으로 창작한 것이라고 보기 어려울 뿐 아니라, 특정 색채에서 연상되는 이미지들을 설명하거나 나열함에 있어서 같은 단어나 문구 및 유사한 그림도구 등을 사용하는 것은 자격증 취득을 위한 수험용 교재의 특성상 불가피한 측면이 있으므로 이러한 내용까지 저작권에 의하여 보호되는 창작적인 표현형식에 해당한다고 볼 수 없다.

[소결론]

따라서 乙이 甲이 보유하는 갑 제1교재에 대한 번역저작권 및 갑 제2교재에 대한 저작권을 침해하였다는 甲의 이 부분 주장은 이유 없다.

다. 채권침해 주장이 타당한지 여부

(상략) 을 제1 및 2교재의 내용을 이 사건 원저작물의 번역물이라고 인정할 수 없는 점에 비추어 보면, 甲이 제출한 증거만으로는 을 제1 및 2교재의 발간으로 인하여 甲의 호○○ ○○○에 대한 독점적 번역출판권이 침해되었음을 인정하기에 부족하고 달리 이를 인정할 증거가 없으며, 또한 乙이 甲이 호○○ ○○○와 체결한 이 사건 계약에 기초하여 갑 제1 내지 2교재를 출판하였다는 점을 잘 알고도 甲을 해할 의사로 위법하게 저작권 침해행위를 하였다는 사실에 관한 입증도 없다. 甲의 이 부분 주장도 이유 없다.

12-3-2. 실제 수행 사례 소개
(저작인접권의 침해에 따른 손해배상)

1. 기초사실 및 사건의 경위

가. A사와 B, C, D사의 지상파방송사업

A사는 수도권 지역을 방송구역으로 한 방송허가를 받고 송신탑 등을 통하여 A사 영상물을 공기 중에 쏘아 즉, 공중에 송출하여 이른바 A사 방송을 하여 왔다.

한편, B, C, D사(이하 'B사 등'이라 한다)는 수도권 지역을 제외한 나머지 지역을 나누어 맡고 이를 방송구역으로 한 방송허가를 받아, 송신탑 등을 통해 A사 영상물 또는 B사 등 영상물을 공중에 송출하여 이른바 B사 등 방송을 하여 왔다.

A사 영상물의 저작재산권은 A사에게 귀속되어 있고, B사 등 영상물의 저작재산권은 B사 등에게 귀속되어 있으며, B사 등이 방송하고 있는 A사 영상물은 A사가 별도의 광케이블을 통해 B사 등에게 보내준 것이다.

나. E, F, G사의 종합유선방송사업

수도권 이외의 지방에서 E, F, G사(이하 'E사 등'이라 한다)는 B사 등이 각 방송구역에 송출하는 A사 영상물, B사 등 영상물의 지상파방송을 공기 중에서 잡아서(이를 'air catch'라고도 부름) 자신들의 망을 통해 가입자들에게 동시재송신(프로그램에 변경을 가하지 아니하고 실시간으로 재송신하는 것을 의미함)하여 왔다.

다. A사와 B사 등의 손해배상청구

1) A사와 B사 등의 주장

A사 및 B사 등(원고들)은 E사 등(피고들)을 상대로 동시중계방송권(저작인접권)과 공중송신권(저작권)의 침해에 따른 손해배상청구를 하였다. 구체적으로, 원고들은 "원고들이 방송하는 A사 영상물, B사 등 영상물에 대한 동시재송신에 관한 권리행사로 통상적으로 받을 수 있는 금액은 '가입자당 월 280원'의 방식으로 산정한 돈[307]이라 할 것인데, 피고들이 이를 지급하지 않고 무단으로 원고들 방송을 동시재송신하여 원고들의 동시중계방송권 등을 침해하였으므로, 원고들은 피고들에 대해 저작권법 제125조 제2항에 따라 '가입자당 월 280원'의 방식으로 산정한 손해배상액을 청구한다."라고 주장하였다.

저자는 1심과 항소심에서 B사 등을 대리하였다.

2) E사 등의 반박

피고들이 불법행위(동시중계방송권 등의 침해행위)를 하였다는 원고들의 주장에 대하여, 피고들은 ① 원고 B사 등의 요청이나 승낙에 따라 동시재송신을 한 것이라는 주장, ② 피고들의 동시재송신은 지상파방송의 송신 또는 수신 '보조'행위로서 적법하다는 주장, ③ 지상파방송사업자들이 종합유선방송사업자들의 동시재송신에 대한 대가청구권을 포기하거나 양 당사자 사이에 그 권리행사를 유보하는 내용의 묵시적 합의가 존재한다는 주장 등을 하였다.

---

307) E사 등이 동시재송신의 대가로 지상파방송사업자에게 매달 지급하여야 하는 돈은 가입자 수에 280원을 곱한 돈이라는 의미이다.
한편, 이 사건 소송이 시작되기 전에 지상파방송사업자와 유료방송사업자 사이에 유료방송사업자가 '가입자당 월 280원'의 방식으로 산정한 이용료를 '동시재송신'의 대가로 지급하기로 하는 약정(이하 'CPS 280원 약정'이라 한다)이 다수 있었다.

특히, 피고들이 원고 A사의 동시중계방송권을 침해하였다는 원고들의 주장에 대하여, 피고들은 (수도권 외의 지역에서 동시재송신을 하는) 피고들의 방송구역에서 방송을 하는 원고는 원고 A사가 아닌 원고 B사 등이고, 원고 A사는 수도권 외의 지역에 대하여 방송법 소정의 역외재송신 승인을 받지 아니하였는바 피고들의 방송구역에서 방송을 한다고 볼 수 없으며, 그러므로 적어도 원고 A사의 동시중계방송권은 침해되지 않았다고 반박하였다.

다음으로, '가입자당 월 280원'의 손해배상액 산정방식에 관하여, 피고들은 종전 CPS 280원 약정에서 정한 이용료는 독점규제 및 공정거래에 관한 법률(이하 '공정거래법'이라 한다)과 방송법을 위반하여 책정되었을 뿐만 아니라 그 공정성과 합리성을 결여하고 있으므로, 위 이용료는 특별히 예외적인 사정이 있어 이례적으로 높게 책정되었거나 객관적으로 상당하지 않은 금액이라고 주장하였다.

2. 법원의 판단

1심[서울중앙지방법원 2016. 12. 8. 선고 2014가합525849, 585889(병합) 판결]과 항소심[서울고등법원 2019. 1. 10. 선고 2017나2002982, 2002999(병합) 판결(확정)] 모두 피고들이 원고들의 동시중계방송권과 공중송신권을 침해하여 원고들에 대하여 손해배상책임을 부담하고, 그 손해배상액은 '가입자당 월 280원'의 방식으로 산정한다고 판단하여 그에 반하는 피고들의 주장을 배척하였다. 그 판시 중 일부만 인용하면 아래와 같다.

가. 원고들의 동시중계방송권 및 공중송신권 침해

저작권자는 저작물에 대한 공중송신권을 갖는다. 방송사업자는 방송을 하면 그 방송의 대상인 음·영상 또는 음과 영상 등 '방송물'에 대하여 동시중계방송권 등 저작인접권을 가지는데, 이는 방송사업자가 방송을 하기만 하면 발생하는 권리이다. (중략) 원고 A사는 A사 영상물에 대하여, 원고 B사 등은 각 B사 등 영상물에 대하여 각기 공중송신권 및 동시중계방송권을 갖고, 또한 원고 B사 등은 A사 영상물에 대한 동시중계방송권도 갖는다.

따라서 피고들은 자신들의 각 방송구역이 속한 지역의 지상파방송사업자인 원고 B사 등이 송출한 방송을 수신하여 가입자들에게 무단으로 동시재송신함으로써, A사 영상물에 대한 원고 A사의 공중송신권과 원고들의 동시중계방송권 및 각 B사 등 영상물에 대한 원고 B사 등의 공중송신권과 동시중계방송권을 각각 침해하였다.[308)]

한편, (피고들은 원고 A사의 동시중계방송권을 침해하지 않았다고 주장하나) ① 저작권법 제85조에서 '방송사업자는 그의 방송을 동시중계방송할 권리를 가진다.'라고, 같은 법 제2조 제9호에서 '방송사업자는 방송을 업으로 하는 자'라고 각 규정하고 있을 뿐, 방송사업자의 지위나 동시중계방송권의 효력 범위에 관하여는 아무런 제한을 두고 있지 않은 점, ② 동시중계방송이라 함은 다른 방송사업자의 방송을 수신과 동시에 재방송하는 것을 뜻할 뿐, 중계방송에 의해 방송이 공급되는 영역에 관하여는 아무런 제한이 없는 점 등에 비추어 보면, 피고들의 위 주장은 이유 없다.[309)]

---

308) 1심 판결
309) 항소심 판결

나. 피고들의 손해배상책임 및 그 범위

(상략) '가입자당 월 280원'을 피고들이 이 사건 동시재송신의 허락을 받았더라면 그 대가로 지급하였을 객관적으로 상당한 금액 즉, 원고들이 앞서 침해되었다고 인정된 권리의 행사로 '통상 받을 수 있는 금액(저작권법 제125조 제2항)'으로 보아 손해액을 산정하는 것이 타당하다.[310]

310) 피고들은 동시재송신에 관한 적정 이용료를 산정하기 위하여 감정신청을 하였고, 1심 재판부는 피고들에게 입증의 기회를 주기 위하여 이를 채택하였으나, 1심과 항소심 모두 감정인이 밝힌 적정 이용료(가입자당 월 280원보다 낮은 금액)가 아닌 '가입자당 월 280원'의 방식으로 손해액을 산정하였다.

| 저 | 자 | 소 | 개 |

■ **정영훈** 변호사/변리사

- KAIST 전기 및 전자공학과 졸업(2002)
- 제40회 변리사시험 합격(2003)
- 리&목 특허법인 변리사(2004~2009)
- 서강대학교 법학전문대학원 졸업(2012)
- 제1회 변호사시험 합격(2012)
- 법무법인 충정 IP 전문 변호사/변리사(2012~2013)
- 법무법인(유한) 바른 IP 전문 변호사/변리사(2013~현재)
- 미국 서던캘리포니아대학교(USC) 로스쿨(LL.M) 졸업(2019)